Kurzlehrbücher
für das juristische Studium

Junker/Kamanabrou
Vertragsgestaltung

Vertragsgestaltung

Ein Studienbuch

von

Dr. iur. Abbo Junker

o. Professor an der Universität München

und

Dr. iur. Sudabeh Kamanabrou

o. Professorin an der Universität Bielefeld

4., neubearbeitete Auflage, 2014

C.H. BECK

www.beck.de

ISBN 978 3 406 66856 2

© 2014 Verlag C. H. Beck oHG
Wilhelmstraße 9, 80801 München
Druck und Bindung: Nomos Verlagsgesellschaft mbH & Co. KG
In den Lissen 12, D-76547 Sinzheim

Satz: Jung Crossmedia Publishing GmbH
Gewerbestraße 17, 35633 Lahnau

Gedruckt auf säurefreiem, alterungsbeständigem Papier
(hergestellt aus chlorfrei gebleichtem Zellstoff)

Vorwort

Die traditionelle Juristenausbildung, die mit dem Staatsexamen endet, orientiert sich seit dem vorletzten Jahrhundert am Staatsdienst, und hier vor allem am *Leitbild des streitentscheidenden Richters*. Geht es in den Rechtsfällen, die im Studium zu lösen sind, um einen Vertrag, dann steht dieser Vertrag meist als unveränderliches Datum fest; gestritten wird über die Auslegung oder Anwendung des Vertrags oder die Erfüllung, Schlechterfüllung oder Nichterfüllung der Vertragspflichten. Die *Aufgaben der Rechtsberatung und Vertragsgestaltung* spielen in der traditionellen Juristenausbildung eine untergeordnete Rolle.

Mit der Verlagerung von Prüfungsteilen an die Universitäten und der Einführung von Schwerpunktbereichen hat sich – auch wenn diese Neuerungen im Übrigen nicht unumstritten sind – ein Paradigmenwechsel ereignet: Die Fähigkeiten, die für eine phantasiebegabte und interessenorientierte Rechtsgestaltung notwendig sind, werden schon im Studium stärker gefördert. Das Leitbild der Ausbildung ist nicht nur der *Richter*, sondern auch der *Anwalt* oder – allgemein gesprochen – der rechtsgestaltende Jurist, der interessenorientiert die wirtschaftlichen Ziele seines Mandanten oder – als Syndikus – seines Unternehmens verfolgt.

Vor diesem Hintergrund verfolgt auch die 4. Auflage dieses Buches das Ziel, Studenten und Rechtsreferendare an die Anforderungen der Vertragsgestaltung heranzuführen. Es soll als Leitfaden in Anwalts- und Unternehmenspraktika ebenso dienen wie als Begleitlektüre zu Lehrveranstaltungen und als Anleitung zum Selbststudium. Die Neuauflage ist auf dem Stand vom 31.5.2014.

Für wertvolle Hilfe danken wir Frau *Svenja Jurrat* und Herrn *Tobias Möller* (Bielefeld) sowie Frau *Cornelia Sebode* (München), die das Manuskript betreut hat.

München und Bielefeld, im Juli 2014

Abbo Junker
Sudabeh Kamanabrou

Inhaltsverzeichnis

Abkürzungsverzeichnis

a. a. O.	am angegebenen Ort
a. E.	am Ende
a. F.	alte Fassung
ABl.	Amtsblatt
Abt.	Abteilung
AcP	Archiv für die civilistische Praxis
ADAC	Allgemeiner Deutscher Automobil-Club
AG	Aktiengesellschaft
AGB	Allgemeine Geschäftsbedingungen
AiB	Arbeitsrecht im Betrieb
AktG	Aktiengesetz
Allg.	Allgemeiner
Anm.	Anmerkung
AnwBl	Anwaltsblatt
AP	Arbeitsrechtliche Praxis
ArbGG	Arbeitsgerichtsgesetz
ArbZG	Arbeitszeitgesetz
Art.	Artikel
AT	Allgemeiner Teil
Aufl.	Auflage
Aufs.	Aufsatz
BauGB	Baugesetzbuch
BaySchlG	Bayerisches Schlichtungsgesetz
BB	Betriebs-Berater
BC	Bilanzbuchhalter und Controller
Bd.	Band
Bde.	Bände
Begr.	Begründung
Bes.	Besonderes
BeschFG	Beschäftigungsförderungsgesetz
BetrAVG	Gesetz zur Verbesserung der betrieblichen Altersversorgung
BetrVG	Betriebsverfassungsgesetz
BeurkG	Beurkundungsgesetz
BGB	Bürgerliches Gesetzbuch
BGBl.	Bundesgesetzblatt
BGHZ	Entscheidungen des Bundesgerichtshofs in Zivilsachen
BKR	Zeitschrift für Bank- und Kapitalmarktrecht
BNotO	Bundesnotarordnung
BR-Drs.	Bundesrats-Drucksache
BT	Besonderer Teil
BT-Drs.	Bundestags-Drucksache
BUrlG	Bundesurlaubsgesetz
BWNotZ	Zeitschrift für das Notariat in Baden-Württemberg
bzw.	beziehungsweise
ca.	circa
CISG	Convention on the International Sale of Goods
CR	Computer und Recht
d. h.	das heißt
DB	Der Betrieb
ders.	derselbe

dies. . . . . dieselben
DNotZ . . . . Deutsche Notar-Zeitschrift
Dr. . . . . Doktor
DStR . . . . Deutsches Steuerrecht

e. G. . . . . eingetragene Genossenschaft
e. V. . . . . eingetragener Verein
EDV . . . . Elektronische Datenverarbeitung
EFZG . . . . Entgeltfortzahlungsgesetz
EG . . . . Europäische Gemeinschaft
EGBGB . . . . Einführungsgesetz zum Bürgerlichen Gesetzbuch
EGZPO . . . . Gesetz betreffend die Einführung der Zivilprozessordnung
Einl. . . . . Einleitung
ERA . . . . Einheitliche Richtlinien und Gebräuche für Dokumenten-Akkreditive
ErfK . . . . Erfurter Kommentar zum Arbeitsrecht
Erwgr . . . . Erwägungsgrund
EStG . . . . Einkommensteuergesetz
etc. . . . . et cetera
EU . . . . Europäische Union
EuGH . . . . Gerichtshof der Europäischen Union
EuGVVO . . . . . . Europäische Gerichtsstands- und Vollstreckungsverordnung
EuZW . . . . Europäische Zeitschrift für Wirtschaftsrecht
EV . . . . Eigentumsvorbehalt
EVÜ . . . . Römisches Übereinkommen über das auf vertragliche Schuldverhältnisse anzuwen-
               dende Recht vom 19. 6. 1980
EWG . . . . Europäische Wirtschaftsgemeinschaft
EWiR . . . . Entscheidungen zum Wirtschaftsrecht

f. . . . . folgende
FCA . . . . Free Carrier
FernAbsG . . . . . . Fernabsatzgesetz
ff. . . . . fortfolgende
Flst. . . . . Flurstück
Fn. . . . . Fußnote

GBl. . . . . Gesetzblatt
GBO . . . . Grundbuchordnung
geb. . . . . geborene
gem. . . . . gemäß
GesR . . . . Gesellschaftsrecht
GewO . . . . Gewerbeordnung
GmbH . . . . Gesellschaft mit beschränkter Haftung
GmbH & Co. KG Gesellschaft mit beschränkter Haftung und Compagnie Kommanditgesellschaft
GmbHR . . . . GmbH-Rundschau
GmbH-StB . . . . . Der GmbH-Steuer-Berater
GNotKG . . . . . . Gerichts- und Notarkostengesetz
GrEStG . . . . Grunderwerbsteuergesetz
GStB . . . . Gestaltende Steuerberatung
GüSchlG . . . . Gütestellen- und Schlichtungsgesetz
GVBl. . . . . Gesetz- und Verordnungsblatt
GWB . . . . Gesetz gegen Wettbewerbsbeschränkungen

h. M. . . . . herrschende Meinung
Halbbd. . . . . Halbband
HandelsR . . . . . . Handelsrecht
HGB . . . . Handelsgesetzbuch
HRB . . . . Handelsregister Abteilung B

Hrsg. . . . . Herausgeber
Hs. . . . . Halbsatz

i. d. R. . . . . in der Regel
i. e. S. . . . . im engeren Sinne
i. S. d. . . . . im Sinne des
i. S. v. . . . . im Sinne von
i. V. m. . . . . in Verbindung mit
i. w. S. . . . . im weiteren Sinne
incl. . . . . inklusive
Ing. . . . . Ingenieur
insb. . . . . insbesondere
InsO . . . . Insolvenzordnung
Int. . . . . Internationales
IPR . . . . Internationales Privatrecht
IPRax . . . . Praxis des Internationalen Privat- und Verfahrensrechts
IT . . . . Informationstechnologie

JA . . . . Juristische Arbeitsblätter
JArbSchG . . . . . . Jugendarbeitsschutzgesetz
Jura . . . . Juristische Ausbildung
JuS . . . . Juristische Schulung
JZ . . . . Juristenzeitung

Kap. . . . . Kapitel
Kfz . . . . Kraftfahrzeug
KG . . . . Kommanditgesellschaft
KostO . . . . Kostenordnung
krit. . . . . kritisch
KSchG . . . . Kündigungsschutzgesetz

LAG . . . . Landesarbeitsgericht
lfd. . . . . laufende
LG . . . . Landgericht
lit. . . . . littera
Lkw . . . . Lastkraftwagen
LPVG NW . . . . . Landespersonalvertretungsgesetz Nordrhein-Westfalen
Ltd. . . . . Limited

m. . . . . mit
m. w. N. . . . . mit weiteren Nachweisen
MDR . . . . Monatsschrift für Deutsches Recht
MediationsG . . . . Mediationsgesetz
MittBayNot . . . . . Mitteilungen des Bayerischen Notarvereins, der Notarkasse und der Landesnotar-
kammer Bayern
MMR . . . . MultiMedia und Recht
MoMiG . . . . Gesetz zur Modernisierung des GmbH-Rechts und zur Bekämpfung von Miss-
bräuchen

n. F. . . . . Neue Fassung
NachwG . . . . . . Nachweisgesetz
NJ . . . . Neue Justiz
NJW . . . . Neue Juristische Wochenschrift
NJW-RR . . . . NJW-Rechtsprechungs-Report
nm . . . . Nanometer
NotBZ . . . . Zeitschrift für die notarielle Beratungs- und Beurkundungspraxis
Nr. . . . . Nummer

NRW . . . . Nordrhein-Westfalen
NZA . . . . Neue Zeitschrift für Arbeitsrecht
NZA-RR . . . . . . NZA-Rechtsprechungsreport
NZG . . . . Neue Zeitschrift für Gesellschaftsrecht
NZI . . . . Neue Zeitschrift für das Recht der Insolvenz und Sanierung

o. . . . . oben
OHG . . . . Offene Handelsgesellschaft

Pkw . . . . Personenkraftwagen
PreisklG . . . . . . Preisklauselgesetz

RabelsZ . . . . . . Rabels Zeitschrift für ausländisches und internationales Privatrecht
RdA . . . . Recht der Arbeit
RegE . . . . Regierungsentwurf
RIW . . . . Recht der internationalen Wirtschaft
Rn. . . . . Randnummer
RNotZ . . . . Rheinische Notar-Zeitschrift
Rs. . . . . Rechtssache

s. . . . . siehe
S. . . . . Satz, Seite
S. A. . . . . Société anonyme
S. p. A. . . . . Società per Azioni
SARL . . . . Société à responsabilité limitée
SchiedsVZ . . . . . Zeitschrift für Schiedsverfahren
SGB . . . . Sozialgesetzbuch
Slg. . . . . Amtliche Sammlung der Rechtsprechung des EuGH
sog. . . . . sogenannte
SR . . . . Schuldrecht

TVG . . . . Tarifvertragsgesetz
Tz. . . . . Textziffer

u. . . . . und
u. a. . . . . und andere, unter anderem
Überbl. . . . . Überblick
UG . . . . Unternehmergesellschaft
UKlaG . . . . Gesetz über Unterlassungsklagen bei Verbraucherrechts- und anderen Verstößen
UN . . . . United Nations
USA . . . . United States of America

v. . . . . vom, von
VerbrKrG . . . . . Verbraucherkreditgesetz
vgl. . . . . vergleiche
Vorbem. . . . . . . Vorbemerkung
VVG . . . . Versicherungsvertragsgesetz

WEG . . . . Gesetz über das Wohnungseigentum und das Dauerwohnrecht
WM . . . . Wertpapier-Mitteilungen
WuM . . . . Wohnungswirtschaft und Mietrecht

z. B. . . . . zum Beispiel
ZEuP . . . . Zeitschrift für Europäisches Privatrecht
ZfIR . . . . Zeitschrift für Immobilienrecht
ZGS . . . . Zeitschrift für das gesamte Schuldrecht
ZInsO . . . . Zeitschrift für das gesamte Insolvenzrecht

ZIP . . . . Zeitschrift für Wirtschaftsrecht
ZKM . . . . Zeitschrift für Konfliktmanagement
ZNotP . . . . Zeitschrift für die Notarpraxis
ZPO . . . . Zivilprozessordnung
ZZP . . . . Zeitschrift für Zivilprozess
ZZPInt . . . . Zeitschrift für Zivilprozess International

Literaturverzeichnis

Aderhold/Koch/Lenkaitis, Vertragsgestaltung, 2013

Albrecht, Mediation im Arbeitsrecht, 2001

Armbrüster/Preuß/Renner, Beurkundungsgesetz und Dienstordnung für Notarinnen und Notare, Kommentar, 6. Aufl. 2013

Bamberger/Roth, Kommentar zum Bürgerlichen Gesetzbuch, Bde. 1 und 2, 3. Aufl. 2012 (zitiert: *Bamberger/Roth/Bearbeiter*)

Baumbach/Hopt, Kommentar zum Handelsgesetzbuch, 36. Aufl. 2014

Baumbach/Hueck, Kommentar zum GmbHG, 20. Aufl. 2013

Baur/Stürner, Sachenrecht, 18. Aufl. 2009

Beck'sches Formularbuch zum Bürgerlichen, Handels- und Wirtschaftsrecht, 11. Aufl. 2013 (zitiert: Beck'sches Formularbuch/*Bearbeiter*)

v. Bernstorff, Vertragsgestaltung im Auslandsgeschäft, 7. Aufl. 2012

Beyer, Salvatorische Klauseln, 1988

Birk/Desens/Tappe, Steuerrecht, 16. Aufl. 2013

Breidenbach, Mediation – Struktur, Chancen und Risiken von Vermittlung im Konflikt, 1995

Breidenbach/Henssler (Hrsg.), Mediation für Juristen, 1997

Brox/Walker, Besonderes Schuldrecht, 38. Aufl. 2014

Bühring-Uhle/Eidenmüller/Nelle, Verhandlungsmanagement, 2009

Bülow, Recht der Kreditsicherheiten, 8. Aufl. 2012

Canaris, Handelsrecht, 24. Aufl. 2006

Cialdini, Die Psychologie des Überzeugens, 7. Aufl. 2013

Däubler, Verhandeln und Gestalten – Der Kern der neuen Schlüsselqualifikationen, 2003

Dornbusch/Fischermeier/Löwisch (Hrsg.), Fachanwaltskommentar Arbeitsrecht, 6. Aufl. 2014 (zitiert: D/F/L/ *Bearbeiter*)

Döser, Vertragsgestaltung im internationalen Wirtschaftsrecht, 2001

Eiholzer, Die Streitbeilegungsabrede – Ein Beitrag zu alternativen Formen der Streitbeilegung, namentlich zur Mediation, 1998

Eisenhardt/Wackerbarth, Gesellschaftsrecht I, Recht der Personengesellschaften, 15. Aufl. 2011

Erfurter Kommentar zum Arbeitsrecht, 14. Aufl. 2014 (zitiert: ErfK/*Bearbeiter*)

Erman (Begr.), Bürgerliches Gesetzbuch, Handkommentar, 14. Aufl. 2014 (zitiert: *Erman/Bearbeiter*)

Esser/Weyers, Schuldrecht Band II, Besonderer Teil, Teilband 1, 8. Aufl. 1998

Faßbender/Grauel/Ohmen u. a., Notariatskunde, 18. Aufl. 2014 (zitiert: *Faßbender/Bearbeiter*)

Ferrari u. a., Internationales Vertragsrecht – Rom I-VO, CISG, CMR, FactÜ, 2. Aufl. 2012 (zitiert: *Ferrari/Bearbeiter*)

Fikentscher/Heinemann, Schuldrecht, 10. Aufl. 2006

Fisher/Ury/Patton, Das Harvard-Konzept, 24. Aufl. 2013

Franzen, Anwaltskunst, 3. Aufl. 2001

Gottwald/Haft (Hrsg.), Verhandeln und Vergleichen als juristische Fertigkeiten, 2. Aufl. 1993

Grunewald, Gesellschaftsrecht, 9. Aufl. 2014

Haft, Verhandlung und Mediation – Die Alternative zum Rechtsstreit, 2. Aufl. 2000

Haft/Schlieffen (Hrsg.), Handbuch Mediation, 2. Aufl. 2009

Hanau/Adomeit, Arbeitsrecht, 14. Aufl. 2007

Heidel (Hrsg.), Steuerrecht in der anwaltlichen Praxis, 3. Aufl. 2002 (zitiert: *Heidel/Bearbeiter*)

Heidel/Pauly/Amend (Hrsg.), AnwaltFormulare, 7. Aufl. 2012 (zitiert: *Heidel/Pauly/Amend/Bearbeiter*)

Henssler/Koch, Mediation in der Anwaltspraxis, 2. Aufl. 2004

Heussen, Anwalt und Mandant, 1999 (*zitiert: Heussen,* Anwalt)

Heussen/Pischel (Hrsg.), Handbuch Vertragsverhandlung und Vertragsmanagement, 4. Aufl. 2014 (zitiert: *Heussen/Bearbeiter,* Handbuch)

Höhn/Weber, Planung und Gestaltung von Rechtsgeschäften, 1986

Hommelhoff/Müller-Graff/Ulmer, Die Praxis der rechtsberatenden Berufe, 1999

Hromadka/Maschmann, Arbeitsrecht, Bd. 1, 5. Aufl. 2012, 6. Aufl. 2013

Jandt/Gilette, Konfliktmanagement, 1994

Junker, Grundkurs Arbeitsrecht, 13. Aufl. 2014

Junker, Internationales Privatrecht, 1998

Junker, Internationales Zivilprozessrecht, 2012

Kegel/Schurig, Internationales Privatrecht, 9. Aufl. 2004

Keim, Das notarielle Beurkundungsverfahren – Methode und Praxis, 1990

Kindler, Einführung in das neue IPR des Wirtschaftsverkehrs, 2009

Kindler, Grundkurs Handels- und Gesellschaftsrecht, 6. Aufl. 2012

Klunzinger, Grundzüge des Gesellschaftsrechts, 16. Aufl. 2012

Kornexl, Vertragsgestaltung 1.0, 2008

Krause, Arbeitsrecht, 2. Aufl. 2011

Kropholler, Internationales Privatrecht, 6. Aufl. 2006

Krüger/Hertel, Der Grundstückskauf, 10. Aufl. 2012

Kübler/Assmann, Gesellschaftsrecht, 6. Aufl. 2006

Langenfeld, Grundlagen der Vertragsgestaltung, 2. Aufl. 2010

Langenfeld, Vertragsgestaltung, 3. Aufl. 2004

Larenz, Lehrbuch des Schuldrechts, Erster Band, Allgemeiner Teil, 14. Aufl. 1987

Larenz, Lehrbuch des Schuldrechts, Zweiter Band: Besonderer Teil, 1. Halbband, 13. Aufl. 1986

Larenz/Canaris, Lehrbuch des Schuldrechts, Zweiter Band: Besonderer Teil, 2. Halbband, 13. Aufl. 1994

Lerch, Beurkundungsgesetz, Kommentar, 4. Aufl. 2011

Locher, Das Recht der Allgemeinen Geschäftsbedingungen, 3. Aufl. 1997

Löwisch/Caspers/Klumpp, Arbeitsrecht, 9. Aufl. 2012

Lutter/Hommelhoff, GmbH-Gesetz, Kommentar, 18. Aufl. 2012 (zitiert: Lutter/Hommelhoff/*Bearbeiter*)

Lwowski/Fischer/Langenbucher (Hrsg.), Das Recht der Kreditsicherung, 9. Aufl. 2011 (zitiert: *Lwowski/Fischer/Langenbucher/Bearbeiter*)

Medicus, Allgemeiner Teil des BGB, 10. Aufl. 2010

Medicus/Lorenz, Schuldrecht I – Allgemeiner Teil, 20. Aufl. 2012

Medicus/Lorenz, Schuldrecht II – Besonderer Teil, 16. Aufl. 2012

Medicus/Petersen, Bürgerliches Recht, 24. Aufl. 2013

Meins, Die Vertragsverhandlung, 2. Aufl. 1993

Münchener Kommentar zum Bürgerlichen Gesetzbuch, Bde. 2, 3, 6, 6. Aufl. 2012–2013, Bd. 10, 5. Aufl. 2010 (zitiert: MünchKomm-BGB/*Bearbeiter*)

Münchener Kommentar zum Handelsgesetzbuch, Bd. 5, 2. Aufl. 2009 (zitiert: MünchKomm-HGB/*Bearbeiter*)

Münchener Kommentar zur Zivilprozessordnung, Bde. 1–5. Aufl. 2012–2013, (zitiert: MünchKomm-ZPO/*Bearbeiter*)

Münchener Vertragshandbuch, Bd. 1, 7. Aufl. 2011 (zitiert: MünchVertragshandbuch-GesR/*Bearbeiter*), Bd. 5, 7. Aufl. 2013 (zitiert: MünchVertragshandbuch-BGB/*Bearbeiter*)

Musielak (Hrsg.), Kommentar zur Zivilprozessordnung, 11. Aufl. 2014 (zitiert: *Musielak/Bearbeiter,* ZPO)

Musielak/Hau, Grundkurs BGB, 13. Aufl. 2013

Nelle, Neuverhandlungspflichten, 1993

NomosKommentar zum Bürgerlichen Gesetzbuch, Bd. 2/1, 2. Aufl. 2012, Bd. 6, 2014 (zitiert: NK-BGB/ *Bearbeiter*)

Oetker, Handelsrecht, 6. Aufl. 2010

v. Oppen, Der internationale Industrieanlagenvertrag – Konfliktvermeidung und -erledigung durch alternative Streitbeilegungsverfahren, 2001

Palandt (Begr.), Kommentar zum Bürgerlichen Gesetzbuch, 73. Aufl. 2014 (zitiert: *Palandt/Bearbeiter*)

Piltz, Internationales Kaufrecht – Das UN-Kaufrecht in praxisorientierter Darstellung, 2. Aufl. 2008

Ponschab/Schweizer, Kooperation statt Konfrontation, 2. Aufl. 2010

Preis, Grundfragen der Vertragsgestaltung im Arbeitsrecht, 1993

Preis (Hrsg.), Der Arbeitsvertrag – Handbuch der Vertragspraxis und -gestaltung, 4. Aufl. 2011 (zitiert: *Preis/Bearbeiter,* Arbeitsvertrag)

Prütting, Sachenrecht, 35. Aufl. 2014

Rehbinder, Vertragsgestaltung, 2. Aufl. 1993

Reinicke/Tiedtke, Bürgschaftsrecht, 3. Aufl. 2008

Reinicke/Tiedtke, Kaufrecht, 8. Aufl. 2009

Reinicke/Tiedtke, Kreditsicherung, 5. Aufl. 2006

Reithmann/Albrecht, Handbuch der notariellen Vertragsgestaltung, 8. Aufl. 2001 (zitiert: *Reithmann/Albrecht/Bearbeiter*)

Reithmann/Martiny, Internationales Vertragsrecht, 7. Aufl. 2010 (zitiert: *Reithmann/Martiny/Bearbeiter*)

Rimmelspacher, Kreditsicherungsrecht, 2. Aufl. 1987

Risse, Wirtschaftsmediation, 2003

Rittershaus/Teichmann, Anwaltliche Vertragsgestaltung, 2. Aufl. 2003

Röhricht/v. Westphalen (Hrsg.), Handelsgesetzbuch, Kommentar, 4. Aufl. 2014 (zitiert: *Röhricht/v. Westphalen/Bearbeiter*)

Roth/Weller, Handels- und Gesellschaftsrecht, 8. Aufl. 2013

Schachner, Rechtsformularbuch für den Mittelstand, 4. Aufl. 2001 (zitiert: *Schachner/Bearbeiter*)

Schlechtriem/Schwenzer, Kommentar zum Einheitlichen UN-Kaufrecht, 6. Aufl. 2013 (zitiert: *Schlechtriem/Schwenzer/Bearbeiter*)

Schlünder, AGB Prüfung und Gestaltung, 1994

Schmidt, Gesellschaftsrecht, 4. Aufl. 2002

Schmidt, Handelsrecht, Unternehmensrecht I, 6. Aufl. 2014

Schmittat, Einführung in die Vertragsgestaltung, 3. Aufl. 2008

Schneider, Mediation im gewerblichen Rechtsschutz, 2002

Schreiber, Sachenrecht, 5. Aufl. 2008

Schröder, Der sichere Weg bei der Vertragsgestaltung, 1990

Schulz von Thun, Miteinander reden 1: Störungen und Klärungen, 48. Aufl. 2010

Sontheimer, Vertragsgestaltung und Steuerrecht, 2. Aufl. 2009

Staudinger (Begr.), Kommentar zum Bürgerlichen Gesetzbuch mit Einführungsgesetz und Nebengesetzen, 1993 ff. (zitiert: *Staudinger/Bearbeiter*)

Stoffels, AGB-Recht, 2. Aufl. 2009

Tengelmann, Die Kunst des Verhandelns, 3. Aufl. 1973

Ulmer/Brandner/Hensen, AGB-Recht, 11. Aufl. 2011

Waltermann, Arbeitsrecht, 16. Aufl. 2012

Watzlawick/Beavin/Jackson, Menschliche Kommunikation, 12. Aufl. 2011

Weber/Weber, Kreditsicherungsrecht, 9. Aufl. 2012

Westermann, BGB-Sachenrecht, 12. Aufl. 2012

v. Westphalen, Allgemeine Verkaufsbedingungen, 7. Aufl. 2012

Wiedemann, Gesellschaftsrecht: Ein Lehrbuch des Unternehmens- und Verbrauchsrechts, Bd. 1, Grundlagen, 1980

Wieling, Sachenrecht, 5. Aufl. 2007

Windbichler, Gesellschaftsrecht, 23. Aufl. 2013

Winkler, Beurkundungsgesetz, Kommentar, 17. Aufl. 2013

Wolf/Lindacher/Pfeiffer, AGB-Recht, Kommentar, 6. Aufl. 2013 (zitiert: *Wolf/Lindachter/Pfeiffer/Bearbeiter*)

Wolf/Neuner, Allgemeiner Teil des Bürgerlichen Rechts, 10. Aufl. 2012

Wolf/Wellenhofer, Sachenrecht, 28. Aufl. 2013

Wurm/Wagner/Zartmann, Das Rechtsformularbuch, 16. Aufl. 2011 (zitiert: *Wurm/Wagner/Zartmann/Bearbeiter*)

Zankl, Die anwaltliche Praxis in Vertragssachen, 1990

Zöllner/Loritz/Hergenröder, Arbeitsrecht, 6. Aufl. 2008

§ 1. Einführung in die Vertragsgestaltung

Literatur (s. auch das Verzeichnis der abgekürzt zitierten Literatur, S. XIX): *Ahlers,* Rechtsberatende Praxis im juristischen Studium, in: Festschrift Sigle, 2000, S. 453; *Brambring,* Einführung in die Vertragsgestaltung, JuS 1985, 380; *Henssler,* Haftungsrisiken anwaltlicher Tätigkeit, JZ 1994, 178; *Höhn/Weber,* Planung und Gestaltung von Rechtsgeschäften, 1986; *Hommelhoff,* Anwälte im Streckbett der Richterausbildung, in: Festschrift Sigle, 2000, S. 463; *Hommelhoff/Hillers,* Zur Methodik kautelarjuristischer Arbeitsweise – Der Werkstattwagen, Jura 1983, 592; *Hommelhoff/Teichmann,* Zu einer Methodik der Kautelarjurisprudenz in der Universitätsausbildung, in: Der Fachanwalt für Steuerrecht im Rechtswesen – Festschrift 50 Jahre Arbeitsgemeinschaft der Fachanwälte für Steuerrecht e. V., 1999, S. 537; *Horn,* Neuverhandlungspflicht, AcP 181 (1981), 255; *Kanzleiter,* Der Blick in die Zukunft als Voraussetzung der Vertragsgestaltung, NJW 1995, 905; *Köhler,* Rechtsprechungsprognose als Amtspflicht des Notars, in: Festschrift 125 Jahre bayerisches Notariat, 1987, S. 197; *Krafka/Seeger,* Autonome Vertragsgestaltung, ZNotP 2011, 445, ZNotP 2012, 15; *Langenfeld,* Einführung in die Vertragsgestaltung, JuS 1998, 33, 131, 224, 321, 417, 521, 621; *Martinek,* Die Lehre von den Neuverhandlungspflichten – Bestandsaufnahme, Kritik – und Ablehnung, AcP 198 (1998), 329; *Meins,* Die Vertragsverhandlung, 2. Aufl. 1993; *Ramm,* Die Vertragsgestaltung im Examen, Jura 2011, 408; *Rawert,* Rechtsgestaltung durch Private, in: *Hof/von Olenhusen* (Hrsg.), Rechtsgestaltung – Rechtskritik – Konkurrenz von Rechtsordnungen … Neue Akzente für die Juristenausbildung, 2012, S. 58; *Rehbinder,* Vertragsgestaltung, 2. Aufl. 1993; *ders.,* Die Rolle der Vertragsgestaltung im zivilrechtlichen Lehrsystem, AcP 174 (1974), 265; *Reithmann,* Kautelarjurisprudenz und Vorsorgende Rechtspflege, in: Festschrift 125 Jahre bayerisches Notariat, 1987, S. 159; *Rittershaus,* Forum – Anwaltsorientierte Juristenausbildung, JuS 1998, 302; *Scharpf,* Vertragsgestaltung im Zivilrecht – Die Wahl des sicheren Weges bei der Vertragsgestaltung, JuS 2002, 878; *Schmittat,* Einführung in die Vertragsgestaltung, 3. Aufl. 2008; *ders.,* Das Vorsorgeprinzip in der Vertragsgestaltung – Zu Grundlagen und Grenzen, RNotZ 2012, 85; *H. P. Seiler,* Utile per inutile non vitiatur, in: Festschrift für Kaser, 1976, S. 127; *Teichmann,* Vertragsgestaltung durch den Rechtsanwalt – Grundzüge einer Methodik der zivilrechtlichen Fallbearbeitung, JuS 2001, 870, 973, 1078, 1181, JuS 2002, 40; *ders.,* Der „relativ" sicherste Weg in der Vertragsgestaltung, in: Festschrift für Rainer Kanzleiter, 2010, S. 381; *Walz,* Mediative Vertragsgestaltung durch Notare, DNotZ 2003, 164; *Harald Weber,* Methodenlehre der Rechtsgestaltung, JuS 1989, 636; *Harry Westermann,* Zur Problematik der „salvatorischen" Klauseln, in: Festschrift Möhring, 1975, S. 135; *H. P. Westermann,* Kautelarjurisprudenz, Rechtsprechung und Gesetzgebung im Spannungsfeld zwischen Gesellschafts- und Wirtschaftsrecht, AcP 175 (1975), 375; *Zawar,* Neuere Entwicklungen zu einer Methodenlehre der Vertragsgestaltung, JuS 1992, 134 (unter Mitwirkung von *Friedrich Arend*); *Zugehör,* Die neue Rechtsprechung des Bundesgerichtshofs zur zivilrechtlichen Haftung der Rechtsanwälte und steuerlichen Berater, WM 2010, Sonderbeilage 1.

Die juristische Ausbildung ist bis zum ersten Staatsexamen sehr stark am **Berufsbild** **1** **des Richters** orientiert. Andere Berufsfelder, in denen nach der Ausbildung der größte Teil der Juristen tätig wird, erschließen sich oft erst nach dem Studium durch „Anlernzeiten" in der Praxis des jeweiligen Berufs.[1] So kam der 62. Deutsche Juristentag in Bremen 1998 zu dem Beschluss: „**Rechtsberatung und Rechtsgestaltung** spielen in der Juristenausbildung eine zu geringe Rolle."[2] Erst in neuerer Zeit wird zunehmend auch schon in der Ausbildung Wert auf die Vermittlung von Fähigkeiten gelegt, die in der Praxis allgemein, aber insbesondere auch in den rechtsberatenden Berufen vorausgesetzt werden. Eine wichtige Rolle in dieser Entwicklung spielt die zum 1. 7. 2003 in Kraft getretene Reform in der Juristenausbildung,[3] in deren Rahmen § 5 a III 1 DRiG

---

[1] *Ahlers,* in: Festschrift Sigle, 2000, S. 453 (454); *Heussen,* Anwalt, S. 32 ff.; *Hommelhoff,* in: Festschrift Sigle, 2000, S. 463 (464 f.); *Rittershaus,* JuS 1998, 302 (304). Zur Bedeutung der Perspektive des Vertragsjuristen in der zweiten Staatsprüfung und typischen Klausurkonstellationen *Ramm,* Jura 2011, 408.

[2] Verhandlungen des Zweiundsechzigsten Deutschen Juristentages, Band II/2, 1998, S. N 239. Auch *Rawert,* in: *Hof/von Olenhusen* (Hrsg.), Rechtsgestaltung – Rechtskritik – Konkurrenz von Rechtsordnungen …, 2012, S. 58 ff. fordert die verstärkte Vermittlung von Methoden und Kenntnissen der Rechtsgestaltung.

[3] Zur Reform *Fischer,* AnwBl. 2003, 319; *ders.,* ZZP 119 (2006), 39; *Kessler,* JA 2003, 712.

ergänzt wurde. Während vor der Änderung lediglich festgelegt war, dass der Inhalt des Studiums die rechtsprechende, verwaltende und rechtsberatende Praxis zu berücksichtigen habe, ist nunmehr ein zweiter Halbsatz angefügt worden, der die Vermittlung der für die genannten Bereiche erforderlichen Schlüsselqualifikationen wie „Verhandlungsmanagement, Gesprächsführung, Rhetorik, Streitschlichtung, Mediation, Vernehmungslehre und Kommunikationsfähigkeit" verlangt. Diese Anforderungen sind – mehr oder weniger intensiv – auch durch die Landesgesetzgeber und die Fakultäten umgesetzt worden.[4]

2 Eine stärkere Anwaltsorientierung ist insbesondere deshalb angebracht, weil die Justiz und die öffentliche Verwaltung lediglich 10% der Juristen aufnehmen, mit ca. 75% dagegen der weitaus überwiegende Teil der Absolventen den **Anwaltsberuf** ergreift,[5] in dem streitschlichtende Tätigkeit und außergerichtliche Rechtsberatung 70–75% des Gesamtspektrums anwaltlicher Dienstleistungen ausmachen.[6] Auch die etwa 15%, die in Unternehmen und Verbänden tätig werden, üben größtenteils ebenfalls rechtsberatende Tätigkeit aus.[7] Vor diesem Hintergrund soll das vorliegende Werk in einen wichtigen Bereich der Rechtsberatung einführen: Es behandelt die Vertragsgestaltung, verstanden als ziel- und zukunftsgerichtete Ordnung von Lebensverhältnissen mit Mitteln des Vertragsrechts.[8] Ein Buch zur Vertragsgestaltung kann praktische Erfahrungen im Umgang mit Mandanten und ihren Regelungswünschen nicht ersetzen. Es kann aber einen ersten Einblick in ein Tätigkeitsfeld außerhalb des Richteramts geben.

I. Dezisionsjurisprudenz – Kautelarjurisprudenz

3 Für die richterliche Tätigkeit ist die Bewertung feststehender Fakten charakteristisch. Dem Richter wird ein abgeschlossener Sachverhalt unterbreitet, anhand dessen er die Rechtsbeziehungen zwischen den Parteien beurteilt.[9] Soweit der Sachverhalt streitig ist, muss der Richter nach den Regeln des Beweisrechts entscheiden, welche Sachverhaltsschilderung der Entscheidung zugrunde zu legen ist. Man spricht von Rechtsanwendung oder **Dezisionsjurisprudenz.**[10] Die Gegenbegriffe, die die Tätigkeit des

---

[4] Einen Überblick bietet *Becker-Eberhard*, NJ 2004, 389.

[5] Wissenschaftsrat, Empfehlungen zur Reform der staatlichen Abschlüsse, Drs. 5460/02, abrufbar unter: http://www.wissenschaftsrat.de/download/archiv/5460-02.pdf, S. 19f. (zuletzt abgerufen am: 7.8.2014).

[6] *Hommelhoff/Teichmann*, in: Festschrift 50 Jahre Arbeitsgemeinschaft der Fachanwälte für Steuerrecht e.V., 1999, S. 537 (537f.).

[7] Wissenschaftsrat, Empfehlungen zur Reform der staatlichen Abschlüsse, Drs. 5460/02, abrufbar unter: http://www.wissenschaftsrat.de/download/archiv/5460-02.pdf, S. 19f (zuletzt abgerufen am: 7.8.2014).

[8] *Rehbinder*, AcP 174 (1974), 265 (266) spricht von der „Gestaltung von privaten Lebensverhältnissen mit den Mitteln und in den Grenzen des Rechts"; *H.P. Westermann*, AcP 175 (1975), 375 (376) von der „vorausschauenden Planung und Gestaltung von Rechtsverhältnissen".

[9] *Aderhold/Koch/Lenkaitis*, Vertragsgestaltung, § 2 Rn. 14; *Kanzleiter*, NJW 1995, 905; *Küttner*, RdA 1999, 59; *Langenfeld*, Grundlagen, Kap. 2 Rn. 1; *Rittershaus/Teichmann*, Vertragsgestaltung, Rn. 143; *Wolf/Neuner*, BGB AT, § 39 Rn. 5.

[10] *Langenfeld*, Vertragsgestaltung, Rn. 1; *Rehbinder*, Vertragsgestaltung, S. 1; *Rittershaus*, JuS 1998, 302 (303); *Sontheimer*, JuS 1999, 872 (872f.); *Wolf/Neuner*, BGB AT, § 39 Rn. 5; *Zawar*, JuS 1992, 134 (134f.).

Vertragsjuristen kennzeichnen, sind Rechtsgestaltung und **Kautelarjurisprudenz:** Der Vertragsjurist („Kautelarjurist") wird gestaltend tätig, indem er mit den Mitteln und in den Grenzen des Rechts Lebensverhältnisse für die Zukunft ordnet.[11]

> Der Richter hat die Aufgabe, einen abgeschlossenen Sachverhalt anhand rechtlicher Normen zu „beurteilen", indem er eine verbindliche Entscheidung trifft (Rechtsanwendung, Dezisionsjurisprudenz). Der Vertragsjurist hat die Aufgabe, den Willen des Mandanten so umzusetzen, dass in der Zukunft die gewünschten Rechtsfolgen eintreten und unerwünschte Folgen ausbleiben (Rechtsgestaltung, Kautelarjurisprudenz).

Der Vertragsjurist arbeitet – anders als der Richter – mit veränderbaren Tatsachen: Der 4 Blick des Vertragsjuristen ist in die Zukunft gerichtet.[12] Das Recht setzt er als Instrument ein, um die Beziehungen zwischen den Parteien zu ordnen.[13] Allerdings ist die Tätigkeit des Vertragsjuristen in der Rechtsanwendung nicht frei. Zum einen ist er an das zwingende Recht gebunden: Die gewählten Gestaltungsmöglichkeiten muss der Rechtsanwender darauf überprüfen, ob sie sich mit **zwingendem Recht** vereinbaren lassen. Zum anderen muss der vertragsgestaltende Jurist feststellen, welche **dispositiven Normen** auf die zu regelnden Fragen anwendbar sind, um auf dieser Grundlage zu prüfen, in welchen Punkten sich im Parteiinteresse eine abweichende Gestaltung anbietet. Insofern kann man Vertragsgestaltung als eine besondere Form der Rechtsanwendung begreifen.[14]

Der notwendige Blick auf das zwingende Recht darf nicht dazu führen, dass der Vertragsjurist seinen Rat allein darauf beschränkt, was alles nicht möglich ist.[15] Wer so 5 vorgeht, wird die kaufmännisch denkende Mandantschaft schnell verlieren.[16] Innerhalb der rechtlichen Rahmenbedingungen muss der Vertragsjurist vielmehr **Gestaltungsmöglichkeiten entwickeln** und bestrebt sein, die Interessen seines Mandanten möglichst weitgehend zu verwirklichen.

II. Zweckverwirklichung und Störfallvorsorge

Der Vertragsjurist (Kautelarjurist) muss bei der Vertragsgestaltung zwei Fragen stellen. 6 Zum einen muss er überlegen, wie der Vertrag ausgestaltet sein muss, damit der Erfolg eintritt, den die Parteien erstreben. Zum anderen hat er zu erwägen, durch welche

---

[11] *Franzen,* Anwaltskunst, S. 241; *Hommelhoff,* in: Festschrift Sigle, 2000, S. 463 (472); *Rehbinder,* AcP 174 (1974), 265 (286); *Wolf/Neuner,* BGB AT, § 39 Rn. 5.

[12] *Kanzleiter,* NJW 1995, 905; *Küttner,* RdA 1999, 59; *Langenfeld,* Grundlagen, Kap. 2 Rn. 1; *Ramm,* Jura 2011, 408 (409); *Teichmann,* in: Festschrift Kanzleiter, 2010, S. 381 (390). Ein anschauliches Beispiel zu den unterschiedlichen Perspektiven findet sich bei *Teichmann,* JuS 2001, 870 (873 f.).

[13] *Aderhold/Koch/Lenkaitis,* Vertragsgestaltung, § 2 Rn. 15 f.; *Rehbinder,* AcP 174 (1974), 265 (291); *Rittershaus/Teichmann,* Vertragsgestaltung, Rn. 12. Zu den unterschiedlichen Entscheidungsprogrammen des Anwalts und des Richters *Teichmann,* JuS 2001, 973 (974 ff.).

[14] *Rehbinder,* Vertragsgestaltung, S. 1 f.

[15] *Rittershaus,* JuS 1998, 302 (304) legt dem Mandanten die Worte in den Mund: „Ich will nicht wissen, warum es nicht geht, sondern wie es geht!" Hierzu auch *Rittershaus,* in: Hommelhoff/Müller-Graff/Ulmer, Rechtsberatende Berufe, S. 12.

[16] *Bauer,* NZA 1999, 11 (13).

Umstände die ordnungsgemäße Abwicklung des Vertrags möglicherweise verhindert werden könnte; diesen Hindernissen muss der Kautelarjurist möglichst vorbeugen.[17] Dementsprechend enthalten Verträge Klauseln, die der Zweckverwirklichung dienen, und Regelungen, die zur Störfallvorsorge aufgenommen werden.[18] Man kann in diesem Zusammenhang auch von Erfüllungsplanung und Risikoplanung sprechen.[19] Die Begriffe „Zweckverwirklichung" und „Störfallvorsorge" sind jedoch treffender: So umfasst z. B. das Gestaltungsziel der Zweckverwirklichung mehr als nur die Erfüllung der Vertragspflichten. Im Einzelnen lassen sich die beiden Grundaufgaben der Vertragsgestaltung wie folgt konkretisieren:

7 Bei der **Zweckverwirklichung** stehen die Sachziele der Parteien im Vordergrund. Die Frage lautet: Wie muss der Vertrag formuliert sein, damit das eintritt, was die Parteien wollen? Die Zweckverwirklichung ist nicht unbedingt auf positive Erfolge gerichtet. Eine Partei kann auch das Ziel verfolgen, Nachteile – etwa steuerlicher oder haftungsrechtlicher Art – zu vermeiden. Die Kontrollfrage für einen Gegenstand der Zweckverwirklichung lautet, ob das Geplante wahrscheinlich ausgeführt werden muss, damit der Vertrag erfolgreich abgewickelt werden kann.[20]

8 Bei der **Störfallvorsorge** geht es hingegen darum, möglichen Risiken vorzubeugen. Wenn eine vertragliche Regelung nach dem gewöhnlichen Verlauf der Dinge nicht benötigt wird, um den Vertrag erfolgreich durchzuführen, sondern erst zum Zug kommt, wenn ein Problem auftritt, gehört sie in den Bereich der Störfallvorsorge. Eine Kernkompetenz des vertragsgestaltenden Rechtsberaters besteht darin, Störungen bei der Vertragsabwicklung zu erahnen und diese „Eventualitäten" in rechtlich geordnete Bahnen zu lenken.[21]

> Vertragsbestimmungen, die der Zweckverwirklichung (Erfüllungsplanung) dienen, sollen es den Parteien ermöglichen, ihre mit dem Vertrag verfolgten Sachziele zu erreichen. Klauseln, die der Störfallvorsorge (Risikoplanung) dienen, sollen die Parteien gegen mögliche Eventualitäten absichern, indem sie für Vertragsstörungen Vorsorge treffen.

9 Die Störfallvorsorge ist insbesondere für den Fall der Unmöglichkeit, des Verzugs oder der Schlechterfüllung einer Leistung sinnvoll.[22] Da das dispositive Gesetzesrecht Regeln für die Risikoverteilung bei Leistungsstörungen enthält, ist eine vertragliche Regelung häufig nicht erforderlich.[23] Sie kann aber wünschenswert sein, um den Parteiinteressen besser Rechnung zu tragen. Dabei kommen sowohl vom dispositiven Recht **abweichende Regelungen** als auch das dispositive Recht lediglich **ergänzende Klauseln** in

---

[17] *Reithmann/Albrecht/Reithmann,* Vertragsgestaltung, Rn. 23 ff.; *Schmittat,* Vertragsgestaltung, Rn. 185; *Zankl,* Vertragssachen, Rn. 295.

[18] Begriffe nach *Langenfeld,* Vertragsgestaltung, Rn. 10, 179.

[19] *Küttner,* RdA 1999, 59; *Rehbinder,* Vertragsgestaltung, S. 4; *Schmittat,* Vertragsgestaltung, Rn. 185. *Rittershaus/Teichmann,* Vertragsgestaltung, Rn. 261 ff. benutzen diese Begriffe aus aufbautechnischen Gründen ein wenig anders als die zuvor genannten Autoren.

[20] *Rehbinder,* Vertragsgestaltung, S. 4, 21–30.

[21] *Küttner,* RdA 1999, 59; *Langenfeld,* Grundlagen, Kap. 3 Rn. 15; *Rehbinder,* Vertragsgestaltung, S. 4, 30 ff.; *Zankl,* Vertragssachen, Rn. 296 f.

[22] *Zankl,* Vertragssachen, Rn. 301 ff.

[23] *Reithmann,* in: Festschrift 125 Jahre bayerisches Notariat, 1987, S. 159 (182).

Betracht. Eine Abweichung vom dispositiven Recht ist z. B. gegeben, wenn § 286 III BGB abbedungen wird, so dass Verzug auch bei einer Entgeltforderung nur unter den Voraussetzungen des § 286 I, II BGB eintritt. Um eine Ergänzung des dispositiven Rechts handelt es sich, wenn die Parteien die Rügefrist des § 377 HGB konkretisieren.

Beispiele: „§ 286 III BGB kommt nicht zur Anwendung. Der Schuldner gerät nur in Verzug, wenn die Voraussetzungen des § 286 I, II BGB erfüllt sind."

„Die Rügefrist gem. § 377 HGB beträgt drei Tage."

Neben den Störungsquellen, die allgemein zu berücksichtigen sind, wie z. B. Nichter-   **10**
füllung oder Schlechterfüllung, bergen manche Verträge ein vertragstypisches Konfliktpotential.[24] Bei Grundstücken besteht z. B. die Gefahr, dass sie mit öffentlichen Lasten aus der Zeit vor dem Erwerb des Käufers belastet sind. Bei erbrechtlichen Rechtsgeschäften, die nicht die gesetzlichen Erben begünstigen, drohen Konflikte mit den gesetzlichen Erben.[25]

Zweckverwirklichung und Störfallvorsorge gehen ineinander über; sie lassen sich nicht   **11**
scharf trennen. So bewirkt z. B. die genaue Vereinbarung der Lieferzeit einer Sache oder der Übergabemodalitäten eine entsprechende Risikoverteilung im Störfall. Die erfüllungsorientierte Regelung hat zugleich risikoverteilende Wirkung.[26]

Beispiel: Bauträger B errichtet für A ein Haus. Er verspricht vertraglich, dass das Haus spätestens zum 1. 9. 2014 bezugsfertig ist. Diese Regelung hat A sich ausbedungen, da er zu diesem Zeitpunkt seine alte Wohnung, die bereits weitervermietet ist, räumen muss. Das Risiko der Verspätung trägt in diesem Fall B. Wenn nichts anderes geregelt ist, greifen die gesetzlichen Regelungen des Verzugs ein. A kann z. B. gem. §§ 280 I, II, 286 BGB die Kosten für eine vorübergehende Unterkunft und für die Lagerung seiner Möbel verlangen. Als vertragliche Regelung käme eine Klausel über pauschalierten Schadensersatz oder über eine Vertragsstrafe in Betracht.

Gegenbeispiel: Bauträger B gibt ein solches Versprechen nicht ab. A trägt das Risiko der verspäteten Fertigstellung des Hauses.

III. Denkschritte der Vertragsgestaltung

Die Vertragsgestaltung durchläuft, wie jeder kreative Prozess, verschiedene Stadien.   **12**
Das Ziel ist der ausformulierte Vertrag.[27] Die Denkschritte kann man folgenden Schlagworten zuordnen:
–   Informationsgewinnung
–   Rohentwurf des Vertrags
–   (hypothetische) Rechtsanwendung
–   Anwendung von Gestaltungskriterien
–   Bewältigung von Zielkonflikten
–   Vertragsverhandlungen
–   Belehrung und Beratung
–   Erstellung der Vertragsurkunde

---

[24] *Rittershaus/Teichmann*, Vertragsgestaltung, Rn. 282; *Zankl*, Vertragssachen, Rn. 337 ff.
[25] *Zankl*, Vertragssachen, Rn. 338 f.
[26] *Rehbinder*, Vertragsgestaltung, S. 5.
[27] Zur Arbeitsweise des Vertragsjuristen im Verlauf: *Brambring*, JuS 1985, 380 (381 ff.); *Hommelhoff/Hillers*, Jura 1983, 592 (593 ff.).

13 Diese Denkschritte, die im Folgenden näher vorgestellt werden, werden nicht in einer festen Reihenfolge durchlaufen. Sie stehen vielmehr in **Wechselwirkung** zueinander, so dass einzelne Phasen oft mehrmals absolviert werden.[28] So können die Informationen des Mandanten zu Beginn der Vertragsgestaltung unvollständig oder ungenau sein. Die vorläufige Rechtsanwendung und ein Rohentwurf des Vertrags zeigen dann, in welchen Punkten weiterer Informationsbedarf besteht. In welcher Reihenfolge und wie oft der Kautelarjurist die einzelnen Denkschritte hinter sich bringt, hängt vom Einzelfall ab. Bis auf die Phase der Verhandlungen, die die Parteien möglicherweise allein durchführen, sind jedoch vom Vertragsjuristen alle Stufen zumindest einmal zu bewältigen.

14 Für die Pflichten des Juristen bei der Vertragsgestaltung gibt es keine einheitliche **Rechtsgrundlage.** Soweit es um die Beurkundung von Rechtsgeschäften geht, ergeben sich für den Notar die wesentlichen Pflichten aus § 17 BeurkG. In dieser Vorschrift werden ausdrücklich die Willensermittlung, Belehrung, Rechtsanwendung und Niederschrift angesprochen.[29] Weitergehende Pflichten hat der Notar, wenn er sich gem. § 24 I BNotO gegenüber den Parteien zur Beratung und Betreuung verpflichtet hat.[30] Ferner trifft ihn unabhängig von besonderen Beratungs- und Betreuungspflichten eine aus § 14 BNotO abgeleitete allgemeine Betreuungspflicht.[31] Im Wesentlichen die gleichen Pflichten treffen den Anwalt aufgrund des mit dem Mandanten abgeschlossenen Geschäftsbesorgungsvertrags und den Vertragsjuristen im Unternehmen aufgrund seines Arbeitsvertrags.

1. Informationsgewinnung

15 **a)** Am Anfang der Vertragsgestaltung steht die Informationsgewinnung. Sie bezieht sich auf gegenwärtige und zukünftige **tatsächliche Umstände,** die für die konkrete Vertragsgestaltung relevant sind.[32] Die **rechtlichen Rahmenbedingungen** zählen dagegen zur Rechtsanwendung, auch wenn man sich über sie „informieren" muss.[33] Der Kautelarjurist muss in erster Linie die Ziele und Interessen seines Mandanten kennen,[34] daneben aber auch die tatsächlichen Umstände in den Blick nehmen, auf deren Basis der Vertrag entstehen wird.[35] Bei der Vergewisserung über die tatsächlichen Rahmenbedingungen ist zu berücksichtigen, dass die Sachlage möglicherweise zum Vorteil des Mandanten umgestaltet werden kann. Der Sachverhalt ist für den Vertragsjuristen – anders als für den Richter – nicht unveränderlich: Während der Richter grundsätzlich in der Vergangenheit liegende,[36] tatsächliche Umstände rechtlich würdigt, die er

---

[28] *Aderhold/Koch/Lenkaitis,* Vertragsgestaltung, § 4 Rn. 1; *Rittershaus/Teichmann,* Vertragsgestaltung, Rn. 134, 176; *Rehbinder,* Vertragsgestaltung, S. 6; *Schmittat,* Vertragsgestaltung, Rn. 12.

[29] Ausführlich *Winkler,* BeurkG, § 17 BeurkG Rn. 3 ff.; *Keim,* Das notarielle Beurkundungsverfahren – Methodik und Praxis, 1990.

[30] *Langenfeld,* Vertragsgestaltung, Rn. 135; *Rehbinder,* Vertragsgestaltung, S. 59; *Reithmann/Albrecht/Reithmann,* Vertragsgestaltung, Rn. 169 ff.

[31] Siehe dazu unten § 6 Rn. 25.

[32] *Harald Weber,* JuS 1989, 636 (640 f.) spricht von der „Sammlung der regelungsbedürftigen Punkte".

[33] *Aderhold/Koch/Lenkaitis,* Vertragsgestaltung, § 4 Rn. 7.

[34] *Ahlers,* in: Festschrift Sigle, 2000, S. 453 (458); *Schmittat,* Vertragsgestaltung, Rn. 17 ff.; *Teichmann,* JuS 2001, 973 (977); *Zankl,* Vertragssachen, Rn. 270 ff.

[35] *Langenfeld,* Vertragsgestaltung, Rn. 140; *Schmittat,* Vertragsgestaltung, Rn. 22.

[36] Ausnahme: Prognoseentscheidungen; z. B. bei der Beurteilung einer krankheitsbedingten Kündigung. Dazu *Junker,* Arbeitsrecht, Rn. 366 f.

in der Regel nicht beeinflussen kann, hat der vertragsgestaltende Jurist die Möglichkeit, den Parteien Vorschläge für die Veränderung des Sachverhalts zu machen.

Im typischen Fall beginnt die Vertragsgestaltung damit, dass die Ausgangssituation **16** und die Ziele der Parteien ermittelt werden.[37] Im Anschluss an die **anfängliche Informationsgewinnung** werden die Problemfelder abgesteckt, die gesetzliche Ausgangslage ermittelt und erste Gestaltungsmöglichkeiten erwogen. Daraus ergibt sich oft zusätzlicher Informationsbedarf. Auch die Belehrung über rechtliche Folgen einer bestimmten Gestaltungsmöglichkeit kann zu neuen Informationen über den Willen des Mandanten führen, wenn der Mandant sich über bestimmte Folgen nicht im Klaren war.[38]

b) Der Vertragsjurist darf sich nicht darauf beschränken, die **Interessen seines Man-** **17** **danten** durchzusetzen. Er muss auch die **Interessen der anderen Partei** in seine Überlegungen einbeziehen, da bei einer einseitigen Gestaltung der Vertrag insgesamt scheitern kann. Ein Vertrag wird letztlich nur erfolgreich sein, wenn beide Parteien ihre Ziele verwirklichen können.[39] Ferner können sich aus der Sphäre der anderen Partei Erfüllungshindernisse ergeben, gegen die sich die Mandantschaft im Interesse einer störungsfreien Abwicklung des Vertrags absichern muss. Insbesondere in familien- und erbrechtlichen Angelegenheiten können darüber hinaus die Interessen (oder Gefühle) Dritter zu berücksichtigen sein.[40]

Informationen über die Interessen der anderen Partei sind auch bei **Vertragsverhand-** **18** **lungen** nützlich.[41] Je genauer die eine Seite weiß, was die andere Seite unbedingt erreichen oder vermeiden möchte, desto besser kann sie darauf eingehen. Sie kann eigene Konzessionen vermeiden, möglicherweise durch eine Scheinkonzession eine echte Konzession der anderen Partei erreichen und die Grenzen des Erreichbaren bereits vor der ersten Verhandlung grob abstecken.[42]

Beispiel: A ist bei der B-AG als Leiterin der Presseabteilung beschäftigt. Nachdem es bereits mehrfach Differenzen über die Präsentation des Unternehmens in der Öffentlichkeit gegeben hat, geht A aus der Sicht der B-AG eines Tages endgültig zu weit: Gegenüber der Presse kaschiert sie einen Fehlschlag im Unternehmen nicht („Wir haben Erfahrungen gesammelt …"), sondern kritisiert die Verantwortlichen. Die B-AG will sich von ihr trennen. Wenn Sie auf Seiten des Unternehmens die Trennung gestalten sollen, ist es für Sie wichtig, ob die B-AG eine Kündigung vermeiden möchte, z. B. weil sie im vergangenen Jahr bereits zwei Pressestellenleiter „gefeuert" hat. Dieser Umstand führt bei Verhandlungen um einen Aufhebungsvertrag zu einer gewissen Verhandlungsschwäche (Argument der A: „Dann kündigen Sie doch, wenn Ihnen meine Abfindungsforderung zu hoch ist"). Die Situation stellt sich anders dar, wenn auf der anderen Seite A ein Interesse an einer baldigen Vertragsbeendigung hat, da sie eine neue Stelle in Aussicht hat, die sie kurzfristig antreten muss.

---

[37] *Langenfeld*, Vertragsgestaltung, Rn. 141 ff.; *Rittershaus/Teichmann*, Vertragsgestaltung, Rn. 131, 223 ff.; *Schmittat*, Vertragsgestaltung, Rn. 13 ff.

[38] *Teichmann*, JuS 2001, 973 (978 f.).

[39] *Aderhold/Koch/Lenkaitis*, Vertragsgestaltung, § 3 Rn. 2; *Rehbinder*, Vertragsgestaltung, S. 13; *Rittershaus/Teichmann*, Vertragsgestaltung, Rn. 289; *Schmittat*, Vertragsgestaltung, Rn. 24 f.

[40] Zur Vertrags- und Testamentsgestaltung s. *Scholz/Kleffmann/Motzer*, Praxishandbuch Familienrecht, Stand September 2014; *Krenzler*, Vereinbarungen bei Trennung und Scheidung, 5. Aufl. 2013; *Nieder/Kössinger*, Handbuch der Testamentsgestaltung, 4. Aufl. 2011.

[41] *Aderhold/Koch/Lenkaitis*, Vertragsgestaltung, § 4 Rn. 6.

[42] *Bauer*, NZA 1994, 578 (579).

19 **c)** Informationsbedarf besteht auch über **künftige Störungsquellen.** Während die Parteien vor allem ihre Sachziele im Auge haben, muss der Vertragsgestalter auch die Störfallvorsorge bedenken und die erforderlichen Informationen sammeln.[43]

Beispiel: A verkauft Entkalkungsgeräte in Gebieten mit hoher Wasserhärte (kalkhaltiges Leitungswasser). Gegen ein zusätzliches Entgelt schließt er die Geräte in den Wohnungen seiner Kunden an. Diese Arbeiten lässt er in der Regel durch einen seiner Angestellten erledigen. Da es in letzter Zeit beim Anschluss von Geräten häufiger zu Sachschäden in den Wohnungen der Käufer gekommen ist, möchte A sich AGB erstellen lassen, in denen seine Haftung für seine Angestellten eingeschränkt wird. Über weitere Regelungen hat sich A keine Gedanken gemacht. Der Vertragsgestalter muss beispielsweise zusätzlich bedenken, ob für A ein Eigentumsvorbehalt von Interesse ist. Das hängt davon ab, ob A die Geräte „auf Rechnung" liefert und einbaut (dann ist der Eigentumsvorbehalt sinnvoll) oder ob er die Entkalkungsgeräte nur gegen vorherige Bezahlung abgibt (dann ist ein Eigentumsvorbehalt überflüssig). Diese tatsächlichen Umstände muss der beratende Anwalt ermitteln.

> Am Anfang der Vertragsgestaltung steht die Informationsgewinnung. Der Vertragsjurist ermittelt die Ziele und Interessen der Parteien und verschafft sich einen Überblick über mögliche Störungsquellen.

2. Rohentwurf des Vertrags

20 **a)** Die Vertragsgestaltung verläuft dynamisch von der ersten Problemdefinition bis zum Vertragsentwurf. Während sich einfache Standardverträge aus selbst entwickelten oder in der Literatur veröffentlichten Vorlagen ohne intensive Überlegungen ermitteln lassen, erfordern komplexe Regelungsmaterien häufig systematisches Vorgehen auf unbekanntem Terrain. Zunächst sind anhand der ersten Informationen die tatsächlichen und rechtlichen **Regelungsprobleme** festzustellen.[44] Diese ergeben sich aus dem Zusammenspiel der Interessen und Ziele des Mandanten und aus den tatsächlichen und rechtlichen Hindernissen. Darauf folgt eine Grobbeurteilung der **Gestaltungsmöglichkeiten.**[45] Oft lassen sich schon jetzt kollidierende Ziele erkennen, die in eine Rangfolge gebracht werden müssen. Unpassende Gestaltungsmöglichkeiten können durch systematisches Vorgehen frühzeitig verworfen werden.

21 Vor der Prüfung der rechtlichen Rahmenbedingungen – der Rechtsanwendung – kann aber in der Regel nur ein **Rohentwurf** erstellt werden, da erst die Rechtsanwendung alle Gestaltungsmöglichkeiten und -grenzen aufdeckt. Der Rohentwurf ist eine Grobgliederung des Vertrags, die alle regelungsbedürftigen Punkte umfasst. Diese „Checkliste" wird anhand des Gesetzes, der Rechtsprechung und der Literatur abgearbeitet, um die Gestaltungsmöglichkeiten auszuloten. Da dem Vertragsgestalter nicht alle regelungsbedürftigen Fragen auf einmal einfallen werden, ist bei den weiteren Denkschritten darauf zu achten, ob zusätzliche Punkte zu dem Rohentwurf hinzukommen. Im Laufe der Gestaltung kann sich auch ergeben, dass klärungsbedürftige Fragen gesetzlich zufriedenstellend geregelt sind, so dass sich eine vertragliche Regelung erübrigt.

22 **b)** Der Kautelarjurist muss nicht jede Vertragsgestaltung von neuem angehen, als ob es sich um den ersten Vertrag dieser Art handeln würde. So wie das dispositive Recht einheitliche Regeln für bestimmte Vertragstypen aufstellt, gibt es standardisierte Ver-

---

[43] *Rittershaus/Teichmann,* Vertragsgestaltung, Rn. 284.
[44] *Langenfeld,* Vertragsgestaltung, Rn. 168; *Rehbinder,* Vertragsgestaltung, S. 18.
[45] *Rehbinder,* Vertragsgestaltung, S. 19; *Zankl,* Vertragssachen, Rn. 281.

tragsklauseln für wiederkehrende Gestaltungssituationen (z. B. für den Ausschluss der Gewährleistung beim Kauf einer Altbauwohnung).[46] Für die Vertragstypen des BGB (Kaufvertrag, Mietvertrag, Werkvertrag, etc.) gibt es in der Literatur **Musterverträge,** die den verschiedensten Gestaltungssituationen gerecht werden.[47] So sind z. B. **Vertragsmuster** für gewerbliche Mietverträge anders ausgestaltet als Muster für private Mietverträge, ein Garagenmietvertrag enthält andere Schwerpunkte als der Mietvertrag über eine Etage in einem Bürohochhaus und Kaufverträge über Mobilien bedürfen einer anderen Gestaltung als Kaufverträge über Immobilien. Eheverträge können– je nach den Lebensumständen der Ehepartner – die unterschiedlichsten Inhalte haben.[48]

Die kautelarjuristisch entwickelten Vertragsmuster werden in der Praxis wie dispositives Recht genutzt.[49] Vertragsklauseln und Standardverträge finden sich in zahlreichen **Formularhandbüchern.**[50] Sie enthalten Datenträger, auf denen die Vertragsformulare gespeichert sind, so dass man die Vertragsmuster nur noch mit der eigenen Software anpassen muss. Zu den bekanntesten einschlägigen Sammlungen zählen – die folgende Aufzählung ist nur beispielhaft und erhebt keinen Anspruch auf Vollständigkeit – das einbändige **Beck'sche Formularbuch zum Bürgerlichen, Handels- und Wirtschaftsrecht** (11. Aufl. 2013), das **Münchener Vertragshandbuch** (Bd. I: Gesellschaftsrecht, 7. Aufl. 2011; Bd. II: Wirtschaftsrecht I, 6. Aufl. 2009; Bd. III: Wirtschaftsrecht II, 6. Aufl. 2009; Bd. IV: Wirtschaftsrecht III, 7. Aufl. 2012; Bd. V: Bürgerliches Recht I, 7. Aufl. 2013; Bd. VI: Bürgerliches Recht II, 6. Aufl. 2010, **Verlag C. H. Beck**) und die **Heidelberger Musterverträge** (**Verlag Recht und Wirtschaft,** Heidelberg).

23

> Vertragsmuster helfen dem Vertragsjuristen, einen Rohentwurf für seine Gestaltungsaufgabe zu entwickeln. Dabei leisten insbesondere Formularhandbücher der Praxis wertvolle Dienste.

Der Vertragsjurist, der Vertragsmuster benutzt, verringert die Gefahr, regelungsbedürftige Fragen zu übersehen.[51] Andererseits bergen Musterverträge das Risiko, ein **unpassendes Vertragsmuster** auf den Fall anzuwenden oder einen einschlägigen Mustervertrag unkritisch zu übernehmen. Die Auswahl des passenden Vertragsmusters kann insbesondere bei atypischen Konstellationen Schwierigkeiten bereiten. Selbst wenn man ein passendes Muster gefunden hat, darf es nicht den Blick auf zusätzlich oder abweichend zu regelnde Fragen des eigenen Sachverhalts verstellen.[52] Zu Recht wird

24

---

[46] *Reithmann/Albrecht/Reithmann,* Vertragsgestaltung, Rn. 42 ff.; *Zawar,* JuS 1992, 134 (136 f.); *Zankl,* Vertragssachen, Rn. 291.

[47] *Schmittat,* Vertragsgestaltung, Rn. 250; *Wolf/Neuner,* BGB AT, § 39 Rn. 25 ff.

[48] Ausführlich *Langenfeld,* Handbuch der Eheverträge und Scheidungsvereinbarungen, 6. Aufl. 2011; *Brambring,* Ehevertrag und Vermögenszuordnung unter Ehegatten, 7. Aufl. 2012.

[49] *Langenfeld,* Vertragsgestaltung, Rn. 57 ff., 265 ff.; *Rehbinder,* Vertragsgestaltung, S. 50.

[50] Einführend *Anschütz,* NJW 1999, 1092; *Rittershaus/Teichmann,* Vertragsgestaltung, Rn. 298 a ff.; *H. Weber,* JuS 1989, 818 (822 f.). S. auch: Formularbuch Recht und Steuern, 7. Aufl. 2011; *Hopt,* (Hrsg.), Vertrags- und Formularbuch zum Handels-, Gesellschafts- und Bankrecht, 4. Aufl. 2013.

[51] *Aderhold/Koch/Lenkaitis,* Vertragsgestaltung, § 4 Rn. 100; *Rehbinder,* Vertragsgestaltung, S. 103; *Rittershaus/Teichmann,* Vertragsgestaltung, Rn. 299 ff.

[52] *Rittershaus/Teichmann,* Vertragsgestaltung, Rn. 312 f.; *Schmittat,* Vertragsgestaltung, Rn. 257.

deshalb zur Vorsicht im Umgang mit Vertragsmustern gemahnt.[53] Sie sollten lediglich als ergänzendes Hilfsmittel zur Vertragsgestaltung herangezogen werden: Der Mustervertrag muss der Gestaltungsaufgabe angepasst werden und nicht umgekehrt.

3. Rechtsanwendung

25 **a)** Die Vertragsgestaltung dient der Rechtssetzung zwischen den Parteien. Die Parteien können ihre Beziehungen nur im Rahmen des geltenden Rechts ausgestalten; es dient einerseits als Vorrat von Gestaltungsmöglichkeiten in Form dispositiver Regeln, andererseits begrenzt es – als zwingendes Recht – die Gestaltungsmöglichkeiten der Parteien.[54] Der Kautelarjurist muss prüfen, welche Normen des **dispositiven Rechts** anwendbar sind, und ob eine abweichende Regelung notwendig und sinnvoll erscheint.[55] Die Grenzen des **zwingenden Rechts** kann die Vertragsgestaltung nicht überschreiten. Ein Problem der Vertragsgestaltung liegt darin, dass das gewünschte Rechtsgeschäft verschiedenste Rechtsgebiete (z. B. neben dem Zivilrecht das Steuerrecht oder das Baurecht) berühren kann. Alle Berührungspunkte müssen berücksichtigt werden.[56]

Beispiel: Wenn A ein Grundstück mit einem Neubau kauft, um dort eine Gaststätte einzurichten, spielen neben Fragen der Eigentumsübertragung und der Zahlungsmodalitäten steuerliche Erwägungen ebenso eine Rolle wie öffentlich-rechtliche Gesichtspunkte. Zu letzteren gehören z. B. Fragen der Erschließung, des Bauordnungsrechts (Nutzungsmöglichkeit des Gebäudes) und der Gefahrenabwehr (Gaststättenerlaubnis).

26 **b)** Bei der Rechtsanwendung, die auf die Ausarbeitung eines Vertrags zielt, handelt es sich um eine **hypothetische Rechtsanwendung:**[57] Es besteht in der Regel noch kein Konflikt zwischen den Parteien, sondern mögliches Konfliktpotential soll erkannt und von vornherein ausgeräumt werden. Der vertragsgestaltend Tätige muss mögliche Streitfälle vorhersehen, ihre – hypothetische – rechtliche Lösung planen und in Alternativen denken.[58] Er kann die verschiedenen Gestaltungsmöglichkeiten mit ihren rechtlichen Konsequenzen durchspielen, die günstigste Variante aussuchen und dabei, anders als der Richter, auch Tatsachen verändern. So werden z. B. bestimmte gesellschaftsrechtliche Rechtsformen mit Blick auf das Steuerrecht ausgewählt.

> Der Vertragsjurist ist an die Grenzen des zwingenden Rechts gebunden. Vom dispositiven Recht weicht er ab, wenn dies aufgrund einer hypothetischen Rechtsanwendung sinnvoll erscheint.

27 Den Zusammenhang von Rechtsanwendung und Bewertung der Parteiinteressen verdeutlicht der folgende Fall:

---

[53] *Rehbinder,* Vertragsgestaltung, S. 104; *Rittershaus/Teichmann,* Vertragsgestaltung, Rn. 312; *Schmittat,* Vertragsgestaltung, Rn. 257; *Teichmann,* JuS 2001, 973 (980).

[54] *Medicus,* Allg. Teil, Rn. 466, 470; *Rehbinder,* Vertragsgestaltung, S. 42 f.

[55] *Ahlers,* in: Festschrift Sigle, 2000, S. 453 (458); *Rittershaus/Teichmann,* Vertragsgestaltung, Rn. 242 f.; *Teichmann,* JuS 2001, 973 (978); *Harald Weber,* JuS 1989, 818 (819 f.).

[56] *Rehbinder,* Vertragsgestaltung, S. 43; *Wolf/Neuner,* BGB AT, § 39 Rn. 7 f.

[57] *Rehbinder,* Vertragsgestaltung, S. 43 ff.; *Rittershaus/Teichmann,* Vertragsgestaltung, Rn. 256.

[58] *Heussen,* Anwalt, S. 4; *Langenfeld,* Grundlagen, Kap. 2 Rn. 29; *Rehbinder,* Vertragsgestaltung, S. 44; *Schmittat,* Vertragsgestaltung, Rn. 59; *Wolf/Neuner,* BGB AT, § 39 Rn. 9.

Beispiel: A ist sich unschlüssig, ob er ein Multi-Fitness-Center („Ihr privates Fitness-Studio zu Hause")
erwerben möchte. Händler B, der ihm verschiedene Modelle vorgestellt hat, hofft, dass A von den muskel-
bildenden Möglichkeiten eines solchen Body-Center (Chromhanteln, Stepper, Schrägbrett, etc.) begeistert
sein wird, wenn er es erst einmal zu Hause stehen hat. Was kann B tun, um den Kaufentschluss des A zu
fördern? – Wenn es B nicht gelingt, den A doch noch zu einem „normalen" Kaufvertrag zu überreden, sind
vier Gestaltungen denkbar, um ohne Preisnachlass einen Erwerbsanreiz zu schaffen:

aa) B könnte A anbieten, die Anlage bei ihm zu Hause unverbindlich zur Probe aufzustellen. Die **Aufstel-** 28
lung zur Probe bietet sich für B an, wenn er davon ausgehen kann, dass A durch die Gebrauchsmöglich-
keit auf den Geschmack kommen wird. Nachteilig für B ist jedoch, dass A keine Bindung eingeht. B riskiert also, dass er möglicherweise doch auf seinem Body-Center sitzen bleibt. Kauft A die Anlage nicht,
entstehen B möglicherweise Nachteile, weil die Anlage nicht mehr unbenutzt ist. Andere Kunden könnten
dadurch vom Kauf abgehalten werden oder zumindest einen Preisnachlass verlangen.

bb) Dieselben Nachteile bestehen bei einem **Kauf auf Probe** (§ 454 BGB). Bei einem Kauf auf Probe ist
die Wirksamkeit des Kaufvertrags aufschiebend bedingt durch die Billigung der Ware seitens des Käufers
(§ 454 I 2 BGB). Die Billigung steht im freien Belieben des Käufers (§ 454 I 1 BGB). Während der Billi-
gungsfrist ist er völlig ungebunden. Auch ist der Gefahrübergang auf den Zeitpunkt der Billigung hinaus-
geschoben,[59] so dass bis dahin B die Gefahr trägt.

cc) In Betracht kommt ein **Mietvertrag mit Kaufoption** (Mietkauf).[60] Gegenüber einem unverbindli- 29
chen Test oder einem Kauf auf Probe hat diese Lösung den Vorteil, dass B jedenfalls eine Nutzungsentschä-
digung für die Zeit erhält, während der A die Anlage bei sich stehen hat. Allerdings bleibt bei dieser Gestaltung zunächst noch offen, ob B die Anlage letztlich verkaufen kann. Die Abwicklung dieses Vertrags
ist zudem für B aufwendiger als die Abwicklung eines Kaufvertrags. B muss z. B. den Mietzins einnehmen
und verbuchen, er muss mit A eine Vereinbarung über die Wartung der Anlage treffen und sich mit ihm
über Sorgfaltspflichten beim Gebrauch der Anlage verständigen.

dd) Am besten steht B, wenn er den A zu einem **Kauf mit Umtauschvorbehalt** bewegen kann. Dabei
handelt es sich um einen unbedingten Kauf, bei welchem dem Käufer eine Ersetzungsbefugnis zugestan-
den wird.[61] Aus welchem Bestand der Käufer die Ersatzsache auswählen darf und wie sich ihr Preis zum
Preis der ursprünglich gekauften Sache verhalten muss, unterliegt der Parteivereinbarung. Durch den
Kauf mit Umtauschvorbehalt entsteht – anders als bei einem Kauf auf Probe oder einem unverbindlichen
Test – eine unbedingte vertragliche Bindung des Käufers, der jedenfalls eine Sache abnehmen muss. Auch
der Gefahrübergang, der sich nach den §§ 446, 447 BGB richtet, gestaltet sich für den Verkäufer günstiger.
Gegenüber der mietvertraglichen Lösung ist ein Kauf mit Umtauschvorbehalt für B ebenfalls günstiger, da
er auf jeden Fall Ware an A absetzt und keine längerfristigen Bindungen zwischen den Parteien entstehen.
Ein Interessenvertreter des B würde daher dem B nahelegen, das Verkaufsgespräch auf diese Lösung zu lenken.

c) Der Vertragsjurist hat eine **instrumentale Sicht des Rechts.** Er benutzt es zur opti- 30
malen Gestaltung der Rechtsbeziehungen zwischen den Parteien.[62] Sein Ziel ist nicht
die Verwirklichung eines objektivierten Ideals der Gerechtigkeit, sondern eine interessengerechte Gestaltung, orientiert an den Bedürfnissen der Parteien.[63] Dabei spielt die
Auswahl des sicheren Weges eine erhebliche Rolle. Besonders deutlich zeigt sich die
instrumentale Sicht beim Umgang mit dem dispositiven Recht, das vom Vertragsjuristen nur übernommen wird, wenn keine bessere (interessengerechtere) vertragliche Gestaltung möglich ist.[64]

---

[59] *Palandt/Weidenkaff,* § 454 BGB Rn. 11.
[60] *Palandt/Weidenkaff,* Einf. vor § 535 BGB Rn. 30.
[61] *Palandt/Weidenkaff,* Vorbem. zu § 454 BGB Rn. 3.
[62] *Rittershaus/Teichmann,* Vertragsgestaltung, Rn. 212.
[63] *Rehbinder,* Vertragsgestaltung, S. 46 f.; *ders.,* AcP 174 (1974), 265 (265 f.); *Brambring,* JuS 1985, 380
(381).
[64] *Rehbinder,* Vertragsgestaltung, S. 47; *Küttner,* RdA 1999, 59 (59 f.); *Zawar,* JuS 1992, 134 (138 f.).

4. Anwendung von Gestaltungskriterien

31 Bei der Vertragsgestaltung bieten sich meist mehrere Regelungsmöglichkeiten an. Die Auswahl unter ihnen hängt von den Bewertungsmaßstäben ab, die man der Vertragsgestaltung zugrunde legt. Diese Maßstäbe legt der Vertragsgestalter nicht autonom fest, sondern in Rückkopplung mit den Vorstellungen des Mandanten.[65] Während der vertragsgestaltende Jurist zu allgemeinen Wertungskriterien tendiert, wird der Mandant eher fallbezogene Nützlichkeitsüberlegungen anstellen.[66] Zu den allgemeinen Wertungsmaßstäben der Vertragsgestaltung gehören das Gebot des sicheren Weges und das Postulat der Konfliktvermeidung; ferner muss der Vertragsjurist über Methoden der Konfliktlösung und die Bewältigung von Unsicherheiten nachdenken.

a) Gebot des sicheren Weges

32 Die Vertragsgestaltung ist letztlich nur erfolgreich, wenn das Ergebnis vor der Rechtsordnung Bestand hat. Eine interessante juristische Konstruktion, die von den Gerichten nicht anerkannt wird, dient den Interessen des Mandanten nicht; im Gegenteil droht ein (teil)unwirksamer Vertrag, ihm Nachteile zu bescheren. Neben dem bloßen Bestand des Vertrags kommt es auch darauf an, spätere Auslegungszweifel und Rechtsstreitigkeiten zu vermeiden. Diesem Ziel gilt das **Gebot des sicheren Weges.**[67] Der Vertragsgestalter sollte unter mehreren Gestaltungsmöglichkeiten diejenige auswählen, die am sichersten zu dem gewünschten Erfolg führt.[68] Dazu gehört auch eine möglichst eindeutige Formulierung des Parteiwillens; die Informationsgewinnung spielt daher auch in dieser Phase eine Rolle.

33 Gegen **unerkannte Rechtsprobleme** kann man keine Vorkehrungen treffen. Aber auch die Vorsorge gegen **erkannte Rechtsprobleme** ist nicht immer einfach. Vergleichsweise sicher ist die Vertragsgestaltung, wenn ein Problem in der höchstrichterlichen Rechtsprechung und in der Literatur übereinstimmend gelöst wird. In diesem Fall kann der Vertragsjurist davon ausgehen, dass die bisherige Lösung auch in seinem Fall anerkannt wird. Schwieriger stellt sich die Gestaltungsaufgabe bereits dar, wenn höchstrichterliche Rechtsprechung und Literatur divergieren. In diesem Fall hat der Vertragsjurist sich grundsätzlich an der höchstrichterlichen Rechtsprechung zu orientieren.[69] Allerdings ist stets die Möglichkeit einer Rechtsprechungsänderung zu berücksichtigen.[70] Eine solche Änderung ist weniger wahrscheinlich, wenn die höchstrichterliche Rechtsprechung erst kürzlich bestätigt wurde und das Gericht dabei die Argumente der Literatur ausführlich gewürdigt und zurückgewiesen hat. Dagegen ist eine Rechtsprechungsänderung eher in Betracht zu ziehen, wenn die höchstrichterli-

---

[65] *Teichmann,* in: Festschrift Kanzleiter, 2010, S. 381 (385 ff.).

[66] *Rehbinder,* Vertragsgestaltung, S. 20.

[67] *Höhn/Weber,* Planung, S. 78 f.; *Rehbinder,* Vertragsgestaltung, S. 23; *Reithmann,* in: Festschrift 125 Jahre bayerisches Notariat, 1987, S. 159 (175 ff.); *Reithmann/Albrecht/Reithmann,* Vertragsgestaltung, Rn. 35 ff.; *Rittershaus/Teichmann,* Vertragsgestaltung, Rn. 197; ausführlich zum Gebot: *Teichmann,* in: Festschrift Kanzleiter, 2010, S. 381.

[68] *Henssler,* JZ 1994, 178 (182); *Küttner,* RdA 1999, 59 (60); *Ramm,* Jura 2011, 408 (409); *Wolf/Neuner,* BGB AT, § 39 Rn. 12.

[69] *Köhler,* in: Festschrift 125 Jahre bayerisches Notariat, 1987, S. 197 (204); *Rittershaus/Teichmann,* Vertragsgestaltung, Rn. 204.

[70] *Rittershaus/Teichmann,* Vertragsgestaltung, Rn. 205.

che Entscheidung älteren Datums ist und eine Auseinandersetzung mit den Ansichten aus der Literatur noch nicht stattgefunden hat.[71]

Besondere Probleme stellen sich dem Vertragsgestalter, wenn eine für den Vertrag er- **34** hebliche Rechtsfrage höchstrichterlich nicht geklärt ist. Dann muss der Vertragsjurist eine möglichst **fundierte Voraussage** über die zu erwartende Haltung des zuständigen obersten Gerichts treffen.[72] Man kann ihm aber keine Sorgfaltspflichtverletzung vorwerfen, wenn er eine fundierte Prognose über den künftigen Fortgang der Rechtsprechung abgibt und die Rechtsprechung sich später anders entwickelt.[73] In solchen Fällen helfen den Parteien möglicherweise **salvatorische Klauseln,**[74] damit bei Unwirksamkeit eines Vertragsteils zumindest die übrigen Regelungen Bestand haben. Hier zeigt sich, dass das Gebot des sicheren Weges auch in haftungsrechtlicher Hinsicht von Bedeutung ist. Dem Vertragsjuristen werden umfassende Kenntnisse des Gesetzes und der höchstrichterlichen Rechtsprechung abverlangt.[75]

> Der Vertragsjurist folgt dem Postulat des sicheren Weges. Seine Vertragsgestaltung soll sich – soweit möglich – an der höchstrichterlichen Rechtsprechung orientieren.

In der Regel entspricht eine möglichst **sichere Vertragsgestaltung** dem Interesse der **35** Parteien. Aufgrund der **speziellen Gegebenheiten** im Einzelfall kann jedoch eine zügigere oder günstigere Variante Vorrang vor der sichersten Gestaltung haben.[76] Das gilt insbesondere, wenn die Parteien aufgrund langjähriger Vertragsbeziehungen oder aus Image-Gründen Rechtsstreitigkeiten ohne Rücksicht auf den Vertragstext vermeiden.[77] Ein solches außervertraglich motiviertes Verhalten findet sich vor allem bei gewachsenen Vertragsbeziehungen zwischen Unternehmen.

b) Postulat der Konfliktvermeidung

Die Konfliktvermeidung ist ein wesentlicher Aspekt der Störfallvorsorge.[78] Konflikte **36** werden durch eine ordnungsgemäße Erfüllung des Vertrags vermieden. Die ordnungsgemäße Vertragserfüllung lässt sich mit Hilfe von Anreizen, Sanktionen und Sicherungsmitteln erreichen. Kann **eine Partei** sich mit einseitigen Regelungen durchsetzen, gewinnt sie bei einer Vertragsverletzung der **anderen Partei** eine günstigere Position, ohne das Risiko bei eigenen Vertragsverletzungen zu erhöhen. Auch im Bereich der Störfallvorsorge wird aber die „mächtigere" Partei die Interessen des Vertragspartners berücksichtigen müssen, damit er nicht vom Vertragsschluss absieht.[79]

---

[71] *Köhler,* in: Festschrift 125 Jahre bayerisches Notariat, 1987, S. 197 (202 f.).

[72] *Henssler,* JZ 1994, 178 (180); *Köhler,* in: Festschrift 125 Jahre bayerisches Notariat, 1987, S. 197 (204).

[73] *Langenfeld,* Vertragsgestaltung, Rn. 218; *Rehbinder,* Vertragsgestaltung, S. 26 f. Zur ex ante-Perspektive *Kanzleiter,* NJW 1995, 905 (910); *Reithmann,* in: Festschrift 125 Jahre bayerisches Notariat, 1987, S. 159 (175). Ausführlich zur Rechtsprechungsprognose durch den Notar: *Köhler,* in: Festschrift 125 Jahre bayerisches Notariat, 1987, S. 197.

[74] Siehe dazu unten Rn. 50–51.

[75] *Langenfeld,* Vertragsgestaltung, Rn. 216 f.; *Rehbinder,* Vertragsgestaltung, S. 26 f.

[76] *Teichmann,* in: Festschrift Kanzleiter, 2010, S. 381 (396).

[77] *Rehbinder,* Vertragsgestaltung, S. 25; *Zankl,* Vertragssachen, Rn. 450 ff.

[78] *Rehbinder,* AcP 174 (1974), 265 (288); *Reithmann/Albrecht/Reithmann,* Vertragsgestaltung, Rn. 26 ff. Vgl. auch *Reithmann,* in: Festschrift 125 Jahre bayerisches Notariat, 1987, S. 159 (181 f.).

[79] *Rehbinder,* Vertragsgestaltung, S. 32.

37   **aa)** Einen **Anreiz** für die ordnungsgemäße Vertragserfüllung können die Parteien z. B. durch eine **Vorleistungspflicht** schaffen. Um die Gegenleistung zu erhalten, muss die vorleistungspflichtige Partei zunächst ihre eigene Leistung erbringen. Die vorleistungspflichtige Partei wird auf diesem Wege angehalten, den Vertrag ordnungsgemäß zu erfüllen.[80]

Beispiel: „Der Kaufpreis wird zwei Wochen nach Lieferung der Ware fällig."

38   **bb)** Eine **Sanktion** für den Fall der nicht ordnungsgemäßen Vertragserfüllung kann z. B. in einer Vertragsstrafenregelung bestehen. Eine **Vertragsstrafe** wird aufgrund eines Versprechens gem. § 339 BGB geschuldet; sie wirkt als Druckmittel auf den Schuldner.[81] Er wird angehalten, die Leistung pünktlich zu erbringen. Außerdem dient die Vertragsstrafenregelung dazu, dem Gläubiger den konkreten Schadensnachweis zu ersparen.[82] Sie fördert also die ordnungsgemäße Durchführung des Vertrags und erleichtert die Abwicklung im Störfall.[83] Verspricht der Schuldner die Vertragsstrafe für den Fall, dass er die Leistung nicht oder nicht ordnungsgemäß erfüllt, so ist die Vertragsstrafe gem. § 339 S. 1 BGB verwirkt, wenn der Schuldner in Verzug kommt. Nach der Konzeption des BGB ist die Vertragsstrafe verschuldensabhängig. Die Parteien können aber abweichend von dieser Grundregel eine verschuldensunabhängige Vertragsstrafe vereinbaren.[84]

39   Da eine Vertragsstrafe für den Schuldner erhebliche finanzielle Folgen nach sich ziehen kann, sieht das Gesetz zugunsten von Nichtkaufleuten diverse **Schutzmechanismen** vor.[85] Nach § 309 Nr. 6 BGB ist eine Vertragsstrafenabrede zu Lasten des Kunden unwirksam, wenn sie für den Fall der Nichtabnahme, der verspäteten Abnahme, des Zahlungsverzugs oder der Lösung vom Vertrag gelten soll. Allerdings gilt diese Vorschrift gem. § 310 I 1 BGB nicht gegenüber Unternehmern. Weiterhin kann eine unverhältnismäßig hohe Vertragsstrafe gem. § 343 I BGB auf Antrag des Schuldners durch Urteil herabgesetzt werden. Diese Norm gilt gem. § 348 HGB nicht gegenüber Kaufleuten.

Beispiel: A verspricht B die Lieferung von 1000 Mobiltelefonen zum 3.11.2014. B befürchtet, dass ihm bei späterer Lieferung ein Teil des Weihnachtsgeschäfts entgeht. Deshalb ist ihm sehr daran gelegen, dass A pünktlich liefert. Eine Vertragsstrafenregelung für den Fall der verspäteten Lieferung sanktioniert vertragswidriges Verhalten des A und hält ihn so zur ordnungsgemäßen Vertragserfüllung (pünktliche Lieferung) an. Eine solche Regelung kann z. B. lauten: „Hält der Verkäufer den Liefertermin schuldhaft nicht ein, hat er dem Käufer für jeden Kalendertag, um den der Termin überschritten wird, eine Vertragsstrafe in Höhe von 500 € zu zahlen."

40   **cc)** Ein **Sicherungsmittel** für die ordnungsgemäße Vertragsdurchführung ist z. B. die **Auflassungsvormerkung** beim Grundstückserwerb, in ihren Voraussetzungen und

---

[80] *Zankl*, Vertragssachen, Rn. 383.
[81] *Fikentscher/Heinemann*, Schuldrecht, Rn. 141; *Langenfeld*, Grundlagen, Kap. 4 Rn. 28 ff.; *Larenz*, Schuldrecht I, S. 376; *Medicus/Lorenz*, Schuldrecht I, Rn. 545; *Köhler*, Vereinbarung und Verwirkung der Vertragsstrafe, in: Festschrift Gernhuber, 1993, S. 207.
[82] *Langenfeld*, Grundlagen, Kap. 4 Rn. 28 ff.; *Larenz*, Schuldrecht I, S. 377; *Palandt/Grüneberg*, § 339 BGB Rn. 1; *Schmittat*, Vertragsgestaltung, Rn. 167.
[83] *Zankl*, Vertragssachen, Rn. 683 ff.
[84] *BGH* vom 28.1.1997 – XI ZR 42/96, WM 1997, 560; *BGH* vom 28.9.1978 – II ZR 10/77, BGHZ 72, 174 (178 ff.).
[85] *Larenz*, Schuldrecht I, S. 377 ff.; *Medicus/Lorenz*, Schuldrecht I, Rn. 547 ff.

Wirkungen geregelt in §§ 883, 885 BGB. Der Käufer eines Grundstücks wird gem. § 873 I BGB erst Eigentümer, wenn er in das Grundbuch eingetragen wird. Zwischen dem Abschluss des Kaufvertrags und der Eintragung des Käufers als Eigentümer in das Grundbuch vergehen allerdings in der Regel einige Monate. In dieser Zeit kann der Veräußerer des Grundstücks den Eigentumserwerb des Käufers verhindern, indem er das Grundstück an einen Dritten veräußert. Wird der Dritte vor dem Käufer in das Grundbuch eingetragen, kann der Käufer zwar Schadensersatzansprüche gegen den Veräußerer geltend machen; Eigentum an dem Grundstück erwirbt er aber nicht.[86] Wird zugunsten des Käufers eine Auflassungsvormerkung in das Grundbuch eingetragen, ist er nach § 883 II BGB gegen Zwischenverfügungen des Veräußerers gesichert: Die Zwischenverfügungen sind unwirksam, soweit sie den Anspruch des Käufers vereiteln oder beeinträchtigen würden.[87]

Beispiel: A verkauft ein Grundstück an B. In den notariellen Kaufvertrag wird folgende Klausel aufgenommen: „Der Verkäufer bewilligt unwiderruflich die Eintragung einer Eigentumsvormerkung für den Käufer."

> Konflikte versucht der Vertragsjurist durch Anreize, Sanktionen und Sicherungsmittel zu vermeiden. Beispiele sind Vorleistungen (Anreiz), Vertragsstrafen (Sanktionen) und Vormerkungen (Sicherungsmittel bei Immobiliargeschäften).

Zwischen Konfliktvermeidung und Konfliktlösung stehen Regeln über die **Vertrags-** **41** **beendigung.**[88] Die Beendigung des Vertragsverhältnisses kann z. B. durch die Aufnahme einer Befristung oder einer auflösenden Bedingung in den Vertrag erfolgen. Für den Fall einer Kündigung können Kündigungsgründe und -fristen geregelt werden.

Beispiel: In einem Vertrag über die Miete von Geschäftsräumen heißt es: „Ein wichtiger Grund für eine außerordentliche Kündigung ist insbesondere gegeben, wenn
1. eine der Parteien gegen die in § 18 niedergelegte Konkurrenzklausel verstößt,
2. der Mieter auch nach einer schriftlichen Abmahnung des Vermieters die vereinbarten Ladenöffnungszeiten nicht einhält."

c) Methoden der Konfliktlösung

Im Rahmen der Störfallvorsorge werden häufig **Konfliktlösungsmechanismen** ver- **42** einbart. Vor allem bei langfristigen Vertragsbeziehungen greift die Praxis auf Schiedsverfahren, Schlichtungsverfahren oder Mediation zurück. Diese Methoden der Konfliktlösung dienen dazu, Verfahren vor staatlichen Gerichten zu vermeiden und Streitigkeiten möglichst schnell und effizient beizulegen.

aa) Das Recht der **Schiedsvereinbarungen** ist in den §§ 1025 ff. ZPO geregelt. Die **43** Vertragsparteien können gem. den §§ 1029, 1030 ZPO insbesondere Streitigkeiten über vermögensrechtliche Ansprüche der Entscheidung eines Schiedsgerichts unterwerfen.[89] Die Vereinbarung muss nach § 1031 ZPO in nachweisbarer Form getroffen

---

[86] *Baur/Stürner*, Sachenrecht, § 20 Rn. 1 f. (mit einem anschaulichen Beispiel).
[87] Einzelheiten bei *Schreiber*, Sachenrecht, Rn. 393 ff.
[88] *Rehbinder*, Vertragsgestaltung, S. 34; *Zankl*, Vertragssachen, Rn. 427 ff.
[89] Zur Veränderung gegenüber dem alten Recht *Habscheid*, JZ 1998, 445 (447); *Lörcher*, DB 1998, 245 (246).

werden. Erhebt eine der Parteien Klage in einer Angelegenheit, die Gegenstand einer Schiedsvereinbarung ist, ist gem. § 1032 I ZPO die Klage auf Rüge der anderen Partei hin grundsätzlich abzuweisen (Einrede der Schiedsvereinbarung). Der Schiedsspruch wirkt zwischen den Parteien wie ein gerichtliches Urteil (§ 1055 ZPO). Er kann nur unter engen Voraussetzungen mit einem Aufhebungsantrag gem. § 1059 ZPO gerichtlich angefochten werden.[90]

44 Schiedsgerichte haben gegenüber staatlichen Gerichten den **Vorteil,** dass die Angelegenheit schneller entschieden werden kann, weil es nur eine Instanz gibt. Außerdem haben die Parteien Einfluss auf die Besetzung des Schiedsgerichts und können Personen mit besonderer Sachkunde auswählen. Schließlich wird durch das nicht öffentliche Verfahren die Vertraulichkeit der Angelegenheit gewahrt, was für die Parteien von erheblicher Bedeutung sein kann. Besondere Vorzüge ergeben sich ferner bei grenzüberschreitenden Handelsstreitigkeiten, weil freie Orts- und Sprachenwahl besteht (§§ 1043, 1045 ZPO) und prozessuale Gestaltungsfreiheit herrscht (§ 1042 III ZPO). **Nachteilig** schlagen allerdings – insbesondere bei niedrigen Streitwerten – die höheren Kosten des Verfahrens zu Buche.[91]

45 **bb)** Nur in wenigen Bereichen sind in Deutschland **Schlichtungsverfahren** gesetzlich vorgesehen. Die Ausgestaltung des Verfahrens bleibt also den Parteien überlassen. Häufig werden durch Parteivereinbarung Dritte, z. B. sog. Claims Agents in Streitigkeiten über die Abwicklung von Großprojekten in der Bauwirtschaft, in die Verhandlungen einbezogen, die den Parteien die Einigung erleichtern sollen.[92] In einigen Bundesländern – z. B. in Bayern, Niedersachsen und Nordrhein-Westfalen – sind vor bestimmten amtsgerichtlichen Verfahren Schlichtungsverfahren obligatorisch durchzuführen.[93] Das berührt allerdings die Vertragsgestaltung nur am Rande.

46 Exemplarisch sei nur das BaySchlG vorgestellt. Als Schlichtungsstellen kommen gem. Art. 3 I 1 BaySchlG in Betracht: Rechtsanwälte, soweit sie nicht Parteivertreter sind, Notare oder dauerhaft eingerichtete Schlichtungsstellen der Kammern, Innungen, Berufsverbände oder ähnliche Institutionen i. S. v. § 15a III EGZPO. Im nicht öffentlichen Schlichtungsverfahren erörtert der Schlichter gemeinsam mit den Parteien Lösungsmöglichkeiten für den Streit. Zeugen und Sachverständige können gehört werden, wenn dadurch das Verfahren nicht unverhältnismäßig verzögert wird (Art. 10 BaySchlG). Bleibt der Schlichtungsversuch erfolglos, wird den Parteien eine entsprechende Bescheinigung ausgestellt, die bei Klageerhebung vorzulegen ist (Art. 4 I 1 BaySchlG). Die Gebühren für das Schlichtungsverfahren belaufen sich auf 50–100 € (Art. 13 II BaySchlG). Einigen sich die Parteien, wird gem. Art. 12 S. 3 BaySchlG auch eine Regelung über die Verteilung der Kosten getroffen. Kommt es nicht zu einer Einigung, zählen die Schlichtungskosten zu den Kosten des anschließenden Rechtsstreits.

---

[90] Zu den Aufhebungsgründen *Habscheid,* JZ 1998, 445 (449); *Junker,* Deutsche Schiedsgerichte und Internationales Privatrecht (§ 1051 ZPO), in: Festschrift Sandrock, 1970, S. 443 (447 ff.).

[91] Umfassend zu Vor- und Nachteilen: MünchKomm-ZPO/*Münch,* Vorbem. zu § 1025 ZPO Rn. 64 ff.

[92] *Meins,* Vertragsverhandlung, S. 105; *Rehbinder,* Vertragsgestaltung, S. 34.

[93] Zum genauen sachlichen Anwendungsbereich der jeweiligen Landesgesetze siehe Art. 1 BaySchlG vom 25. 4. 2000 (GVBl. S. 268), § 53 JustG NRW vom 26. 1. 2010 (GV. NRW. S. 30); § 1 NdsSchlG vom 17. 12. 2009 (Nds. GVBl. S. 482).

Eine besondere Form des Schlichtungsverfahrens ist das **Ombudsmannverfahren.** 47
Auch bei diesem Verfahren, das ursprünglich aus dem schwedischen öffentlichen
Recht stammt, hilft ein unabhängiger Dritter den Parteien bei der Konfliktlösung. Im
Privatrecht dient das Ombudsmannverfahren zur Schlichtung von Meinungsverschie-
denheiten zwischen bestimmten Unternehmen und ihren Kunden. Anders als bei der
Mediation wenden sich also nicht beliebige Parteien an den Dritten (den Ombudsmann), sondern nur Angehörige einer bestimmten Personengruppe, z. B. Privatkunden von Banken. Ombudsmänner hat in Deutschland z. B. der Bundesverband deutscher Banken bestellt.[94] Privatkunden privater Banken können sich mit Problemen aus
ihrer Geschäftsbeziehung an einen der zwei Ombudsmänner wenden, ohne dass ihnen
Kosten entstehen. Allerdings wird der Ombudsmann nicht tätig, wenn bereits ein gerichtliches Verfahren anhängig ist oder die Staatsanwaltschaft eingeschaltet wurde. Die
Entscheidung des Ombudsmanns ist für den Kunden unverbindlich, für die Bank ist
sie bis zu einem Streitwert von 5000 € verbindlich. Aufgrund dieser Teilverbindlich-
keit wird das Bankenombudsmannverfahren unterhalb der Streitwertgrenze von
5000 € als Mischverfahren zwischen einem Schiedsverfahren und einem Schlichtungsverfahren angesehen.[95]

cc) Wenn Dritte an bloßen Schlichtungsgesprächen beteiligt sind, handelt es sich um 48
die Gestaltungsform der **Mediation.** Mediation findet statt, wenn ein neutraler Dritter in einen Konflikt eingeschaltet wird, um die Parteien bei ihren Verhandlungen zu
unterstützen. Wesentliches Merkmal der Mediation ist, dass der Mediator keine Ent-
scheidungskompetenz besitzt. Daher bietet sich dieses Verfahren insbesondere dann
als Konfliktlösungsmechanismus an, wenn die Parteien an einer einvernehmlichen Lösung interessiert sind. Da Mediation nicht nur zur Konfliktlösung in bestehenden Vertragsbeziehungen, sondern auch außerhalb von Vertragsbeziehungen, bei Vertragsverhandlungen oder sonstigen Verhandlungen eingesetzt werden kann, handelt es sich bei
der Schlichtung unter Beteiligung Dritter nur um eine von mehreren Formen der Mediation.[96]

> Als Vorsorgemaßnahme für den Fall, dass bei der Vertragsabwicklung ein Konflikt
> auftritt, können Schieds- oder Schlichtungsverfahren vorgesehen werden; auch
> eine Vereinbarung über Mediation ist möglich.

d) Bewältigung von Unsicherheiten

Der vertragsgestaltende Jurist stößt zwangsläufig auf tatsächlich oder rechtlich unsi- 49
chere (unklare) Zustände. Sie können im Bereich der Störfallvorsorge, aber auch bei
der Zweckverwirklichung zum Tragen kommen.

aa) Der Umgang mit **rechtlichen Unsicherheiten** gehört in den Bereich der Störfall- 50
vorsorge. Rechtliche Unsicherheit besteht für den Vertragsjuristen insbesondere, wenn
er eine zukünftige Rechtsprechung prognostizieren muss.[97] Ist eine Vertragsklausel unwirksam, erklärt § 139 BGB „im Zweifel" den gesamten Vertrag für nichtig. Diese

---

[94] Ausführlich zur Rechtsnatur dieses Verfahrens und zu Reformvorschlägen *v. Hippel,* Der Ombudsmann
im Bank- und Versicherungswesen, 2000, S. 25 ff.
[95] *v. Hippel,* Der Ombudsmann im Bank- und Versicherungswesen, 2000, S. 111.
[96] Siehe zur Mediation unten § 2 Rn. 43–46.
[97] Siehe dazu oben Rn. 34.

Rechtsfolge entspricht häufig nicht dem Interesse der Parteien.[98] Sie können durch **salvatorische Klauseln** dafür sorgen, dass der Vertrag so weitgehend wie möglich aufrechterhalten wird.[99] Salvatorische Klauseln treten zum einen als **Erhaltungsklauseln** auf. Sie bewirken, dass § 139 BGB bei Nichtigkeit einer Vertragsklausel keine Anwendung findet, sondern der Vertrag im Übrigen erhalten bleibt.[100]

Beispiel für eine Erhaltungsklausel: „Sollte eine dieser vertraglichen Regelungen unwirksam sein oder werden, so sollen die verbleibenden Regelungen wirksam bleiben."[101]

51 Salvatorische Klauseln können zum anderen als **Ersetzungsklauseln** ausgestaltet sein.[102] Während Erhaltungsklauseln die Frage offen lassen, welche Regelung an die Stelle der unwirksamen Vertragsklausel tritt, versuchen Ersetzungsklauseln, diese Frage zu beantworten. Sie können vorsehen, dass die Vertragslücke durch Auslegung gefüllt wird, dass Neuverhandlungen zwischen den Parteien stattfinden sollen,[103] oder dass eine einseitige Neuregelungsbefugnis einer Partei oder eines Dritten besteht.[104] Bei einseitigen Neuregelungsbefugnissen ist § 315 BGB zu beachten: Die bestimmungsberechtigte Partei hat die Grenzen des billigen Ermessens zu wahren. Möglich sind ferner Klauseln, die bereits eine Ersatzregelung enthalten.[105] Erhaltungs- und Ersetzungsklauseln sind grundsätzlich zulässig.[106] Bei Ersetzungsklauseln ist darauf zu achten, dass der Ersetzungsmechanismus hinreichend bestimmt ist.

Beispiel für eine Ersetzungsklausel: „Sollte eine dieser vertraglichen Regelungen unwirksam sein oder werden, so ersetzen die Parteien diese Regelung im Wege der Neuverhandlung."

52 **bb)** Im Laufe einer Vertragsbeziehung können nicht nur rechtliche, sondern auch **tatsächliche Veränderungen** eintreten. Solche Veränderungen liegen in der Sphäre einer Partei (z. B. Ausscheiden eines wichtigen Mitarbeiters) oder werden durch externe Faktoren hervorgerufen (z. B. starker Energiekostenanstieg).[107] Wenn der Vertragsjurist keine Vorsorge trifft, kann den Parteien nur über die Regelung zur Störung der Geschäftsgrundlage (§ 313 BGB) geholfen werden. Die Vorsorge geschieht durch Anpassungsklauseln.[108] Sie lassen sich der Zweckverwirklichung zuordnen, wenn eine

---

[98] *Medicus,* Allg. Teil, Rn. 508; *Seiler,* in: Festschrift Kaser, 1976, S. 127.

[99] *Kornexl,* Vertragsgestaltung, Rn. 213 f.; *Harry Westermann,* in: Festschrift Möhring, 1975, S. 135; *Medicus,* Allg. Teil, Rn. 510.

[100] *Beyer,* Salvatorische Klauseln, S. 5; *Kasselmann,* Salvatorische Klauseln in Allgemeinen Geschäftsbedingungen, 1986, S. 46; *Staudinger/Roth,* § 139 BGB Rn. 22.

[101] Ein Beispiel für eine umfassende salvatorische Klausel findet sich bei *Medicus,* Allg. Teil, Rn. 510.

[102] *Böhme,* Erhaltungsklauseln, 2000, S. 90; *Kasselmann,* Salvatorische Klauseln in Allgemeinen Geschäftsbedingungen, 1986, S. 51; *Staudinger/Roth,* § 139 BGB Rn. 22.

[103] Zu Neuverhandlungsklauseln *Horn,* AcP 181 (1981), 255 (257 ff.); *Martinek,* AcP 198 (1998), 329 (344 ff.); *Nelle,* Neuverhandlungspflichten, S. 250 ff.

[104] *Beyer,* Salvatorische Klauseln, S. 56 ff., der allerdings Klauseln, die eine Ergänzung im Wege der Auslegung vorsehen, zu den Erhaltungsklauseln mit zusätzlicher Rechtsfolgenanordnung zählt (s. dort S. 52 f.); *Böhme,* Erhaltungsklauseln, 2000, S. 90 ff. unterscheidet sieben Typen von Ersetzungsklauseln.

[105] *Beyer,* Salvatorische Klauseln, S. 58 ff.; *Schmittat,* Vertragsgestaltung, Rn. 180.

[106] *Beyer,* Salvatorische Klauseln, S. 92, 102 ff.; *Schröder,* Sicherer Weg, S. 222 ff.; *Staudinger/Roth,* § 139 BGB Rn. 22.

[107] *Rehbinder,* Vertragsgestaltung, S. 39.

[108] *Rehbinder,* AcP 174 (1974), 265 (289); *Rittershaus/Teichmann,* Vertragsgestaltung, Rn. 286; *Zankl,* Vertragssachen, Rn. 439 ff. S. zu Anpassungsklauseln ausführlich *Kamanabrou,* Vertragliche Anpassungsklauseln, 2004.

Anpassung bei ordnungsgemäßer Vertragsabwicklung zu erwarten ist. Das ist z. B. der Fall, wenn in einem langfristigen Vertrag eine Geldleistung der Geldentwertung angepasst werden soll. Bei der Vorsorge vor eher fernliegenden Ereignissen (Krieg, Naturkatastrophen) handelt es sich dagegen um Störfallvorsorge.

Die Anpassungsklausel kann eine **automatische Vertragsanpassung** vorsehen.[109] Beispielsweise können die Parteien eines langfristigen Liefervertrags den Preis für eine Ware vom Preis für ein vergleichbares Gut in der Weise abhängig machen, dass Preissteigerungen des Vergleichsguts sich auf den Kaufpreis auswirken (sog. Spannungsklauseln). Auch Veränderungen der Lohn- und Materialkosten können durch eine automatische Anpassungsklausel weitergegeben werden. Diese sog. Kostenelementsklauseln sind in der Energiebranche üblich.[110] Geht es – wie meist – um die Anpassung von Geldschulden, ist das **Preisklauselgesetz** vom 7.9.2007[111] zu beachten, das automatisch wirkende Indexierungen nur in bestimmten Fällen zulässt. Erlaubt ist u. a. gem. § 1 I PreisklG die automatische Koppelung des Preises an den Preis vergleichbarer Güter. Grundsätzlich nicht gestattet sind dagegen Klauseln, die eine Beziehung zu nicht vergleichbaren Gütern herstellen.

Beispiele: Unzulässig ist in einem fünfjährigen Mietvertrag über eine Gewerbeimmobilie die folgende Klausel: „Erhöht sich der vom Statistischen Bundesamt ermittelte Preisindex für die Lebenshaltung aller privaten Haushalte in Deutschland um mehr als 5%, so steigt die Miete für die Immobilie entsprechend."

Zulässig wäre dagegen folgende Regelung: „Steigen die Preise für vergleichbare Immobilien im Gewerbegebiet Frankfurt Ost, so steigt die Miete für die Immobilie entsprechend."

Die Anpassung kann auch der **Entscheidung einer Partei oder eines Dritten** überlassen sein. In diesem Fall sind bei der Anpassung die §§ 315, 317 BGB zu beachten. Die Entscheidung ist gem. § 315 I BGB im Zweifel nach billigem Ermessen zu treffen. Die Anpassung ist gerichtlich nachprüfbar; eine unbillige Bestimmung wird durch Urteil ersetzt, § 315 III BGB.

Beispiel: „Ändern sich Kostenfaktoren, die für die Preisberechnung maßgeblich sind, so kann der Verkäufer den Preis bis zu dem Betrag der Mehrbelastung erhöhen."

Schließlich sind auch hier **Neuverhandlungsklauseln** denkbar, nach denen die Parteien bei bestimmten Veränderungen über eine Vertragsanpassung verhandeln sollen.[112]

Beispiel: „Ändern sich die wirtschaftlichen Umstände derart, dass der vereinbarte Bezugspreis für den Verkäufer nicht mehr zumutbar ist, so verhandeln die Parteien über einen angemessenen Preis."

Rechtlichen Unsicherheiten begegnet der Vertragsjurist mit salvatorischen Klauseln. Tatsächliche Unsicherheiten lassen sich mit Hilfe von Anpassungsklauseln bewältigen.

---

[109] *Bilda,* Anpassungsklauseln in Verträgen, 2. Aufl. 1973, Rn. 43 ff.
[110] *Baur,* Vertragliche Anpassungsregelungen, 1983, S. 32 ff.
[111] BGBl. 2007 I, S. 2246 (2247).
[112] Kritisch zum Nutzen von Neuverhandlungsklauseln *Zankl,* Vertragssachen, Rn. 441.

5. Bewältigung von Zielkonflikten

56 Die Ziele einer Partei oder beider Parteien können bei der Vertragsgestaltung auf verschiedenen Ebenen in Konflikt geraten. So können auf Seiten einer Partei Sachziele miteinander kollidieren[113] oder die Sachziele mit Zielen der Störfallvorsorge nicht vereinbar sein. Wenn der Sachverhalt nicht allzu komplex ist, kann man anhand einer **Interessenmatrix** überprüfen, welche Ziele bei welcher Fallgestaltung erreicht werden.[114] Eine solche Interessenmatrix könnte für das Beispiel „Multi-Fitness-Center"[115] wie folgt aussehen:

Ziele Gestaltung	Absatz von Ware	Bindung des Kunden	keine langfristige Bindung	hilfsweise: Nutzungs- entschädigung
unverbindlicher Test	vielleicht	nein	ja	nein
Kauf auf Probe	vielleicht	nein	ja	nein
Miete mit Kaufoption	vielleicht	ja	nein	ja
Kauf mit Umtauschvorbehalt	ja	ja	ja	nein

57 Die beste Gestaltung muss allerdings nicht die Gestaltung sein, bei der die meisten Ziele verwirklicht werden: Möglicherweise werden bei einer anderen Gestaltung zwar weniger, dafür aber wichtigere Ziele erreicht. Dabei hat die **sichere Vertragsgestaltung** stets den Vorrang, wenn nicht der Mandant ausdrücklich andere Interessen höher bewertet.[116] Zwischen der Verwirklichung mehrerer Ziele oder des wichtigeren Ziels muss z. B. der Mandant in folgendem Fall wählen.

Beispiel: Die X-AG möchte in Göttingen ein weitläufiges Einkaufszentrum errichten. Dabei ist ihr die finanzielle Beteiligung eines oder mehrerer Partner sehr wichtig. Von den zwei in Betracht kommenden Standorten liegt der Standort A wesentlich verkehrsgünstiger als der Standort B. Deshalb haben bereits jetzt zahlreiche Unternehmen ihr Interesse an Mietverträgen bekundet, falls Standort A ausgewählt wird. Für den Standort B ist das Interesse geringer, andererseits aber auch ausreichend. Der Ankauf der Grundstücke, die den Standort A ausmachen, wäre kostengünstiger als der Ankauf der entsprechenden Grundstücke des Standorts B. Allerdings erhält die X-AG die gewünschte finanzielle Unterstützung durch einen Partner nur bei Auswahl des Standorts B.

58 Die folgende Interessenmatrix zeigt, dass die X-AG zwar mit dem Standort A mehr Ziele verwirklichen kann. Das entscheidende Ziel der finanziellen Beteiligung anderer Unternehmen kann sie aber nur bei Auswahl des Standorts B erreichen.

Ziele Alternative	finanzielle Beteiligung	verkehrsgünstige Lage	günstige Erwerbskosten
Standort A	nein	ja	ja
Standort B	ja	nein	nein

---

[113] *Teichmann*, in: Festschrift Kanzleiter, 2010, S. 381 (395 f.).
[114] *Rehbinder*, Vertragsgestaltung, S. 35.
[115] Erörtert oben bei Rn. 27–29.
[116] *Schröder*, Sicherer Weg, S. 18 f.

Die Zielkonflikte treten nicht nur zwischen verschiedenen Wünschen einer Partei, 59
sondern auch und besonders zwischen den **Zielen beider Parteien** auf. Auch insoweit
kann eine tabellarische Gegenüberstellung hilfreich sein; sie kann vor allem dazu dienen, Streitpunkte und unproblematische Fragen zu identifizieren und zu trennen.

Beispiel: V hat M im Jahr 2012 im Erdgeschoß seiner Jugendstilvilla in Hamburg-Pöseldorf Räume zum
Betrieb eines Szenecafés vermietet. Der Mietvertrag ist auf 10 Jahre fest abgeschlossen. In dieser Zeit können die Parteien das Mietverhältnis lediglich aus wichtigem Grund kündigen. Bei Vertragsbeendigung soll
V die Caféeinrichtung zum Zeitwert übernehmen. Nachdem M auch nach zwei Jahren die gewünschte
Kundschaft nicht anzieht, möchte er „aussteigen" und sich in der Karibik der Perlenzucht widmen. Deshalb tritt er an V mit dem Wunsch einer Vertragsaufhebung heran. Auch V ist einer Vertragsbeendigung
nicht abgeneigt, da er die Räume gerne seiner Tochter überlassen möchte, die dort einen guten Absatz-
markt für spezielles Kochgeschirr und Besteck (z. B. Hummerzangen und Schneckengabeln) sieht. Da die
Tochter mit der Caféeinrichtung nichts anfangen kann, möchte V sie möglichst nicht übernehmen. M dagegen möchte mit dem Erlös seine Grundausrüstung für die Perlenzucht finanzieren. Außerdem möchte er
den Vertrag noch drei Monate fortsetzen, da erst dann sein bevorzugter Zuchtplatz frei wird. V möchte die
Räume so schnell wie möglich seiner Tochter zur Verfügung stellen, zwingende Eile besteht für ihn jedoch
nicht.

Interesse des Vermieters	Interesse des Mieters
Lösung vom Vertrag	Lösung vom Vertrag
möglichst keine Auslauffrist	Auslauffrist
keine Übernahme der Einrichtung	Übernahme der Einrichtung

Ein echter Interessengegensatz besteht letztlich nur hinsichtlich der Übernahme der Einrichtung. Da aber
M und V über ihre wechselseitigen Interessen kaum vollständig informiert sein werden, hängt die tatsächliche Abwicklung des Mietverhältnisses stark vom Verhandlungsgeschick der Parteien ab. Möglicherweise
kann z. B. V daraus Kapital schlagen, dass er „großzügig" auf den Wunsch des M nach einer Auslauffrist
eingeht. Zeigt er allerdings allzu große Eile, den Vertrag aufzulösen, so wird sich M fragen, ob er nicht
möglicherweise aus einer zügigen Räumung Vorteile ziehen kann.

6. Vertragsverhandlungen

a) Vertragsverhandlungen finden insbesondere statt, wenn **kein standardisiertes Ge-** 60
schäft abgeschlossen wird und **kein übermäßiges Machtgefälle** zwischen den Parteien besteht. Standardisierte Geschäfte werden vor allem im Bereich der **Verbrau-**
cherverträge geschlossen. Solche Verträge unterliegen meist vorgegebenen AGB; der
Verbraucherschutz wird durch Gesetzesrecht verwirklicht. Auch **Arbeitsverträge** unterliegen meist einer standardisierten Vertragsgestaltung.[117] Bei Verträgen zwischen
Unternehmen oder bedeutsamen Verträgen zwischen Privatpersonen besteht jedoch
regelmäßig Verhandlungsbedarf.

Für den Ablauf und das Ergebnis von Verhandlungen spielt die **Verhandlungsmacht** 61
eine erhebliche Rolle; hinzu kommt das **Verhandlungsgeschick.** Die Verhandlungsmacht hängt u. a. von der Wettbewerbs- und Marktsituation, dem Verhältnis zwischen
den Parteien und der Bedeutung des Vertragsschlusses für jede der beiden Parteien ab.
Wer in einer konkreten Verhandlungssituation die stärkere Position hat, wird versuchen, diese Verhandlungsmacht in eine möglichst günstige Gestaltung umzusetzen.
Die Grenze wird erreicht, wenn der Vertragspartner unter den vorgesehenen Bedin-

---

[117] Umfassend *Preis*, Vertragsgestaltung.

gungen lieber auf den Vertragsschluss verzichtet oder die Stabilität der Beziehungen auf lange Sicht gefährdet ist.[118]

62 **b)** Der Vertragsjurist kann auf unterschiedliche Art und Weise an den Vertragsverhandlungen beteiligt sein. Wenn er als **Mittler** zwischen den Parteien tätig wird (wie im Idealfall der Notar), muss er einen gleichmäßigen Kompromiss im Auge haben. Als **Interessenvertreter** soll er für seine Partei ein möglichst günstiges Ergebnis aushandeln oder die Partei entsprechend beraten. Dabei hat er unter Umständen auch die Aufgabe, die Punkte zu bestimmen, in denen man nachgeben kann, um andere Regelungen durchzusetzen. Seine Überlegungen können allerdings nur einen Vorschlag für den Mandanten darstellen, der letztlich selbst entscheiden muss, wie er die Ziele bewertet.[119]

63 Die Verhandlungen werden sich unterschiedlich gestalten, je nachdem in welchem Stadium der Vertragsjurist hinzugezogen wird und ob sein Mandant anwesend ist.[120] Soll er Verhandlungen vorbereiten, muss er die Verhandlung strukturieren und möglichst durch eigene **Vorüberlegungen und Entwürfe** die Gestaltung steuern.[121] Die Gegenseite sollte der Vertragsjurist so behandeln, dass weitere Vertragsbeziehungen zwischen den Parteien nicht gefährdet werden. Bei vielen Verhandlungen treffen Parteien aufeinander, die auch in anderen Angelegenheiten kooperieren müssen.[122] Das gilt nicht nur für langjährige Geschäftspartner, sondern z. B. auch für Tarifvertragsparteien oder für die Betriebspartner (Betriebsrat und Arbeitgeber).

7. Belehrung und Beratung

64 Zur Aufgabe des Vertragsjuristen gehört auch die Belehrung und Beratung des Mandanten über die Gestaltungsmöglichkeiten und ihre Folgen.[123] Die **Belehrung** des Mandanten bezieht sich auf die rechtliche Bedeutung und Tragweite des Geschäfts.[124] Sie dient dem Schutz des Laien vor für ihn unabsehbaren Folgen eines Vertragsschlusses und soll zudem zu einer möglichst eindeutigen Erklärung führen.[125] Die Grenze zwischen der Belehrung und der **Beratung** über die ausgewogene und zweckmäßige Gestaltung ist fließend.[126] Die Beratung geht über die Belehrung hinaus; sie soll der Partei einen möglichst günstigen Vertragsschluss ermöglichen.[127]

---

[118] *Aderhold/Koch/Lenkaitis,* Vertragsgestaltung, § 5 Rn. 16 f; *Rehbinder,* Vertragsgestaltung, S. 63 f. Zum Verhandlungsspielraum der Parteien *Zankl,* Vertragssachen, Rn. 177, 180.

[119] *Rehbinder,* Vertragsgestaltung, S. 74 f.; *Zankl,* Vertragssachen, Rn. 20.

[120] *Zankl,* Vertragssachen, Rn. 21.

[121] *Rehbinder,* Vertragsgestaltung, S. 77 f.

[122] *Bauer,* NZA 1999, 11 (13).

[123] Umfassend zur Belehrung und Beratung unten § 6 Rn. 22–26; ausführlich auch: *Aderhold/Koch/Lenkaitis,* Vertragsgestaltung, § 3 Rn. 27 ff.

[124] *Rittershaus/Teichmann,* Vertragsgestaltung, Rn. 173; *Schmittat,* Vertragsgestaltung, Rn. 62 f.; *Wolf/Neuner,* BGB AT, § 39 Rn. 3.

[125] *Rehbinder,* Vertragsgestaltung, S. 54.

[126] *Langenfeld,* Vertragsgestaltung, Rn. 154; *Wolf/Neuner,* BGB AT, § 39 Rn. 3. Die Definition der „Beratung" spielt im Arbeitsrecht (Betriebsverfassungsrecht) eine besondere Rolle, dazu *Junker,* Arbeitsrecht, Rn. 700.

[127] *Reithmann/Albrecht/Reithmann,* Vertragsgestaltung, Rn. 170; *Schmittat,* Vertragsgestaltung, Rn. 64; *Wolf/Neuner,* BGB AT, § 39 Rn. 3.

Art und Umfang der Beratung richten sich u. a. nach der Rolle des Vertragsjuristen. **65** Während der Notar zu Neutralität verpflichtet ist, kann sich der Anwalt stärker auf die Interessen seiner Partei konzentrieren.[128] Auch der Interessenvertreter wird jedoch eine ausgewogene Vertragsgestaltung anstreben, um einen langfristig stabilen Vertrag zu schaffen. Belehrung und Beratung spielen vor allem gegenüber geschäftsunerfahrenen Mandanten eine Rolle. Sie erstrecken sich nicht nur auf die Störfallvorsorge als spezifisch juristisches Betätigungsfeld. Auch die von der Partei vorgegebenen Sachziele verändern sich möglicherweise durch Hinweise auf rechtliche Folgen und andere Gestaltungsmöglichkeiten.[129]

Beispiel: Ein junges Paar möchte heiraten und „für alle Fälle" im Vorhinein die Folgen einer Scheidung e
hevertraglich regeln. Da beide berufstätig sind und nicht an Nachwuchs denken, wollen sie vor allem
nacheheliche Unterhaltspflichten ausschließen.[130] Hier sollte der Notar darauf hinweisen, dass diese Lösung unerwünschte Konsequenzen haben kann, wenn doch ein Kind geboren wird und ein Ehegatte deshalb in seiner beruflichen Entwicklung zurücksteckt. Daher bietet sich ein durch die Geburt eines Kindes
auflösend bedingter Ausschluss der vermögensrechtlichen Folgen einer Scheidung an.[131]

> Der Vertragsjurist hat den Mandanten über die Bedeutung und Tragweite des Rechtsgeschäfts zu belehren. Hat er darüber hinaus beratende Funktion, so hat er auf einen möglichst günstigen Vertragsschluss hinzuwirken.

8. Erstellung der Vertragsurkunde

Schließlich ist es Aufgabe des Vertragsjuristen, die **Vertragsurkunde** unterschriftsreif **66** aufzusetzen.[132] Bei komplexeren Gestaltungsaufgaben gehen dem endgültigen Text in der Regel Entwürfe voraus, die – unter Berücksichtigung der Parteiinteressen – Schritt für Schritt verbessert werden. In **sprachlicher Hinsicht** sollte sich der Vertragsjurist um allgemeinverständliche, unkomplizierte Formulierungen bemühen. Allerdings lassen sich juristische Fachausdrücke, die einer klaren, präzisen Formulierung des Vertrags dienen, nicht vermeiden.[133] Im Zweifel haben klare und eindeutige Formulierungen den Vorrang vor gefälligen Ausdrücken.[134], da der Vertrag in erster Linie die Rechtsverhältnisse der Parteien effektiv regeln soll.[135] Die **Vertragssprache** richtet sich bei grenzüberschreitenden Verträgen in der Praxis meist nach dem auf den Vertrag anzuwendenden Recht.[136] Wenn ein Vertrag in mehreren Sprachen abgefasst wird,

---

[128] *Rehbinder,* Vertragsgestaltung, S. 54f.; *Wolf/Neuner,* BGB AT, § 39 Rn. 3f. Ausführlich zu den Pflichten des Notars unten § 6 Rn. 22–26.

[129] *Henssler,* JZ 1994, 178 (181); *Rehbinder,* Vertragsgestaltung, S. 54f.; *Reithmann/Albrecht/Reithmann,* Rn. 133ff.

[130] Ein solcher Ausschluss ist gem. § 1585c BGB grundsätzlich zulässig. Zur Einschränkung des § 1585c BGB durch die Rechtsprechung *Schwenzer,* Vertragsfreiheit im Ehevermögens- und Scheidungsfolgenrecht, AcP 196 (1996), 88 (95ff.).

[131] Beispiel nach *Langenfeld,* JuS 1998, 417 (418).

[132] *Reithmann/Albrecht/Reithmann,* Vertragsgestaltung, Rn. 2ff.; *Harald Weber,* JuS 1986, 636 (641f.).

[133] *Kornexl,* Vertragsgestaltung, Rn. 10f.; *Langenfeld,* Vertragsgestaltung, Rn. 199ff.; *Rehbinder,* Vertragsgestaltung, S. 102f.; *Rittershaus/Teichmann,* Vertragsgestaltung, Rn. 511; *Schmittat,* Vertragsgestaltung, Rn. 80.

[134] *Langenfeld,* Vertragsgestaltung, Rn. 203.

[135] Gegen die Wiederholung des geltenden Gesetzesrecht: *Aderhold/Koch/Lenkaitis,* Vertragsgestaltung, § 6 Rn. 11.

[136] *Zankl,* Vertragssachen, Rn. 878. Zu Auslegungsschwierigkeiten bei mehrsprachigen Vertragstexten *Rittershaus/Teichmann,* Vertragsgestaltung, Rn. 512.

sollte eine Regelung darüber getroffen werden, welche Fassung bei Auslegungsstreitigkeiten maßgeblich ist.[137]

67   Ein bestimmter **Aufbau der Vertragsurkunde** ist gesetzlich nicht vorgeschrieben. In der Praxis haben sich Aufbauschemata herausgebildet (sog. „Mantel" einer Urkunde), die in den Formularbüchern zugrunde gelegt und erläutert werden. Die Regelungen des Vertrags sind gemäß diesen Schemata **nach Sachgruppen zu gliedern.**[138] Zunächst erhält der Vertrag eine Überschrift, die den Vertragstyp möglichst treffend kennzeichnen sollte. Daraufhin sind die Parteien zu benennen. Bei Unternehmen muss der Vertragsjurist auf die korrekte Benennung der Parteien achten, wozu auch die Vertretungsverhältnisse gehören.[139]

Beispiel: Schließen die Parteien im oben erörterten Beispiel „Pressestellenleiterin"[140] einen Aufhebungsvertrag, so lautet die korrekte Bezeichnung der Arbeitgeberin nicht „Firma B", sondern „B-AG". Die Vertretungsverhältnisse werden der Bezeichnung des Unternehmens angefügt. Wird die B-AG gemeinsam durch ihre Vorstandsmitglieder Bernd Heise und Konrad Kröger vertreten, so hieße der entsprechende Zusatz: „vertreten durch ihre gesamtvertretungsberechtigten Vorstandsmitglieder Bernd Heise und Konrad Kröger".

68   Im Anschluss daran werden die Hauptleistungspflichten einschließlich der Leistungsmodalitäten (Zeit und Ort der Leistung und Gegenleistung) aufgenommen.[141] Danach folgen – je nach Bedarf – beispielsweise Klauseln für den Fall von Leistungsstörungen und Regelungen zur Vertragsdauer. Als Schlussbestimmungen werden häufig Schriftformklauseln und salvatorische Klauseln aufgenommen; auch Regeln über die Konfliktlösung (z. B. Schieds- oder Gerichtsstandsvereinbarungen) werden üblicherweise als sog. Schlussklauseln an das Ende der Urkunde gestellt.[142]

69   Die Aufbauschemata sind zum Teil durch gesetzliche Vorbilder oder die Chronologie der künftigen Ereignisse vorgeprägt: So wird sich eine **Satzung** einer Aktiengesellschaft im Zweifel am System des Aktiengesetzes orientieren,[143] die Satzung eines Vereins wird die Regeln über den Vereinsbeitritt vor die Regelungen über den Austritt und den Ausschluss stellen. Ein **Austauschvertrag** wird die Vorschriften über das (schuldrechtliche) Verpflichtungsgeschäft vor denjenigen über das (dingliche) Erfüllungsgeschäft enthalten.

---

[137] *Aderhold/Koch/Lenkaitis,* Vertragsgestaltung, § 6 Rn. 2; *Zankl,* Vertragssachen, Rn. 879 ff.

[138] *Aderhold/Koch/Lenkaitis,* Vertragsgestaltung, § 6 Rn. 13; *Langenfeld,* Grundlagen, Kap. 3 Rn. 5 ff.

[139] *Rittershaus/Teichmann,* Vertragsgestaltung, Rn. 493 f.; *Schmittat,* Vertragsgestaltung, Rn. 188; *Zankl,* Vertragssachen, Rn. 902 ff.

[140] Erörtert oben bei Rn. 18.

[141] *Rittershaus/Teichmann,* Vertragsgestaltung, Rn. 497 ff.

[142] *Aderhold/Koch/Lenkaitis,* Vertragsgestaltung, § 6 Rn. 22.

[143] Vgl. *Harald Weber,* JuS 1989, 636 (641).

§ 2. Vertragsverhandlungen

Literatur (s. auch das Verzeichnis der abgekürzt zitierten Literatur, S. XIX): *Beck,* Mediation und Vertraulichkeit, 2009; *Bickel,* Verhandlungsmanagement und Mediation in der Juristenausbildung, JuS 2000, 1247; *Eidenmüller,* Mediationstechniken bei Unternehmenssanierungen, BB 1998, Beilage 10, 19; *Erbacher,* Grundzüge der Verhandlungsführung, 3. Aufl. 2010; *Fisher/Shapiro,* Erfolgreicher verhandeln mit Gefühl und Verstand, 2007; *Goltermann/Hagel/Klowait/Levien,* „Das neue Mediationsgesetz" aus Unternehmenssicht, SchiedsVZ 2012, 299, SchiedsVZ 2013, 41; *Grobosch/Heymann,* Vertrauen als Verfahrensgegenstand – Fallgruppen der Mediation, NJW 2012, 3626; *Groth/von Bubnoff,* Gibt es gerichtsfeste Vertraulichkeit bei der Mediation?, NJW 2001, 338; *Haft,* Intuitives und rationales Verhandeln, BB 1998, Beilage 10, 15; *Heussen,* Die Vertragsverhandlung in der Krise, ZKM 2003, 18; *Hohmann,* Notizen zum Harvard-Konzept Die Phasen eines Verhandlungsmodells auf der Grundlage des Harvard-Konzepts, ZKM 2003, 48; *Leeb,* Entlastung der Justiz – Notwendigkeit, Gefahren, Chancen, BB 1998, Beilage 10, 1; *Meyer/Schmitz-Vornmoor,* Das neue Mediationsgesetz in der notariellen Praxis, DNotZ 2012, 895; *Ponschab/Schweizer,* Schlüsselqualifikationen, 2008; *Quinting,* Erfolgreich verhandeln mit dem Harvard-Konzept, in: Eyer (Hrsg.), Report Wirtschaftsmediation, 2. Aufl. 2003, S. 33; *Rohde,* Grundlagen der Verhandlungsführung – Das Harvard-Konzept, AiB 2004, 552; *Saner,* Verhandlungstechnik, 2. Aufl. 2008; *Schöbel,* Verhandlungsmanagement und Mediation in der Juristenausbildung, JuS 2000, 372; *Wolf/Weber/Knauer,* Gefährdung der Privatautonomie durch therapeutische Mediation?, NJW 2003, 1488.

Verhandlungen vor Abschluss eines Vertrags werden naturgemäß nicht in allen Gestaltungsfällen durchgeführt. Denkt man an die Vielzahl von Alltagsgeschäften, die täglich zu vorgegebenen Bedingungen abgeschlossen werden, finden Verhandlungen jedenfalls in den „westlich" geprägten Staaten, in denen der Basar keine Rolle spielt, vergleichsweise selten statt. Die Anzahl der Vertragsschlüsse ohne Verhandlungen darf aber nicht darüber hinwegtäuschen, dass Vertragsverhandlungen bei **wirtschaftlich bedeutenden Rechtsgeschäften** meist unverzichtbar sind.[1] Schon der Käufer eines Fahrzeugs der Unter- oder der Mittelklasse hat oft einen Verhandlungsspielraum hinsichtlich des Kaufpreises und weiterer Konditionen. Auch bei Grundstücksgeschäften kann der Verkäufer selbst bei privat genutzten Immobilien in der Regel die Vertragsbedingungen nicht einseitig diktieren. **1**

Eine große Rolle spielen Vertragsverhandlungen im **Geschäftsverkehr zwischen Unternehmen.** Zum einen ist der Vertragsschluss bei Geschäften zwischen Kaufleuten oftmals unsicherer und länger „in der Schwebe" als bei Geschäften mit einer Privatperson oder von Privatpersonen untereinander, da im Regelfall beide am Vertragsschluss interessierten Kaufleute weitere potentielle Verhandlungspartner haben. Zum anderen können selbst einfache Ein- und Verkaufsgeschäfte im kaufmännischen Geschäftsverkehr wegen ihrer wirtschaftlichen Dimensionen zu zähen Verhandlungen führen; das gilt umso mehr für komplexere Transaktionen wie Unternehmenskäufe oder ähnliche Geschäfte. **2**

Komplexe Projekte machen nicht nur Verhandlungen zwischen den Beteiligten erforderlich. Auch **innerhalb der beteiligten Unternehmen** müssen die Vorstellungen der sachverständigen Personen, des Finanzbereichs und der Rechtsabteilung koordiniert werden. Der Vertragsjurist muss sich bewusst sein, dass juristische Überlegungen von anderen Beteiligten bisweilen als störend und hemmend empfunden werden. Im **Vorfeld von Vertragsverhandlungen** stellen sich zahlreiche technische Fragen wie die **3**

---

[1] *Rehbinder,* Vertragsgestaltung, S. 61 f.; s. ferner *Döser,* Vertragsgestaltung, Rn. 123; *Rittershaus/Teichmann,* Vertragsgestaltung, Rn. 62 ff. und den Hinweis bei *Medicus,* Allg. Teil, Rn. 464.

Auswahl des Verhandlungsortes, die Zusammenstellung der Verhandlungsdelegation und die Zeitplanung. Im Folgenden wird es aber weniger um verhandlungstechnische Details gehen,[2] als vielmehr um Überlegungen zu Verhandlungstypen, Verhandlungsfallen und Verhandlungsstrategien.

I. Verhandlungstypen

4 Ablauf und Ergebnis von Vertragsverhandlungen hängen neben anderen Umständen auch von den an den Verhandlungen beteiligten Personen ab. So wie Menschen unterschiedliche Temperamente haben, gibt es verschiedene Verhandlungstypen. Sozialpsychologen sprechen von kompetitiven, kooperativen und individualistischen Verhandlungstypen[3]:

Der **kompetitive Typ** versucht, sein Verhandlungsergebnis auf Kosten der anderen Seite zu maximieren.

Der **kooperative Typ** ist bemüht, das Verhandlungsergebnis beider an den Verhandlungen beteiligter Seiten zu maximieren.

Der **individualistische Typ** ist vor allem am eigenen Verhandlungsergebnis interessiert, egal wie das Ergebnis der Gegenseite ausfällt.

5 Das Verhandlungsergebnis in einer bestimmten Situation fällt unterschiedlich aus, je nachdem, welche Verhandlungstypen aufeinandertreffen. Um diesen Zusammenhang zu verdeutlichen, haben Psychologen das „Gefangenen-Dilemma-Spiel" ersonnen.

Das Gefangenen-Dilemma-Spiel:[4]

Zwei Männer (B1 und B2) sind festgenommen worden, weil sie des Diebstahls verdächtig sind. Da die Beweise nicht ausreichen, um sie zu überführen, vernimmt die Polizei sie nach folgender Strategie: Die Männer werden getrennt voneinander verhört, ohne dass sie die Möglichkeit haben, sich abzusprechen. Beiden Beschuldigten wird eröffnet, dass das Beweismaterial nicht ausreiche, dass man aber demjenigen Beschuldigten die Freiheit gewähre, der seinen Partner verpetze. Der andere Beschuldigte bekomme 48 Monate. Verrate jeder den anderen, so würden sie beide für 18 Monate eingesperrt. Wenn keiner den anderen verrate, würden sie wegen Landstreicherei für 6 Monate eingesperrt.

6 Dieses Spiel wird in mehreren Runden durchgeführt, um zu untersuchen, wie sich die **Kooperation** zwischen den beiden Spielern entwickelt. Bei diesem Ablauf liegt es auf der Hand, dass eine verfahrene Situation eintreten muss, wenn beide Spieler jeweils ihren **größtmöglichen eigenen Nutzen** verfolgen. Wenn jeder den anderen verrät und darauf hofft, dass dieser schweigt, wird nach einiger Zeit keiner der Spieler bereit sein, noch **Rücksicht** auf den anderen zu nehmen. Bei einer anderen Entwicklung des

---

[2] Dazu ausführlich *Heussen/Heussen*, Handbuch, 2. Teil Rn. 446 ff.; im Überblick *Rittershaus/Teichmann*, Vertragsgestaltung, Rn. 65 ff.; *Zankl*, Vertragssachen, Rn. 233 ff.

[3] *Gottwald/Haft*, Verhandeln, S. 34, 40; *Haft*, Verhandlung, S. 166 ff.; *Klinger/Bierbrauer*, in: Haft/Schlieffen, Handbuch Mediation, § 5 Rn. 25 ff. S. ferner die Einteilung nach neutralem, destruktivem und konstruktivem Verhalten bei *Heussen/Heussen*, Handbuch, 2. Teil Rn. 400 ff. Zu kompetitivem und kooperativem Verhandeln *Ponschab/Schweizer*, Kooperation, S. 94 ff., 104 ff., 108 ff.

[4] Ablauf und Ergebnisse wiedergegeben nach *Gottwald/Haft*, Verhandeln, S. 34, 41 ff. Zu diesem Spiel auch *Klinger/Bierbrauer*, in: Haft/Schlieffen, Handbuch Mediation, § 5 Rn. 27 ff.; *Saner*, Verhandlungstechnik, S. 98 ff.

Spiels würde es dagegen möglicherweise zum Aufbau gegenseitigen Vertrauens kommen, mit der Folge, dass die Beschuldigten den **größten gemeinsamen Nutzen** erreichen könnten. Im Einzelnen hängt der Spielverlauf davon ab, welche Verhandlungstypen die beteiligten Spieler sind.

Handlungsmöglichkeit	Ergebnis	
B1 schweigt B2 schweigt	B1 B2	6 Monate 6 Monate
B1 petzt B2 petzt	B1 B2	18 Monate 18 Monate
B1 petzt B2 schweigt	B1 B2	0 Monate 48 Monate
B1 schweigt B1 petzt	B1 B2	48 Monate 0 Monate

Setzt man Spielpartnern, die den eingangs genannten Verhandlungstypen entsprechen, Spieler gegenüber, die ausschließlich kompetitiv, kooperativ oder bedingt kooperativ spielen (bedingt kooperative Spieler antworten mit der gleichen Wahl, die der Gegner in der Vorrunde getroffen hat), so lässt sich folgendes beobachten: **Kompetitive Spieler** versuchen unabhängig vom Verhalten des anderen stets, den Spielpartner zu übertrumpfen. **Kooperative Spieler** verhalten sich so lange kooperativ, bis ihnen klar wird, dass sie nachteilige Ergebnisse erzielen. Sie kooperieren also bei kooperativen und bedingt kooperativen Partnern, nicht aber bei kompetitiven Partnern. **Individualistische Verhandlungstypen** kooperieren nur bei bedingt kooperativen Gegnern.   7

Das Verhalten der Spieler gegenüber ihrem jeweiligen Verhandlungspartner, geordnet   8
nach Verhandlungstypen, verdeutlicht eine Übersicht:

Partner	Spieler	Vorgehen des Spielers
kompetitiver Spieler kooperativer Spieler bedingt kooperativer Spieler	kompetitiver Spieler	versucht in der Regel, den Partner des Spiels zu übertrumpfen
	kooperativer Spieler	ist bei kooperativen und bedingt kooperativen Partnern kooperativ
	individualistischer Spieler	ist nur bei bedingt kooperativen Partnern kooperativ

Es zeigt sich, dass der **individualistische Typ** am flexibelsten reagiert, da er sich auf   9
die anderen Typen einstellen kann. Zwar kann der Verhandelnde mit einer **kooperativen Haltung** viel erreichen, sie führt jedoch gegenüber einem **kompetitiven Typ** nicht weiter. Es besteht vielmehr die Gefahr, dass dieser versucht, die kooperative Gegenseite „über den Tisch zu ziehen". Der individualistische Verhandlungstyp kann hier (zumindest zunächst) ebenso einseitig reagieren, wodurch zwar möglicherweise die Verhandlungen scheitern, ein einseitiges Ergebnis zugunsten des kompetitiven Typs jedoch vermieden wird.

10 Über die verschiedenen Verhandlungstypen und ihre charakteristischen Merkmale unterrichtet zusammenfassend die folgende Übersicht:

kompetitiver Typ	versucht, sein Verhandlungsergebnis auf Kosten der anderen Seite zu maximieren
kooperativer Typ	ist bemüht, das Verhandlungsergebnis beider Seiten zu maximieren
individualistischer Typ	ist vor allem am eigenen Verhandlungsergebnis interessiert, egal wie das der Gegenseite ausfällt

II. Verhandlungsfallen

11 In einigen Verhandlungssituationen kann die eine Seite sich im Wesentlichen auf ihre **Machtposition** stützen, um ihre Interessen durchzusetzen. So ist die Verhandlungsposition dessen, der ein knappes Gut anbieten kann, ungleich stärker als die des Interessenten.

Beispiel: Der Eigentümer eines Ein-Zimmer-Appartements in einer Universitätsstadt, in der die Nachfrage nach solchen Appartements das Angebot deutlich übersteigt, kann sich seine Mieter aussuchen und ihnen die Vertragsbedingungen innerhalb der Grenzen des zwingenden Mietrechts und der guten Sitten (§ 138 BGB) diktieren. Diese Situation kann sich wandeln, weil z. B. aufgrund von Studiengebühren die Studentenzahlen rapide sinken, so dass Mieter zum „knappen Gut" werden. Der Vermieter muss sich dann, wenn er den kostbaren Mieter nicht verlieren will, unter Umständen auf neue Konditionen einlassen.

12 Ein Machtgefälle ist jedoch nicht immer gegeben. Geschickte Verhandlungsführer versuchen daher, ihr Gegenüber zu manipulieren, ohne dass es ihm bewusst wird. Von den **Manipulationstechniken**[5] seien zwei hervorgehoben: die Konsistenzfalle („Fuß-in-der-Tür"-Technik) und die Konzessionsfalle („Tür-ins-Gesicht"-Technik).[6]

1. Die Konsistenzfalle („Fuß-in-der-Tür"-Technik)

13 Die Konsistenzfalle („Fuß-in-der-Tür"-Technik) lässt sich im täglichen Leben z. B. bei Haustürgeschäften beobachten. Bei dieser Verhandlungstaktik wird dem Partner zunächst eine **kleine Konzession** abgerungen, um dann ein **größeres Anliegen** nachzuschieben. Wichtig ist, dass die Forderungen im Zusammenhang stehen, so dass das Opfer sich in der Situation „Wer A sagt, muss auch B sagen" wiederfindet. Diese Methode funktioniert, da Menschen das Bedürfnis haben, in ihren Handlungen den Mitmenschen gegenüber als logisch und beständig zu erscheinen. Da ein Rückzieher dieses Bild zerstören würde, macht das Opfer die eigentlich erstrebte Konzession.[7]

Beispiel (Kalifornischer Seifen-Versuch): Kalifornische Hausfrauen wurden von einem angeblichen Mitglied eines Verbraucherverbands angerufen und befragt, welche Seife sie in ihrem Haushalt verwenden. Einige Tage später wurden dieselben Frauen von demselben Anrufer gebeten, einen zweistündigen Besuch

---

[5] Zur Manipulation von Tatsachen und Meinungen *Fisher/Ury/Patton,* Harvard-Konzept, S. 192 ff.

[6] Begriffe nach *Cialdini,* Überzeugen, S. 72 f., 113 f.; *Gottwald/Haft,* Verhandeln, S. 49 ff., 93 f., 100 f. Zu manipulativen Argumentationsformen auch *Klinger/Bierbrauer,* in: Haft/Schlieffen, Handbuch Mediation, § 5 Rn. 75 ff. *Meins,* Vertragsverhandlung, S. 185 ff.

[7] *Cialdini,* Überzeugen, S. 95 ff.; *Gottwald/Haft,* Verhandeln, S. 49 f., 100.

von Mitarbeitern des Verbraucherverbands zu gestatten, damit diese feststellen könnten, welche Waschmittelprodukte sich im jeweiligen Haushalt befinden. Während von den so „präparierten" Frauen ca. 53 % zusagten, taten dies nur 22 % einer Kontrollgruppe, denen die erste Bitte nicht unterbreitet worden war.[8]

Psychologen führen diese unterschiedlichen Ergebnisse darauf zurück, dass die Frauen der ersten Gruppe ein Selbstbild begründet hatten, wonach sie den Zielen des Verbraucherverbands wohlwollend gegenüberstanden. Sie waren dadurch für die größere Bitte wesentlich anfälliger als die Frauen der zweiten Gruppe.

Übertragen auf eine **juristische Verhandlung** kann man sich bei der „Fuß-in-der-Tür"-Technik folgende Konstellation vorstellen: **14**

Beispiel: V muss mit seiner Familie (Ehefrau, drei Kinder, ein Hund, eine Vogelspinne) aus beruflichen Gründen in eine andere Stadt ziehen. Er bietet sein Haus dem K zum Verkauf an. V benötigt den Kaufpreis kurzfristig (zum 1.7.2014), um sein neues Haus zu finanzieren; das neue Haus wird allerdings erst zum 1.9.2014 frei. V möchte weder die Kosten für eine teurere Zwischenfinanzierung übernehmen noch mit Kind und Kegel zwei Mal umziehen. Er weiß, dass K hinsichtlich des Umzugstermins flexibel ist.

V geht daher bei den Verhandlungen im Mai wie folgt vor: Er bittet K zunächst, ihn und seine Familie noch den Juli über in dem Haus wohnen zu lassen (gegen Übernahme der Nebenkosten für diese Zeit), da die Kinder das Schuljahr noch in ihrer alten Schule beenden sollen und ein Umzug innerhalb der Stadt für einen Monat doch sehr aufwendig wäre. K stimmt ihm zu, zeigt sich familienfreundlich und akzeptiert die Bitte. Ende Juni steuert V sein eigentliches Ziel an: Er geht erneut auf K zu und erzählt ihm, dass er in das neue Haus erst „verspätet" am 1.9.2014 einziehen könne. Glücklicherweise seien Ferien, weshalb er seine Familie noch einen Monat im alten Haus lassen könne, während er schon einmal am neuen Wohnort in ein Hotel ziehe. Mit der ganzen Familie sei das ja ein fürchterlicher Aufwand. K gibt nach und lässt die Familie des V einen weiteren Monat in ihrem ehemaligen Haus wohnen. Nachdem er einmal für die Schwierigkeiten einer umziehenden Familie Verständnis gezeigt hat, kann er diese zweite Bitte schlecht abschlagen. Dagegen hätte K eher abgelehnt (oder zumindest einen Mietzins verlangt), wenn V ihm sogleich sein gesamtes Anliegen vorgetragen hätte.

Wehren kann sich die Gegenseite gegen diese Manipulationstechnik, indem sie bereits beim ersten Schritt vorsichtig ist. Hat sie das erste Zugeständnis bereits gemacht und erkennt sie die Beeinflussung noch rechtzeitig, muss sie die psychologische Hürde überwinden und die „nachgeschobene" Bitte abschlagen.[9] **15**

> Die Konsistenzfalle besteht darin, dass der Manipulator zunächst eine kleine Konzession erstrebt, um auf dieser Basis sein eigentliches Anliegen vorzubringen.

2. Die Konzessionsfalle („Tür-ins-Gesicht"-Technik)

Eine weitere Manipulationstechnik besteht darin, eine Konzessionsfalle aufzustellen **16** („Tür-ins-Gesicht"-Technik). Hierbei wird die zuvor geschilderte Vorgehensweise umgedreht: Man verlangt zunächst ein **großes Zugeständnis,** dass das Opfer voraussichtlich zurückweisen wird, um dann ein **kleineres Zugeständnis** – das eigentlich erstrebte Zugeständnis – zu erreichen. Das erstrebte Zugeständnis muss nicht tatsächlich klein sein. Maßgeblich ist, ob der Verhandlungspartner es als Konzession wahrnimmt und sich deshalb im Zugzwang sieht.[10]

---

[8] Beispiel wiedergegeben nach *Gottwald/Haft*, Verhandeln, S. 50.

[9] *Cialdini*, Überzeugen, S. 150 ff.; *Gottwald/Haft*, Verhandeln, S. 51.

[10] *Bühring-Uhle/Eidenmüller/Nelle*, Verhandlungsmanagement, S. 46; *Cialdini*, Überzeugen, S. 72 ff.; *Gottwald/Haft*, Verhandeln, S. 51, 94.

Beispiel (Blutspendefall): Angenommen, ein Helfer des Roten Kreuzes fragt Sie, ob Sie bereit sind, über zwei Jahre hinweg jeden Monat ¼ Liter Blut zu spenden. Wahrscheinlich würden Sie dies ablehnen. Wenn dann dieselbe Person fragt, ob Sie am folgenden Tag ¼ Blut spenden würden, ist die Wahrscheinlichkeit groß, dass Sie dieser verhältnismäßig kleinen Bitte zustimmen. Ein Versuch mit Studenten hat ergeben, dass 50 % der so Befragten zu der einmaligen Blutspende bereit waren, während es nur 32 % in einer Vergleichsgruppe waren, denen die erste Bitte zuvor nicht vorgetragen wurde.[11]

Psychologen erklären das unterschiedliche Verhalten damit, dass der Angesprochene sich nach einer großen Bitte gezwungen fühlt, wenigstens dem kleineren Anliegen nachzugeben. Außerdem erstrebe man eine positive Selbstdarstellung, die gegen ein ständiges „nein" spreche.

17 Auf eine **juristische Verhandlung** übertragen lässt sich bei der „Tür-ins-Gesicht"-Technik an folgende Verhandlungssituation denken:

Beispiel: Wegen Unstimmigkeiten soll der Geschäftsführer A der X-GmbH die Gesellschaft zum Jahresende verlassen. Da die X-GmbH ihm kein Vertrauen mehr entgegenbringt, soll A bis dahin freigestellt werden. Ende September wird über die Modalitäten eines Aufhebungsvertrags verhandelt. Nachdem man sich über eine Abfindung, das Zeugnis und andere Dinge geeinigt hat, geht es schließlich um die Rückgabe des Firmenwagens, den die X-GmbH A zur Verfügung gestellt hat. A geht es darum, den Wagen im Oktober noch behalten zu können, da erst Ende Oktober ein von ihm bestelltes Neufahrzeug ausgeliefert wird. Die X-GmbH möchte den Wagen möglichst bald für Firmenzwecke nutzen. A verlangt zunächst, den Wagen bis zum Jahresende fahren zu dürfen. Das lehnt die X-GmbH ab. Den „Kompromissvorschlag" des A, ihm den Wagen noch für den Monat Oktober zu überlassen, mag der Verhandlungsführer der X-GmbH daraufhin nicht mehr ablehnen.

18 Die „Tür-ins-Gesicht"-Technik ist vor allem dann erfolgreich, wenn ein und dieselbe Person beide Anliegen äußert, und zwar möglichst kurz aufeinander; bei größeren Abständen lässt die Konzessionsbereitschaft nach. Dagegen kann die „Fuß-in-der-Tür"-Technik auch wirken, wenn verschiedene Personen die Bitten aussprechen, da sie eher auf das Selbstbild des Opfers zielt, das von der Person des Fragenden unabhängig ist. Auch sollen hier längere Abstände zwischen den beiden Bitten unschädlich sein.[12]

> Die Konzessionsfalle besteht darin, dass der Manipulator zunächst eine große Konzession verlangt, um bei Ablehnung sein eigentliches, kleineres Anliegen vorzubringen.

3. Verstrickung

19 Psychologen warnen vor selbstgestellten Fallen wie der Verstrickung. Manche neigen dazu, an einer **aussichtslosen Position** festzuhalten, um die bis dahin eingesetzten Mittel nicht zu verlieren. Vor Fehlentscheidungen in solchen Situationen kann der Verhandelnde sich bewahren, wenn er sich ein Limit setzt, über das hinaus er keine Aufwendungen mehr auf das Ziel macht.[13]

Beispiel (Eurostücksteigern): Eine Münze im Nennwert von einem Euro aus der aktuellen Serie (ohne wertsteigernde Besonderheiten) wird unter den Anwesenden versteigert. Gebote müssen fünf Cent oder

---

[11] Beispiel wiedergegeben nach *Gottwald/Haft,* Verhandeln, S. 51 f.
[12] *Gottwald/Haft,* Verhandeln, S. 52.
[13] *Bühring-Uhle/Eidenmüller/Nelle,* Verhandlungsmanagement, S. 47 ff.; *Gottwald/Haft,* Verhandeln, S. 53, 55 f.; ausführlich zu Vermeidungsstrategien *Klinger/Bierbrauer,* in: Haft/Schlieffen, Handbuch Mediation, § 5 Rn. 93; s. ferner *Haft,* Verhandlung, S. 198 ff. Kritisch zum Limit *Fisher/Ury/Patton,* Harvard-Konzept, S. 150 ff.

ein Vielfaches hiervon betragen. Wer das höchste Gebot abgibt, erhält für diesen Betrag die Münze. Wer das zweithöchste Angebot macht, muss zahlen, erhält aber nichts. – Bei einem Versuch mit einer vergleichbaren Versuchsanordnung wurden 5,50 DM für ein Markstück geboten, da lange Zeit keiner der beiden letzten Bietenden der Verlierer sein wollte.[14]

4. Formulierungsfallen

Eine geschickte Formulierung von Entscheidungsalternativen kann dazu dienen, den 20 Verhandlungspartner zu manipulieren.

Beispiel: Eine Automobilfirma hat Absatzschwierigkeiten. Sie wird möglicherweise drei Betriebe schließen und 6000 Arbeitnehmer entlassen müssen. Die Produktionsleiterin hat zwei Pläne entwickelt, um der Lage Herr zu werden: *Plan A* rettet einen der drei Betriebe und 2000 Arbeitsplätze. *Plan B* hat $^1/_3$ Wahrscheinlichkeit, dass alle drei Betriebe und alle 6000 Arbeitsplätze gerettet werden; mit $^2/_3$ Wahrscheinlichkeit müssen jedoch alle Betriebe geschlossen werden, wodurch alle 6000 Arbeitsplätze entfallen. Welchen Plan würden Sie wählen?[15]

Auf diese Fragestellung entschieden sich mehr als 80 % der Befragten für Plan A. Der sichere Gewinn wurde der risikoreichen Alternative, durch die ein Verlust hätte vermieden werden können, vorgezogen.

Fortführung des Beispiels: Anschließend wurden der Probandengruppe folgende Pläne unterbreitet: *Plan* 21 *C* führt zum Verlust zweier Betriebe und zum Abbau von 4000 Arbeitsplätzen. *Plan D* hat $^2/_3$ Wahrscheinlichkeit, dass alle Betriebe und alle 6000 Arbeitsplätze verloren gehen. Mit einer Wahrscheinlichkeit von $^1/_3$ geht jedoch kein Betrieb und kein Arbeitsplatz verloren. Welchen Plan würden Sie wählen?

Mehr als 80 % der Befragten bevorzugten nun Plan D. Der risikoreichere Plan wurde dem sicheren Verlust vorgezogen. Die Auswahlkombination A, D ist jedoch unlogisch, da die Pläne A und C sowie B und D jeweils denselben Erwartungswert haben. Bei den Varianten A und C werden 2000 Arbeitsplätze erhalten, 4000 Arbeitsplätze entfallen. Bei den Varianten B und D besteht jeweils die gleiche Wahrscheinlichkeit, dass alle Arbeitsplätze gerettet werden ($^1/_3$) oder verlorengehen ($^2/_3$). Die Auswahlentscheidung der Befragten hat sich also allein durch das Umformulieren der Frage verändert.

Psychologen haben erforscht, dass Menschen eher risikovermeidend handeln, wenn die **Entscheidungsalternativen** positiv gehalten sind (Plan A und B). Sie sind dagegen risikogeneigt, wenn die gleiche Situation negativ formuliert wird (Plan C und D). Ein sicherer Gewinn wird der Wahrscheinlichkeit eines Gewinns vorgezogen, die Wahrscheinlichkeit eines Verlusts dem sicheren Verlust.[16]

III. Verhandlungsstrategien

Verhandlungsfallen erkennen und vermeiden macht nur einen Teil der Verhandlungs- 22 führung aus. Ebenso wichtig ist die Planung des eigenen Vorgehens bei Verhandlungen. Für das eigene Vorgehen bei Verhandlungen gibt es verschiedene Strategien.

1. Verhandlungsphasen

Zunächst sollte man sich vor Augen führen, dass es bei Verhandlungen verschiedene 23 Phasen gibt, die unterschiedliches Verhalten erfordern:
- die Orientierungsphase der Parteien,
- die Diskussion der strittigen Punkte,

---

[14] Vgl. *Gottwald/Haft*, Verhandeln, S. 54 (Markstücksteigern); *Klinger/Bierbrauer*, in: Haft/Schlieffen, Handbuch Mediation, § 5 Rn. 88 f. (1 €-Auktionsspiel).
[15] Beispiel wiedergegeben nach *Breidenbach*, Mediation, S. 90 f.
[16] *Gottwald/Haft*, Verhandeln, S. 59.

– Annäherung oder Abbruch der Verhandlungen und
– Niederlegung des Verhandlungsergebnisses.

In der **Orientierungsphase** versucht der Verhandelnde, den Partner kennenzulernen und ihn als Verhandlungstyp einzustufen. Oft tauschen die Parteien ihre Anfangspositionen aus. Darauf folgen eine Phase der **Diskussion** der strittigen Punkte, eine Phase, in der es um **Annäherung oder Abbruch** der Verhandlungen geht, und schließlich die Niederlegung des **Ergebnisses.**[17] Verhandlungsstrategien finden in der zweiten und dritten Phase Anwendung.

2. Mögliche Strategien

24 Man kann bei Verhandlungen drei Strategien verfolgen:
– die maximalistische Strategie,
– die Strategie der Fairness und
– die integrative Strategie.

Wer eine **maximalistische Strategie** verfolgt, verlangt zunächst weit mehr, als er nach eigener Einschätzung erreichen kann, um so durch „Zugeständnisse" seine ursprünglichen Vorstellungen durchsetzen zu können. Diese Vorgehensweise ist wenig erfolgversprechend, wenn beide Seiten sie anwenden, da dann die Ausgangspositionen für eine Einigung zu weit auseinanderliegen. Auch bei einseitiger Anwendung kann auf längere Sicht ein Misserfolg drohen, weil der Maximalist von der Gegenseite nicht mehr ernst genommen wird, da er weitgehende Zugeständnisse machen muss.[18]

25 Bei der **Strategie der Fairness** geht es dem Verhandelnden um ein möglichst faires Ergebnis für beide Seiten, das durch faires Verhalten erzielt werden soll. Zwar wird auf diesem Weg die Gefahr des Scheiterns der Verhandlungen gegenüber der maximalistischen Strategie verringert. Der mit Blick auf die Interessen der Gegenseite Verhandelnde läuft jedoch Gefahr, zu wenig zu erreichen, wenn sein Verhandlungspartner ein kompetitiver Verhandlungstyp ist.[19]

26 Die **integrative Strategie** schließlich setzt auf interessenorientiertes Verhalten mit dem Ziel der Gewinnmaximierung für beide Seiten. Der übliche Streit um Positionen soll vermieden werden. Diese Strategie ist allerdings schwierig einzuüben und aufwendig in der Durchführung, da sie viel Kreativität und Phantasie erfordert. Sie ist außerdem in solchen Situationen verfehlt, in denen letztlich der eine nur auf Kosten des anderen einen Vorteil erlangen kann.[20]

---

[17] *Gottwald/Haft,* Verhandeln, S. 67 f.; *Saner,* Verhandlungstechnik, S. 155 ff. Nur geringfügig abweichend *Heussen/Heussen,* Handbuch, 2. Teil Rn. 522 ff.; s. ferner *Erbacher,* Verhandlungsführung, S. 31 ff.; *Zankl,* Vertragssachen Rn. 251 f.

[18] *Aderhold/Koch/Lenkaitis,* Vertragsgestaltung, § 5 Rn. 22; *Gottwald/Haft,* Verhandeln, S. 69 f.; *Ponschab/Schweizer,* Kooperation, S. 215.

[19] *Aderhold/Koch/Lenkaitis,* Vertragsgestaltung, § 5 Rn. 23; *Gottwald/Haft,* Verhandeln, S. 70 f.

[20] *Aderhold/Koch/Lenkaitis,* Vertragsgestaltung, § 5 Rn. 24; *Gottwald/Haft,* Verhandeln, S. 71 f.; *Saner,* Verhandlungstechnik, S. 85 ff. *Ponschab/Schweizer,* Kooperation, S. 104 ff. sprechen von kooperativem Verhandeln.

3. Harvard-Verhandlungsmethode

Anstelle von „integrativer Strategie" spricht man auch von „sachbezogenem Verhan **27**
deln".[21] Der Begriff und die Verhandlungsmethode gehen auf das **Harvard Negotiation Project** zurück, ein Forschungsprojekt der Harvard-Universität, in dessen Rahmen Verhandlungsmethoden untersucht und weiterentwickelt wurden. Trotz der
genannten Probleme der integrativen Strategie ist die Harvard-Verhandlungsmethode
ein sinnvolles Verfahren für eine Vielzahl von Verhandlungssituationen. Ihr hervorstechendstes Merkmal ist, dass nicht um Positionen gekämpft werden soll, sondern die
Interessen der Parteien im Mittelpunkt stehen. Die Harvard-Verhandlungsmethode
beruht auf vier Prinzipien.[22] Die Parteien sollen
– Sach- und Beziehungsebene trennen,
– anstelle von Positionen die Interessen in den Mittelpunkt stellen,
– Optionen zum beiderseitigen Vorteil entwickeln und
– objektive Entscheidungskriterien anwenden.

Zu diesen vier Prinzipien ist im Laufe des Projekts noch ein weiterer Aspekt hinzugetreten:
– Die beste Alternative zur Übereinkunft entwickeln.

a) Trennung von Sach- und Beziehungsebene

Wenn zwei oder mehr Personen miteinander kommunizieren, geht es nicht nur um **28**
Sachfragen. Zwischen den beteiligten Personen besteht auch eine **persönliche Beziehung,** die für ihr Verhalten mitbestimmend ist. Persönliche Elemente werden leicht
mit sachlichen Fragen vermischt, indem beispielsweise Kritik am eigenen Standpunkt
als persönlicher Angriff verstanden wird.[23] Oft respektiert der andere aber sowohl die
Person des Verhandlungspartners als auch dessen Standpunkt und ist schlicht anderer
Ansicht. Wer Verhandlungen sachorientiert führen will, muss die **sachliche Ebene**
von der Beziehungsebene trennen.[24] Der Angriff geht gegen die Sache, nicht gegen
die andere Partei. Das bedeutet nicht, dass persönliche Aspekte bei Verhandlungen au
ßer Acht zu lassen sind.[25] Im Gegenteil: Ein Erfolg der Verhandlungen wird wahrscheinlicher, wenn der Verhandelnde auf die Gegenseite eingeht.

aa) Zunächst ist es hilfreich, sich in die **Vorstellungen der Gegenpartei** hineinzuver **29**
setzen.[26] Das bedeutet nicht, den fremden Standpunkt zu übernehmen. Aber der Ver-

---

[21] *Fisher/Ury/Patton,* Harvard-Konzept, S. 24; *Haft,* Verhandlung, S. 20 spricht von rationalem Verhandeln im Gegensatz zum intuitiven Verhandeln.

[22] *Fisher/Ury/Patton,* Harvard-Konzept, S. 39; *Quinting,* in: Eyer (Hrsg.), Wirtschaftsmediation, S. 33.

[23] *Bühring-Uhle/Eidenmüller/Nelle,* Verhandlungsmanagement, S. 9; *Fisher/Ury/Patton,* Harvard-Konzept,
S. 50 f.; *Gottwald/Haft,* Verhandeln, S. 73; *Quinting,* in: Eyer (Hrsg.), Wirtschaftsmediation, S. 33;
Schulz von Thun, Störungen, S. 51.

[24] *Fisher/Ury/Patton,* Harvard-Konzept, S. 52; *Gottwald/Haft,* Verhandeln, S. 74; *Ponschab/Schweizer,*
Schlüsselqualifikationen, S. 177; *Quinting,* in: Eyer (Hrsg.), Wirtschaftsmediation, S. 33. Allgemein
zur Sach- und Beziehungsebene der Kommunikation und den drohenden Störungen *Watzlawick/Beavin/Jackson,* Kommunikation, S. 61 ff., 92 ff.

[25] *Heussen/Heussen,* Handbuch, 2. Teil Rn. 384 ff.; *Quinting,* in: Eyer (Hrsg.), Wirtschaftsmediation,
S. 33 f. Zur Bedeutung von Emotionen im Verhandlungsprozeß *Fisher/Shapiro,* Erfolgreich verhandeln.

[26] *Erbacher,* Verhandlungsführung, S. 64 f.; *Ponschab/Schweizer,* Kooperation, S. 155 ff.; *Quinting,* in: Eyer
(Hrsg.), Wirtschaftsmediation, S. 34. Nicht nur auf Verhandlungen bezogen *Schulz von Thun,* Störungen, S. 54 ff.

handelnde verstellt sich den Weg zur Einigung, wenn er die Sichtweise des anderen nicht mitvollzieht. Bei Verhandlungen über die Miethöhe mag der Mieter denken, dass er aufgrund der allgemeinen Teuerung schon genug belastet ist und nicht auch noch mehr Miete zahlen kann. Der Vermieter will aber vielleicht gerade wegen der Preissteigerung eine höhere Miete einnehmen, um seine gestiegenen Ausgaben zu bestreiten.[27]

30   **Vorgefertigte Lösungen** werden von anderen Personen nur ungern angenommen. Deshalb sollte der Verhandelnde die Vorstellungen und Ideen der anderen Seite in die Verhandlungsplanung einbeziehen.[28] Bei diesem Vorgehen werden Verbesserungsvorschläge der anderen Seite eher als sinnvolle Lösung anerkannt, als wenn eine Seite die andere mit einem fertigen Konzept „überfällt" und sie damit in die Defensive drängt. Schließlich sollte man der anderen Partei auch im eigenen Interesse unbedingt die **Gesichtswahrung** ermöglichen: Die Vorstellungen, die der andere von sich selbst hat, sind zu berücksichtigen. Fühlt sich der Verhandlungspartner als Verlierer oder kann er die Lösung nicht mit seinem Selbstbild vereinbaren, besteht die Gefahr, dass die Verhandlungen erfolglos bleiben.[29]

31   **bb)** Je wichtiger die Verhandlung ist, desto stärkere **Emotionen** sind mit ihr verbunden. Nervositäten und Ängste stehen auf beiden Seiten einer Einigung im Weg. Um sie abzubauen, muss der Verhandelnde zunächst den Partner, aber auch sich selbst beobachten und entsprechende Emotionen erkennen.[30]

32   **cc)** Verhandlungen funktionieren durch **Kommunikation.**[31] Drei Probleme stehen einer erfolgreichen Kommunikation entgegen: Erstens spricht man möglicherweise nicht wirklich mit dem anderen, sondern zielt mit seinem Beitrag auf Dritte (z. B. anwesende Auftraggeber). Zweitens hört die eine oder die andere Seite vielleicht nicht richtig zu. Drittens besteht selbst bei den besten Absichten die Gefahr von Missverständnissen.[32] Diesen Problemen kann der Verhandelnde entgegensteuern, indem er der anderen Partei zuhört und nicht schon eine Antwort formuliert, während der andere noch spricht. Um dem Partner zu zeigen, dass man dessen Standpunkt erfasst hat, bieten sich – zumindest bei wichtigen Punkten – Wiederholungen an, bevor man die eigene Position darlegt.[33] Außerdem ist es sinnvoller, Absichten und Motive von der eigenen Seite her darzustellen, als sich über die der anderen Seite zu äußern. Anstatt zu sagen: „Sie nehmen keine Rücksicht auf unsere finanzielle Lage" sollte man formulieren: „Wir sind finanziell überfordert". Die Schilderung der eigenen Situation kann die Gegenseite nicht übel nehmen; anders ist es jedoch bei Angriffen auf die Person.[34]

---

[27] *Fisher/Ury/Patton,* Harvard-Konzept, S. 55.
[28] *Fisher/Ury/Patton,* Harvard-Konzept, S. 59 ff. Zum Misstrauen gegenüber fremden Vorschlägen *Breidenbach,* Mediation, S. 93 f.
[29] *Fisher/Ury/Patton,* Harvard-Konzept, S. 61 f.; *Rittershaus/Teichmann,* Vertragsgestaltung, Rn. 70; *Zankl,* Vertragssachen, Rn. 179.
[30] *Fisher/Ury/Patton,* Harvard-Konzept, S. 62 ff.
[31] *Quinting,* in: Eyer (Hrsg.), Wirtschaftsmediation, S. 35; *Zankl,* Vertragssachen, Rn. 183. Zu nonverbalen Kommunikationsmitteln *Heussen/Heussen,* Handbuch, 2. Teil Rn. 415 ff.
[32] *Fisher/Ury/Patton,* Harvard-Konzept, S. 67 ff.; *Quinting,* in: Eyer (Hrsg.), Wirtschaftsmediation, S. 35. Allgemein zu Störfaktoren bei der Kommunikation *Schulz von Thun,* Störungen.
[33] *Fisher/Ury/Patton,* Harvard-Konzept, S. 69 ff.; *Saner,* Verhandlungstechnik, S. 181.
[34] *Fisher/Ury/Patton,* Harvard-Konzept, S. 72; *Quinting,* in: Eyer (Hrsg.), Wirtschaftsmediation, S. 35; *Schulz von Thun,* Störungen, S. 79 f.

b) Interessen statt Positionen

Die zweite Maxime der Harvard-Verhandlungsmethode ist die **Konzentration auf In-** 33
teressen: Die Verhandelnden sollen sich auf Interessen konzentrieren, nicht auf Positionen. Worum es dabei geht, zeigt das folgende

Beispiel: Zwei Benutzer streiten im Leseraum einer Bibliothek. Der eine möchte das Fenster geöffnet haben, der andere geschlossen. Auf eine halbe oder viertel Öffnung können sie sich nicht einigen. Der hinzukommenden Bibliothekarin erklärt der eine, er brauche frische Luft, der andere, er vertrage die Zugluft nicht. Daraufhin öffnet die Bibliothekarin ein Fenster im Nebenraum.[35]

Diese Geschichte zeigt, dass der **Kampf um Positionen** oft zu einer verfahrenen Situation 34
führt. Obwohl es möglich wäre, die beiderseitigen Interessen zu befriedigen, wird diese Chance vertan, weil beide Seiten eine ganz bestimmte Haltung durchzusetzen versuchen. Hinter den Positionen, die Menschen vertreten, liegen bestimmte Interessen. Da es bei Verhandlungen letztlich um diese Interessen geht, sollte man sie vorrangig in den Blick nehmen. Dazu gehört einerseits, die eigenen Interessen zur Sprache zu bringen, andererseits, die Interessen der anderen Seite – für die andere Seite erkennbar – zu würdigen.[36]

Juristisches Beispiel: M ist Mitglied der „Wohnungsbaugenossenschaft Göttingen e. G." (W). Zum 1.9.2014 soll er mit seiner fünfköpfigen Familie eine Wohnung der W beziehen. Kurz vor dem Einzugstermin teilt W mit, dass die Renovierung der Wohnung sich verzögert und die Wohnung erst zum 1.10.2014 bezugsfertig sein wird. M hat seine bisherige Wohnung bereits zum 31.8.2014 gekündigt. Er verlangt von W Erstattung seiner Kosten für die Lagerung seiner Möbel und die einmonatige Hotelunterbringung seiner Familie. Da er selbst nicht über die notwendigen Mittel verfügt, ist M darauf angewiesen, dass W die erforderlichen Beträge sofort zahlt. W lehnt Zahlungen aller Art ab.

In diesem Fall haben W und M zunächst völlig entgegengesetzte Interessen. M möchte von W eine Geldleistung, die W nicht zu erbringen bereit ist. M ist nicht ohne weiteres in der Lage, sich auf einen Rechtsstreit mit W einzulassen, da er die Mittel für die Hotelunterbringung und die Lagerung der Möbel nicht aufbringen kann. W ist aber trotz ihrer Zahlungsunwilligkeit an einer gütlichen Beilegung des Streits interessiert, da die Leistungsstörung auf ihrer Seite aufgetreten ist. M geht es letztlich darum, nicht auf den Kosten für Wohnraum und Möbellagerung für den Monat September sitzen zu bleiben. Beiden Seiten wäre geholfen, wenn M mit seiner Familie für einen Monat „provisorisch" in eine andere Wohnung der W zieht und dabei nicht mehr als den vereinbarten Mietzins zahlt. Unter Umständen könnte W mit ihren Mitarbeitern beim Umzug von der provisorischen in die vermietete Wohnung helfen oder die zusätzlichen Umzugskosten übernehmen. Dieser Kompromiss ist nicht möglich, wenn auch nur eine der Parteien auf ihrer „Idealposition" verbleibt und damit bei einem Scheitern der Verhandlungen letztlich interessenwidrig handelt.

Die Verhandlungsparteien haben **gemeinsame, gegenläufige und neutrale Interes-** 35
sen. Macht man sich das Verhältnis der jeweiligen Interessen bewusst, so vermeidet man Streit um Dinge, die sich miteinander vereinbaren lassen und kann sich stattdessen auf die eigentlichen Probleme konzentrieren.[37] Die Interessen der anderen Partei kann der Verhandelnde nicht nur durch direkte Fragen, sondern auch dadurch ermitteln, dass er sich in die Lage des anderen versetzt und sich fragt, warum dieser eine bestimmte Position einnimmt.[38]

---

[35] Beispiel nach *Fisher/Ury/Patton*, Harvard-Konzept, S. 76f.
[36] *Fisher/Ury/Patton*, Harvard-Konzept, S. 89f.; *Ponschab/Schweizer*, Kooperation, S. 163, 242ff.; *Quinting*, in: Eyer (Hrsg.), Wirtschaftsmediation, S. 36f.; *Risse*, Wirtschaftsmediation, § 2 Rn. 37.
[37] Beispielfragen bei *Ponschab/Schweizer*, Schlüsselqualifikationen, S. 183.
[38] *Bühring-Uhle/Eidenmüller/Nelle*, Verhandlungsmanagement, S. 108ff.; *Fisher/Ury/Patton*, Harvard-Konzept, S. 80ff.; *Jandt/Gilette*, Konfliktmanagement, S. 157f.; *Quinting*, in: Eyer (Hrsg.), Wirtschaftsmediation, S. 37.

c) Primat des beiderseitigen Vorteils

36 Oft besteht die Vorstellung, dass sich eigene Interessen nur auf Kosten der anderen Seite durchsetzen lassen. Das mag in einigen Fällen zutreffend sein. Geht es um den Kaufpreis für einen gebrauchten Pkw, spiegelt sich der **Gewinn der einen Seite** im **Verlust der anderen Seite** wider. Selbst in solchen eindeutigen Fällen lassen sich aber bisweilen Lösungen finden, die den Interessen der Verhandelnden gerecht werden. So ist möglicherweise der Verkäufer mit einem etwas geringeren Preis einverstanden, wenn er den Pkw dafür bis zur Lieferung seines Neuwagens nutzen kann. In Verhandlungen ist häufig mehr für beide Seiten herauszuholen, als es zunächst den Anschein hat.

Beispiel: Zwei Schwestern stritten um eine Orange. Sie einigten sich darauf, die Orange zu teilen. Die eine Schwester aß ihre Hälfte und warf die Schale weg. Die andere Schwester warf das Fruchtfleisch weg und benutzte die Schale zum Backen.[39]

Juristisches Beispiel: V will mit seiner Familie umziehen und verkauft deshalb an K sein Haus. V benötigt den Kaufpreis bereits Anfang Juli, um sein neues Haus zu finanzieren, möchte aber sein altes Haus im Juli und August noch bewohnen. Wenn V bereit ist, einen angemessenen Mietzins für die Nutzung des Hauses im Juli und August zu zahlen und K hinsichtlich seines eigenen Umzugs flexibel ist, lassen sich die Interessen der Parteien ohne weiteres vereinbaren, indem V für zwei Monate Mieter des K wird und dieser erst danach in das Haus einzieht. Der Mietvertrag kann in diesem Fall gem. § 575 I Nr. 1 BGB wirksam befristet werden.

37 Die Vorstellung vom **begrenzten Kuchen** hindert die Verhandlungspartner, kreative Ausweichmöglichkeiten zu entwickeln: Sie erwägen keine Wahlmöglichkeiten, weil sie sich einseitig auf „die" richtige Lösung konzentrieren.[40] Stattdessen sollte man **Wahlmöglichkeiten** schaffen, indem man zunächst verschiedene Ideen sammelt und diese in einem zweiten Schritt bewertet und ausarbeitet.[41] Wer Entscheidungsmöglichkeiten entwickelt, sollte dabei immer auch die Interessen des Gegners berücksichtigen und versuchen, den „Kuchen" zu vergrößern.[42] Zum einen wird die andere Seite die Verhandlungen möglicherweise abbrechen, wenn sie das Gefühl hat, benachteiligt zu werden. Zum anderen wird es sich auf die weiteren Beziehungen negativ auswirken, wenn es einer Seite gelingt, die andere zu übervorteilen.

d) Objektive Entscheidungskriterien

38 Trotz aller Bemühungen, allseitig vorteilhafte Ergebnisse zu finden, lässt sich der Widerstreit der Interessen nicht immer durch Alternativlösungen auflösen. Der Verkäufer eines gebrauchten Pkw möchte diesen vielleicht gar nicht länger fahren, sondern einen bestimmten Kaufpreis erzielen, weil er diesen Betrag benötigt, um seinen neuen Pkw zu finanzieren. Der Käufer möchte andererseits nicht mehr als den von ihm gebotenen Betrag aufwenden. Dann rückt wahrscheinlich keine Seite von ihren Vorstellungen ab; die Verhandlungen scheitern. Um ein Scheitern zu vermeiden, ist es hilfreich, **objektive Entscheidungskriterien** heranzuziehen.[43] So können die Vertragsparteien bei

---

[39] Beispiel wiedergegeben nach *Fisher/Ury/Patton,* Harvard-Konzept, S. 98.

[40] *Fisher/Ury/Patton,* Harvard-Konzept, S. 100 f. Zu wertverteilenden und wertschöpfenden Verhandlungen *Breidenbach/Henssler,* Mediation, S. 5.

[41] *Fisher/Ury/Patton,* Harvard-Konzept, S. 104 ff.; *Quinting,* in: Eyer (Hrsg.), Wirtschaftsmediation, S. 38 f.; *Rittershaus/Teichmann,* Vertragsgestaltung, Rn. 72.

[42] *Heussen/Heussen,* Handbuch, 2. Teil Rn. 392 m, 560.

[43] Hierzu *Fisher/Ury/Patton,* Harvard-Konzept, S. 133 ff.; *Quinting,* in: Eyer (Hrsg.), Wirtschaftsmediation, S. 39 f.

einem Gebrauchtwagenkauf auf Marktpreise für einen Pkw dieses Typs und Alters zurückgreifen oder bei einem Wohnraummietvertrag auf den städtischen Mietspiegel.

e) „Beste Alternative"

Wie bereits erwähnt, führen Verhandlungsstrategien gegenüber übermächtigen Verhandlungspartnern nicht zum Erfolg. In solchen Fällen muss die schwächere Partei sich davor schützen, unüberlegt einem Ergebnis zuzustimmen, das ihre Interessen nicht befriedigt. Auch wenn es im Augenblick der Verhandlung bisweilen nicht so erscheint, ist eine Übereinkunft oft nicht zwingend nötig oder nicht unbedingt die beste Lösung. Ein **Abbruch der Verhandlungen** kann sinnvoller sein als eine ungünstige Abrede.[44] **39**

Ungünstige Verhandlungsergebnisse kann der Verhandelnde vermeiden, indem er sich eine **Begrenzung (Limit)** setzt. Allerdings verschließt der Verhandelnde sich dadurch möglicherweise innovativen Lösungsansätzen, wenn er sich unabhängig von der Entwicklung der Umstände und der Verhandlungen an sein Limit gebunden fühlt. Auch ein Austausch von Geld gegen andere Vergünstigungen (z. B. niedrigerer Kaufpreis für den Pkw, aber Nutzungsrecht für weitere zwei Monate) ist bei einer Selbstbindung durch ein striktes Limit nicht möglich. Wird die selbstgesetzte Begrenzung nicht flexibel gehandhabt, kann es sein, dass der Verhandelnde ein Angebot nicht annimmt, auf das er sich sinnvollerweise eingelassen hätte.[45] **40**

Flexibilität besteht, wenn der Verhandelnde sich nicht starr an einem bestimmten Betrag orientiert, sondern stets seine beste Alternative zur Verhandlungsübereinkunft im Blick behält. Lassen sich bestimmte Preisvorstellungen nicht durchsetzen, weil die Umstände (z. B. der Markt) dem entgegenstehen, kann es für den Verkäufer oder den Vermieter einer Sache günstiger sein, einen niedrigeren Preis zu erzielen, als auf unbestimmte Zeit keinen Vertragsabschluss zu erzielen. Ebenso muss sich der Käufer oder der Mieter überlegen, ob er höhere Aufwendungen in Kauf nimmt oder die begehrte Sache möglicherweise überhaupt nicht erhält. **41**

Beispiel: V hat eine Eigentumswohnung in Köln. Aus beruflichen Gründen muss er für zwei Jahre nach München ziehen. Er ist darauf angewiesen, seine Kölner Wohnung zügig zu vermieten, um mit dem Mietzins seine Miete in München decken zu können. V nützen in diesem Fall bestimmte Preisvorstellungen, die er zu Recht oder zu Unrecht hegt, wenig. Er muss sich auf die aktuelle Marktlage einrichten, wenn er seine Wohnung schnell vermieten möchte.

Gegenbeispiel: Dr. M aus Frankfurt am Main hat am 18.6.2014 sein Zweites Juristisches Staatsexamen mit „gut" bestanden. Eine renommierte Düsseldorfer Kanzlei bietet ihm eine Anstellung mit einem attraktiven Jahresgehalt an. Dr. M sagt zum 1.7.2014 zu. Da ihm bewusst ist, dass er gleich „mit vollem Einsatz" beginnen muss, will er seinen Umzug bis zu diesem Datum abgewickelt haben. In dieser Situation ist es M, der keine Gelegenheit hat, auf günstige Angebote zu warten.

Diese Beispiele zeigen, dass sich der Verhandelnde über seine beste Alternative zur Übereinkunft klar werden sollte. Mit diesen Möglichkeiten muss er das jeweils erreichbare Verhandlungsergebnis vergleichen. Um trotzdem nicht überstürzt zu handeln, kann er sich eine Grenze setzen, an der er die Verhandlungen aussetzt, um sich die Auswahl noch einmal zu überlegen (Moratorium).[46] **42**

---

[44] *Jandt/Gillette,* Konfliktmanagement, S. 145 ff.; *Ponschab/Schweizer,* Kooperation, S. 109.
[45] *Fisher/Ury/Patton,* Harvard-Konzept, S. 150 ff.
[46] *Fisher/Ury/Patton,* Harvard-Konzept, S. 155 ff.

Beispiel: Dr. M nimmt sich vor, einen Mietvertrag nicht gleich am Tag der Wohnungsbesichtigung zu unterschreiben, wenn die Kaltmiete 12 € pro m² übersteigt.

IV. Mediation

43 In Deutschland werden auch bei Verhandlungen immer häufiger die Möglichkeiten der **Mediation** genutzt. Der Ausdruck „Mediation" lässt sich mit „Vermittlung" umschreiben; allerdings hat sich der Begriff „Mediation" durchgesetzt. Die Mediation ist seit 2012 durch das MediationsG[47] gesetzlich geregelt. Durch dieses Gesetz wurde die Richtlinie 2008/52/EG des europäischen Parlaments und des Rates über bestimmte Aspekte der Mediation in Zivil- und Handelssachen umgesetzt und so erstmals eine gesetzliche Regelung auf dem Gebiet der außergerichtlichen Konfliktbeilegung geschaffen. Dabei geht das MediationsG über den Anwendungsbereich der Richtlinie hinaus, indem es nicht nur grenzüberschreitende Streitigkeiten, sondern auch inländische Sachverhalte erfasst. Neben dem Gang des Mediationsverfahrens ist auch die Verschwiegenheitspflicht des Mediators geregelt. Nach § 1 I MediationsG ist die Mediation ein vertrauliches und strukturiertes Verfahren, bei dem die beteiligten Parteien mithilfe eines oder mehrerer Mediatoren freiwillig und eigenverantwortlich eine einvernehmliche Beilegung ihres Konflikts anstreben. Der Mediator nimmt dabei die **Rolle eines unabhängigen und neutralen „Vermittlers"** ein, der die Parteien durch die Mediation führt, aber **keine Entscheidungsbefugnis hat**, § 1 II MediationsG.

44 Mediation wird teilweise als **Alternative zu gerichtlichen Verfahren** betrachtet.[48] Der Einsatzbereich dieser Methode reicht jedoch weiter. Sie kann auch zur **Unterstützung bei Verhandlungen** sinnvoll sein, bei deren Scheitern es nicht zu einer gerichtlichen Auseinandersetzung kommt.

Beispiele: (1) Ein Industrieunternehmen verhandelt mit einer Gemeinde über die Ansiedlung eines neuen Werks. Das Unternehmen verlangt Steuervorteile; die Gemeinde will diese nicht gewähren, da die Ansiedlung für sie gerade wegen der Steuereinnahmen interessant ist.

(2) Ein Manager verhandelt mit der Unternehmensführung über eine erhöhte Vergütung.

Einigen sich die Parteien in diesen Fällen nicht, können sie ihre Interessen nicht gerichtlich durchsetzen. Das Unternehmen hat gegen die Gemeinde keinen Anspruch auf Steuervergünstigungen; es kann lediglich einen anderen Standort wählen. Ebensowenig hat die Gemeinde einen Anspruch darauf, dass das Unternehmen dort ein Werk eröffnet. Auch Manager und Unternehmen können ihre Forderungen nicht einklagen. Lösungsmöglichkeiten wären z. B. im ersten Fall vorübergehende steuerliche Vergünstigungen („Anschubhilfe"), im zweiten Fall eine Kombination aus einem zusätzlichen Fixum und einer Erfolgsprämie.

45 Die Lösungsvorschläge zeigen bereits, dass ein Mediator in der Regel nichts anderes entwickeln kann als **kreative Parteien.** Das Problem liegt aber gerade darin, dass die Parteien aus persönlichen oder anderen Gründen oft nicht die erforderliche Kreativität aufbringen, sich nicht von ihren Positionen lösen können oder emotionale Fragen mit Sachfragen vermischen. In solchen Fällen, in denen den Parteien allein ein sachbezogenes Verhandeln nicht gelingt, kann ein Mediator **Verhandlungshilfe** leisten. Daraus ergibt sich, dass der Mediator ebenfalls die Prinzipien der Harvard-Verhandlungsme-

---

[47] BGBl. 2012 I, S. 1577; vgl. zu den Regelungen des MediationsG: *Goltermann/Hagel/Klowait/Levien,* „Das neue Mediationsgesetz" aus Unternehmenssicht, SchiedsVZ 2012, 299, SchiedsVZ 2013, 41; *Meyer/Schmitz-Vornmoor,* Das neue Mediationsgesetz in der notariellen Praxis, DNotZ 2012, 895.

[48] *Breidenbach,* Mediation, S. 5; *Breidenbach/Henssler,* Mediation, S. 1 ff.; *Leeb,* BB 1998, Beilage 10, 1.

thode berücksichtigen wird. Er soll den Parteien helfen, Beziehungs- und Sachebene zu trennen, ihre Interessen zu erkennen und zu artikulieren, und er soll Entscheidungsmöglichkeiten zum beiderseitigen Vorteil entwickeln. Dabei kann auch der Mediator mit mehr Akzeptanz rechnen, wenn er objektive Kriterien zugrunde legt. Schließlich muss er die besten Alternativen der Parteien im Auge behalten, da sonst eine Einigung nicht zustande kommen wird.

Mediation hat zum Ziel, die **selbstbestimmte Interessenverfolgung** der Parteien zu begleiten; es geht nicht darum, den Parteien die Vorstellungen des Mediators aufzudrängen oder eine oberflächliche Einigkeit zu erzielen.[49] Ein wichtiger zusätzlicher Aspekt der Mediation kann die „therapeutische" **Hilfe im Umgang mit Emotionen** sein.[50] Besonders in Streitigkeiten mit personenrechtlichem Einschlag ist es erforderlich, dass die Parteien ihre Gefühle äußern können und die Standpunkte des anderen verstehen. Für die Mediation ist das **Ein-Text-Verfahren** besonders geeignet:[51] Nicht beide Seiten arbeiten schriftliche Vorschläge aus, sondern nur der Mediator entwirft einen schriftlichen Lösungsvorschlag, den die Parteien dann den Verhandlungen zugrunde legen und verfeinern. **46**

> Bei der Mediation unterstützt ein neutraler Dritter die Parteien bei ihren Verhandlungen. Wenn den Parteien allein ein sachbezogenes Verhandeln nicht gelingt, leistet der Mediator Verhandlungshilfe.

V. Strukturieren von Verhandlungen

Ein Aspekt, den die Harvard-Verhandlungsmethode nicht weiter vertieft, ist der Umgang mit **komplexen Problemen.** Bei Verhandlungen spielen in der Regel vielfältige Gesichtspunkte eine Rolle, die sich gegenseitig beeinflussen. So kann ein Unternehmer darauf verzichten, bestimmte Rechte gegenüber einem Kunden geltend zu machen, um die Geschäftsbeziehung zum Kunden nicht zu gefährden. Auch immaterielle Werte wirken sich auf die Auswahl von akzeptablen Verhandlungsergebnissen aus. Um sich auch bei komplexen Gegenständen zurechtzufinden, sollte das Problem strukturiert werden.[52] Die bekannteste Methode der **Strukturierung** besteht darin, Hierarchieebenen mit Unterpunkten zu erstellen. Dadurch entgeht man zum einen der Gefahr, sich und den Verhandlungspartner zu überfordern, zum anderen entsteht so ein **Verhandlungskonzept,** das während der Verhandlungen abgearbeitet werden kann. **47**

---

[49] *Breidenbach/Henssler,* Mediation, S. 8; ausführlich zu den verschiedenen Zielvorstellungen *Breidenbach,* Mediation, S. 113 ff.

[50] *Breidenbach,* Mediation, S. 139 ff.; *Risse,* Wirtschaftsmediation, § 1 Rn. 60 f. Kritisch zur therapeutischen Mediation *Wolf/Weber/Knauer,* NJW 2003, 1488 (1489 ff.).

[51] *Eidenmüller,* BB 1998, Beilage 10, 19 (20); zum Ein-Text-Verfahren *Fisher/Ury/Patton,* Harvard-Konzept, S. 169 ff.

[52] *Haft,* Verhandlung, S. 77 ff.; *Ponschab/Schweizer,* Kooperation, S. 273 ff.

Beispiel:

48 Strukturen sind auch in anderen Formen möglich. Man kann z. B. ein **Konto** aufstellen, in dem die Vor- und Nachteile einer möglichen Lösung einander gegenübergestellt werden.[53] Eine weitere Methode, die Strukturierung durch **Abbildungen,** kann insbesondere komplexe Personenbeziehungen verdeutlichen.

Beispiel: A möchte von B ein Darlehen in Höhe von 15 000 € erhalten, um sich von C ein Louis-XV.-Schlafzimmer kaufen zu können. B verlangt von A eine Sicherheit. Eine Sicherungsübereignung akzeptiert er nicht, weil er von Antiquitäten nichts versteht und den Wert des Schlafzimmers nicht einschätzen kann. Eine Bürgschaft des D, des Bruders von A ist ihm ebenfalls zu unsicher. Die Tante E des A ist bereit, B eine Grundschuld auf ihr Hausgrundstück zu bestellen, wenn D, ihr Lieblingsneffe, ihr gegenüber für die Schuld des A bürgt. D will nun nur noch für einen Betrag von 10 000 € bürgen. Nachdem das Darlehen auf diese Weise gesichert und ausgezahlt wurde, kommt A mit der Rückzahlung in Verzug. F, ein Gläubiger des B, lässt sich dessen Anspruch gegen A abtreten und vollstreckt nach fruchtlosen Zahlungsaufforderungen schließlich in das Grundstück der E. Diese verlangt von D 15 000 €. – Es liegt auf der Hand, dass diese komplexe Situation (die hier nicht aufgelöst werden soll) nach Strukturierung verlangt. Bevor der Vertragsjurist in einem solchen Fall eine rechtliche Stellungnahme abgibt, sollte er eine Skizze erstellen, die die Beziehungen zwischen den verschiedenen Personen veranschaulicht.

49 Schließlich ist es bei Verhandlungen vorteilhaft, die formale **Führungsrolle** zu übernehmen und die Struktur der Verhandlung vorzugeben.[54] Wie sich gezeigt hat, kann durch eine sinnvolle Strukturierung des Problems der Verhandlungsrahmen bestimmt werden. Im Ergebnis führt man auf diese Art und Weise auch bei der Bewertung und Entscheidung von Inhaltsfragen. Wenn beide Parteien die formale Führung anstreben, wird das dazu führen, dass sie eine gemeinsame Struktur entwickeln.

---

[53] *Haft,* Verhandlung, S. 86 ff.
[54] *Haft,* Verhandlung, S. 73 ff.; *Heussen/Heussen,* Handbuch, 2. Teil Rn. 505; *Meins,* Vertragsverhandlung, S. 15 f.; *Zankl,* Vertragssachen, Rn. 233.

§ 3. Gestaltung Allgemeiner Geschäftsbedingungen

Literatur (s. auch das Verzeichnis der abgekürzt zitierten Literatur, S. XIX): *Berger,* Aushandeln von Vertragsbedingungen im kaufmännischen Geschäftsverkehr, NJW 2001, 2152; *Coester-Waltjen,* Verbraucherschutz und Inhaltskontrolle, Jura 1995, 26; *Dreher,* Die Auslegung von Rechtsbegriffen in Allgemeinen Geschäftsbedingungen, AcP 189 (1989), 342; *Drettmann,* Die AGB-Kontrolle im Wohnraummietrecht, WuM 2012, 535; *Grünberger,* Der Anwendungsbereich der AGB-Kontrolle, Jura 2009, 249; *Hager,* Der lange Abschied vom Verbot der geltungserhaltenden Reduktion, JZ 1996, 715; *Kessel,* AGB oder Individualvereinbarung – Relevanz und Reformbedarf, AnwBl 2012, 293; *Koch,* Der Anwendungsbereich der AGB-Kontrolle bei Geschäften zwischen Verbrauchern, ZGS 2011, 62; *Matthes,* Der Herstellerregress nach § 478 BGB in Allgemeinen Geschäftsbedingungen – ausgewählte Probleme, NJW 2002, 2505; *Miethaner,* AGB oder Individualvereinbarung – die gesetzliche Schlüsselstelle „im Einzelnen ausgehandelt", NJW 2010, 3121; *Niebling,* AGB-Verwendung bei Geschäftsbeziehungen zwischen Unternehmern (b2b), MDR 2011, 1399; *Oetker,* AGB-Kontrolle im Zivil- und Arbeitsrecht, AcP 212 (2012), 202; *H. Schmidt,* Einbeziehung von AGB im Verbraucherverkehr, NJW 2011, 1633; *ders.,* Einbeziehung von AGB im unternehmerischen Geschäftsverkehr, NJW 2011, 3329; *Ulmer,* Notarielle Verbraucherverträge und § 24 AGBG – Verbraucherschutz contra Rechtssicherheit, in: Festschrift für Heinrichs, 1998, S. 555; *Wellenhofer-Klein,* Werkzeug- und Know-how-Klauseln in Einkaufsbedingungen, BB 1999, 1121; *Graf v. Westphalen,* Unionsrechtliche Folgen des AGB-Missgriffs – Zum Bestehenbleiben „skelettierter" Verträge, NJW 2012, 1770; *ders.,* AGB-Recht im Jahr 2011, NJW 2012, 2243; *ders.,* AGB-Recht im Jahr 2012, NJW 2013, 2239.

Mit Allgemeinen Geschäftsbedingungen (AGB) verfolgt der Verwender meist mehrere **1** Ziele: Zunächst soll eine **Rationalisierung** der Geschäftsabläufe eintreten. Durch Verwendung einheitlicher Vertragsbedingungen werden Vertragsabschlüsse einfacher und kostengünstiger. Bei atypischen Verträgen sind AGB notwendig, um die – für die Vertragstypen des BGB bereits bestehenden – **Grundregeln** zu schaffen.[1]

Der Verwender von AGB ist regelmäßig allerdings auch in der Versuchung, **Vertragsrisiken** möglichst weitgehend auf den Vertragspartner abzuwälzen.[2] Die andere Vertragspartei hat meist keine Möglichkeit, abweichende Vertragsbedingungen auszuhandeln. Sie kann lediglich den Vertrag zu den vom Verwender vorgesehenen Bedingungen abschließen oder vom Vertragsschluss absehen. **2**

Beispiel: Gert Gaiser (G) bekommt von seinen Eltern zum Ersten Juristischen Staatsexamen einen nagelneuen Pkw geschenkt. Als er den Wagen zum ersten Mal durch eine Waschstraße fahren will, liest er sich unter dem Gehupe der nachfolgenden Fahrer in Ruhe die an der Einfahrt ausgehängten AGB durch. Nach § 12 IV 2 der AGB haftet der Betreiber der Waschanlage nicht für Lackschäden, die seine Angestellten verursachen, es sei denn, es liegt grobe Fahrlässigkeit vor. Damit ist G nicht einverstanden. Er verlangt vom Verkäufer der Waschmarken, den Geschäftsführer zu holen, damit er mit ihm eine Haftung auch für leicht fahrlässig verursachte Schäden vereinbaren kann. Der Waschmarkenverkäufer fordert ihn daraufhin mit deutlichen Worten auf, das Gelände zu verlassen.

---

[1] *Erman/Roloff,* vor §§ 305–310 BGB Rn. 1; *Locher,* AGB, S. 6 f.; MünchKomm-BGB/*Basedow,* Vorbem. zu § 305 BGB Rn. 1 f.; *Palandt/Grüneberg,* Überbl. vor § 305 BGB Rn. 5; *Ulmer/Brandner/Hensen,* Einl. Rn. 4; *Wolf/Lindacher/Pfeiffer/Pfeiffer,* Einl. Rn. 1 f.

[2] *Locher,* AGB, S. 7; MünchKomm-BGB/*Basedow,* Vorbem. zu § 305 BGB Rn. 3; *Palandt/Grüneberg,* Überbl. vor § 305 BGB Rn. 6.; *Stoffels,* AGB-Recht, Rn. 72 f.; *Ulmer/Brandner/Hensen,* Einl. Rn 5.

I. Allgemeine Überlegungen

3 Im Wirtschaftsleben ist die andere Vertragspartei auf angemessene AGB angewiesen. Die andere Vertragspartei – der Vertragspartner des AGB-Verwenders – kann ein privater oder gewerblicher Kunde sein, aber auch der Lieferant: Man denke etwa an die Einkaufsbedingungen, mit denen Automobilhersteller oder Handelshäuser ihre Lieferanten konfrontieren.[3] Die erforderliche Kontrolle der einseitig vom Verwender aufgestellten Allgemeinen Geschäftsbedingungen geschieht anhand der §§ 305 ff. BGB, die dem Schutz der anderen Vertragspartei vor der einseitigen Ausnutzung der Vertragsgestaltungsfreiheit dienen.[4] Diese Vorschriften sind nicht als reine Verbraucherschutznormen konzipiert. Sie verfolgen nicht oder jedenfalls nicht in erster Linie den Zweck, die schwächere Vertragspartei zu schützen, sondern sollen die einseitige Vertragsgestaltung durch den Verwender begrenzen. Ihr Schutzgrund ist **partielles Marktversagen,** das auch, aber bei weitem nicht nur im Geschäft mit Verbrauchern vorkommt.[5]

4 Auf das Bestehen einer wirtschaftlichen und/oder intellektuellen Unterlegenheit des Vertragspartners gegenüber dem Verwender der AGB kommt es nicht an.[6] Die §§ 305 ff. BGB finden z. B. auch Anwendung, wenn ein wirtschaftlich unterlegener Lieferant Allgemeine Geschäftsbedingungen gegenüber einem Großkunden verwendet. Allerdings entfalten die §§ 305 ff. BGB gegenüber Verbrauchern und Unternehmern eine **unterschiedliche Schutzintensität.** Auf der einen Seite gelten gem. § 310 I BGB bestimmte Vorschriften aus dem Bereich der §§ 305 ff. BGB nicht für Unternehmer. Auf der anderen Seite erweitert § 310 III BGB den Begriff der AGB für den Rechtsverkehr mit Verbrauchern und führt eine Sonderregel für die Inhaltskontrolle nach § 307 I, II BGB bei Verträgen mit Verbrauchern ein.

1. Anwendungsbereich der §§ 305–310 BGB

5 Den sachlichen und persönlichen Anwendungsbereich der §§ 305 ff. BGB regelt § 310 BGB. Mit dem Erb-, Familien- und Gesellschaftsrecht sind wichtige Bereiche des Zivilrechts ausgeklammert; dasselbe gilt auf dem Gebiet des Arbeitsrechts für Tarifverträge, Betriebs- und Dienstvereinbarungen (§ 310 IV 1 BGB). Arbeitsverträge sind dagegen nicht von der Anwendung der §§ 305 ff. BGB ausgeschlossen (Einzelheiten und Ausnahmen in § 310 IV 2 BGB). § 310 I BGB enthält die bereits erwähnten Sonderregelungen für die Verwendung von AGB gegenüber Unternehmern. § 310 II BGB enthält Einschränkungen für AGB der Versorgungswirtschaft. § 310 III BGB regelt die Besonderheiten bei Verbraucherverträgen.

2. Begriff der AGB (§ 305 I BGB)

6 Nach der Legaldefinition des § 305 I 1 BGB liegen AGB im Sinne des Gesetzes vor, wenn folgende Voraussetzungen erfüllt sind:

---

[3] Eindringlich *Wellenhofer-Klein,* BB 1999, 1121.
[4] *Stoffels,* AGB-Recht, Rn. 89. – Allgemein zum Schutzzweck der AGB-Regelungen: *Locher,* AGB, S. 18; *Stoffels,* AGB-Recht, Rn. 76 ff.
[5] MünchKomm-BGB/*Basedow,* Vorbem. zu § 305 BGB Rn. 4 f.
[6] *Stoffels,* AGB-Recht, Rn. 184.

- Es muss sich um Vertragsbedingungen handeln.
- Die Vertragsbedingungen müssen einseitig gestellt sein.
- Sie müssen für eine Vielzahl von Verträgen vorformuliert sein.

a) Vertragsbedingungen sind Regeln, die den Vertragsinhalt gestalten. Sie können   7
Regelungen jeglicher Art zum Inhalt haben und sich auf Haupt- oder Nebenleistungen
beziehen.[7] Auch **einseitige Erklärungen des Vertragspartners,** die der Verwender
vorformuliert hat, werden von der h. M. als Vertragsbedingungen im Sinne des § 305 I
BGB angesehen.[8] Nach anderer Ansicht sind die gesetzlichen Vorschriften über AGB
in diesen Fällen analog anzuwenden.[9] **Einseitige Erklärungen des Verwenders** sind
keine AGB, da der Verwender hier nicht eine Erklärung des Kunden gestaltet, sondern
ausschließlich seine eigene Vertragsgestaltungsfreiheit in Anspruch nimmt.[10]

b) Einseitige Auferlegung durch eine Partei ist das zweite Begriffsmerkmal der AGB: 8
Die Vertragsbedingungen müssen von einem Verwender einseitig „gestellt" worden
sein. Verwender ist derjenige, der die Einbeziehung der Vertragsbedingungen verlangt.[11] Von einer Partei gestellt sind die Vertragsbedingungen auch, wenn ein Dritter
sie für die Partei entworfen hat. Dagegen sind AGB i. S. d. § 305 I 1 BGB nicht gegeben, wenn ein Dritter sie vorschlägt, ohne dass der Vorschlag auf die Interessen einer
Partei abgestimmt ist.[12]

Beispiel: Die V-GmbH und die K-AG möchten beim Notar N ein Grundstücksgeschäft abwickeln. N benutzt dazu einen Formularvertrag aus einem Formularbuch, in den er die personen- und grundstücksspe-
zifischen Angaben einsetzt. – Die §§ 305 ff. BGB sind auf diesen Vertrag nicht anwendbar.

c) Vorformulierung verlangt das Gesetz als drittes Merkmal von AGB: Allgemeine   9
Geschäftsbedingungen werden zwar üblicherweise schriftlich festgehalten, eine schriftliche oder sonstige Fixierung ist aber nicht erforderlich, damit es sich um vorformulierte Vertragsbedingungen handelt. Es genügt, dass eine Vertragspartei die Bedingungen im Kopf hat und sie bei einer Vielzahl von Vertragsabschlüssen zugrunde legen
will.[13]

Auch **Klauseln mit Leerräumen** können AGB sein. Unproblematisch ist das, soweit   10
nur unselbständige Ergänzungen vorgesehen sind, wie z. B. der Name des Kunden.
Handelt es sich um inhaltsbestimmende Angaben, liegen vorformulierte Vertragsbedingungen i. S. d. § 305 I 1 BGB vor, wenn die andere Partei nur aus vorgegebenen
Möglichkeiten auswählen kann.[14]

---

[7] *Palandt/Grüneberg,* § 305 BGB Rn. 4; *Wolf/Lindacher/Pfeiffer/Pfeiffer,* § 305 BGB Rn. 7; *Wolf/Neuner,*
    BGB AT, § 47 Rn. 8 f.
[8] *Erman/Roloff,* § 305 Rn. 6; *MünchKomm-BGB/Basedow,* § 305 BGB Rn. 9; *Palandt/Grüneberg,* § 305
    BGB Rn. 5.
[9] *Locher,* JuS 1997, 389; *Ulmer/Brandner/Hensen,* § 305 BGB Rn. 16.
[10] *Palandt/Grüneberg,* § 305 BGB Rn. 6; *Stoffels,* AGB-Recht, Rn. 115; *Ulmer/Brandner/Hensen,* § 305
    BGB Rn. 18.
[11] *Fikentscher/Heinemann,* Schuldrecht, Rn. 167; *Locher,* AGB, S. 27; *Ulmer/Brandner/Hensen,* § 305
    BGB Rn. 27; *Wolf/Neuner,* BGB AT, § 47 Rn. 14.
[12] *Locher,* JuS 1997, 389 (390); *Medicus/Petersen,* Bürgerliches Recht, Rn. 75 a; *Palandt/Grüneberg,* § 305
    BGB Rn. 12; *Wolf/Lindacher/Pfeiffer/Pfeiffer,* § 305 BGB Rn. 31. Zur Sonderregel des § 310 III BGB
    für Verbraucherverträge siehe unten Rn. 31–35.
[13] *Staudinger/Schlosser,* § 305 BGB Rn. 22; *Wolf/Lindacher/Pfeiffer/Pfeiffer,* § 305 BGB Rn. 14.
[14] *MünchKomm-BGB/Basedow,* § 305 BGB Rn. 15 f.; *Palandt/Grüneberg,* § 305 BGB Rn. 8.

Beispiel: In einem Vertragsformular über die Nutzung eines Fitnessstudios kann der Kunde zwischen einer anfänglichen Mindestvertragsdauer von drei oder sechs Monaten wählen. – Trotz dieser Wahlmöglichkeit liegt eine vorformulierte Vertragsbedingung vor.

11 Die Vertragsbedingungen müssen für eine **Vielzahl von Verträgen** aufgestellt worden sein. Maßgeblich ist nicht, wie häufig die vorformulierte Vertragsbedingung tatsächlich verwendet wurde. Abzustellen ist allein auf den verfolgten Zweck, den Text für künftige Rechtsgeschäfte zu verwenden. Die untere Grenze liegt bei drei bis fünf vorgesehenen Verwendungen.[15] Die §§ 305 ff. BGB gelten jedoch bereits bei der ersten Verwendung.

12 **d)** Keine AGB sind im Einzelnen individuell ausgehandelte Vertragsbedingungen (§ 305 I 3); solche **Individualvereinbarungen** gehen überdies den AGB vor (§ 305b BGB). Aushandeln ist mehr als ein bloßes Verhandeln:[16] Die Vertragsbedingungen müssen ernsthaft zur Disposition gestellt werden; der Vertragspartner muss eine realistische Chance haben, Veränderungen des vorformulierten Textes zu erreichen.[17] Eine Änderung des Textes ist nicht erforderlich, da die Verhandlungen auch dazu führen können, dass die andere Partei die Vertragsbedingungen als sachgerecht akzeptiert.[18] Manche Autoren verlangen allerdings, dass der Verwender bei unverändertem Text an anderer Stelle nachgegeben hat.[19]

> Einzeln ausgehandelte Vertragsbedingungen unterliegen nicht der AGB-Kontrolle. Aushandeln ist allerdings mehr als Verhandeln; die Klausel muss ernsthaft zur Disposition gestellt werden.

13 Wenn nur einzelne Vertragsbedingungen ausgehandelt werden, bleibt es bei der Anwendung der §§ 305 ff. BGB auf die übrigen Klauseln. Das ergibt sich aus der Formulierung des § 305 I 3 BGB (soweit). Da ein Aushandeln für jede Vertragsbedingung einzeln geprüft wird,[20] kann der Verwender der AGB einzelne ihm besonders wichtige Klauseln (z. B. eine Haftungsbeschränkung) aushandeln und dadurch der Inhaltskontrolle nach den §§ 305 ff. BGB entziehen, während es für die übrigen Vertragsbedingungen bei der Anwendung der §§ 305 ff. BGB verbleibt.[21]

3. Einbeziehungsvoraussetzungen

14 Da AGB Bestandteil einer vertraglichen Vereinbarung werden sollen, muss eine **einvernehmliche Einbeziehung** der AGB in den Vertrag erfolgen, damit die AGB Geltung erlangen, § 305 II BGB a. E. Das Einverständnis kann konkludent erklärt werden.[22]

---

[15] *Locher,* AGB, S. 26; *Palandt/Grüneberg,* § 305 BGB Rn. 9; *Ulmer/Brandner/Hensen,* § 305 BGB Rn. 25a.

[16] *BGH* vom 19.5.2005 – III ZR 437/04, NJW 2005, 2543 (2544).

[17] *Erman/Roloff,* § 305 BGB Rn. 18; *Locher,* AGB, S. 35f.; *Palandt/Grüneberg,* § 305 BGB Rn. 20; *Wolf/Lindacher/Pfeiffer/Pfeiffer,* § 305 BGB Rn. 38; *Wolf/Neuner,* BGB AT, § 47 Rn. 19.

[18] *Bamberger/Roth/Becker,* § 305 Rn. 36; *Palandt/Grüneberg,* § 305 BGB Rn. 20; *Ulmer/Brandner/Hensen,* § 305 BGB Rn. 48.

[19] *Wolf/Neuner,* BGB AT, § 47 Rn. 19.

[20] MünchKomm-BGB/*Basedow,* § 305 BGB Rn. 44; *Stoffels,* AGB-Recht, Rn. 149.

[21] *Erman/Roloff,* § 305 BGB Rn. 22; *Wolf/Lindacher/Pfeiffer/Pfeiffer,* § 305 BGB Rn. 41.

[22] *Locher,* AGB, S. 49; *Palandt/Grüneberg,* § 305 BGB Rn. 41; *Wolf/Neuner,* BGB AT, § 47 Rn. 33.

§ 305 II BGB stellt für den Rechtsverkehr mit Verbrauchern zwei weitere Voraussetzungen für die Einbeziehung der AGB des Verwenders auf, nämlich einen ausdrücklichen Hinweis auf die AGB oder unter bestimmten Voraussetzungen einen deutlich sichtbaren Aushang am Ort des Geschehens (§ 305 II Nr. 1 BGB) und die Möglichkeit zur Kenntnisnahme (§ 305 II Nr. 2 BGB).

a) Auf die AGB muss gem. **§ 305 II Nr. 1, 1. Alt. BGB** grundsätzlich ausdrücklich 15 hingewiesen werden. Der **Hinweis** muss bei schriftlichen Verträgen oder Antragsformularen so gestaltet sein, dass ihn ein Durchschnittskunde bei flüchtiger Betrachtung wahrnehmen kann.[23] Er muss bei Vertragsschluss erfolgen. Werden die AGB dem anderen Vertragspartner erst nach Vertragsschluss zugeleitet, so werden sie nicht Vertragsbestandteil.[24] Ein **Aushang** mit dem Hinweis auf die AGB genügt gem. **§ 305 II Nr. 1, 2. Alt. BGB** in den Fällen, in denen ein ausdrücklicher Hinweis unverhältnismäßig schwierig ist. Die Schwierigkeit muss auf den technischen Gegebenheiten des Vertragsabschlusses beruhen. Das ist vor allem bei Massengeschäften ohne persönlichen Kontakt der Fall, so z.B. bei Vertragsschlüssen in Waschanlagen und Parkhäusern.[25]

Beispiel: Dem Junggesellen Karl Kahn (K) hat weder die Pfadfindergruppe noch die Selbsterfahrungsgruppe etwas gebracht; jetzt möchte er es mit einer Sitzgruppe versuchen. K bestellt daher bei V telefonisch eine Ledersitzgruppe zum Preis von 6775 €. V sagt K die Lieferung innerhalb von vierzehn Tagen nach Eingang des Kaufpreises auf seinem Geschäftskonto zu; seine AGB erwähnt er nicht. Bei der Lieferung der Sitzgruppe beschädigt ein Angestellter des V leicht fahrlässig eine Glastür im Penthouse des K. K verlangt von V Ersatz des Schadens. V verweist auf seine AGB, nach denen er für Sachschäden bei leicht fahrlässigen Pflichtverletzungen seiner Angestellten nicht haftet. Die AGB waren auf der Rückseite der „Auftragsbestätigung" abgedruckt, die K zusammen mit der Sitzgruppe erhalten hat; die Vorderseite enthielt keinen Hinweis auf AGB. K fragt, ob er die Haftungsbeschränkung gegen sich gelten lassen muss.

Bei der Verpflichtung zur Übergabe und Übereignung der Sitzgruppe handelt es sich um eine Bringschuld, so dass die Lieferung zu den Vertragspflichten des V gehörte. Für den bei der Erfüllung dieser Pflicht verursachten Schaden kann K nach §§ 280 I, 276, 278 BGB von V Ersatz verlangen. Zwar kann V, wie sich aus § 309 Nr. 7 lit. b BGB ergibt, die Haftung für Sachschäden bei leicht fahrlässigen Pflichtverletzungen seiner Erfüllungsgehilfen ausschließen. Die entsprechende Klausel des V ist jedoch nicht Vertragsbestandteil geworden. Zum einen fehlt es an einem deutlichen Hinweis auf die AGB, die hier auf der Rückseite einer Auftragsbestätigung „versteckt" waren. Zum anderen hat V die AGB erst nach dem telefonischen Vertragsschluss eingebracht.

b) Ferner muss der Verwender nach § 305 II Nr. 2 BGB der anderen Partei die **Möglichkeit der Kenntnisnahme** der AGB verschaffen. Diese Voraussetzung ist jedenfalls dann erfüllt, wenn der Verwender der anderen Vertragspartei die AGB aushändigt. Nach einem ausdrücklichen Hinweis auf die AGB genügt es jedoch auch, wenn sie ausliegen oder aushängen.[26] Bei Online-Rechtsgeschäften muss der Kunde gem. § 312i I Nr. 4 BGB die Möglichkeit haben, die AGB zu speichern.[27] Bei einem telefo-

---

[23] *Palandt/Grüneberg*, § 305 BGB Rn. 27; *Wolf/Lindacher/Pfeiffer/Pfeiffer*, § 305 BGB Rn. 73; *Wolf/Neuner*, BGB AT, § 47 Rn. 28.

[24] MünchKomm-BGB/*Basedow*, § 305 BGB Rn. 77f.; *Staudinger/Schlosser*, § 305 BGB Rn. 111, 114; *Stoffels*, AGB-Recht, Rn. 286.

[25] *Locher*, AGB, S. 45; *Palandt/Grüneberg*, § 305 BGB Rn. 29; *Staudinger/Schlosser*, § 305 BGB Rn. 128ff.; *Stoffels*, AGB-Recht, Rn. 272f.

[26] *Locher*, AGB, S. 47; *Palandt/Grüneberg*, § 305 BGB Rn. 32.

[27] Zur Einbeziehung von AGB bei Online-Rechtsgeschäften *Kamanabrou*, CR 2001, 421.

nischen Vertragsschluss kann der Kunde – auch konkludent – auf die Einhaltung von § 305 II Nr. 2 BGB verzichten.[28]

17 Besondere Probleme kann die Einbeziehung von AGB beim Kauf von Computersoftware bei sog. **Schutzhüllenverträgen** bereiten. Bei einem Schutzhüllenvertrag erhält der Erwerber die Software auf einem eingeschweißten Datenträger. Mit dem Öffnen der Verpackung soll der Erwerber die AGB des Softwareherstellers akzeptieren. Bei dieser Gestaltung werden die AGB nur Vertragsbestandteil, wenn der Erwerber die AGB vor Vertragsschluss und dem Öffnen der Schutzhülle lesen kann.[29]

18 **c)** Nach § 310 I 1 BGB findet § 305 II BGB gegenüber Unternehmern keine Anwendung. Damit entfallen jedoch nur die über eine vertragliche Einigung hinausgehenden Erfordernisse des § 305 BGB. Eine ausdrückliche oder konkludente **einvernehmliche Vereinbarung** über die Geltung der AGB ist nach allgemeinen rechtsgeschäftlichen Grundsätzen erforderlich.[30] Die Möglichkeit der Kenntnisnahme der AGB muss auch für Unternehmer bestehen, allerdings gelten insoweit geringere Anforderungen als im Rechtsverkehr mit Verbrauchern.[31]

> § 305 II BGB gilt nur im Rechtsverkehr mit Verbrauchern. Gegenüber Unternehmern gelten für die Einbeziehung von AGB die allgemeinen Regeln über die Vereinbarung von Vertragsinhalten.

19 **d)** Im Rechtsverkehr zwischen Unternehmern kann sich das Problem der **kollidierenden AGB** stellen. Dazu folgendes

Beispiel: Die Rüdiger Jahtal OHG (R) aus Hamburg-Wandsbek produziert Survivalausrüstungen, die sie ausschließlich an Großhändler verkauft. Die Münchener Outdoor-GmbH (O) will 2014 erstmalig Ware bei R bestellen. R bietet O schriftlich unter Hinweis auf ihre beigefügten Verkaufsbedingungen einen größeren Posten Arktis-Zelte und Mumien-Schlafsäcke zu einem günstigen Preis an. O nimmt das Angebot schriftlich unter Hinweis auf ihre beigefügten Einkaufsbedingungen an. Die AGB widersprechen sich u. a. im Bereich der Gewährleistung, und des Eigentumsübergangs. O und R führen den Vertrag durch. Welche AGB gelten?

Wollte man § 150 II BGB auf die Fälle kollidierender AGB anwenden, würden jeweils die AGB gelten, die zuletzt in die Verhandlungen eingebracht wurden. Da diese Lösung als nicht sachgerecht angesehen wird, sollen im Fall der einvernehmlichen Vertragsdurchführung die AGB gelten, soweit sie sich nicht widersprechen. Im Übrigen finden die gesetzlichen Regelungen Anwendung.[32] Eine Besonderheit besteht bei dem einfachen Eigentumsvorbehalt: Er setzt sich auch gegenüber widersprechenden AGB des Erwerbers durch, da der Eigentumsübergang durch einseitige Erklärung ausgeschlossen werden kann.[33] Dass die bedingte Übereignung vertragswidrig ist, hindert nicht ihre sachenrechtliche Wirksamkeit.

20 **e)** Als sog. **überraschende Klauseln** werden Klauseln nicht Vertragsbestandteil, die nach den Umständen so ungewöhnlich sind, dass der Vertragspartner mit ihnen nicht

---

[28] MünchKomm-BGB/*Basedow*, § 305 BGB Rn. 67; *Ulmer/Brandner/Hensen*, § 305 BGB Rn. 149.

[29] *Junker/Benecke*, Rn. 385.

[30] *Palandt/Grüneberg*, § 305 BGB Rn. 49 ff.; *Ulmer/Brandner/Hensen*, § 310 BGB Rn. 29; *Wolf/Neuner*, BGB AT, § 47 Rn. 37.

[31] *Ulmer/Brandner/Hensen*, § 310 BGB Rn. 29; *Wolf/Neuner*, BGB AT, § 47 Rn. 37.

[32] *Locher*, AGB, S. 54 ff.; *Medicus/Petersen*, Bürgerliches Recht, Rn. 75; *Palandt/Grüneberg*, § 305 BGB Rn. 54; *Ulmer/Brandner/Hensen*, § 305 BGB Rn. 191 ff.; *Wolf/Neuner*, BGB AT, § 47 Rn. 35.

[33] *Palandt/Grüneberg*, § 305 BGB Rn. 55; *Ulmer/Brandner/Hensen*, § 305 BGB Rn. 195 ff.

rechnen muss (§ 305 c I BGB): Auf solche Klauseln bezieht sich das notwendige Einverständnis der anderen Vertragspartei nicht; der Verwender darf mit einem Einverständnis redlicherweise nicht rechnen. Die Klausel muss objektiv ungewöhnlich und außerdem für den Kunden überraschend sein.[34]; sie verliert ihren überraschenden Charakter, wenn der Verwender deutlich auf die Klausel hinweist.[35]

4. Inhaltskontrolle nach §§ 307–309 BGB

Allgemeine Geschäftsbedingungen (dazu oben 2), die wirksam in einen Vertrag einbezogen wurden (dazu oben 3), unterliegen nach §§ 307–309 BGB der Inhaltskontrolle. Sie findet in vollem Umfang nur bei Klauseln statt, die von einer gesetzlichen Regelung abweichen oder diese ergänzen (§ 307 III 1 BGB). Andere Bestimmungen, beispielsweise Leistungsbeschreibungen und Preisvereinbarungen, unterliegen lediglich der Transparenzkontrolle (§ 307 III 2 BGB). Das bedeutet: Leistungsbestimmungs- und Entgeltregelungen, die nach § 307 III 1 BGB an sich von der Inhaltskontrolle ausgenommen sind, können dennoch gem. § 307 I BGB wegen Intransparenz unwirksam sein.[36]   21

a) Eine Inhaltskontrolle nach den §§ 305 ff. BGB kann nicht nur im Rechtsstreit zwischen Verwender und Vertragspartner (**Individualprozess**) erfolgen, sondern auch präventiv im Wege einer **Verbandsklage.** Nach dem Unterlassungsklagengesetz (UKlaG) können u. a. Wirtschafts- und Verbraucherverbände gegen den Verwender (oder Empfehler) von AGB Unterlassungsklage erheben und einen Verstoß der AGB-Klauseln gegen die §§ 307–309 BGB rügen. Stellt das Gericht die Unwirksamkeit der Vertragsklauseln fest, kann es dem Kläger gem. § 7 UKlaG eine Veröffentlichungsbefugnis erteilen. Ein späterer Vertragspartner des Verwenders kann sich auf dieses Urteil berufen; die entsprechende Klausel ist gem. § 11 1 UKlaG als unwirksam anzusehen.[37]   22

b) Die Inhaltskontrolle soll sicherstellen, dass die andere Vertragspartei vom Verwender nicht unangemessen benachteiligt wird. Der Gesetzgeber verfolgt dieses Ziel mit verschiedenen Regelungen: 23

aa) In § 309 BGB hat der Gesetzgeber **Klauselverbote ohne Wertungsmöglichkeit** normiert. Ihnen ist gemeinsam, dass die genormten AGB-Klauseln unwirksam sind, ohne dass die unangemessene Benachteiligung des Vertragspartners des Verwenders besonders festgestellt werden muss.   24

bb) In § 308 BGB sind **Klauselverbote mit Wertungsmöglichkeit** normiert. Die Tatbestände enthalten unbestimmte Rechtsbegriffe (z. B. § 308 Nr. 1 BGB: „unangemessen lange oder nicht hinreichend bestimmte Fristen"), die der Richter im Einzelfall auszulegen hat.[38]   25

---

[34] *Palandt/Grüneberg,* § 305 c BGB Rn. 3 f.

[35] MünchKomm-BGB/*Basedow,* § 305 c BGB Rn. 8; *Palandt/Grüneberg,* § 305 c BGB Rn. 4; *Ulmer/Brandner/Hensen,* § 305 c BGB Rn. 23; *Wolf/Lindacher/Pfeiffer/Lindacher/Hau,* § 305 c BGB Rn. 38 a.

[36] *Erman/Roloff,* § 307 BGB Rn. 38; *Stoffels,* AGB-Recht, Rn. 561. – Das entsprach schon zu § 8 AGBG der h. M.: *Stoffels,* JZ 2001, 843 (845); *Ulmer/Brandner/Hensen,* § 307 BGB Rn. 10.

[37] Umfassend zum Unterlassungsklagengesetz *Heß,* in: Ernst/Zimmermann (Hrsg.), Zivilrechtswissenschaft und Schuldrechtsreform, 2001, S. 527; *Baetge,* ZZP 112 (1999), 329; *Greger,* NJW 2000, 2457.

[38] *Wolf/Lindacher/Pfeiffer/Dammann,* vor §§ 308, 309 BGB Rn. 6; *Wolf/Neuner,* BGB AT, § 47 Rn. 62.

26 **cc)** Klauseln, die weder nach § 309 BGB noch nach § 308 BGB unwirksam sind, werden an der **Generalklausel des § 307 I 1 BGB** gemessen. Nach § 307 I 1 BGB sind AGB-Klauseln unwirksam, wenn sie den Vertragspartner des Verwenders entgegen Treu und Glauben unangemessen benachteiligen. § 307 II BGB macht Aussagen dazu, unter welchen Voraussetzungen eine unangemessene Benachteiligung im Zweifel anzunehmen ist. Das ist der Fall, wenn die Klausel wesentlichen Grundgedanken der gesetzlichen Regelung widerspricht (§ 307 II Nr. 1 BGB) oder wesentliche Rechte und Pflichten, die sich aus der Natur des Vertrags ergeben, so einschränkt, dass die Erreichung des Vertragszwecks gefährdet ist (§ 307 II Nr. 2 BGB).

Beispiel (zu § 309 BGB): Die B-GmbH vertreibt monatlich erscheinende Computerzeitschriften per Abonnement. Die Verträge haben eine Mindestlaufzeit von einem Jahr. Zur Kündigung enthalten die AGB der B-GmbH folgende Klausel: „Der Abonnent kann das Abonnement mit einer Frist von sechs Monaten zum Monatsende kündigen." Der Student Mirco (M), der Elektrotechnik studiert, abonniert bei B eine Zeitschrift. Nach zwei Jahren wechselt er zum Studienfach Kunstgeschichte. Da er keine Verwendung mehr für Computerzeitschriften hat, möchte er das Abonnement schnellstmöglich lösen. Ist M an die sechsmonatige Kündigungsfrist gebunden?

M ist nicht an die sechsmonatige Kündigungsfrist gebunden. Die Kündigungsklausel in den AGB der B verstößt gegen § 309 Nr. 9 lit. c BGB, wonach eine längere Kündigungsfrist als drei Monate vor Ablauf der zunächst vorgesehenen oder verlängerten Vertragsdauer nicht zulässig ist. Der Vertrag kann jederzeit ohne Einhaltung einer Kündigungsfrist durch Kündigung beendet werden; eine „geltungserhaltende Reduktion" der Klausel auf das gerade noch Zulässige (drei Monate) kommt nicht in Betracht.[39]

27 **dd)** Eine unangemessene Benachteiligung i. S. d. § 307 I 1 BGB kann sich gem. § 307 I 2 BGB auch aus der **Intransparenz einer Klausel** ergeben. Der Klauselverwender ist daher gezwungen, die Klausel so zu formulieren, dass sie für den Vertragspartner klar und verständlich ist. Nach umstrittener, aber zutreffender Auffassung ist eine intransparente Klausel nicht automatisch unwirksam.[40] Dafür sprechen sowohl der Wortlaut des § 307 I 2 BGB („kann") als auch die Systematik des § 307 BGB, der in Abs. 3 als Voraussetzung für die Unwirksamkeit einer Klausel Abs. 1 S. 1 und Abs. 1 S. 2 ausdrücklich kumulativ nennt.[41] Nachdem die Intransparenz einer Klausel festgestellt wurde, ist daher noch zu klären, ob sich daraus eine unangemessene Benachteiligung ergibt. Das wird regelmäßig der Fall sein.

28 **c)** Gegenüber **Unternehmern** gelten auch im Bereich der Inhaltskontrolle Besonderheiten. Nach § 310 I 1 BGB können sie sich auf die §§ 308 und 309 BGB nicht berufen. In § 310 I 2 BGB ist aber ist klargestellt, dass in diesen Fällen Klauseln, die in den §§ 308 und 309 BGB genannt sind, nach § 307 I, II BGB für unwirksam erklärt werden können. Die von §§ 308 und 309 BGB erfassten Klauseln unterliegen also auch bei Verwendung gegenüber Unternehmern der Inhaltskontrolle, allerdings nach § 307 I, II BGB.

Beispiel: Hätte im letzten Beispiel der Ingenieur Vincent (V) die Zeitschrift für sein Ingenieurbüro bestellt, wäre die Kündigungsklausel ihm gegenüber gem. § 310 I BGB nach § 307 BGB zu kontrollieren. Es wäre unter Berücksichtigung der im Handelsverkehr geltenden Gewohnheiten und Gebräuche (§ 310 I 2 a. E. BGB) zu fragen, ob im Geschäftsverkehr zwischen Unternehmern eine sechsmonatige Kündi-

---

[39] Zu dieser Rechtsfolge bei unzulässig langen Kündigungsfristen MünchKomm-BGB/*Wurmnest*, § 309 Nr. 9 BGB Rn. 20.

[40] *Ulmer/Brandner/Hensen*, § 307 BGB Rn. 330; *Wolf/Lindach/Pfeiffer/Wolf*, § 307 Rn. 250; a. A. *Lange*, ZGS 2004, 208 (212); *Palandt/Grüneberg*, § 307 BGB Rn. 24.

[41] *Staudinger/Coester*, § 307 BGB Rn. 174; *Ulmer/Brandner/Hensen*, § 307 BGB Rn. 330.

gungsfrist für ein Abonnement einer monatlich erscheinenden Zeitschrift unangemessen i. S. d. § 307 I, II BGB ist.

> Die Inhaltskontrolle richtet sich gegenüber Verbrauchern nach den §§ 307 ff. BGB, die von Klauselverboten ohne Wertungsmöglichkeit bis zur Generalklausel eine abgestufte AGB-Kontrolle ermöglichen. Gegenüber Unternehmern erfolgt die Inhaltskontrolle allein nach § 307 BGB.

5. Rechtsfolgen bei Nichteinbeziehung und Unwirksamkeit

§ 306 BGB regelt die Auswirkungen auf den Vertrag, wenn Allgemeine Geschäftsbe- 29
dingungen ganz oder teilweise nicht in den Vertrag einbezogen wurden oder unwirksam sind. Grundsätzlich bleibt der Vertrag im Übrigen wirksam (§ 306 I BGB). Die
Wirksamkeit des Vertrags im Übrigen ist also der Grundsatz. Nur ausnahmsweise,
nämlich bei einer unzumutbaren Härte für eine Vertragspartei, ist der gesamte Vertrag
unwirksam, § 306 III BGB. Diese von § 139 BGB abweichende Regelung dient dem
Interesse des Vertragspartners des Verwenders, dem in der Regel an der Aufrechterhal-
tung des Vertrags gelegen ist.[42] An die Stelle der unwirksamen Klausel tritt gem. § 306
II BGB die **gesetzliche Regelung.** Fehlt es, wie z. B. bei gesetzlich nicht geregelten
Vertragstypen, an dispositivem Gesetzesrecht, so muss die Lücke durch ergänzende
Vertragsauslegung geschlossen werden. Salvatorische Klauseln, die der Verwender für
den Fall der Unwirksamkeit vorsieht, sind ebenso wie Ersatz-AGB nichtig.[43]

Eine **geltungserhaltende Reduktion,** d. h. eine Reduzierung der unwirksamen Klau- 30
sel auf das zulässige Maß, ist nicht zulässig. Andernfalls wäre die Verwendung unangemessener AGB für den Verwender risikolos.[44] Eine geltungserhaltende Reduktion liegt
allerdings nicht vor, wenn eine teilbare Klausel insoweit aufrechterhalten wird, als sie
den §§ 305 ff. BGB entspricht.[45]

Beispiel: HiFi-Händler Hirt (H) verwendet AGB, in denen er die Haftung für Sachschäden aufgrund von
Pflichtverletzungen seiner Erfüllungsgehilfen ausschließt. Eine weitere Klausel der AGB sieht vor, dass der
Kunde eine Mahnung schriftlich vornehmen muss und die Nachfrist i. S. d. § 281 I BGB bei verzögerter
Leistung des Hirt drei Monate beträgt.

Die zuerst genannte Klausel verstößt aufgrund des vollständigen Haftungsausschlusses bei Sachschäden
gegen § 309 Nr. 7 lit. b BGB und ist unwirksam.[46] Der Haftungsausschluss kann nicht durch Auslegung
in der Form aufrechterhalten werden, dass die Haftung des H auf grob fahrlässige oder vorsätzliche Pflichtverletzungen seiner Erfüllungsgehilfen beschränkt wird. Bei einem solchen Vorgehen handelte es sich um
eine unzulässige geltungserhaltende Reduktion.[47]

Die zweitgenannte Klausel verstößt insoweit gegen § 308 Nr. 2 BGB, als Hirt sich eine dreimonatige
Nachfrist für den Fall vorbehält, dass der Kunde bei einer verzögerten Leistung Schadensersatz statt der

---

[42] MünchKomm-BGB/*Basedow*, § 306 BGB Rn. 1 f.; *Palandt/Grüneberg*, § 306 BGB Rn. 1; *Ulmer/Brandner/Hensen*, § 306 BGB Rn. 1. – Zum früheren Recht, *Locher*, AGB, S. 70.

[43] *Locher*, AGB, S. 74 f.; *Palandt/Grüneberg*, § 306 BGB Rn. 15; *Ulmer/Brandner/Hensen*, § 306 BGB Rn. 39; *Wolf/Neuner*, BGB AT, § 47 Rn. 87.

[44] *Bamberger/Roth/H. Schmidt*, § 306 BGB Rn. 16; *Erman/Roloff*, § 306 BGB Rn. 8; *Wolf/Neuner*, BGB AT, § 47 Rn. 87.

[45] *Palandt/Grüneberg*, § 306 BGB Rn. 7; *Stoffels*, AGB-Recht, Rn. 600; *Wolf/Neuner*, BGB AT, § 47 Rn. 88 f.

[46] Einzelheiten zu § 309 Nr. 7 lit. b BGB: MünchKomm-BGB/*Wurmnest*, § 309 Nr. 7 BGB Rn. 20 ff.

[47] MünchKomm-BGB/*Wurmnest*, § 309 Nr. 7 BGB Rn. 32.

Leistung verlangt. Bei üblichen Verbrauchergeschäften ist die Höchstgrenze für eine angemessene Frist mit zwei Wochen anzusetzen.[48]. Diese Grenze wird von H erheblich überschritten. Wirksam ist dagegen das Schriftformerfordernis für die Mahnung des Kunden; insbesondere liegt kein Verstoß gegen § 309 Nr. 13 BGB vor. Obwohl beide Regelungen den gleichen Sachkomplex betreffen (Verzug des H), ist die Klausel teilbar. Das Schriftformerfordernis für die Mahnung des Kunden ist aus sich heraus verständlich. Es bleibt daher trotz Unwirksamkeit der Bestimmung über die Nachfrist bestehen.

6. Sonderregeln für Verbraucherverträge

31 Durch die Umsetzung der EG-Richtlinie über missbräuchliche Klauseln in Verbraucherverträgen (93/13/EWG) wurde der Verbraucherschutz 1996 als selbständiger Schutzzweck in das AGBG aufgenommen. Die bedeutsamste Neuerung war die Einfügung des § 24a AGBG, des heutigen § 310 III BGB, der zu einer AGB-rechtlichen Sonderbehandlung von Verbraucherverträgen führt.[49]

32 **a)** Nach der Fiktion des § 310 III Nr. 1 BGB gelten AGB grundsätzlich als vom Unternehmer gestellt. Das bedeutet, dass auch **von Dritten** (z. B. Notaren oder Maklern) **formulierte Vertragsbedingungen** nach den §§ 305 ff. BGB zu überprüfen sind. Die Fiktion greift nur in den Fällen nicht, in denen der Verbraucher die Vertragsbedingungen in den Vertrag eingeführt hat (§ 310 III Nr. 1 a. E. BGB). Davon ist auszugehen, wenn auf Veranlassung des Verbrauchers ein handelsübliches Formular (z. B. ein Mustermietvertrag oder das ADAC-Formular für den Kauf eines Gebrauchtwagens) benutzt wird.[50] Wurden die Vertragsbedingungen i. S. d. § 305 I 3 BGB ausgehandelt, so findet auch bei Verbraucherverträgen eine Inhaltskontrolle nach §§ 305 ff. BGB nicht statt.[51]

33 Die Vorschrift des § 310 III Nr. 1 BGB wird hinsichtlich **notarieller Vertragsbedingungen** kritisiert. Manche Autoren wollen bei notariell beurkundeten Verträgen die Anforderungen an ein „Aushandeln" i. S. d. § 305 I 3 BGB niedriger als sonst ansetzen, um eine Kontrolle nach §§ 305 ff. BGB zu vermeiden.[52] Nach anderer Ansicht sind notarielle Vorschläge unter Rückgriff auf „interne Formulierungshilfen" nicht für eine Vielzahl von Fällen bestimmt, wodurch ebenfalls eine Inhaltskontrolle nach §§ 305 ff. BGB – zumindest über § 310 III Nr. 1 BGB – verhindert wird.[53] Solche Versuche, den gesetzgeberischen Ansatz des § 310 III Nr. 1 BGB zu unterhöhlen, sind mit Skepsis zu betrachten.

34 **b)** Bestimmte Vorschriften aus dem Bereich der §§ 305 ff. BGB, darunter auch die §§ 306 und 307–309 BGB, sind gem. § 310 III Nr. 2 BGB bei Verbraucherverträgen auch auf solche Vertragsbedingungen anzuwenden, die nur zum **einmaligen Gebrauch** bestimmt sind („Einzel-Verbraucherverträge" im Gegensatz zu Standard-Verbraucherverträgen). Das gilt sowohl für Klauseln, die der Unternehmer einbringt, als auch für Drittbedingungen,[54] es sei denn, dass der Verbraucher trotz der Vorformulie-

---

[48] *Palandt/Grüneberg,* § 308 BGB Rn. 13.

[49] NK-BGB/*Kollmann,* § 310 BGB Rn. 19 ff. – Zum alten Recht: *Locher,* JuS 1997, 389 (391).

[50] *Erman/Roloff,* § 310 BGB Rn. 16; *Locher,* AGB, S. 32 f.; *Palandt/Grüneberg,* § 310 BGB Rn. 13.

[51] *Locher,* JuS 1997, 389 (391); *Stoffels,* AGB-Recht, Rn. 142.

[52] *Brambring,* in: Festschrift Heinrichs, 1998, S. 39 (47 ff.).

[53] *Ulmer,* in: Festschrift Heinrichs, 1998, S. 555 (560 ff.); *Ulmer/Brandner/Hensen,* § 310 BGB Rn. 74; a. A. *Palandt/Grüneberg,* § 310 BGB Rn. 12.

[54] *Locher,* AGB, S. 29; *Palandt/Grüneberg,* § 310 BGB Rn. 16; a. A. für Drittbedingungen *Ulmer,* in: Festschrift Heinrichs, 1998, S. 555 (566 ff.); *Ulmer/Brandner/Hensen,* § 310 BGB Rn. 81 f.

rung auf den Inhalt Einfluss nehmen konnte (§ 310 III Nr. 2 a. E. BGB). Ob die Möglichkeit zur Einflussnahme ebenso zu verstehen ist wie das Aushandeln der Bedingungen in § 305 I 2 BGB, ist streitig.[55] Die Beweislast dafür, dass eine Einflussnahme nicht möglich war, liegt jedenfalls beim Verbraucher.[56]

c) Nach § 310 III Nr. 3 BGB wird die überindividuell-generalisierende Betrachtung 35 im Rahmen des § 307 I, II BGB bei Verbraucherverträgen in dem Sinne ergänzt, dass zusätzlich die konkret-individuellen **Umstände des Vertragsschlusses** zu berücksichtigen sind. So kann zugunsten des Verbrauchers z. B. berücksichtigt werden, ob er besonders unerfahren war, sich in einer Notlage befand oder überrumpelt wurde.[57] Allerdings kann die Norm auch zu Lasten des geschäftserfahrenen oder fachkundigen Verbrauchers angewandt werden.[58]

> § 310 III BGB enthält Regelungen, die die AGB-Kontrolle bei Verbraucherverträgen ausdehnen. Neben Erweiterungen des Begriffs der AGB ist vorgesehen, dass im Rahmen des § 307 BGB die Umstände des Vertragsschlusses zu berücksichtigen sind.

II. Beispiel: Gestaltung von AGB-Klauseln

Die Siena-Leuchten GmbH (S) mit Sitz in München verkauft italienische Designer- 36 leuchten. Zu ihren Kunden zählen Privatpersonen ebenso wie Einrichtungshäuser, die das obere Preissegment bedienen. Die Geschäftstätigkeit hat einen Umfang angenommen, der es erforderlich macht, die Verkäufe zu standardisierten Bedingungen abzuwickeln. S beabsichtigt daher, zukünftig allgemeine Liefer- und Zahlungsbedingungen zu verwenden.

Für die Erstellung der AGB wendet S sich an die Sozietät von Eller, Hüttwitz und Rotstein. Beim ersten Beratungsgespräch mit Dr. Hüttwitz (H) erklärt der Geschäftsführer der S, Detlef Drews (D), dass es ihm vor allem auf folgende Punkte ankomme: Aufgrund seiner schlechten Erfahrungen mit der Zahlungsmoral ihrer Kunden möchte sich die S so lange ein Recht an den Leuchten vorbehalten, bis diese endgültig bezahlt sind. Da die S schon mehrfach Schwierigkeiten mit äußerst kritischen Kunden hatte, möchte D die Gewährleistung ausschließen oder zumindest beschränken. Schließlich fragt D nach einer Möglichkeit, gerichtliche Streitigkeiten durch das Gericht am Ort des Firmensitzes klären zu lassen. Wie könnten AGB lauten, die diesen Interessen gerecht werden?

---

[55] Bejahend *Palandt/Grüneberg,* § 310 BGB Rn. 17; verneinend *Ulmer,* in: Festschrift Heinrichs, 1998, S. 555 (569 f.); *Ulmer/Brandner/Hensen,* § 310 BGB Rn. 85.

[56] *Locher,* JuS 1997, 389 (391); *Palandt/Grüneberg,* § 310 BGB Rn. 17.

[57] *Coester-Waltjen,* Jura 1997, 272 (274); *Locher,* JuS 1997, 389 (391); *Palandt/Grüneberg,* § 310 BGB Rn. 21.

[58] *Coester,* Festschrift Löwisch, 2007, S. 57 (65); *Palandt/Grüneberg,* § 310 BGB Rn. 21; *Stoffels,* AGB-Recht, Rn. 481.

1. Eigentumsvorbehaltsklausel

a) Gesetzliche Ausgangslage

37 S möchte sich bis zur vollständigen Bezahlung „ein Recht" an den Leuchten vorbehalten. Ziel der S ist es, das Eigentum an den verkauften Leuchten erst zu verlieren, wenn sie den vollen Kaufpreis erhalten hat.

38 **aa)** Nach den sachenrechtlichen Regelungen der §§ 929 ff. BGB erfordert der **Eigentumsübergang** vom Berechtigten auf den Erwerber neben der Einigung lediglich die Übergabe der Sache (§ 929 I BGB), die Vereinbarung eines Besitzkonstituts (§ 930 BGB) oder die Abtretung des Herausgabeanspruchs (§ 931 BGB). Der Eigentumsübergang findet unabhängig davon statt, ob und wann der Käufer seine Gegenleistung, die Kaufpreiszahlung, an den Verkäufer erbringt. Auch wenn die Kaufpreiszahlung endgültig ausbleibt, stehen dem Veräußerer keinerlei Rechte an der gelieferten Ware zu.

39 **bb)** Um den sofortigen Eigentumsübergang zu verhindern, kann gem. § 449 I BGB ein **Eigentumsvorbehalt** vereinbart werden, der als aufschiebende Bedingung i. S. d. § 158 I BGB den Eigentumsübergang bis zum Zeitpunkt der vollständigen Kaufpreiszahlung hinausschiebt. Mit der Übergabe der Ware erhält der Erwerber nur ein Anwartschaftsrecht.[59] Um die Klausel den Bedürfnissen der S entsprechend gestalten zu können, muss Rechtsanwalt H sich einen Überblick über die verschiedenen Ausgestaltungsmöglichkeiten eines Eigentumsvorbehalts verschaffen.

b) Gestaltungsmöglichkeiten

40 **aa)** Der **einfache Eigentumsvorbehalt** bewirkt, dass das Eigentum an der gelieferten Ware abweichend von der Regelung in §§ 929 ff. BGB erst mit vollständiger Kaufpreiszahlung auf den Erwerber übergeht. Der einfache Eigentumsvorbehalt bezieht sich lediglich auf die unter Eigentumsvorbehalt veräußerte Sache. Er kann durch einen Eigentumserwerb Dritter über § 185 BGB oder durch gutgläubigen Erwerb gem. § 932 BGB erlöschen. Der Verkäufer verliert das Eigentum auch, wenn die Sache mit anderen verbunden oder vermischt wird (§§ 947 ff.) oder wenn sie weiterverarbeitet wird (§ 950 BGB).[60]

41 Falls **Gläubiger des Vorbehaltskäufers** im Wege der Einzelzwangsvollstreckung auf die unter Eigentumsvorbehalt verkaufte Sache zugreifen, kann der Vorbehaltsverkäufer die Drittwiderspruchsklage erheben (§ 771 ZPO). Bei **Insolvenz des Vorbehaltskäufers** hat der Insolvenzverwalter das Wahlrecht (§ 103 InsO). Wählt er Erfüllung, ist die Kaufpreisforderung Masseverbindlichkeit gem. § 55 I Nr. 2 InsO. Andernfalls kann der Vorbehaltsverkäufer die Sache gem. § 47 InsO aussondern.[61]

---

[59] *Baur/Stürner,* Sachenrecht, § 59 Rn. 3; *Medicus/Lorenz,* Schuldrecht II, Rn. 284 f., 287 ff.; *Musielak/Hau,* BGB, Rn. 961, 968 ff.; *Reinicke/Tiedtke,* Kreditsicherung, Rn. 882; *Schreiber,* Sachenrecht, Rn. 327. Ausführlich zum Anwartschaftsrecht *Larenz,* Schuldrecht II/1, S. 114 ff.; *Medicus/Petersen,* Bürgerliches Recht, Rn. 456 ff.; *Wolf/Wellenhofer,* Sachenrecht, § 14 Rn. 11 ff.

[60] *Baur/Stürner,* Sachenrecht, § 59 Rn. 14; *Larenz,* Schuldrecht II/1, S. 121 f.; *Reinicke/Tiedtke,* Kreditsicherung, Rn. 874 f.; *Prütting,* Sachenrecht, Rn. 395; *Weber/Weber,* Kreditsicherungsrecht, S. 162 f.; *Westermann,* Sachenrecht, § 6 III, Rn. 201 f.

[61] *Medicus/Lorenz,* Schuldrecht II, Rn. 290; *Prütting,* Sachenrecht, Rn. 397; *Reinicke/Tiedtke,* Kreditsicherung, Rn. 861 f.

bb) Oft möchte der Vorbehaltskäufer die Sache weiterveräußern oder verarbeiten. In 42 diesen Fällen dient ein **verlängerter Eigentumsvorbehalt** dazu, den Vorbehaltsverkäufer durch Erwerb von Rechten am Surrogat zu sichern. In der ersten Variante (verlängerter Eigentumsvorbehalt für den Fall der Weiterveräußerung) vereinbaren Verkäufer und Erwerber, dass die Kaufpreisforderung aus dem Weiterverkauf als Sicherungsmittel an die Stelle der verkauften Sache treten soll. Der Erwerber darf die Sache weiterveräußern, tritt dafür aber als Sicherheit die Forderungen aus dem Weiterverkauf im Voraus an den Verkäufer ab, der den Erwerber wiederum zur Einziehung der Forderung ermächtigt.[62]

Typischerweise wird die **Veräußerungsermächtigung** auf Geschäfte im ordnungsge- 43 mäßen Geschäftsgang beschränkt.[63] Eine ordnungsgemäße Veräußerung liegt z. B. nicht vor, wenn der Verkäufer die Ware unter Wert veräußert, um mit dem Erlös Schulden zu tilgen.[64] Die Vorausabtretung der Kaufpreisforderung aus dem Weiterverkauf ist nur insoweit wirksam, als die Forderung bestimmt oder bestimmbar ist. Die einzelne Forderung muss durch die Abtretung individuell so genau bestimmt sein, dass es nur noch ihrer Entstehung bedarf, um die Übertragung ohne weiteres wirksam werden zu lassen.[65]

In der zweiten Variante (verlängerter Eigentumsvorbehalt für den Fall der Weiterverar- 44 beitung) soll der Vorbehaltsverkäufer vor dem Verlust seines Sicherungsmittels dadurch geschützt werden, dass er Rechte an der neuen Sache erhält. Der einfache Eigentumsvorbehalt wird um eine **Verarbeitungs- oder Verbindungsklausel** ergänzt, durch die der Vorbehaltsverkäufer abweichend von den §§ 947 ff. BGB mit der Verarbeitung, Verbindung oder Vermischung der gelieferten Sache Alleineigentümer der neuen Sache wird oder zumindest Miteigentum erwirbt.[66] Die Vereinbarung einer Verarbeitungsklausel ist nach h. M. zulässig. Zwar ist § 950 BGB vertraglich nicht abdingbar, die Parteien können aber eine Vereinbarung darüber treffen, wer Hersteller im Sinne der Vorschrift sein soll.[67]

cc) Beim **Kontokorrentvorbehalt** (auch: erweiterter Eigentumsvorbehalt) sichert das 45 vorbehaltene Eigentum nicht nur die konkrete Kaufpreisforderung, sondern alle Forderungen des Veräußerers aus der Geschäftsverbindung mit dem Erwerber.[68] Der Kontokorrentvorbehalt kann sowohl als einfacher als auch als verlängerter Eigentumsvorbehalt ausgestaltet werden.

---

[62] *Medicus/Lorenz,* Schuldrecht II, Rn. 294; *Reinicke/Tiedtke,* Kreditsicherung, Rn. 928 ff.; *Schreiber,* Sachenrecht, Rn. 313; *Weber/Weber,* Kreditsicherungsrecht, S. 170 f.; *Westermann,* Sachenrecht, § 6 IV 2, Rn. 195.

[63] *Reinicke/Tiedtke,* Kreditsicherung, Rn. 928; *Rieger/Friedrich,* JuS 1987, 119 (122); *Wolf/Wellenhofer,* Sachenrecht, § 14 Rn. 49 f.

[64] *Reinicke/Tiedtke,* Kreditsicherung, Rn. 738.

[65] *BGH* vom 7.12.1977 – VIII ZR 164/76, BGHZ 70, 86 (89); *Reinicke/Tiedtke,* Kreditsicherung, Rn. 741.

[66] *Lwowski/Fischer/Langenbucher/Kieninger,* Kreditsicherung, § 21 Rn. 19 ff.; *Medicus/Lorenz,* Schuldrecht II, Rn. 295.

[67] *BGH* vom 3.3.1956 – IV ZR 334/55, BGHZ 20, 159 (163); *Bamberger/Roth/Kindl,* § 950 BGB Rn. 9; *Richard/Junker,* JuS 1988, 686 (688 f.); *Schreiber,* Sachenrecht, Rn. 185; a. A. (§ 950 BGB abdingbar): *Reinicke/Tiedtke,* Kaufrecht, Rn. 1357 m. w. N.

[68] *Baur/Stürner,* Sachenrecht, § 59 Rn. 6; *Medicus/Lorenz,* Schuldrecht II, Rn. 292; *Prütting,* Sachenrecht, Rn. 408. Gegen die Zulässigkeit des Kontokorrentvorbehalts *Larenz,* Schuldrecht II/1, S. 126 f.

46 dd) Im Rahmen eines **Konzernvorbehalts** sollen nicht nur Forderungen des Veräußerers selbst, sondern auch solche seiner Konzerngesellschaft aus Geschäften aller Art gesichert werden. Nach § 449 III BGB kann ein solcher Konzernvorbehalt allerdings nicht wirksam vereinbart werden.

c) Übersicht zum Eigentumsvorbehalt

47 Über die wichtigsten Formen des Eigentumsvorbehalts (EV) informiert zusammenfassend die folgende Übersicht:

einfacher EV	Das Eigentum an der Sache geht erst mit vollständiger Bezahlung auf den Erwerber über
verlängerter EV – Weiterveräußerung	– Der Erwerber darf Sache veräußern, seine Kaufpreisforderung gegen den Dritten wird zur Sicherheit an den Vorbehaltsverkäufer abgetreten
– Verbindung/ Verarbeitung	– Abweichend von §§ 946 ff. BGB erwirbt der Veräußerer (Mit)eigentum an der neuen Sache
Kontokorrentvorbehalt	Sichert alle Forderungen des Veräußerers aus seiner Geschäftsbeziehung mit dem Erwerber
Konzernvorbehalt	Soll alle Forderungen des Konzerns, dem der Veräußerer angehört, gegen den Erwerber sichern – unzulässig

d) Informationsgewinnung

48 Die verschiedenen Gestaltungsformen des Eigentumsvorbehalts dienen unterschiedlichen **Sicherungsinteressen** des Vorbehaltsverkäufers. Ein Eigentumsvorbehalt zur Sicherung des Verkäufers ist nur erforderlich, wenn der Verkäufer die Sache vor der vollständigen Bezahlung an den Käufer übergibt. Ist das der Fall, kommt es für die Auswahl zwischen einfachem und verlängertem Eigentumsvorbehalt auf die vorgesehene Verwendung der Sache durch den Käufer an. Wenn der Käufer die Sache weiterveräußern oder verarbeiten möchte, ist ein **verlängerter Eigentumsvorbehalt** ratsam, andernfalls genügt ein **einfacher Eigentumsvorbehalt.** Ein **Kontokorrentvorbehalt** ist nur sinnvoll, wenn zwischen dem Verkäufer und dem Käufer eine ständige Geschäftsbeziehung besteht.

49 Bisher ist nur bekannt, dass S einen Eigentumsvorbehalt wünscht. Über die Abwicklung der Verkäufe und die Art der Geschäftsbeziehung zu den Einrichtungshäusern ist Rechtsanwalt H jedoch nicht unterrichtet. Für die sachgerechte Gestaltung einer Eigentumsvorbehaltsklausel benötigt er folgende zusätzliche Informationen:

1. Nachfrage: Wie sind die Zahlungsmodalitäten beim Verkauf der Leuchten (z. B. Zug um Zug gegen Lieferung der Leuchten, auf Rechnung mit bestimmter Fälligkeit, Ratenkauf)?

Informationsmittel: Nachfrage bei S.

2. Nachfrage: Steht S mit ihren Kunden in einer ständigen Geschäftsbeziehung?

Informationsmittel: Nachfrage bei S.

Ergebnis der 1. Nachfrage (unterstellt): Grundsätzlich erhalten die Kunden der S mit Lieferung der Leuchten eine Rechnung, die binnen einer Frist von 30 Tagen zu begleichen ist. Die Möglichkeit eines Ratenkaufs bietet S ihren Kunden nicht an. Nur in Ausnahmefällen werden die Leuchten vom Kunden direkt bei S abgeholt und Zug um Zug im Bargeschäft bezahlt. Im Geschäftsverkehr mit Einrichtungshäusern liefert S die Leuchten durchweg gegen Rechnung mit einem Zahlungsziel von sechs Wochen.

Ergebnis der 2. Nachfrage (unterstellt): Bisher steht die S nur mit wenigen Einrichtungshäusern in einer festen Geschäftsbeziehung, jedoch hofft D, dass sich in Zukunft mit weiteren Einrichtungshäusern feste Geschäftsbeziehungen entwickeln.

e) Auswahl einer Gestaltungsmöglichkeit

Aufgrund dieser Informationen kann Rechtsanwalt H die passende Form des Eigentumsvorbehalts für S ermitteln. Dabei sind die unterschiedlichen Schutzbedürfnisse der S bei Geschäften mit Einrichtungshäusern und Geschäften mit anderen Kunden zu beachten. **50**

aa) S verkauft ihre Leuchten gewöhnlich gegen Rechnung; sie tritt damit in Vorleistung. Ein **einfacher Eigentumsvorbehalt** ermöglicht es S, auf die verkauften Leuchten zuzugreifen, wenn der Käufer seiner Zahlungsverpflichtung nicht nachkommt. Voraussetzung für eine effektive Sicherung der S ist allerdings, dass die Leuchten sich noch beim Käufer befinden. Beim Verkauf von Leuchten an **Privatkunden** ist in der Regel davon auszugehen, dass die Leuchten im Besitz des Käufers bleiben. Insoweit bietet ein einfacher Eigentumsvorbehalt S hinreichende Sicherheit. Die Vereinbarung eines einfachen Eigentumsvorbehalts in AGB ist als angemessenes Sicherungsmittel des Vorbehaltsverkäufers ohne weiteres zulässig.[69] **51**

bb) Bei Geschäften mit **Einrichtungshäusern,** die die Leuchten weiterveräußern, sichert ein einfacher Eigentumsvorbehalt S nur unzureichend. Ihr Eigentum an den Leuchten kann bei der Weiterveräußerung gem. § 932 BGB verlorengehen. Stattdessen ist im Rechtsverkehr mit Einrichtungshäusern ein **verlängerter Eigentumsvorbehalt** sinnvoll. Durch diese Variante des Eigentumsvorbehalts bleibt S auch im Falle des Weiterverkaufs der Leuchten gesichert. Da S mit einigen Einrichtungshäusern in ständiger Geschäftsbeziehung steht und solche Geschäftsbeziehungen verstärkt aufbauen möchte, könnte auch ein **Kontokorrentvorbehalt** interessengerecht sein. **52**

Zweckmäßig ist die Vereinbarung eines Kontokorrentvorbehalts, wenn aus der Geschäftsverbindung auch Forderungen entstehen, denen kein Eigentumsvorbehalt als Sicherheit zugeordnet werden kann oder wenn der Sicherungsgehalt eines Eigentumsvorbehalts dadurch vermindert ist, dass die Rücknahme der Ware gar nicht mehr möglich ist oder die Ware den Kaufpreis, zum Beispiel wegen Abnutzung, nur noch teilweise deckt.[70] Wenn Einrichtungshäuser die Leuchten der S gegen Barzahlung weiterverkaufen, kann S die Ware nicht mehr zurücknehmen, wenn das Einrichtungshaus nicht zahlt. Allerdings wird S insoweit durch den verlängerten Eigentumsvorbehalt gesichert. Auch sind keine Leistungen der S ersichtlich, denen kein Eigentumsvorbehalt als Sicherheit zugeordnet werden kann. Ein Kontokorrentvorbehalt bringt der S also keine weiteren Vorteile. **53**

Die Vereinbarung eines verlängerten Eigentumsvorbehalts in AGB ist im **unternehmerischen Rechtsverkehr** grundsätzlich zulässig; § 307 I, II BGB stehen dem nicht entgegen.[71] Möglicherweise muss jedoch die Abtretung der Forderungen aus dem Wei- **54**

---

[69] *Palandt/Grüneberg,* § 307 BGB Rn. 85.
[70] *Rieger/Friedrich,* JuS 1987, 118 (119).
[71] *BGH* vom 20.3.1985 – VIII ZR 342/83, BGHZ 94, 105 (112); MünchKomm-BGB/*H. P. Westermann,* § 449 BGB Rn. 87. Anders für den Kontokorrentvorbehalt und dementsprechend auch für die Kombination aus verlängertem Eigentumsvorbehalt und Kontokorrentvorbehalt *Reinicke/Tiedtke,* Kreditsicherung, Rn. 911.

terverkauf beschränkt oder mit einer Freigabeklausel für den Fall der nachträglichen Übersicherung versehen werden, damit die Klausel nicht nach §§ 307 I, II, 138 BGB wegen Übersicherung nichtig ist.[72] Denkbar wäre, die Forderungen aus dem Weiterverkauf nur insoweit abzutreten, wie sie sich mit der Forderung der S gegen das jeweilige Einrichtungshaus decken. Dagegen spricht, dass S so nicht ausreichend gesichert wird, da damit zu rechnen ist, dass ein Teil der abgetretenen Forderungen nicht realisiert werden kann. Für S wäre demnach eine umfassende Abtretung der Forderungen aus dem Weiterverkauf ihrer Leuchten wünschenswert.

55   Bedenklich wäre diese Gestaltung nur, wenn dadurch die Forderungsabtretungen insgesamt aufgrund einer **Übersicherung** der S nichtig zu sein drohten. Seit der Rechtsprechungsänderung zur Frage der nachträglichen Übersicherung führt die zu weitgehende Sicherung des Sicherungsnehmers nicht mehr zur Unwirksamkeit der Sicherungsabtretung wegen Sittenwidrigkeit.[73] Der Große Zivilsenat des BGH nimmt im Fall einer nachträglichen Übersicherung bei Globalzessionen – zu denen der VIII. Senat ausdrücklich auch Forderungsabtretungen im Rahmen eines verlängerten Eigentumsvorbehalts zählt[74] – auch ohne ausdrückliche Regelung eine **Freigabeverpflichtung** an.[75] Auf diesem Wege kann der Wert der abgetretenen Forderungen nachträglich den Ansprüchen der S angepasst werden; eine Begrenzung der Abtretungen ist nicht erforderlich. Eine anfängliche Übersicherung ist bei Abtretung der Forderungen aus dem Weiterverkauf in voller Höhe nicht zu erwarten.[76]

56   **cc)** Weitere Gestaltungsmöglichkeiten ergeben sich unter Umständen hinsichtlich der Rechtsfolge eines **Zahlungsverzugs** des Käufers. Der Verkäufer kann in diesem Fall gem. § 323 I BGB vom Vertrag zurücktreten, wenn er dem Käufer erfolglos eine Nachfrist gesetzt hat. Eine vollständige Lösung vom Vertrag entspricht jedoch nicht dem unternehmerischen Ziel. Der Verkäufer will nicht Verträge rückabwickeln, sondern seine Kaufpreisforderungen durchsetzen; er möchte sich mit der Rücknahme der Sache nicht endgültig vom Kaufvertrag lösen.

57   Nach der Interessenlage soll daher der Vertrag bestehen bleiben, der Käufer aber unter Druck gesetzt werden. Wenn der Verkäufer die Sache zurückholen kann, ohne dass damit der Kaufvertrag endgültig rückabgewickelt wird, wird der Käufer den Kaufpreis wahrscheinlich eher bezahlen, als wenn er so vom Vertrag loskommt.[77] Ein solches **Rücknahmerecht** für den Fall des Zahlungsverzuges der Kunden läge daher im Interesse der S. Gem. § 449 II BGB kann der Verkäufer die Sache jedoch nur herausverlangen, wenn er vom Vertrag zurückgetreten ist. Leistet der Verkäufer vor, muss er die Sache so lange dem Käufer belassen, wie der Vertrag in Geltung ist.[78] Hiervon abweichende Vereinbarungen sind nach h. M. wegen der dispositiven Natur des § 449 II BGB grundsätzlich zulässig, allerdings – gegenüber Verbrauchern wie auch Unternehmern – wegen § 307 II Nr. 1 BGB nur in einzelvertraglicher Form.[79] Rücknahmeklau-

---

[72] *Bamberger/Roth/Faust*, § 449 BGB Rn. 31.

[73] Zu dieser Frage ausführlich unten § 5 Rn. 18–23.

[74] *BGH* vom 13.6.1990 – VIII ZR 130/89, ZIP 1991, 1006.

[75] *BGH* vom 27.11.1997 – GSZ 1 u. 2/97, NJW 1998, 671.

[76] Siehe zur anfänglichen Übersicherung unten § 5 Rn. 34–35.

[77] *Reinicke/Tiedtke*, Kreditsicherung, Rn. 868 f.

[78] Begr. RegE, BT-Drs. 14/6040, S. 241.

[79] *Bamberger/Roth/Faust*, § 449 BGB Rn. 18; *Erman/Grunewald*, § 449 BGB Rn. 14; *Habersack/Schürnbrand*, JuS 2002, 833 (836 f.); *Palandt/Grüneberg*, § 307 BGB Rn. 85; *Staudinger/Beckmann*, § 449

seln in AGB für den Fall des Zahlungsverzugs des Käufers sind mit dieser Regelung also nicht vereinbar.

dd) Schließlich läuft S Gefahr, ihr Sicherungsmittel durch den Zugriff Dritter zu ver- 58 lieren.[80] Da die unter Eigentumsvorbehalt verkauften Leuchten sich beim Käufer befinden, versuchen dessen Gläubiger möglicherweise, die Leuchten zu verwerten, um ihre Forderungen gegen den Käufer zu befriedigen. Damit S dagegen einschreiten kann, hat sie ein Interesse daran, vom **Zugriff Dritter** auf die Sache zu erfahren. Deshalb ist der Vorbehaltskäufer zu verpflichten, der S Maßnahmen Dritter anzuzeigen, die sich auf die unter Eigentumsvorbehalt gekauften Leuchten beziehen.

f) Klauselvorschlag

Die Eigentumsvorbehaltsklausel soll gegenüber Einrichtungshäusern und anderen 59 Kunden der S eine unterschiedliche Reichweite haben. Sinnvoll ist eine **abgestufte Formulierung** in der Weise, dass zunächst die für alle Vertragspartner geltende Regelung genannt wird und dann die Ergänzung für die Einrichtungshäuser folgt. Anstelle „die Einrichtungshäuser" als Kundengruppe zu erwähnen, kann der weitergehende Teil der Klausel allgemein auf Unternehmer bezogen werden. Zwar mögen unter den Kunden der S auch Unternehmer sein, die die Leuchten nicht weiterverkaufen, sondern sie für den eigenen Geschäftsbetrieb erwerben. Die erweiterten Regelungen wären ihnen gegenüber aber nicht unwirksam, sondern würden nur leerlaufen. Die Eigentumsvorbehaltsklausel der S könnte danach folgendermaßen lauten:

> 1. Die Verkäuferin behält sich das Eigentum an den Liefergegenständen bis zur vollständigen Bezahlung vor.
> 2. Der Käufer hat die Verkäuferin unverzüglich zu unterrichten, wenn Maßnahmen Dritter oder sonstige Ereignisse die Rechte der Verkäuferin gefährden. Der Käufer hat im Falle der Pfändung oder Beschlagnahme der Sache den Dritten auf das Eigentum der Verkäuferin hinzuweisen. Er hat die Verkäuferin von solchen Maßnahmen oder Ereignissen unverzüglich zu benachrichtigen. Ist der Käufer Unternehmer, gilt darüber hinaus folgendes:
> 3. Der Käufer ist berechtigt, die Liefergegenstände im ordentlichen Geschäftsgang weiter zu veräußern; er tritt der Verkäuferin jedoch bereits jetzt alle Forderungen in voller Höhe ab, die ihm aus der Weiterveräußerung erwachsen. Zur Einziehung dieser Forderungen ist der Käufer nach deren Abtretung ermächtigt. Diese Einziehungsermächtigung kann nur widerrufen werden, wenn der Käufer seinen Zahlungsverpflichtungen nicht ordnungsgemäß nachkommt. Der Käufer erfüllt seine Zahlungsverpflichtungen insbesondere dann nicht ordnungsgemäß, wenn Zahlungen in Höhe von 10% der aus der Geschäftsbeziehung geschuldeten Beträge nicht rechtzeitig geleistet werden und der Käufer trotz schriftlicher Aufforderung die Leistung nicht innerhalb von fünf Werktagen erbringt.

BGB Rn. 63 ff.; *Graf v. Westphalen,* Allgemeine Verkaufsbedingungen, S. 236; offen gelassen für den unternehmerischen Rechtsverkehr: *OLG Frankfurt a. M.* vom 31.3.2005 – 1 U 230/04, NJW 2005, 1170 (1173); nach a. A. unter Unternehmern in AGB zulässig: MünchKomm-BGB/*H. P. Westermann,* § 449 BGB Rn. 38; *Schulze/Kienle,* NJW 2002, 2842 (2843 f.).

[80] Zu entsprechenden Erwägungen im Rahmen einer Sicherungsvereinbarung unten § 5 Rn. 30.

2. Gewährleistungsbeschränkung

a) Gesetzliche Ausgangslage

60 S möchte in ihren AGB die Gewährleistung ausschließen oder beschränken. Die **gesetzliche Gewährleistung** der S für Sachmängel[81] richtet sich nach den §§ 434ff. BGB. Gem. §§ 437, 439 BGB kann der Käufer **Nacherfüllung** verlangen, wobei er nach § 439 I BGB die Wahl zwischen der Beseitigung des Mangels (Nachbesserung) oder der Lieferung einer mangelfreien Sache hat. Falls der Käufer die (Nach-) Lieferung einer mangelfreien Sache wählt, kann der Verkäufer ihn nur dann auf die **Nachbesserung** verweisen, wenn ihn gem. § 275 BGB keine Nachlieferungspflicht trifft oder (§ 439 III BGB) wenn die Nachlieferung nur mit unverhältnismäßigen Kosten möglich ist.[82]

61 Der Käufer kann nach §§ 437 Nr. 2, 323 I BGB den **Rücktritt** vom Kaufvertrag erklären, wenn er dem Verkäufer erfolglos eine angemessene Frist zur Nacherfüllung gesetzt hat; eine solche Fristsetzung kann allerdings nach §§ 437 Nr. 2, 323 II, 440, 326 V BGB entbehrlich sein. Statt zurückzutreten, kann der Käufer auch **Minderung** des Kaufpreises verlangen (§§ 437 Nr. 2, 441 BGB). Neben den Möglichkeiten des Rücktritts und der Minderung kann der Käufer nach §§ 437 Nr. 3, 280 I BGB **Schadensersatz** verlangen, nach §§ 437 Nr. 3, 440, 280, 281, 283 und 311a BGB Schadensersatz statt der Leistung.

62 Der Anspruch auf Schadensersatz statt der Leistung setzt in der Regel eine erfolglose Nachfristsetzung voraus, wenn die Nacherfüllung möglich ist. Statt der Schadensersatzansprüche kann der Käufer schließlich nach §§ 437 Nr. 3, 284 BGB **Ersatz vergeblicher Aufwendungen** gelten machen. Wenn der Verkäufer oder ein Dritter eine **Garantie für die Beschaffenheit oder die Haltbarkeit oder andere als die Mängelfreiheit betreffende Anforderungen** einer Sache übernimmt, stehen dem Käufer gem. § 443 BGB neben den gesetzlichen Ansprüchen auch die Rechte aus der Garantie zu.

b) Informationsgewinnung

63 D möchte Gewährleistungsansprüche der Kunden der S möglichst ausschließen oder zumindest beschränken. Bei dieser Aussage bleibt offen, ob er auch an einer **Modifikation der Gewährleistungsrechte** interessiert ist. In Betracht kommt hinsichtlich der Nacherfüllung ein Nachbesserungsrecht zugunsten der S, wonach sie bei Fehlern der Leuchten (zunächst) eine Reparatur versuchen kann, bevor der Kunde eine Ersatzlieferung verlangen kann. Rechtsanwalt H muss ermitteln, ob D an einem vorrangigen Nachbesserungsrecht der S interessiert ist. Außerdem richtet sich die Möglichkeit der Gewährleistungsbeschränkung u. a. danach, ob S Garantien für ihre Leuchten übernimmt. Rechtsanwalt H sollte also auch hierüber Informationen bei D einholen.

3. Nachfrage: Möchte S bei Mängeln an den Leuchten als Nacherfüllung zunächst Nachbesserungsversuche unternehmen? Garantiert S ihren Kunden bestimmte Beschaffenheitsmerkmale oder die Haltbarkeit ihrer Leuchten?

Informationsmittel: Nachfrage bei S.

---

[81] Die Gewährleistungsvorschriften wegen Rechtsmängeln können vorliegend vernachlässigt werden, da die Leuchten neu hergestellt werden und daher i. d. R. nicht mit Rechten Dritter belastet sind.

[82] Dazu *Brox/Walker*, Besonderes Schuldrecht, § 4 Rn. 43ff.; NK-BGB/*Büdenbender,* § 439 BGB Rn. 7–13; *Palandt/Weidenkaff*, § 439 BGB Rn. 14ff.

Ergebnis der 3. Nachfrage (unterstellt): Da S über eine eigene Werkstatt verfügt, ist D sehr daran gelegen, dass S beim Auftreten eines Fehlers zunächst ein Nachbesserungsrecht hat. Am liebsten wäre es D natürlich, wenn S nach dem Vertrag so wenig als irgend möglich haften würde und im Einzelfall entscheiden könnte, ob und wieweit sie im Wege freiwilliger „Kulanz" dem Kunden entgegenkommt. Garantieerklärungen gibt S nicht ab.

c) Grenzen nach §§ 444, 474 ff. BGB

Der Gestaltungsvorschlag muss die Grenzen einhalten, die sich aus dem BGB ergeben. **64** Dabei gelten teilweise unterschiedliche Regeln für die Gewährleistungsbeschränkung gegenüber Verbrauchern und gegenüber Unternehmern.

aa) S soll nach dem Willen des D nach dem Vertrag so wenig wie möglich haften. Da- **65** her wird Rechtsanwalt H zunächst einen **vollständigen Haftungsausschluss** erwägen. Gegenüber allen Geschäftspartnern der S, seien es Verbraucher oder Unternehmer, gilt gleichermaßen § 444 BGB. Danach kann sich der Verkäufer auf einen Ausschluss der Gewährleistungsrechte des Käufers nicht berufen, wenn er den Mangel arglistig verschwiegen oder eine Beschaffenheitsgarantie übernommen hat. Ansonsten ist ein Gewährleistungsausschluss jedoch, wie sich im Umkehrschluss aus § 444 BGB ergibt, zulässig.

bb) Da S bewegliche Sachen verkauft, sind bei **Rechtsgeschäften mit Verbrauchern** **66** die Sonderregeln der §§ 474 ff. BGB über den Verbrauchsgüterkauf zu beachten. In diesem Fall kann sich der Verkäufer nur auf eine Vereinbarung berufen, die die Sachmängelgewährleistungsansprüche des Käufers für diesen nachteilig verändert, wenn die Vereinbarung nach Mitteilung eines Mangels geschlossen wurde (§ 475 I BGB). Ein Haftungsausschluss oder Haftungsbeschränkungen bei Vertragsschluss sind gem. § 475 I BGB nicht zulässig. S kann also Verbrauchern gegenüber nicht wirksam festlegen, dass sie als Nacherfüllung zunächst eine Nachbesserung schuldet. Von § 475 I BGB nicht erfasst werden Regelungen über den Ausschluss oder die Beschränkung von Schadensersatzansprüchen des Käufers; sie sind gem. § 475 III BGB nach Maßgabe der §§ 307–309 BGB zulässig.

cc) Bei **Rechtsgeschäften mit Unternehmern** ist ebenfalls § 444 BGB zu beachten. **67** Die §§ 474, 475 BGB gelten gegenüber Unternehmern zwar nicht. Allerdings können sich aus § 478 BGB Einschränkungen für einen Gewährleistungsausschluss oder für Gewährleistungsbeschränkungen ergeben. Nach § 478 IV BGB kann der Lieferant einer mangelhaften neu hergestellten Sache, die der Unternehmer im Rahmen eines Verbrauchsgüterkaufs weiterveräußert hat, sich gegenüber dem Unternehmer nicht auf Gewährleistungsbeschränkungen berufen, wenn er ihm keinen gleichwertigen Ersatz einräumt.[83] Auch insoweit kann S also nicht wirksam festlegen, dass sie als Nacherfüllung zunächst eine Nachbesserung schuldet. § 478 VI 2 BGB nimmt ebenso wie § 475 III BGB Abreden über Schadensersatzansprüche von der zwingenden Wirkung aus.

Über die Grenzen der Gewährleistungsbeschränkung nach §§ 444, 474 ff. BGB infor- **68** miert die folgende Übersicht:

---

[83] Jeweils mit Beispielen: *Bellinghausen,* AGB-Symposium 2004, S. 71 (80 ff.); *Erman/Grunewald,* § 478 BGB Rn. 21 ff.; *Matthes,* NJW 2002, 2505 (2507 ff.); NK-BGB/*Büdenbender,* § 478 BGB Rn. 59–61.

Beschränkung von Gewährleistungsansprüchen nach §§ 444, 474 ff. BGB	
§§ 444 BGB	
Kein Ausschluss und keine Beschränkung der Gewährleistungsansprüche bei arglistig verschwiegenen Mängeln oder Beschaffenheitsgarantien	
§§ 474 ff. BGB	
Rechtsgeschäfte mit Verbrauchern	Rechtsgeschäfte mit Unternehmern
Beschränkung oder Ausschluss der Rechte des Käufers auf Nacherfüllung, Minderung oder Aufwendungsersatz oder Beschränkung oder Ausschluss des Rücktrittsrechts des Käufers bei Vertragsschluss unzulässig; Vereinbarungen über Schadensersatzansprüche sind zulässig	§§ 474, 475 BGB nicht anwendbar; beschränkte Möglichkeit zu Abreden über Gewährleistungsrechte nach § 478 IV BGB

d) Grenzen nach §§ 305 ff. BGB

69   **aa)** Da Schadensersatzansprüche des Käufers für den Fall der Mangelhaftigkeit der Leuchten in gewissen Grenzen individualvertraglich ausgeschlossen oder beschränkt werden können, fragt sich, welche Grenzen die §§ 305 ff. BGB formularvertraglichen Regelungen setzen. **Haftungsbeschränkungen gegenüber Verbrauchern** sind an § 309 Nr. 7 lit. a und b BGB zu messen, außerdem ist § 276 III BGB zu berücksichtigen. Nach §§ 309 Nr. 7 lit. a, 276 III BGB darf die Haftung für Schäden aus der Verletzung des Lebens, des Körpers oder der Gesundheit nicht ausgeschlossen werden, soweit der Verwender oder einer seiner Erfüllungsgehilfen die Pflichtverletzung zu vertreten haben. Nach §§ 309 Nr. 7 lit. b, 276 III BGB ist der Ausschluss oder die Begrenzung der Haftung für sonstige Schäden, die auf vorsätzlichen oder grob fahrlässigen Pflichtverletzungen des Verwenders oder eines Erfüllungsgehilfen des Verwenders beruhen, nicht zulässig. S kann sich also gem. §§ 309 Nr. 7 lit. a und b, 276 III BGB von der Schadensersatzpflicht für Mängel nur freizeichnen, soweit es nicht um Schäden an Leben, Körper oder Gesundheit ihrer Kunden geht und soweit ihr oder ihren Erfüllungsgehilfen keine grobe Fahrlässigkeit oder Vorsatz vorzuwerfen ist.

70   Selbst diese eingeschränkte Freizeichnung könnte noch gegen § 307 I, II Nr. 1 oder 2 BGB verstoßen.[84] Den Ausschluss von Ansprüchen auf **Schadensersatz statt der Leistung** bei einfacher Fahrlässigkeit halten manche nach § 307 II Nr. 1 BGB für unwirksam.[85] Der Schadensersatzanspruch nach § 437 BGB stehe neben dem Rücktrittsrecht und dürfe nicht völlig wegfallen, da sonst der Käufer unangemessen benachteiligt werde. Gegen diese Ansicht könnte man argumentieren, dass dem Käufer genügend andere Ansprüche und Gestaltungsrechte zustehen, so dass leicht fahrlässige Pflichtverletzungen nicht unbedingt zu Schadensersatzansprüchen führen müssen.[86] Auch die Freizeichnung von **sonstigem Schadensersatz** (§§ 437 Nr. 3, 280 I BGB) könnte möglicherweise gem. § 307 II Nr. 2 BGB unwirksam sein.[87]

71   Ob die **Rechtsprechung** Klauseln für unzulässig erklären wird, durch die der Verwender sich von der Schadensersatzpflicht bei leicht fahrlässigen Pflichtverletzungen frei-

---

[84] *Bamberger/Roth/Becker*, § 309 Nr. 7 BGB Rn. 20; MünchKomm-BGB/*Wurmnest*, § 309 Nr. 7 BGB Rn. 25.
[85] *Graf v. Westphalen*, NJW 2002, 12 (22 f., 24). A. A. für den Kauf mangelhafter, gebrauchter Sachen *Litzenburger*, NJW 2002, 1244 (1245).
[86] Gegen einen Leitbildcharakter der §§ 281 ff. BGB *Erman/Roloff*, § 309 BGB Rn. 74.
[87] *Graf v. Westphalen*, NJW 2002, 12 (23). A. A. *Litzenburger*, NJW 2002, 1244 (1245).

zeichnet, ist weiterhin offen. Der Anspruch auf Schadensersatz statt der Leistung bei Vorliegen eines Sachmangels (§§ 437 Nr. 3, 440, 280, 281, 283 und 311a BGB) hatte im bis zum 1.1.2002 geltenden Sachmängelgewährleistungsrecht keinen Vorläufer. Zwar gab es nach dem alten Recht einen Anspruch auf Schadensersatz wegen Nichterfüllung (§ 463 BGB a. F.). Dieser Anspruch war jedoch auf Fälle beschränkt, in denen eine zugesicherte Eigenschaft fehlte oder dem Verkäufer hinsichtlich des Mangels Arglist zur Last fiel. Bei der Rechtsprechungsprognose kann man sich daher nicht auf Urteile zum alten Recht stützen. Aufgrund dieser unsicheren Rechtslage muss Rechtsanwalt H der S jedoch nicht raten, auf eine Freizeichnungsklausel für leicht fahrlässige Pflichtverletzungen zu verzichten. S kann ebensogut eine solche Klausel in ihre AGB aufnehmen und dann einlenken, wenn ein Vertragspartner oder eine unterlassungsklageberechtigte Einrichtung sie beanstandet. Durch dieses Vorgehen hätte S nichts verloren. Wenn S bereit ist, das Prozessrisiko zu tragen, kann sie bei einer Rüge der Klausel auch gerichtlich klären lassen, ob die Haftungsfreizeichnung wirksam ist.

bb) § 309 Nr. 8 lit. b BGB, der Gewährleistungsklauseln für neu gekaufte Sachen Grenzen setzt, ist gem. § 310 I 1 BGB im **Rechtsverkehr mit Unternehmern** nicht anwendbar. Dennoch wurde nach altem Recht auch Unternehmern gegenüber ein endgültiger Ausschluss von Wandelung und Minderung für nicht zulässig erachtet.[88] Ebenso unangemessen (§ 307 II Nr. 1 BGB) ist es, dem Unternehmer die jetzigen Gewährleistungsrechte Nachbesserung, Rücktritt, Minderung und Schadensersatz vollständig zu entziehen.[89] AGB-rechtlich möglich ist es dagegen, im Rechtsverkehr mit Unternehmern das Wahlrecht zwischen Nachbesserung und Lieferung einer mangelfreien Sache dem Verkäufer zu überlassen. Für S kommt diese Gestaltung allerdings aufgrund des § 478 BGB nicht in Betracht.[90] **72**

Für die **Beschränkung des Schadensersatzanspruchs** gilt folgendes: Die Anwendung des § 309 Nr. 7 lit. a und b BGB ist ausgeschlossen (§ 310 I 1 BGB). Die Vorschrift hat aber weitgehende Auswirkungen auf die Möglichkeit der Haftungsbeschränkung gegenüber Unternehmern. Ausgeschlossen ist ein Haftungsausschluss für eigene grob fahrlässige Vertragsverletzungen, vorsätzliche Vertragsverletzungen von Erfüllungsgehilfen sowie grob fahrlässige Vertragsverletzungen leitender Angestellter. Bei grob fahrlässigen Vertragsverletzungen sonstiger Erfüllungsgehilfen wird differenziert: Ein Haftungsausschluss wird als unzulässig angesehen, soweit es um Kardinalpflichten geht; zulässig soll dagegen ein Ausschluss der Haftung für nicht wesentliche Vertragspflichten sein.[91] Die Unwirksamkeit der über dieses Maß hinausgehenden Haftungsfreizeichnung ergibt sich aus § 307 II Nr. 1 BGB.[92] Für den Haftungsausschluss für leicht fahrlässige Vertragsverletzungen gelten gegenüber Unternehmern dieselben Grundsätze wie bei Geschäften mit Verbrauchern.[93] **73**

---

[88] *BGH* vom 26.6.1991 – VIII ZR 231/90, NJW 1991, 2630 (2632); MünchKomm-BGB/*Basedow,* 4. Aufl. 2001, § 11 Nr. 10 AGBG Rn. 43.

[89] Für den Schadensersatzanspruch *Graf v. Westphalen,* NJW 2002, 12 (24); vgl. auch *BGH* vom 19.9.2007 – VIII ZR 141/06, NJW 2007, 3774 (3775).

[90] S. oben Rn. 64–67.

[91] *Stoffels,* AGB-Recht, Rn. 979 ff.; a. A. *Erman/Roloff,* § 309 BGB Rn. 76; MünchKomm-BGB/*Wurmnest,* § 309 Nr. 7 BGB Rn. 36.

[92] *Graf v. Westphalen,* NJW 2002, 12 (21).

[93] MünchKomm-BGB/*Wurmnest,* § 309 Nr. 7 BGB Rn. 37; *Ring/Klingelhöfer,* Das neue AGB-Recht, Teil D Rn. 66; *Stoffels,* AGB-Recht, Rn. 979 ff.; weiter differenzierend: *Palandt/Grüneberg,* § 309 BGB Rn. 56 f.

74 Über die Grenzen der Gewährleistungsbeschränkung in AGB gem. §§ 305 ff. BGB informiert die Übersicht auf der folgenden Seite.

e) Klauselvorschlag

75 Die Gewährleistungsklausel kann im Bereich der Haftung für grob fahrlässige Pflichtverletzungen einfacher Erfüllungsgehilfen gegenüber Unternehmern und Verbrauchern differenziert gestaltet werden. In dieser Materie ist gegenüber Unternehmern eine weitere Freizeichnung möglich als bei Geschäften mit Verbrauchern.[94] Eine differenzierende Klausel bringt S aber nur eine geringfügige Haftungserleichterung und führt andererseits zu nicht unerheblichen Auslegungsschwierigkeiten. So könnte z. B. im Einzelfall Streit darüber entstehen, wer zu den einfachen Erfüllungsgehilfen zählt und ob eine wesentliche Vertragspflicht betroffen ist. Deshalb ist im Bereich der Haftungsbeschränkung eine für Geschäfte mit Verbrauchern und Unternehmern einheitlich geltende Gewährleistungsklausel zu empfehlen.

	Ausschluss und Beschränkung von Gewährleistungsansprüchen nach §§ 305 ff. BGB	
	Rechtsgeschäfte mit Verbrauchern	*Rechtsgeschäfte mit Unternehmern*
Schadens-ersatz-ansprüche	Ausschluss für Schäden an Leben, Körper oder Gesundheit unzulässig (§§ 309 Nr. 7 lit. a, 276 III BGB); für sonstige Schäden Ausschluss bei Vorsatz und grober Fahrlässigkeit unzulässig (§§ 309 Nr. 7 lit. b, 276 III BGB), bei leichter Fahrlässigkeit Ausschluss möglicherweise gem. § 307 II BGB unzulässig.	in den Grenzen des § 307 II Nr. 1 BGB zulässig
Nach-besserung, Rücktritt, Minderung	Ausschluss oder Beschränkung ist bereits gem. §§ 474 ff. BGB unzulässig, wenn der Verwender Unternehmer ist.	Ausschluss ist gem. § 307 II Nr. 1 BGB unzulässig; als Beschränkung ist z. B. ein Wahlrecht des Verwenders hinsichtlich der Nacherfüllung möglich

76 Hinsichtlich der **Nacherfüllung** könnte S sich ein Nacherfüllungsrecht vorbehalten, soweit sie an Unternehmer verkauft, die ihrerseits die Leuchten nicht im Rahmen eines Verbrauchsgüterkaufs weiterveräußern. Da die Kunden der S, die Unternehmer sind, die Leuchten aber in aller Regel an Verbraucher weiterveräußern, erübrigt sich hier eine Sonderregelung. Die AGB-Klausel der S zur Gewährleistung könnte somit wie folgt lauten:

> Die Verkäuferin übernimmt in der folgenden Weise die Haftung für Mängel an den Liefergegenständen:
> 1. Die Verkäuferin haftet nach den gesetzlichen Regeln über die Sachmängelgewährleistung.
> 2. Wegen Schäden, die sich aus der Mangelhaftigkeit eines Liefergegenstandes ergeben, haftet die Verkäuferin auch für ihre Erfüllungsgehilfen nur für Vorsatz und grobe Fahrlässigkeit. Diese Haftungsbeschränkung gilt nicht für garantierte Beschaffenheitsmerkmale. Sie gilt ferner nicht für Schäden an Leben, Körper oder Gesundheit.

---

[94] S. oben Rn. 73.

3. Gerichtsstandsvereinbarung

Falls es zu gerichtlichen Auseinandersetzungen mit ihren Kunden kommt, möchte S 77
diese Streitigkeiten möglichst an ihrem Sitz in München austragen. Rechtsanwalt H
wird aufgrund der gesetzlichen Vorschriften über die örtliche Gerichtszuständigkeit
(Gerichtsstand) klären, ob eine abweichende Gerichtsstandsvereinbarung in den
AGB erforderlich und zulässig ist.

a) Gesetzliche Zuständigkeitsregeln

Die Gerichtsstände der ZPO lassen sich nach verschiedenen Kriterien einteilen. Für 78
die Gestaltung einer Gerichtsstandsvereinbarung für S kommt es vor allem auf die Un-
terscheidung zwischen **allgemeinen und besonderen Gerichtsständen** an. Gem. § 12
ZPO kann der Beklagte an seinem allgemeinen Gerichtsstand stets verklagt werden,
soweit nicht ein ausschließlicher Gerichtsstand besteht. Allgemeine Gerichtsstände
sind in den §§ 13–19 ZPO geregelt. Besondere Gerichtsstände ermöglichen es dem
Kläger, an einem anderen als dem nach § 12 ZPO zuständigen Gericht Klage zu erheben. Sie finden sich in den §§ 20 ff. ZPO. Unter mehreren Gerichtsständen hat der
Kläger gem. § 35 ZPO die Wahl. Ein ausschließlicher Gerichtsstand geht allen anderen nicht ausschließlichen Gerichtsständen vor (§ 12 ZPO). Er bildet die Ausnahme
und ist in einzelnen Vorschriften der ZPO vorgesehen (z. B. §§ 24, 29 a, 32 a, 771
ZPO).

aa) Klagen der S (Aktivprozesse der S) werden sich im Wesentlichen auf Fälle be- 79
schränken, in denen S die **Zahlung des Kaufpreises** durchsetzen will. Da hierfür
keine ausschließlichen Gerichtsstände in Betracht kommen, ist zunächst der allgemeine Gerichtsstand zu bestimmen. Nach den §§ 12–19 ZPO richtet sich der allgemeine Gerichtsstand nach örtlichen Gesichtspunkten, wobei in Prozessen gegen natürliche Personen der Wohnsitz des Beklagten maßgeblich ist (§ 13 ZPO).[95] Der
allgemeine Gerichtsstand beklagter juristischer Personen ist ihr Sitz (§ 17 ZPO). S
müsste daher die Kaufpreisansprüche am Wohnsitz (§ 13 ZPO) bzw. Hauptsitz (§ 17
ZPO) ihrer Kunden gerichtlich geltend machen.

In München könnte S Kaufpreisansprüche einklagen, wenn ein besonderer Gerichts- 80
stand in München läge. In Betracht kommt § 29 I ZPO (besonderer **Gerichtsstand
des Erfüllungsortes**). Danach bestimmt der gesetzliche Erfüllungsort der **streitigen
Verpflichtung** den Gerichtsstand.[96] Unter dem Erfüllungsort ist der Ort zu verstehen,
an dem der Schuldner die Leistungshandlung vorzunehmen hat.[97] Die Zahlungspflicht ist eine Geldschuld; Leistungsort ist in der Regel der Wohnsitz des Schuldners
(§§ 269 I, 270 IV BGB). Besonderer Gerichtsstand des Erfüllungsortes ist bei Kauf-
preisklagen der S daher ebenfalls der Wohnsitz des Kunden.

Möglicherweise lässt sich der Gerichtsstand in München durch eine **Vereinbarung** 81
über den Erfüllungsort begründen. Eine solche Vereinbarung hat aber nach § 29 II
ZPO gegenüber Nichtkaufleuten nur materiell-rechtliche Wirkung, so dass S bei **Geschäften mit Nichtkaufleuten** auf diesem Weg den erstrebten Gerichtsstand nicht er-

---

[95] MünchKomm-ZPO/*Patzina,* § 12 ZPO Rn. 28; *Musielak/Heinrich,* § 12 ZPO Rn. 3.
[96] MünchKomm-ZPO/*Patzina,* § 29 ZPO Rn. 19.
[97] MünchKomm-ZPO/*Patzina,* § 29 ZPO Rn. 19; *Musielak/Heinrich,* § 29 ZPO Rn. 15; *Palandt/Grüne-
berg,* § 269 BGB Rn. 1.

reichen kann. Prozessuale Auswirkungen hätte die Vereinbarung über den Erfüllungsort dagegen bei **Geschäften mit Kaufleuten.** Im Rechtsverkehr mit Kaufleuten kann der Gerichtsstand München aber vertraglich vereinbart werden, so dass eine Abrede über den Erfüllungsort nicht erforderlich ist.[98]

82 **bb) Klagen der Kunden** kommen vor allem wegen nicht oder nicht ordnungsgemäßer Lieferung sowie in Gewährleistungsfällen in Betracht. S hat ihren allgemeinen Gerichtsstand (§§ 12, 17 ZPO) an ihrem Sitz in München. Ein anderer Gerichtsstand für Klagen ihrer Kunden könnte sich aus § 29 I ZPO ergeben, soweit es um die **Lieferpflicht** der S geht. Bei der Lieferung der Leuchten handelt es sich jedoch mangels besonderer Umstände um eine Schickschuld, so dass sich aus § 29 ZPO i. V. m. § 269 I BGB kein besonderer Gerichtsstand ergibt.

83 Rechtsstreitigkeiten können auch entstehen, wenn Kunden der S vom Kaufvertrag zurücktreten. Erfüllungsort für Klagen, die das **Rückgewährschuldverhältnis** betreffen, ist der Ort, an dem sich die Sache bestimmungsgemäß befindet.[99] Das ist der Wohnbzw. Firmensitz der Kunden. Erfüllungsort für die Rückzahlungspflichten im Falle der **Minderung** ist dagegen der Wohn- oder Firmensitz des Verkäufers,[100] so dass für Minderungsbegehren der Kunden der S das erstinstanzliche Gericht in München zuständig ist. S muss also nach der gesetzlichen Ausgangslage damit rechnen, außerhalb Münchens verklagt zu werden. Außerdem wird sie in vielen Fällen eigene Klagen nur außerhalb Münchens erheben können. Ihr Ziel, Streitigkeiten aus dem Vertragsverhältnis stets in München austragen zu können, kann sie nur durch eine entsprechende **Gerichtsstandsvereinbarung** erreichen. Im Folgenden ist zu klären, ob eine solche Klausel in den AGB der S zulässig ist.

b) Gestaltungsmöglichkeit: Prorogation

84 Im Bereich der örtlichen und sachlichen Zuständigkeit besteht unter bestimmten Voraussetzungen die Möglichkeit, das zuständige Gericht durch Parteivereinbarung zu bestimmen, sog. **Prorogation.** Im Interesse des Beklagtenschutzes sind abweichende Gerichtsstandsvereinbarungen gem. § 38 ZPO allerdings nur eingeschränkt möglich.[101]

85 **aa)** Gem. § 38 I 1. Alt. ZPO sind Gerichtsstandsvereinbarungen zulässig gegenüber **Kaufleuten,** juristischen Personen des öffentlichen Rechts und öffentlich-rechtlichen Sondervermögen. Die Vorschrift deckt also Prorogationsvereinbarungen der S mit den Einrichtungshäusern. Die Voraussetzungen des § 40 ZPO wären im vorliegenden Fall ebenfalls eingehalten, insbesondere betreffen die potentiellen Rechtsstreitigkeiten der S vermögensrechtliche Ansprüche. Zu berücksichtigen bleiben noch die §§ 305 ff. BGB, insbesondere die §§ 305c I, 307 I BGB. Nach h. M. sind Gerichtsstandsvereinbarungen im Rechtsverkehr mit Kaufleuten unbedenklich, wenn es sich um ein beiderseitiges Handelsgeschäft handelt, nicht aber, wenn der Kunde ein Privatgeschäft tätigt. Außerdem muss der Gerichtsstand einen Bezug zum Sitz oder zu einer Niederlassung des Verwenders aufweisen.[102]

---

[98] Dazu unten Rn. 84–86.
[99] *Palandt/Grüneberg*, § 269 BGB Rn. 16.
[100] MünchKomm-BGB/*Krüger*, § 269 BGB Rn. 37.
[101] MünchKomm-ZPO/*Patzina*, § 12 ZPO Rn. 2; *Musielak/Heinrich*, § 38 ZPO Rn. 1.
[102] MünchKomm-ZPO/*Patzina*, § 38 ZPO Rn. 22; *Ulmer/Brandner/Hensen*, § 305c BGB Rn. 16, Teil 3 (4) Rn. 4; *Wolf/Lindacher/Pfeiffer/Hau*, Klauseln Rn. G 141–150.

bb) Mit **Nichtkaufleuten** kann eine Gerichtsstandsvereinbarung nur in Sonderfällen 86 getroffen werden, die in dieser Gestaltungsaufgabe keine Rolle spielen (§ 38 II, III ZPO). Der Wunsch der S, bei Streitigkeiten vor den Gerichten in München zu klagen und verklagt zu werden, lässt sich also nur gegenüber Kaufleuten, juristischen Personen des öffentlichen Rechts und öffentlich-rechtlichen Sondervermögen verwirklichen. Auch in diesen Fällen sollte sich S jedoch die Möglichkeit offen halten, am Sitz der juristischen Person (§ 17 ZPO) oder am Wohnsitz oder dem Ort der Niederlassung des Kaufmanns (§§ 12, 21 ZPO) zu klagen. Die Klage an einem dieser Orte könnte ausnahmsweise für S günstiger sein, z. B. weil dort ein besonders spezialisierter Anwalt ansässig ist.

c) Klauselvorschlag

Die Gerichtsstandsvereinbarung ist so zu formulieren, dass sie lediglich für Geschäfte 87 mit Kaufleuten, juristischen Person des öffentlichen Rechts oder öffentlich-rechtlichen Sondervermögen gilt. Der Vorschlag für eine Gerichtsstandsvereinbarung könnte z. B. wie folgt lauten:

> Bei allen sich aus dem Vertragsverhältnis ergebenden Streitigkeiten ist, wenn der Käufer eine juristische Person des öffentlichen Rechts oder ein öffentlich-rechtliches Sondervermögen ist, die Klage bei dem Gericht zu erheben, das für den Hauptsitz der Verkäuferin zuständig ist. Dasselbe gilt, wenn der Käufer Kaufmann ist und das Geschäft für ihn ein Handelsgeschäft ist. Die Verkäuferin ist auch berechtigt, am Ort der Niederlassung des Kaufmanns, des Sitzes der juristischen Person oder des Sitzes der Behörde zu klagen.

4. Zusammenfassung der Klauselvorschläge

> **Eigentumsvorbehaltsklausel**   88
> 1. Die Verkäuferin behält sich das Eigentum an den Liefergegenständen bis zur vollständigen Bezahlung vor.
> 2. Der Käufer hat die Verkäuferin unverzüglich zu unterrichten, wenn Maßnahmen Dritter oder sonstige Ereignisse die Rechte der Verkäuferin gefährden. Der Käufer hat im Falle der Pfändung oder Beschlagnahme der Sache den Dritten auf das Eigentum der Verkäuferin hinzuweisen. Er hat die Verkäuferin von solchen Maßnahmen oder Ereignissen unverzüglich zu benachrichtigen.
>
> Ist der Käufer Unternehmer, gilt darüber hinaus folgendes:
> 3. Der Käufer ist berechtigt, die Liefergegenstände im ordentlichen Geschäftsgang weiter zu veräußern; er tritt der Verkäuferin jedoch bereits jetzt alle Forderungen in voller Höhe ab, die ihm aus der Weiterveräußerung erwachsen. Zur Einziehung dieser Forderungen ist der Käufer nach deren Abtretung ermächtigt. Diese Einziehungsermächtigung kann nur widerrufen werden, wenn der Käufer seinen Zahlungsverpflichtungen nicht ordnungsgemäß nachkommt. Der Käufer erfüllt seine Zahlungsverpflichtungen insbesondere dann nicht ordnungsgemäß, wenn Zahlungen in Höhe von 10% der aus der Geschäftsbeziehung geschuldeten Beträge nicht rechtzeitig geleistet werden und

der Käufer trotz schriftlicher Aufforderung die Leistung nicht innerhalb von fünf Werktagen erbringt.

Gewährleistungsklausel

Die Verkäuferin übernimmt in der folgenden Weise die Haftung für Mängel an den Liefergegenständen:

1. Die Verkäuferin haftet nach den gesetzlichen Regeln über die Sachmängelgewährleistung.
2. Wegen Schäden, die sich aus der Mangelhaftigkeit eines Liefergegenstandes ergeben, haftet die Verkäuferin auch für ihre Erfüllungsgehilfen nur für Vorsatz und grobe Fahrlässigkeit. Diese Haftungsbeschränkung gilt nicht für garantierte Beschaffenheitsmerkmale. Sie gilt ferner nicht für Schäden an Leben, Körper oder Gesundheit.

Gerichtsstandsvereinbarung

Bei allen sich aus dem Vertragsverhältnis ergebenden Streitigkeiten ist, wenn der Käufer eine juristische Person des öffentlichen Rechts oder ein öffentlich-rechtliches Sondervermögen ist, die Klage bei dem Gericht zu erheben, das für den Hauptsitz der Verkäuferin zuständig ist. Dasselbe gilt, wenn der Käufer Kaufmann ist und das Geschäft für ihn ein Handelsgeschäft ist. Die Verkäuferin ist auch berechtigt, am Ort der Niederlassung des Kaufmanns, des Sitzes der juristischen Person oder des Sitzes der Behörde zu klagen.

§ 4. Erwerb beweglicher Sachen

Literatur (s. auch das Verzeichnis der abgekürzt zitierten Literatur, S. XIX): *Bachmann,* Gefahrübergang und Gewährleistung, AcP 211 (2011), 395; *Brors,* Die Bestimmung des Nacherfüllungsorts vor dem Hintergrund der Verbrauchsgüterkaufrichtlinie, NJW 2013, 3329; *Dieckmann,* Die Sicherung des Verkäufers vor vorzeitigem Eigentumsverlust – Varianten der notariellen Vertragsgestaltung im Vergleich, BWNotZ 2008, 134; *Hassemer,* Kaufverträge nach der Schuldrechtsreform – Vertragsgestaltung gegenüber Verbrauchern und im Handelsgeschäft, ZGS 2002, 95; *Joussen,* Der Industrieanlagenvertrag, 2. Aufl. 1996; *Langenfeld,* Von der Klausel zur Vertragsgestaltung, in: Notar und Rechtsgestaltung – Jubiläums-Festschrift des Rheinischen Notariats, 1998, S. 3; *Looschelders,* Die neue Rechtsprechung zur kaufrechtlichen Gewährleistung, JA 2007, 673; *Mankowski,* Das Zusammenspiel der Nacherfüllung mit den kaufmännischen Untersuchungs- und Rügeobliegenheiten, NJW 2006, 865; *Rohe,* Netzverträge – Rechtsprobleme komplexer Vertragsverbindungen, 1998; *Sanders,* Aus- und Einbau im Rahmen von Nacherfüllung und Schadensersatz beim Kaufvertrag, Jura 2013, 608; *Schippel,* Gedanken zur Typenlehre als Methode zur Gestaltung von Rechtsgeschäften, in: Notar und Rechtsgestaltung – Jubiläums-Festschrift des Rheinischen Notariats, 1998, S. 49; *Tröger,* Inhalt und Grenzen der Nacherfüllung, AcP 212 (2012), 296.

Wie im Fußball gibt es auch bei der Vertragsgestaltung „Standardsituationen". Eine **1** solche typische Gestaltungssituation ist in der notariellen Praxis der Grundstückskaufvertrag;[1] in der anwaltlichen Praxis geht es dagegen auch darum, die Mandanten beim Abschluss von (Kauf-) Verträgen über bewegliche Sachen, insbesondere langlebige Wirtschaftsgüter, zu beraten.[2]

I. Allgemeine Überlegungen

Beim Erwerb beweglicher Sachen lassen sich die **Denkschritte der Vertragsgestal-** **2** **tung**[3] gut nachvollziehen. Die Informationsgewinnung ist zunächst auf die essentialia des Kaufvertrags zugeschnitten; auch bei der Rechtsanwendung und der Anwendung von Gestaltungskriterien spielen die Spezifika dieses Vertragstyps eine Rolle. Für die Belehrung und Beratung der Vertragsparteien ergeben sich beim Erwerb beweglicher Sachen nur wenige Besonderheiten gegenüber den allgemeinen Ausführungen; die übrigen Denkschritte folgen ebenfalls im Großen und Ganzen den allgemeinen Ausführungen zur Vorgehensweise bei der Vertragsgestaltung.

1. Fragen der Informationsgewinnung

Die Informationsaufnahme bezieht sich auf die Ziele und Interessen der Parteien, die **3** tatsächliche Ausgangslage, die erstrebte künftige Entwicklung und die tatsächlichen Hindernisse, die der Erreichung der Sachziele im Wege stehen können.[4] Sie ist ein Dialog, der sich mit der Belehrung über die rechtliche Seite des Geschäfts überschneidet und auch Mitwirkung des Vertragsjuristen an der Bildung der Sachziele der Partei(en)

---

[1] *Brambring,* JuS 1985, 380 (380 f.); *Langenfeld,* JuS 1998, 224 (224 ff.); dazu unten § 6 Rn. 1–54.

[2] Zu komplexen Verträgen siehe *Joussen,* Der Industrieanlagenvertrag, 2. Aufl. 1996; *Flocke,* Risiken beim internationalen Anlagenvertrag und ihre Bewertung, 1986; *Nicklisch,* (Hrsg.), Bau- und Anlagenverträge – Risiken, Haftung, Streitbeilegung, 1984.

[3] Dazu oben § 1 Rn. 12–69.

[4] Siehe oben § 1 Rn. 15–19.

bedeutet.[5] Welche Informationen der Vertragsjurist benötigt, wird wesentlich durch das geplante Geschäft bestimmt: Je komplexer das geplante Geschäft, desto wichtiger ist die Informationsgewinnung. Bei einem „einfachen" Kaufvertrag ist unschwer zu erkennen, dass die **essentialia negotii** geregelt werden müssen. Man benötigt also Informationen über die Vertragsparteien, den Vertragsgegenstand und den Kaufpreis. Diese Informationen müssen so genau sein, dass Missverständnisse und Auslegungsschwierigkeiten nicht auftreten.

4 **a)** Die **Vertragsparteien** sind mit Namen und Anschrift in die Vertragsurkunde aufzunehmen.[6] Unter Umständen (insbesondere bei häufigen Namen) empfiehlt es sich bei natürlichen Personen auch, das Geburtsdatum aufzunehmen, um die Parteien eindeutig zu bezeichnen.

Beispiel: Der 26-jährige Werner Burg möchte eine Segelyacht erwerben. Er wohnt derzeit noch bei seinen Eltern. Sein Vater heißt ebenfalls Werner Burg. In diesem Fall genügt es nicht, den Käufer im Vertrag als „Werner Burg, wohnhaft Meisenweg 15, 37079 Göttingen" zu bezeichnen, da dann unklar bleibt, ob Werner Burg Sohn oder Werner Burg Vater Vertragspartei ist.

Treten für die Parteien Vertreter auf, ist das im Vertrag zu vermerken.[7] Außerdem sollte die Vertretungsmacht überprüft werden. Von Vertretern natürlicher Personen wird sie durch eine Vollmachtsurkunde nachgewiesen, bei juristischen Personen und Personengesellschaften sollte das Handelsregister eingesehen werden.[8]

5 **b)** Auch der **Kaufgegenstand** sollte möglichst genau bezeichnet werden. So sind z. B. Modell- oder Typenbezeichnungen aufzunehmen (Bsp.: ein Fahrrad Modell „Pegasus 1"). Bei Kraftfahrzeugen werden neben Marke und Typenbezeichnung (z. B. VW Golf) die Fahrgestellnummer, der Tag der Erstzulassung und das derzeitige amtliche Kennzeichen im Vertrag genannt. Zur Abgrenzung von anderen Gegenständen kann es erforderlich sein, einzelne Merkmale der Sache aufzuzählen, z. B. bei Computern Typ und Taktfrequenz des Prozessors (z. B. „Intel Core i5-4440 3,1 GHZ"), Größe des Arbeitsspeichers (z. B. 8 GB) und Größe der Festplatte (z. B. 2 TB). Außerdem werden die sonstigen Bestandteile (Grafikkarte, DVD-Laufwerk, Cardreader Streamer, Wireless LAN etc.) festgehalten und charakterisiert (z. B. Multi-Standard DVD-/CD-Brenner, Schreibgeschwindigkeit DVD+R 24fach).

6 **c)** Hinsichtlich des **Kaufpreises** ist bei Verträgen mit Auslandsbezug darauf zu achten, dass eine Bestimmung über die Währung getroffen wird.[9] Nach den meisten Rechtsordnungen ist es allerdings gestattet, dass der Schuldner nicht nur in der vereinbarten Währung (Schuldwährung) zahlen kann, sondern auch in einer anderen Währung (Zahlungswährung).[10] Nach § 244 I BGB kann, wenn eine in einer anderen Währung als Euro ausgedrückte Geldschuld im Inland zu zahlen ist, die Zahlung dennoch in Euro erfolgen. Etwas anderes gilt nur, wenn die Zahlung in der anderen Wäh-

[5] *Bramhring,* JuS 1985, 380 (382); *Langenfeld,* Vertragsgestaltung, Rn. 144; *Rehbinder,* Vertragsgestaltung, S. 12.

[6] *Aderhold/Koch/Lenkaitis,* Vertragsgestaltung, § 8 Rn. 12 f.; *Rittershaus/Teichmann,* Vertragsgestaltung, Rn. 493; *Zankl,* Vertragssachen, Rn. 902 f.

[7] *Rittershaus/Teichmann,* Vertragsgestaltung, Rn. 494; *Zankl,* Vertragssachen, Rn. 904 ff.

[8] *Heussen/Imbeck,* Handbuch, 3. Teil Rn. 66.

[9] *Zankl,* Vertragssachen, Rn. 953. – Zu den auf das Vertragsverhältnis anzuwendenden geldrechtlichen Normen (Währungsstatut) MünchKomm-BGB/*Martiny,* Anhang I zu Art. 9 Rom I-VO Rn. 4 ff.

[10] *Reithmann/Martiny,* Int. Vertragsrecht, Rn. 364 m. w. N.

rung ausdrücklich vereinbart ist (**Effektivklausel,** § 244 I a. E. BGB). Die Vorschrift des § 244 I BGB, die mangels Effektivklausel dem Schuldner – und nicht dem Gläubiger – ein Wahlrecht einräumt, dient der Erleichterung des Zahlungsverkehrs im Inland;[11] sie gilt daher nach h. M. unabhängig von dem auf den Vertrag anzuwendenden Recht (Schuldstatut) für alle in Deutschland zahlbaren Geldschulden.[12]

d) Schließlich muss an Regelungen zu den **Leistungsmodalitäten** gedacht werden. 7 Wenn die Parteien keine anderen Abreden treffen, sind die Leistungen gem. § 271 I BGB sofort fällig und erfüllbar. Mangels anderer Vereinbarung erfolgen die Leistungen gem. § 320 I 1 BGB Zug um Zug. Diese Leistungsmodalitäten mögen für kleinere Geschäfte des Alltags interessengerecht sein. Sobald es sich um teurere Kaufgegenstände handelt, wird i. d. R. eine maßgeschneiderte Gestaltung der Leistungsmodalitäten erforderlich. Wenn z. B. der Verkäufer noch nicht über den zu leistenden Gegenstand verfügt oder der Leistungsaustausch aus anderen Gründen nicht unmittelbar nach Vertragsschluss erfolgen soll, muss vertraglich festgelegt werden, zu welchem Zeitpunkt die Leistung fällig werden soll. Weiterer Regelungsbedarf besteht, wenn die Leistung bereits vor Fälligkeit erfüllbar sein soll. Auch die Verpflichtung zur Leistung Zug um Zug wird oft vertraglich abbedungen.

Beispiel: V verkauft an K 100 Flaschen „Tokaji Aszu 5-buttig" Jahrgang 1988 à 0,5 l zum Gesamtpreis von 6242,92 €. V wird den Wein von seinem Großhändler in der 12. Kalenderwoche 2014 (17.–23.3.2014) erhalten. Wenn der Wein eingetroffen ist, möchte V ihn nicht bei sich lagern, sondern unmittelbar an K weiterversenden. In diesem Fall bietet sich eine Regelung an, nach der die Weinlieferung des V am 24.3.2014 fällig wird, V den Wein aber bereits vor diesem Termin liefern darf. Eine entsprechende Klausel könnte lauten: „V verpflichtet sich, den Wein bis zum 24.3.2014 zu liefern." Durch die Formulierung „bis zum" wird deutlich, dass V vor dem 24.3.2014 nicht leisten muss, er aber bereits vor diesem Termin leisten darf. – Soll K den Wein erst nach der Lieferung per Überweisung bezahlen, ist V vorleistungspflichtig. Eine Formulierung der Vorleistungspflicht des V könnte lauten: „Der Kaufpreis wird nach Lieferung des Weines fällig. Er ist auf das Konto des V bei der E-Bank, IBAN: DE76 3003 4071 0100 4582 39, BIC: EBNKDE9FXXX zu überweisen."

e) Weitere regelungsbedürftige Punkte, zu denen Informationen eingeholt werden 8 müssen, ergeben sich, wenn der Rechtsberater die Vertragsabwicklung durchspielt und mögliche **Leistungsstörungen** berücksichtigt.[13] In Betracht kommen seitens des Verkäufers Verspätungen, die Unmöglichkeit der Leistung, die Mangelhaftigkeit der Sache oder die Verletzung von Nebenpflichten. Der Verkäufer hat seinerseits zu befürchten, dass der Käufer verspätet oder gar nicht zahlt. Insoweit ist zu klären, ob die potentiell durch eine Leistungsstörung benachteiligte Partei über die gesetzliche Regelung hinaus ein Sicherungsbedürfnis hat und ob die andere Partei bereit ist, Sicherungsmechanismen wie z. B. Vertragsstrafen, Beschaffenheitsgarantien, Eigentumsvorbehalte oder Vorleistungspflichten zu akzeptieren.

Beispiel: Die E-GmbH möchte von der B-GmbH eine Vierfarben-Offsetdruckmaschine des Typs Turboprint 205 erwerben. Die E-GmbH verspricht sich durch den Einsatz der neuen Druckmaschine vor allem eine erhebliche Zeitersparnis: Ihre alte Druckmaschine hat eine Maximalleistung von 5000 Bogen pro Stunde; die B-GmbH gibt in ihrem Verkaufsprospekt für die Turboprint 205 eine Druckgeschwindigkeit von bis zu 13 000 Bogen pro Stunde an. – In diesem Fall ist zu ermitteln, ob der E-GmbH die maximale Druckgeschwindigkeit so wichtig ist, dass sie eine entsprechende Beschaffenheitsgarantie wünscht.

---

[11] *Kegel/Schurig,* IPR, § 23 III 4, S. 1119 f.

[12] *Staudinger/K. Schmidt,* § 244 BGB Rn. 77.

[13] *Aderhold/Koch/Lenkaitis,* Vertragsgestaltung, § 8 Rn. 16; *Weber,* JuS 1989, 636 (640 f.). Zur Sicherung der Leistung und Gegenleistung *Heussen/Imbeck,* Handbuch, 3. Teil Rn. 269 ff.

Die Z-GmbH verkauft an die L-GmbH Maschinen im Wert von 2 500 000 €. In diesem Fall muss der Vertragsjurist sich über die vorgesehenen Zahlungsmodalitäten informieren, um mögliche Leistungsstörungen vorbeugen zu können. Soll z. B. der Kaufpreis in sechs Raten gezahlt werden, wobei fünf der Raten erst nach Übergabe der Maschinen fällig werden, so besteht seitens der Z-GmbH ein Sicherungsbedürfnis hinsichtlich der nach der Lieferung noch offenen Raten. Ein solches Sicherungsbedürfnis besteht nicht, wenn der Kaufpreis vollständig bei Lieferung der Maschinen gezahlt werden soll.

9 Schließlich kann der Vertragsjurist Musterverträge aus **Formularbüchern** heranziehen, um festzustellen, ob alle klärungsbedürftigen Punkte erkannt wurden.

> Die Informationsgewinnung beim Kaufvertrag bezieht sich stets auf die essentialia negotii. Weitere Informationen können erforderlich sein, um Leistungsmodalitäten zu vereinbaren oder um Leistungsstörungen vorzubeugen.

2. Probleme der Rechtsanwendung

10 Von den Problemen der Rechtsanwendung war bereits im einführenden Kapitel die Rede.[14] Die Rechtsanwendung bezieht sich bei der Gestaltung eines Kaufvertrags über bewegliche Sachen vor allem auf die Leistungsmodalitäten und auf mögliche Leistungsstörungen. Theoretisch genügt für einen Kaufvertrag die Einigung über die essentialia negotii; die Fragen der Leistungsstörung und der Leistungsmodalitäten sind durch dispositives Recht geregelt. Eine hypothetische Rechtsanwendung muss zeigen, ob das dispositive Recht den Parteiinteressen entspricht oder ob eine abweichende Gestaltung erforderlich ist.

Beispiel: Die V-AG verkauft der N-GmbH mehrere Kopiergeräte. Falls eines oder mehrere Geräte mangelhaft sind, entspricht es dem Wunsch beider Parteien, dass die V-AG zunächst eine Nachbesserung versuchen soll. Die hypothetische Rechtsanwendung ergibt, dass der Käufer nach den Gewährleistungsregeln des BGB bei einem Sachmangel gem. § 439 I BGB die Wahl zwischen einer Nachbesserung oder der Lieferung einer mangelfreien Sache hat.[15] Wenn die V-AG zunächst nur zur Nachbesserung verpflichtet sein soll, ist eine entsprechende vertragliche Regelung zu treffen.

3. Anwendung der Gestaltungskriterien

11 Die Kriterien der Vertragsgestaltung sind insbesondere das Gebot des sicheren Weges, das Postulat der Konfliktvermeidung, die Vereinbarung passender Methoden der Konfliktlösung und das „Vorausdenken" von Regelungen, die den Parteien helfen, künftige Unwägbarkeiten zu bewältigen.[16] In der speziellen Gestaltungssituation des Erwerbs beweglicher Sachen bestehen insoweit keine wesentlichen Besonderheiten. Lediglich einige Ergänzungen sind notwendig:

12 **a)** Der **Konfliktvermeidung** dienen zum Teil die Regelungen, die zu den Leistungsmodalitäten und für den Fall von Leistungsstörungen in den Vertrag aufgenommen werden. Das gilt z. B. für Vorleistungspflichten und Vertragsstrafenregelungen. Konflikte werden auch vermieden, wenn Rügefristen vertraglich festgeschrieben werden.

---

[14] Oben § 1 Rn. 25–30.
[15] Dazu *Erman/Grunewald,* § 439 BGB Rn. 2 ff.
[16] Dazu oben § 1 Rn. 31–55.

Beispiel: Regeln die Vertragsparteien den Zeitpunkt der Fälligkeit der Gegenleistung nicht, ist die Gegenleistung gem. § 320 I 1 BGB Zug um Zug gegen Erhalt der Leistung zu erbringen. Trotz dieser dispositiven Regelung kann zwischen den Parteien Streit über eine Vorleistungspflicht des Verkäufers entstehen, wenn sich z. B. der Käufer auf einen entsprechenden Handelsbrauch oder eine ständige Übung in der Geschäftsbeziehung mit dem Verkäufer beruft. Solchen Streitigkeiten sollte der Kautelarjurist durch Vertragsklauseln vorbeugen: „Der Kaufpreis wird zehn Tage nach Lieferung der Ware fällig." – Oder: „Der Kaufpreis ist bei Lieferung der Ware zu entrichten." Die Klausel „Die Rügefrist gem. § 377 HGB beträgt drei Tage" verhindert Konflikte darüber, ob eine Mängelrüge des Käufers unverzüglich erfolgte.

b) Vertraglich vorgesehene **Methoden der Konfliktlösung** wie Schlichtungs-, Schiedsgutachten- oder Schiedsvereinbarungen spielen zwar eher bei komplexen Langzeitverträgen eine Rolle;[17] sie können aber auch für Kaufverträge sinnvoll sein, z. B. wenn Eigenschaften der Kaufsache nur schwer zu bestimmen sind, so dass Gutachter eingeschaltet werden müssen. Entsteht über das Vorhandensein solcher Eigenschaften Streit, kann eine vertraglich vereinbarte Schlichtung kostengünstiger sein als ein Rechtsstreit. Schiedsgutachtenklauseln finden in Kaufverträgen über bewegliche Sachen ferner im Bereich der Sachmängelhaftung Verwendung. **13**

Beispiel: „Anstelle vom Vertrag zurückzutreten, kann der Käufer den Kaufpreis mindern. Besteht Streit über den Umfang des Minderungsanspruchs, unterwerfen sich die Beteiligten schon jetzt dem Schiedsgutachten eines vom Präsidenten der Industrie- und Handelskammer Hannover zu bestellenden öffentlich bestellten Sachverständigen."

c) An Regeln über die **Vertragsbeendigung** ist bei langfristig angelegten Verträgen wie z. B. Sukzessivlieferungsverträgen zu denken. Falls der Vertrag nicht befristet ist, sind insbesondere Kündigungsgründe und -fristen aufzunehmen. Auch bei einer Befristung des Vertrags ist die außerordentliche Kündigung nach § 314 BGB nicht ausgeschlossen;[18] in diesem Fall kann es sinnvoll sein, im Rahmen des Zulässigen die Gründe für eine außerordentliche Kündigung zu konkretisieren. **14**

Beispiel: „Der Vertrag ist auf zwei Jahre befristet. Während dieser Zeit kann er lediglich aus wichtigem Grund gekündigt werden. Die Einhaltung einer Kündigungsfrist ist nicht erforderlich. Als wichtige Gründe gelten insbesondere …"

d) Auch **Anpassungsklauseln** sind nur bei langfristigen Lieferverträgen erforderlich. Dabei kann es zum einen um die Anpassung des Kaufpreises gehen, beispielsweise aufgrund gestiegener Lohn- und Materialkosten. Möglich ist aber auch, dass der Kaufgegenstand der technischen Entwicklung angepasst werden soll. **15**

Beispiel: „Ändern sich Kostenfaktoren, die für die Preisberechnung maßgeblich sind, so kann der Verkäufer den Preis bis zu dem Betrag der Mehrbelastung erhöhen."

4. Probleme der Belehrung und Beratung

Hinsichtlich der Belehrung und Beratung der Parteien gelten für Kaufverträge über bewegliche Sachen gegenüber anderen Verträgen kaum Besonderheiten.[19] In manchen Konstellationen muss der Vertragsjurist prüfen, ob für die Parteien ein **anderer Vertragstyp** günstiger wäre. Als Alternative zu einem Kaufvertrag kann sich unter Um- **16**

---

[17] *Melis,* in: Nicklisch, Bau- und Anlagenverträge, S. 241.
[18] *Medicus,* Allg. Teil, Rn. 874.
[19] Zur Belehrung und Beratung bei Kaufverträgen über Immobilien unten § 6 Rn. 22–26.

ständen der Leasingvertrag anbieten. In einem solchen Fall gehört es zur Belehrung und Beratung der Parteien, sie auf andere Gestaltungsmöglichkeiten hinzuweisen.

II. Beispiel: Kauf eines Investitionsguts

17 Die Europolymer GmbH (E) ist im kunststoffverarbeitenden Bereich tätig. Zur Analyse von Werkstoffen benötigt sie ein Rasterkraftmikroskop. E hat verschiedene Angebote eingeholt und sich Anfang April 2009 schließlich für das Modell RM 2000 der Geo-Optik GmbH (G) zum Preis von 105 000 € zuzüglich Mehrwertsteuer entschieden. G ist bereit, das Rasterkraftmikroskop in der 30. Kalenderwoche (21.–27.7.2014) auf ihre Kosten zu liefern und aufzustellen. An der pünktlichen Lieferung ist E sehr gelegen, da sie das Rasterkraftmikroskop für eine Werkstoffanalyse im Auftrag der Y-AG (Y) benötigt; diese Arbeit muss bis zum 30.9.2014 erledigt sein. Benutzt E für diesen Auftrag ihr altes Lichtmikroskop, zahlt Y für die Analyse nur 50% der vereinbarten Vergütung in Höhe von 30 000 €, da das Lichtmikroskop eine geringere Auflösung besitzt und keine Höheninformationen liefert. Wenn E einen Teil der Analyse mit dem Rasterkraftmikroskop durchführt, zahlt Y für diesen Teil der Analyse den entsprechenden Prozentsatz von 30 000 €, für den übrigen Teil den entsprechenden Prozentsatz von 15 000 €. G hat sich damit einverstanden erklärt, dass E einen Anwalt mit dem Entwurf des Kaufvertrags beauftragt. Beide Unternehmen haben keine AGB. E beauftragt die Sozietät von Eller, Hüttwitz und Rotstein mit dem Entwurf des Vertrags, der den Bedürfnissen der Käuferin E, aber auch den Interessen der Verkäuferin G jedenfalls soweit Rechnung tragen soll, dass sich keine langwierigen Verhandlungen mehr ergeben, sondern G den Vertrag voraussichtlich unterzeichnen wird.

1. Informationsgewinnung

18 Um den Kaufvertrag zwischen E und G interessengerecht zu gestalten, sind zunächst die vorgegebenen Informationen zu sammeln und möglichen Regelungsproblemen zuzuordnen. Dabei ergibt sich eventuell weiterer Informationsbedarf. Aus dem Sachverhalt geht hervor, dass E von G ein bestimmtes Rasterkraftmikroskop erwerben möchte. Auch der Kaufpreis ist bereits festgelegt. Damit liegen die Informationen über die essentialia negotii des Kaufvertrags vor: Vertragsparteien, Vertragsgegenstand und Kaufpreis. Es sind aber noch weitere Informationen erforderlich:

19 **a)** Beide **Vertragsparteien** sind Gesellschaften mbH, also juristische Personen (§ 13 I GmbHG). Juristische Personen handeln durch ihre Organe, im Falle einer GmbH durch den oder die Geschäftsführer. Diese sind gem. § 35 I GmbHG zur Vertretung der GmbH berufen. Im Kaufvertrag werden die Geschäftsführer als organschaftliche Vertreter der Gesellschaften benannt. Zu klären ist, ob beide Gesellschaften einen oder mehrere Geschäftsführer haben und wer die Geschäftsführer der beiden Parteien sind. Die Zahl der Geschäftsführer ist von Bedeutung, da mehrere Geschäftsführer mangels abweichender Regelung in der Satzung als Gesamtvertreter gemeinschaftlich handeln müssen (§ 35 II 1 GmbHG).

1. Nachfrage: Wie viele Geschäftsführer haben die Parteien? Wie heißen sie? Falls es mehrere Geschäftsführer gibt: Enthält die Satzung eine Regelung zur Vertretungsmacht?

Informationsmittel: Nachfrage bei beiden Parteien, Einsicht in das Handelsregister.

b) Der Sachverhalt enthält keine Hinweise, ob sich die Parteien über die **Gewährleis-** 20
tung Gedanken gemacht haben. E ist eventuell an einer Garantie interessiert. Auf der
anderen Seite möchte G möglicherweise den Nacherfüllungsanspruch der E zunächst
auf ein Nachbesserungsrecht beschränken.

2. Nachfrage: Sind E bestimmte (besondere) Beschaffenheitsmerkmale des Rasterkraftmikroskops zugesagt
worden oder soll dies noch geschehen? Sollen die Gewährleistungsansprüche der E zunächst auf die Nachbesserung beschränkt werden?

Informationsmittel: Nachfrage bei beiden Parteien.

c) Die Mitarbeiterinnen und Mitarbeiter der E können das Rasterkraftmikroskop vo- 21
raussichtlich nicht auf Anhieb professionell bedienen. Deshalb ist zu klären, ob G **Ein-**
weisungspflichten übernehmen soll.[20] Da die Wartung des Rasterkraftmikroskops
Fachkenntnisse im Umgang mit dem Gerät voraussetzt, stellt sich weiterhin die Frage,
ob und in welchem Umfang G einen **Kundendienst** bietet.

3. Nachfrage: Soll G Einweisungspflichten übernehmen und/oder Kundendienstleistungen erbringen?

Informationsmittel: Nachfrage bei beiden Parteien.

d) Schließlich setzt die Aufstellung des Rasterkraftmikroskops möglicherweise be- 22
stimmte **Umweltbedingungen** voraus. So benötigt man eventuell für die Aufstellung
des Rasterkraftmikroskops besondere Räumlichkeiten. Um Streit darüber zu vermeiden, wer für welche Faktoren das Risiko trägt, sollten die Aufstellungsvoraussetzungen
in den Vertrag aufgenommen werden.

4. Nachfrage: Welche Umweltbedingungen müssen bei E gegeben sein, damit das Rasterkraftmikroskop
ordnungsgemäß aufgestellt und genutzt werden kann? Kann E diese Umweltbedingungen herstellen?

Informationsmittel: Nachfrage bei beiden Parteien.

e) Die weitere Vertragsgestaltung hängt von den **Ergebnissen der Nachfragen** ab, die 23
wie folgt unterstellt werden sollen:

Ergebnis der 1. Nachfrage (unterstellt): E hat zwei Geschäftsführer, Karl Moritz und Franz Glanz; die Frage
der Vertretung der GmbH ist in der Satzung nicht besonders geregelt. G hat eine Geschäftsführerin,
Dr. Ing. Martina Bensch.

Ergebnis der 2. Nachfrage (unterstellt): Die Eigenschaften des Rasterkraftmikroskops sind durch einen Prospekt der G charakterisiert. E kommt es besonders darauf an, dass die laterale Auflösung besser als 1 nm ist.
G ist bereit, für dieses Beschaffenheitsmerkmal und die übrigen im Prospekt angegebenen Beschaffenheitsmerkmale einzustehen. Sie möchte allerdings die Möglichkeit haben, das Rasterkraftmikroskop zunächst
nachzubessern, wenn Fehler auftreten. E ist mit einem Nachbesserungsrecht der G einverstanden, verlangt
aber mit Blick auf ihre Verpflichtungen gegenüber Y eine zügige Nachbesserung.

Ergebnis der 3. Nachfrage (unterstellt): G liefert mit dem Rasterkraftmikroskop umfangreiche Handbücher.
Im Zusammenhang mit der Aufstellung soll eine eintägige Einweisung in die Bedienung des Mikroskops
erfolgen. Falls weiterer Schulungsbedarf für die Mitarbeiter der E besteht, verweist G sie auf die Schulungs-
veranstaltungen der D-GmbH. Einen speziellen Kundendienst in Form eines Wartungsvertrags bietet G
nicht an. Bei Bedarf übernimmt sie konkrete Reparaturaufträge. E erklärt, dass sie die üblichen Wartungs-
arbeiten durch ihre Mitarbeiterinnen und Mitarbeiter durchführen lassen kann.

---

[20] Dazu *Junker/Benecke,* Computerrecht, Rn. 242.

Ergebnis der 4. Nachfrage (unterstellt): Damit ein störungsfreier Betrieb gewährleistet ist, muss das Rasterkraftmikroskop auf einem schwingungsgedämpften Tisch stehen. E wird in ihrer hauseigenen Werkstatt einen geeigneten Tisch herstellen.

2. Problemübersicht und Rohentwurf

24 Die Punkte, die vertraglich zu regeln sind, wurden überwiegend bereits bei der Informationsgewinnung angesprochen. Im Kaufvertrag ist weiterhin zu bestimmen, wann das Rasterkraftmikroskop geliefert und aufgestellt werden soll (30. Kalenderwoche). Um Streitigkeiten über den Erfüllungsort und die Kostenlast zu vermeiden, sollte ferner in den Vertrag aufgenommen werden, dass G bereit ist, das Rasterkraftmikroskop auf ihre Kosten zu liefern und aufzustellen. Da der Liefertermin für E von besonderer Bedeutung ist, sollte sie sich gegen eine **verspätete Lieferung** vertraglich absichern. Im Vertrag sind auch Fälligkeit und Art der **Kaufpreiszahlung** sowie der Zeitpunkt des **Eigentumsübergangs** zu regeln. Mangels anderer Angaben der Vertragsparteien ist davon auszugehen, dass die Kaufpreiszahlung nach Lieferung per Überweisung erfolgen soll.

25 Daraus ergibt sich folgende Gliederung des Vertrags:

> § 1 Vertragsparteien
> § 2 Kaufgegenstand
> § 3 Kaufpreis
> § 4 Zeitpunkt der Lieferung
> § 5 Folgen verspäteter Lieferung
> § 6 Eigentumsübergang
> § 7 Gewährleistung
> § 8 Einweisung in das Rasterkraftmikroskop
> § 9 Aufstellungsvoraussetzungen

3. Rechtsanwendung

26 Hinsichtlich der Regelungsgegenstände „Folgen verspäteter Lieferung", „Gewährleistung" und „Eigentumsübergang" besteht **dispositives Gesetzesrecht.** Die Vorschriften des dispositiven Rechts werden daraufhin untersucht, ob sie für die eigene Vertragsgestaltung interessengerecht sind und inwieweit von ihnen abgewichen werden sollte.[21] Aufgabe des Vertragsgestalters ist es, künftige Konflikte zwischen den Parteien möglichst vorherzusehen und den Vertrag entsprechend zu gestalten.[22] Auf der anderen Seite ist bei der Gestaltung **zwingendes Gesetzesrecht** zu beachten. Das zwingende Recht begrenzt die Vertragsgestaltung. Eine Gestaltung, die mit zwingendem Recht nicht vereinbar ist, kommt daher als Vorschlag an die Parteien nicht in Betracht.[23] Die Rechtsanwendung zeigt also sowohl den Gestaltungsbedarf als auch die Gestaltungsgrenzen. Besonders zwei Punkte sind zu bedenken:

---

[21] *Rehbinder,* Vertragsgestaltung, S. 42; *Rittershaus/Teichmann,* Vertragsgestaltung, Rn. 171.
[22] *Rehbinder,* Vertragsgestaltung, S. 43 f.; *Rittershaus/Teichmann,* Vertragsgestaltung, Rn. 145; *Schmittat,* Vertragsgestaltung, Rn. 185, 195 ff.; *Zankl,* Vertragssachen, Rn. 295 ff.
[23] *Rehbinder,* Vertragsgestaltung, S. 42. Einschränkend *Rittershaus/Teichmann,* Vertragsgestaltung, Rn. 214.

a) Folgen verspäteter Lieferung

Die Folgen verspäteter Lieferung des Rasterkraftmikroskops könnten sich nach § 376   **27**
HGB richten. Dann müsste es sich bei dem Kauf um ein **relatives Fixgeschäft** handeln. Während beim absoluten Fixgeschäft im Fall der nicht rechtzeitigen Erfüllung
Unmöglichkeit eintritt, bleibt die Leistung beim relativen Fixgeschäft auch nach der
für die Leistung vorgesehenen Zeit möglich.[24] Der Gläubiger hat aber nach §§ 323
BGB, 376 HGB im Fall der nicht rechtzeitigen Leistung durch den Schuldner weitergehende Rechte als bei gewöhnlichen Rechtsgeschäften.

aa) Beim **bürgerlich-rechtlichen relativen Fixgeschäft** hat der Gläubiger bei nicht   **28**
rechtzeitiger Leistung des Schuldners gem. § 323 I, II Nr. 2 BGB ein sofortiges Rücktrittsrecht. Das Rücktrittsrecht besteht unabhängig davon, ob der Schuldner in Verzug
ist. Wenn der Schuldner im Verzug ist, kann der Gläubiger darüber hinaus den Ersatz
des Verzögerungsschadens nach §§ 280 I, II, 286 BGB verlangen. Einen Anspruch auf
Schadensersatz statt der Leistung kann der Schuldner bei einer Verzögerung der Leistung gem. §§ 280 I, III, 281 BGB nach einer erfolglosen Nachfristsetzung geltend machen.[25]

Für den **Handelskauf** bestimmt § 376 HGB weitergehende Rechtsfolgen einer nicht   **29**
rechtzeitigen Leistung des Schuldners beim relativen Fixgeschäft. Neben der verzugsun-
abhängigen Rücktrittsmöglichkeit kann der Gläubiger beim relativen Fixhandelskauf
nach § 376 I 1 HGB Schadensersatz wegen Nichterfüllung verlangen, wenn der
Schuldner in Verzug ist. Im Vergleich zur Regelung der §§ 280 I, III, 281 BGB verbessert sich die Stellung des Gläubigers insoweit, als er keine Nachfrist zu setzen braucht,
um den Schadensersatzanspruch geltend zu machen. Auf der anderen Seite verliert der
Gläubiger aber gem. § 376 I 2 HGB den Erfüllungsanspruch, wenn er dem Schuldner
nicht sofort nach Ablauf der Frist anzeigt, dass er auf Erfüllung besteht. Durch eine
entsprechende Anzeige verliert der Gläubiger seine Rechte nach § 376 I 1 HGB.[26]
Über die Rechtsfolgen der nicht rechtzeitigen Leistung nach §§ 280 ff., 323 BGB,
376 HGB informiert zusammenfassend die folgende Übersicht:

	Fixgeschäft nach BGB	**Fixhandelskauf**
Erfüllungsanspruch nach Ablauf der Zeit oder Frist	ja	nur bei sofortiger Anzeige
Rücktrittsrecht	§ 323 I, II Nr. 2 BGB	§ 376 I 1 HGB
Verzögerungsschaden	§§ 280 I, 286 BGB	§§ 280 I, 286 BGB
Schadensersatz statt der Leistung	Nachfrist erforderlich, §§ 280 I, III, 281 BGB	bei Verzug des Schuldners, § 376 I 1 HGB

bb) Ein **relatives Fixgeschäft** liegt noch nicht vor, wenn einer Partei die pünktliche Er-   **30**
füllung des Vertrags bloß wichtig ist. Vielmehr muss sich nach der seit dem 13. 6. 2014
geltenden Fassung des § 323 II Nr. 2 BGB aus einer Mitteilung des Gläubigers an den
Schuldner vor Vertragsschluss oder auf Grund anderer den Vertragsschluss begleitender

---

[24] *Canaris,* Handelsrecht, § 29 Rn. 26; *Röhricht/v. Westphalen/Wagner,* § 376 HGB Rn. 7.
[25] So die h. M., *Palandt/Grüneberg,* § 281 BGB Rn. 15. Nach a. A. soll ein Gleichlauf zwischen Schadensersatz und Rücktritt bestehen, *Jaensch,* NJW 2003, 3613.
[26] *Baumbach/Hopt,* § 376 HGB Rn. 9; *Röhricht/v. Westphalen/Wagner,* § 376 HGB Rn. 9.

Umstände ergeben, dass die termingerechte Leistung für den Gläubiger wesentlich ist.[27] Nach § 323 II Nr. 2 BGB a. F. war noch eine Parteivereinbarung darüber notwendig, dass der Vertrag mit der termingerechten Erfüllung steht und fällt,[28] während nach der Neufassung eine einseitige Mitteilung vor Vertragsschluss genügt. Ob die Änderung des Normwortlauts tatsächlich, wie von der Gesetzesbegründung angenommen, vor allem begrifflicher Natur ist, wird sich noch in der Rechtsprechungspraxis und der wissenschaftlichen Diskussion herausstellen müssen.[29] Ferner ist noch unklar, ob die Neufassung des § 323 II Nr. 2 BGB auch Auswirkungen auf die Definition des relativen Fixhandelskaufs im Rahmen des § 376 HGB haben wird. Ein starkes Interesse einer Partei an einer rechtzeitigen Erfüllung reicht jedenfalls auch nach der Neufassung für eine entsprechende Auslegung des Vertrags noch nicht aus. Im vorliegenden Fall bestehen keine Anhaltspunkte für ein Fixgeschäft. Das Interesse der E an einer rechtzeitigen Erfüllung allein macht das Rechtsgeschäft nicht zum Fixgeschäft. Ohne besondere Ausgestaltung des Vertrags wäre § 376 HGB daher nicht anwendbar.

31   **cc)** Wenn es sich bei dem Rechtsgeschäft nicht um ein Fixgeschäft handelt, richten sich die Folgen verspäteter Lieferung zum einen nach den Vorschriften über den Schadensersatz wegen Pflichtverletzung (§§ 280 ff. BGB). Zum anderen ist die Regelung über den Rücktritt wegen nicht oder nicht vertragsgemäß erbrachter Leistung (§ 323 BGB) anwendbar. Nach §§ 280 I, II, 286 BGB hat E bei verspäteter Lieferung einen Anspruch auf **Ersatz des Verzögerungsschadens,** wenn G in der 30. Kalenderwoche schuldhaft nicht leistet. Eine Mahnung der E ist entbehrlich, da die Leistungszeit i. S. d. § 286 II Nr. 1 BGB kalendermäßig bestimmt ist. Der ersatzfähige Verzugsschaden umfasst auch den entgangenen Gewinn: G muss den Schaden tragen, der E bei einer verspäteten Lieferung des Rasterkraftmikroskops dadurch entsteht, dass sie das Mikroskop für den Auftrag der Y nicht oder nur teilweise einsetzen kann. Bei rechtzeitiger Vertragserfüllung seitens der G erhielte E von Y 30 000 € für die Werkstoffanalyse. Bei einem Verzug der G erhält E nur einen Teilbetrag. Dessen Höhe richtet sich danach, ob noch ein Teil der Analysen mit dem Rasterkraftmikroskop durchgeführt werden kann oder die Analysen komplett mit Hilfe des Lichtmikroskops erstellt werden. Der Gewinnausfall für E kann bis zu 15 000 € betragen; je nach dem tatsächlichen Gewinnausfall könnte E demnach von G nach §§ 280 I, II, 286 BGB bis zu 15 000 € verlangen.

32   **dd)** Einen Anspruch auf **Schadensersatz statt der Leistung** kann E bei einer Verzögerung der Leistung nach §§ 280 I, III, 281 I BGB erst im Anschluss an eine erfolglose Nachfristsetzung geltend machen. Verlangt E nach diesen Vorschriften Schadensersatz statt der Leistung, ist ihr positives Interesse zu ersetzen: G hat E so zu stellen, als ob der Vertrag ordnungsgemäß durchgeführt worden wäre. Bei ordnungsgemäßer Vertragserfüllung seitens der G erhielte E von Y 30 000 € für die Werkstoffanalyse. Bei einer verzögerten Leistung seitens der G erhält E nur einen Teilbetrag. Zu diesem Zeitpunkt

---

[27] Geändert durch das Gesetz zur Umsetzung der Verbraucherrechterichtlinie und zur Änderung des Gesetzes zur Regelung der Wohnungsvermittlung, BGBl. 2013 I, S. 3642. *Bamberger/Roth/H. Schmidt,* § 323 BGB Rn. 22a (zitiert nach der Onlineausgabe, Stand 1.5.2014); *Bierekoven/Crone,* MMR 2013, 687 (690).

[28] *BGH* vom 18.4.1989 – X ZR 85/88, NJW-RR 1989, 1373; *Baumbach/Hopt,* § 376 HGB Rn. 1; *Canaris,* Handelsrecht, § 29 Rn. 39; *Reinicke/Tiedtke,* Kaufrecht, Rn. 1040; *Röhricht/v. Westphalen/Wagner,* § 376 HGB Rn. 2.

[29] Begr. RegE, BT-Drs. 17/12637, S. 35, 58 f. Zweifelnd *Bamberger/Roth/H. Schmidt,* § 323 BGB Rn. 22a (zitiert nach der Onlineausgabe, Stand 1.5.2014); *Bierekoven/Crone,* MMR 2013, 687 (690).

lässt sich, wie soeben dargelegt, nur feststellen, dass der Schaden durch entgangenen Gewinn aus dem Rechtsgeschäft zwischen E und Y bis zu 15 000 € betragen kann. E hat ferner gem. § 323 I BGB die Möglichkeit, nach erfolglosem Ablauf einer Nachfrist vom Vertrag zurückzutreten.

Anzuraten ist E allerdings weder ein Rücktritt noch ein Vorgehen nach §§ 280 I, III, 281 I **33** BGB. E ist auch nach der vorgesehenen Leistungszeit an der Lieferung des Rasterkraftmikroskops gelegen. Durch einen Rücktritt verlöre sie den Erfüllungsanspruch. Der Erfüllungsanspruch ist gem. § 281 IV BGB ebenfalls ausgeschlossen, wenn E Schadensersatz statt der Leistung verlangt. Außerdem geht, wie soeben dargelegt, der Anspruch auf Schadensersatz statt der Leistung unter den gegebenen Umständen nicht über den Verzögerungsschaden hinaus. Vorbehaltlich einer günstigeren vertraglichen Regelung wäre E daher bei Verzug der G zu raten, lediglich den Verzögerungsschaden nach §§ 280 I, II, 286 BGB geltend zu machen und daneben weiterhin auf Erfüllung zu bestehen.

b) Haftung für Sachmängel

Nach §§ 433 I S. 2, 434 BGB haftet G der E für Sachmängel des Rasterkraftmikroskops **34** bei Gefahrübergang. Da E und G die Eigenschaften des Rasterkraftmikroskops anhand eines Prospekts der G bestimmt haben, kommt es für die Mangelhaftigkeit gem. § 434 I 1 BGB darauf an, ob das Rasterkraftmikroskop im Zeitpunkt des Gefahrübergangs diese Eigenschaften besitzt. Wenn das Rasterkraftmikroskop mangelhaft i. S. d. § 434 BGB ist, kann E Nacherfüllung verlangen (§ 437 Nr. 1 BGB). Unter Umständen kann sie auch vom Vertrag zurücktreten, den Kaufpreis mindern und Schadensersatz oder Ersatz vergeblicher Aufwendungen verlangen (§ 437 Nr. 2, 3 BGB). In der Regel setzen diese Rechtsbehelfe eine erfolglose Nachfristsetzung der E voraus. Bei der Nacherfüllung gem. § 437 Nr. 1 BGB hat der Käufer die Wahl zwischen einer Nachbesserung und der Lieferung einer mangelfreien Sache. Der Verkäufer hat – außer in den Fällen des § 275 und des § 439 III BGB – die Wahl des Käufers hinzunehmen.

Im vorliegenden Fall sind zusätzlich zu den §§ 434 ff. BGB noch handelsrechtliche Vor- **35** schriften zu beachten. Beide Vertragsparteien sind gem. §§ 13 III GmbHG, 6 HGB Vollkaufleute. Für beide gehört das Rechtsgeschäft zum Betrieb ihres Handelsgewerbes, so dass ein Handelsgeschäft i. S. d. § 343 I HGB vorliegt. Unter diesen Voraussetzungen trifft den Käufer nach § 377 HGB eine **Untersuchungs- und Rügeobliegenheit.** Er muss die Ware unverzüglich nach der Ablieferung untersuchen und erkennbare Mängel anzeigen; verborgene Mängel muss er nach ihrem Auftreten ebenfalls unverzüglich rügen. Unterlässt der Käufer die Anzeige, so gilt die Ware als genehmigt; der Käufer kann aus der Mangelhaftigkeit der Sache keine Rechte mehr herleiten.

c) Eigentumsübertragung

Das Eigentum an dem Rasterkraftmikroskop geht bei entsprechender Einigung der **36** Parteien mit der Übergabe des Rasterkraftmikroskops auf E über (§ 929 S. 1 BGB). Der Eigentumsübergang ist unabhängig davon, ob E den Kaufpreis an G gezahlt hat.

4. Abweichungen vom dispositiven Recht

Nachdem sich der vertragsgestaltende Jurist über das auf den Fall anzuwendende dis- **37** positive Recht vergewissert hat, kommt es darauf an, inwieweit abweichende Regelungen interessengerecht sind; dabei kann sich ergänzender Informationsbedarf ergeben.

a) Folgen verspäteter Lieferung

38 Die gesetzlichen Folgen verspäteter Lieferung entsprechen in mehreren Punkten nicht dem Interesse der E. Zwar kann sie bei **Verzug** der G **Schadensersatz** geltend machen. Ihr ist aber vor allem daran gelegen, dass ein Verzug erst gar nicht eintritt. Abgesehen vom konkreten Schaden, den sie durch eine verspätete Lieferung hätte, würde möglicherweise auch das Ansehen der E bei ihrer Kundin Y leiden, und ihr könnten künftige Aufträge dieses Kunden entgehen. Außerdem ist der Schadensersatzanspruch **verschuldensabhängig.** Dadurch wird dem Interesse der E, sich für jeden Fall der verspäteten Lieferung finanziell abzusichern, nicht vollständig Rechnung getragen. Schließlich muss E im Fall des Verzugs der G ihren Verzögerungsschaden konkret nachweisen, was zusätzlichen Aufwand verursacht.

39 **aa)** Es ist daher zu überlegen, ob aus der Sicht der E die Ausgestaltung des Vertrags als **Fixgeschäft** sinnvoll ist. § 376 HGB ermöglicht jedoch nur eine leichtere Lösung vom Vertrag und erleichtert den Anspruch auf Schadensersatz wegen Nichterfüllung.[30] E ist aber auch nach dem avisierten Liefertermin noch am Rasterkraftmikroskop interessiert, so dass ein Rücktrittsrecht für sie nicht von Interesse ist. Erleichterte Voraussetzungen für den Schadensersatz wegen Nichterfüllung sind ebenfalls nicht primäres Ziel der E.

40 **bb)** Den Interessen der E wäre mit einer Vertragsstrafenregelung besser gedient.[31] Eine Vereinbarung über eine **Vertragsstrafe** fördert die ordnungsgemäße Durchführung des Vertrags und erleichtert die Abwicklung im Störungsfall.[32] Sie ist daher sowohl der Zweckverwirklichung als auch der Störfallvorsorge zuzuordnen. Der Schuldner verwirkt die vereinbarte Vertragsstrafe, wenn er in Verzug kommt (§ 339 S. 1 BGB). Es ist also eine schuldhafte Nichtleistung erforderlich. Nach der Rechtsprechung kann eine Vertragsstrafe zwar **verschuldensunabhängig** versprochen werden; zwingendes Recht steht einer solchen Vereinbarung nicht entgegen.[33] Fraglich ist aber, ob G sich auf eine verschuldensunabhängige Vertragsstrafe einlassen würde. Von ihrem Standpunkt aus besteht kein Grund, das Risiko einer von ihr nicht zu vertretenden Verzögerung für E zu übernehmen. Eine verschuldens-unabhängige Vertragsstrafenklausel wird sich gegenüber G vermutlich nicht durchsetzen lassen.

41 Auch hinsichtlich der **Höhe der Vertragsstrafe** sind die Interessen beider Parteien zu beachten. E möchte den Ausfall von Gewinn bei verzögerter Lieferung vermeiden. Daher wäre eine Vertragsstrafe angebracht, die dem durchschnittlichen Vergütungsausfall im Verzugszeitraum entspricht. Um den Strafcharakter der Vereinbarung zu sichern, kann ein Aufschlag vereinbart werden. Da auf G nach §§ 13 III GmbHG, 6 HGB das Handelsrecht anzuwenden ist, muss berücksichtigt werden, dass die Vertragsstrafe nicht herabgesetzt werden kann (§ 348 HGB). Die Anwendung des § 343 BGB, der außerhalb des Handelsverkehrs eine Herabsetzung der Vertragsstrafe ermöglicht, wird durch § 348 HGB ausgeschlossen.

42 Weitergehende Schadensersatzansprüche bleiben von der Vertragsstrafenregelung unberührt. Aus den §§ 340 II, 341 II BGB ergibt sich, dass die verwirkte Strafe zwar auf

---

[30] Dazu oben Rn. 29.
[31] Dazu bereits oben § 1 Rn. 42–48.
[32] *Erman/Schaub,* Vorbem. zu §§ 339–345 BGB Rn. 1; *Larenz,* Schuldrecht I, S. 376 f.; *Palandt/Grüneberg,* § 339 BGB Rn. 1; *Schmittat,* Vertragsgestaltung, Rn. 167.
[33] *BGH* vom 28.9.1978 – II ZR 10/77, BGHZ 72, 174 (178 ff.).

Schadensersatzansprüche angerechnet wird, diese aber nicht ausschließt. Eine vertragliche Regelung dieser Rechtsfolge ist also unnötig.

Mit Hilfe der Vertragsstrafenregelung kann E zwei ihrer drei Ziele hinsichtlich der **43** rechtzeitigen Lieferung des Rasterkraftmikroskops erreichen: G wird durch das Vertragsstrafenversprechen zur pünktlichen Leistung angehalten, um die Vertragsstrafe nicht zu verwirken. Zweitens erspart sich E durch die Vertragsstrafenklausel einen aufwendigen Schadensnachweis. Lediglich das Interesse der E, auch bei unverschuldeter Leistungsverzögerung finanziellen Ausgleich zu erhalten, lässt sich nicht durchsetzen. Die Sozietät wird also in den Kaufvertrag, den E der G vorlegen wird, eine Vertragsstrafenregelung für den Fall der Lieferung nach Ablauf der 30. Kalenderwoche aufnehmen. Daraus ergibt sich neuer Informationsbedarf.

5. Nachfrage: Wie hoch ist der entgangene Gewinn der E pro Tag, wenn sie das Lichtmikroskop einsetzen muss?

Informationsmittel: Nachfrage bei E.

Ergebnis der 5. Nachfrage (unterstellt): E erklärt, dass sie pro Tag einen Vergütungsausfall von ca. 360 € hat, wenn sie das Lichtmikroskop einsetzen muss. Um den Strafcharakter der Vereinbarung zu sichern,[34] sollte die Vertragsstrafe deutlich über diesem Betrag liegen. Als Vertragsstrafe bietet sich daher ein Betrag von 450 € pro Tag an.

b) Haftung für Sachmängel

Hinsichtlich der Gewährleistung ist zugunsten der G ein **Nachbesserungsrecht** aufzu- **44** nehmen. Da die Interessen der E dadurch nicht beeinträchtigt werden, kann G sich vorbehalten, statt der Nachbesserung ein neues Mikroskop zu liefern. Zu klären ist, welche Auswirkungen das Nachbesserungsrecht haben soll. Zum einen könnte das Nachbesserungsrecht der G so ausgestaltet werden, dass es die sonstigen Rechte der E aus § 437 BGB nicht ausschließt, falls die Nachbesserung fehlschlägt. Zum anderen könnte es so ausgeformt werden, dass E allein einen Nachbesserungsanspruch hat. Eine solche Beschränkung der Gewährleistung ist grundsätzlich zulässig. Wie sich aus § 444 BGB ergibt, ist sogar ein vollständiger Ausschluss der Gewährleistung zulässig, sofern der Verkäufer einen Mangel nicht arglistig verschwiegen hat oder eine Garantie für ein Beschaffenheitsmerkmal übernommen hat.[35]

aa) Grenzen für den Gewährleistungsausschluss oder die Gewährleistungsbeschrän- **45** kung ergeben sich allerdings aus §§ 138, 242 BGB. Ob ein ausschließliches Nachbesserungsrecht hier gegen die §§ 138, 242 BGB verstoße, kann dahinstehen, da nicht davon auszugehen ist, dass die Parteien eine solche Gewährleistungsbeschränkung vereinbaren wollen. Für E besteht kein Anlass, ihre Gewährleistungsansprüche allein auf die Nachbesserung zu beschränken. Außerdem will auch G nur „zunächst" ein Nachbesserungsrecht haben, so dass die Parteien einvernehmlich von einem Nachbesserungsrecht ausgehen, das die weiteren Rechte der E aus § 437 BGB nicht ausschließt. Da E aufgrund ihrer Verpflichtungen gegenüber Y an einer zügigen Nachbesserung gelegen ist, sollte eine **Frist** festgelegt werden, innerhalb derer die Nachbesserung zu erfolgen hat. Hinsichtlich der Dauer dieser Frist ergibt sich neuer Informationsbedarf.

---

[34] Dazu oben Rn. 41.
[35] Zur Rechtslage beim Gewährleistungsausschluss in AGB oben § 3 Rn. 69–74.

6. Nachfrage: In welcher Frist soll die Nachbesserung durch G erfolgen, falls das Rasterkraftmikroskop mangelhaft ist?

Informationsmittel: Nachfrage bei den Parteien.

Ergebnis der 6. Nachfrage (unterstellt): E und G sind sich einig, dass die Nachbesserung im Falle eines Mangels innerhalb von drei Werktagen nach Anzeige des Mangels erfolgen soll.

46   **bb)** Da E besonderen Wert darauf legt, dass die laterale Auflösung des Rasterkraftmikroskops besser als 1 nm ist, ist an eine entsprechende Beschaffenheitsgarantie der G gem. § 443 I BGB zu denken. Fraglich ist, ob eine solche Garantie der E zusätzlichen Nutzen brächte. Nach § 443 I BGB stehen dem Käufer im Garantiefall neben den gesetzlichen Ansprüchen die Rechte aus der **Garantie** zu. Welche Rechte das sind, ergibt sich aus der Garantieerklärung.[36] Für den Garantiefall könnte G Nachbesserung, Nachlieferung oder Schadensersatz versprechen oder E ein Rücktrittsrecht einräumen. Ein Rücktrittsrecht ist für E nicht von Interesse. Nachbesserung kann sie gem. § 437 Nr. 1 BGB ohnehin verlangen, wenn die laterale Auflösung nicht wie vereinbart besser als 1 nm ist. Ein (unmittelbarer) Nachlieferungsanspruch bringt E auch keinen wesentlichen Vorteil, da sie trotz der Gewährleistungsbeschränkung Nachlieferung verlangen kann, wenn die Nachbesserung fehlschlägt. Dagegen wäre ein Schadensersatzanspruch für E mit Blick auf ihre Verpflichtungen gegenüber Y attraktiv. Sie könnte dann bei einer nicht ausreichenden lateralen Auflösung neben der Nachbesserung Schadensersatz verlangen. Auf eine solche Garantie wird G sich jedoch nicht einlassen. G ist zwar bereit, für die Beschaffenheitsmerkmale des Rasterkraftmikroskops einzustehen, möchte aber in allen Fällen zunächst einen Nachbesserungsversuch machen können. Der Vertrag wird deshalb keine Garantieerklärung der G enthalten.

47   **cc)** Sinnvoll ist es, die **Rügefrist** des § 377 HGB festzulegen, um Streit darüber zu vermeiden, ob eine gegebenenfalls erforderliche Mängelanzeige rechtzeitig („unverzüglich") erfolgt ist. Angemessen erscheint hier eine Rügefrist von drei Tagen.

c) Eigentumsübertragung

48   Die gesetzliche Regelung über den Eigentumsübergang läuft den Interessen der G zuwider. G soll nach dem Vertrag zur Vorleistung verpflichtet sein und den Kaufpreis erst nach der Lieferung des Rasterkraftmikroskops erhalten. Sie riskiert daher, das Eigentum an dem Rasterkraftmikroskop zu verlieren, ohne den Kaufpreis für das Mikroskop zu erhalten. Gegen dieses Risiko kann G durch einen **Eigentumsvorbehalt** gem. § 449 I BGB gesichert werden. Durch den Eigentumsvorbehalt wird der Eigentumsübergang an die vollständige Zahlung des Kaufpreises gekoppelt.

49   Über die Abweichungen vom dispositiven Recht informiert zusammenfassend die folgende Übersicht:

	dispositives Recht	**abweichende Gestaltung**
verspätete Lieferung	§§ 280 f., 323 BGB	Vertragsstrafe
Gewährleistung	§§ 437 ff. BGB	zunächst allein Nachbesserungspflicht, Rügefrist
Eigentumsübergang	§ 929 S. 1 BGB	Eigentumsvorbehalt

---

[36] *Brox/Walker,* Besonderes Schuldrecht, § 4 Rn. 115 ff.

5. Vertragsentwurf

Kaufvertrag 50

§ 1 Parteien
Parteien dieses Kaufvertrags sind
die Firma Europolymer GmbH, Adenauerallee 234, 13 967 Berlin, vertreten
durch ihre Geschäftsführer Karl Moritz und Franz Glanz

– im folgenden Käuferin –

und
die Firma Gutenberg Geo-Optik GmbH, Ebertstr. 5, 13 969 Berlin, vertreten
durch ihre Geschäftsführerin Dr. Ing. Martina Bensch

– im folgenden Verkäuferin –

§ 2 Kaufgegenstand
Die Käuferin erwirbt von der Verkäuferin ein Rasterkraftmikroskop vom Typ RM
2000.

§ 3 Kaufpreis und Zahlung
Der Kaufpreis beträgt 105 000 € zuzüglich Mehrwertsteuer. Er ist innerhalb von
10 Tagen nach Lieferung und Aufstellung des Rasterkraftmikroskops auf das
Konto der Verkäuferin bei der F-Bank, IBAN: DE54 3006 5041 0000 1245 78,
BIC: FBNKDE4NXXX zu überweisen.

§ 4 Zeitpunkt der Lieferung
Das Rasterkraftmikroskop wird in der 30. Kalenderwoche 2014 auf Kosten der
Verkäuferin geliefert und aufgestellt.

§ 5 Vertragsstrafe
Hält die Verkäuferin die Lieferfrist schuldhaft nicht ein, hat sie der Käuferin für
jeden Kalendertag, um den die Frist überschritten wird, eine Vertragsstrafe in
Höhe von 450 € zu zahlen.

§ 6 Eigentumsübergang
Das Eigentum am Rasterkraftmikroskop geht auf die Käuferin über, nachdem es
ihr geliefert wurde und der gesamte Kaufpreis auf dem in § 3 genannten Konto
der Verkäuferin eingegangen ist.

§ 7 Gewährleistung
Das Rasterkraftmikroskop hat die im anliegenden Prospekt angegebenen Beschaffenheitsmerkmale, insbesondere ist die laterale Auflösung des Mikroskops besser
als 1 nm.
Ist das Rasterkraftmikroskop bei der Übergabe an die Käuferin mangelhaft, so hat
sie einen Anspruch auf Beseitigung des Mangels (Nachbesserung). Die Verkäuferin kann, statt nachzubessern, eine Ersatzlieferung vornehmen. Kann die Verkäuferin einen ihrer Gewährleistungspflicht unterliegenden Mangel nicht innerhalb
von drei Werktagen nach Anzeige des Mangels beseitigen oder sind für die Käuferin weitere Nachbesserungsversuche unzumutbar, so kann die Käuferin die weiteren Rechte gem. § 437 BGB geltend machen.
Die Rügefrist des § 377 HGB beträgt drei Werktage.

§ 8 Einweisung in das Rasterkraftmikroskop
Die Verkäuferin liefert mit dem Rasterkraftmikroskop die zugehörigen Handbücher (nähere Angaben im Verkaufsprospekt).
Im Anschluss an die Aufstellung des Rasterkraftmikroskops erfolgt eine eintägige Einweisung in seine Bedienung. Weitere Schulungs- oder Einweisungspflichten übernimmt die Verkäuferin nicht.

§ 9 Aufstellungsvoraussetzungen
Die Verkäuferin weist darauf hin, dass ein störungsfreier Betrieb des Rasterkraftmikroskops nur gewährleistet ist, wenn das Rasterkraftmikroskop auf einem schwingungsgedämpften Tisch aufgestellt wird. Diesen Tisch wird die Käuferin selbst herstellen.

Anlage
Verkaufsprospekt der Verkäuferin für das Rasterkraftmikroskop vom Typ RM 2000.

§ 5. Sicherung von Forderungen

Literatur (s. auch das Verzeichnis der abgekürzt zitierten Literatur, S. XIX): *Alexander,* Gemeinsame Strukturen von Bürgschaft, Pfandrecht und Hypothek, JuS 2012, 481; *Bales,* Die Bürgschaft als Kreditsicherheit, BKR 2004, 264; *Braun/Schultheiß,* Grundfälle zu Hypothek und Grundschuld, JuS 2013, 871, 973; *Deubner,* Grenzen der Grundschuldhaftung, JuS 2008, 586; *Gehrlein,* Die Wirksamkeit einer Sicherungsübereignung, MDR 2008, 1069; *Kieninger,* Die Zukunft des deutschen und europäischen Mobiliarkreditsicherungsrechts, AcP 208 (2008), 182; *Lorenz,* Grundwissen – Zivilrecht: Der Eigentumsvorbehalt, JuS 2011, 199; *ders.,* Grundwissen – Zivilrecht: Die Sicherungsübereignung, JuS 2011, 493; *Mertins,* Verbraucherschutz bei Bürgschaft, Schuldbeitritt und Schuldmitübernahme, NJ 2012, 397; *Müller,* Der Rückgewähranspruch bei Grundschulden – Grundlagen und ausgewählte Probleme notarieller Vertragsgestaltung, RNotZ 2012, 199; *Reinicke/Tiedtke,* Bürgschaftsrecht, 3. Aufl. 2008; *dies.,* Kreditsicherung, 5. Aufl. 2006; *Riggert,* Neue Anforderungen an Raumsicherungsübereignungen?, NZI 2009, 137; *H. Schmidt,* Auf dem Weg zur vollen Anerkennung immaterieller Vermögenswerte als Kreditsicherheit?, WM 2012, 721; *Schmolke,* Grundfälle zum Bürgschaftsrecht, JuS 2009, 585, 679, 784; *Schreiber,* Die Grundschuld, Jura 2006, 22; *ders.,* Hypothekenrecht, Jura 2002, 109; *Weller,* Die Sicherungsgrundschuld, JuS 2009, 969; *Weth,* Bürgschaft und Garantie auf erstes Anfordern, AcP 189 (1989), 304.

Die Anschaffung eines Investitionsguts ist für den Erwerber ein bedeutendes Geschäft, das der Vorbereitung bedarf. Zunächst muss der potentielle Erwerber seinen Bedarf klären und zumindest überschlägig die verfügbaren Mittel errechnen. Dann wird er Angebote einholen, Verhandlungen führen und schließlich aus den Offerten den Gegenstand auswählen, der seinen Anforderungen am besten entspricht und/oder zu vertretbaren Konditionen angeschafft werden kann. Meist ist der Erwerber bei teureren Wirtschaftsgütern nicht in der Lage, den gesamten Kaufpreis aus Eigenmitteln aufzubringen. In diesen Fällen stellt sich die Frage, wie der Kauf finanziert werden kann und – damit verbunden – welche Sicherungsmittel einem Kreditgeber gewährt werden können. Neben der Gestaltung des Kaufvertrags kann auf den Vertragsjuristen daher die Aufgabe zukommen, im Rahmen der Finanzierung des Kaufpreises eine Sicherungsvereinbarung zu konzipieren.[1]   1

I. Einführung: Kreditsicherungsmittel

Wer einem anderen Kredit einräumt, verlangt meist eine Sicherheit. Eine Kreditsicherheit schützt bei Zahlungsunfähigkeit, aber häufig auch bei Zahlungsunwilligkeit des Kreditnehmers. Kredite können durch personale oder reale Sicherungsmittel gesichert werden. Von einem **Personalkredit** spricht man, wenn ein Dritter für die Verpflichtung des Schuldners einsteht (insbesondere Bürgschaft und Schuldbeitritt).[2] Ein **Realkredit** ist gegeben, wenn der Gläubiger eine Vorzugsstellung hinsichtlich eines bestimmten Gegenstands des Schuldners oder eines Dritten erhält.[3] Gegenstände, die Sicherungsmittel sein können, sind bewegliche Sachen, unbewegliche Sachen (Grundstücke) und Rechte (vor allem – aber nicht nur – Geldforderungen).[4]   2

---

[1] S. dazu auch *Langenfeld,* Grundlagen, Kap. 4 Rn. 18 ff.; *Döser,* Vertragsgestaltung, Rn. 237 ff. (mit einem Vertragsbeispiel aus dem „anglo-amerikanischen Recht", S. 147 ff.).

[2] *Bülow,* Kreditsicherheiten, Rn. 11, 828 ff.; *Lwowski/Fischer/Langenbucher/Lwowski,* Kreditsicherung, § 1 Rn. 12; *Schmittat,* Vertragsgestaltung, Rn. 205; *Wolf/Wellenhofer,* Sachenrecht, § 13 Rn. 5.

[3] *Bülow,* Kreditsicherheiten, Rn. 13; *Lwowski/Fischer/Langenbucher/Lwowski,* Kreditsicherung, § 1 Rn. 13; *Schreiber,* Sachenrecht, Rn. 248; *Weber/Weber,* Kreditsicherungsrecht, S. 7; *Wieling,* Sachenrecht, S. 406.

[4] *Baur/Stürner,* Sachenrecht, § 36 Rn. 4 ff.; *Lwowski/Fischer/Langenbucher/Lwowski,* Kreditsicherung, § 2 Rn. 3 ff.

1. Personalsicherheiten

3 Die Personalsicherheiten umfassen vor allem die Bürgschaft, die Garantie und den Schuldbeitritt.[5] Von diesen Sicherungsmitteln ist lediglich die Bürgschaft gesetzlich geregelt (§§ 765 ff. BGB); die Garantie und der Schuldbeitritt wurden von der Praxis als Sicherungsmittel entwickelt. Mit der Beschaffenheits- und der Haltbarkeitsgarantie sind zwei wichtige Fälle der Garantie in § 443 BGB normiert.

4 **a)** Die **Bürgschaft** kommt durch einen Vertrag zwischen dem Bürgen und dem Gläubiger des Hauptschuldners zustande. Die Bürgschaftserklärung muss gem. § 766 S. 1 BGB schriftlich abgegeben werden.[6] Dieses Formerfordernis gilt nur für die Erklärung des Bürgen, nicht jedoch für die Annahmeerklärung des Gläubigers. Der Formmangel wird gem. § 766 S. 2 BGB geheilt, wenn der Bürge die Hauptverbindlichkeit erfüllt. Ist die Bürgschaftserklärung für den Bürgen ein Handelsgeschäft i. S. d. § 343 I HGB, so ist sie formlos gültig (§ 350 HGB). Die Bürgschaft ist gem. § 767 I 1 BGB vom Bestand und Umfang der Hauptschuld abhängig (**Akzessorietät der Bürgschaft**). Der Bürge kann deshalb nach § 768 I 1 BGB auch die Einreden erheben, die dem Hauptschuldner zustehen.[7] Das gilt selbst dann, wenn der Hauptschuldner auf die Einrede verzichtet (§ 768 II BGB). Weitere Einreden sind in den §§ 770, 771 BGB geregelt. Diese sog. bürgenbezogenen Einreden oder eigenen Einreden des Bürgen[8] sind die Einrede der Vorausklage (§ 771 BGB) und die Einreden der Anfechtbarkeit und der Aufrechenbarkeit (§ 770 BGB). In der Praxis übernimmt der Bürge in der Regel die selbstschuldnerische Bürgschaft, bei der die Einrede der Vorausklage ausgeschlossen ist (§ 773 Nr. 1 BGB). Bei Kaufleuten wird die Übernahme einer selbstschuldnerischen Bürgschaft vermutet (§ 349 HGB).

5 **b)** Im Gegensatz zur Bürgschaft ist der **Garantievertrag** formlos wirksam.[9] Bei der Garantie verpflichtet sich der Versprechende, für den Eintritt eines bestimmten Erfolges einzustehen.[10] Gesetzlich geregelt sind die beim Kauf einer Sache gebräuchlichen Beschaffenheits- und Haltbarkeitsgarantien, § 443 BGB.[11] Auf die Sicherung von Forderungen bezogen bedeutet die Garantie: Der Versprechende steht dafür ein, dass der Hauptschuldner die Geldforderung des Gläubigers begleicht.[12] Der Garantievertrag wird zwischen dem Gläubiger und einem Dritten geschlossen; es entsteht eine von

---

[5] *Bülow*, Kreditsicherheiten, Rn. 12; *Heussen/Imbeck*, Handbuch, 3. Teil Rn. 288 ff.; *Reinicke/Tiedtke*, Kreditsicherung, Rn. 1 ff., 885 ff., 610 ff.; *Weber/Weber*, Kreditsicherungsrecht, S. 42 ff., 123 ff. Eine feinere Unterteilung findet sich bei *Bülow*, Kreditsicherheiten, Rn. 828 ff., 1541 ff.

[6] Einzelheiten hierzu bei *Lwowski/Fischer/Langenbucher/Fischer*, Kreditsicherung, § 9 Rn. 21 ff.; *Reinicke/Tiedtke*, Bürgschaftsrecht, Rn. 70 ff.; *dies.*, Kreditsicherung, Rn. 141 ff.

[7] Dazu zählen z. B. die Einrede der Verjährung und die Mängeleinreden: *Palandt/Sprau*, § 768 BGB Rn. 6; *Reinicke/Tiedtke*, Bürgschaftsrecht, Rn. 256 ff.

[8] *Reinicke/Tiedtke*, Bürgschaftsrecht, Rn. 294 ff.

[9] *Bülow*, Kreditsicherheiten, Rn. 1553 ff.; *Lwowski/Fischer/Langenbucher/Fischer*, Kreditsicherung, § 9 Rn. 215; *Reinicke/Tiedtke*, Kreditsicherung, Rn. 610; *Weber/Weber*, Kreditsicherungsrecht, S. 103; anders *Larenz/Canaris*, Schuldrecht II/2, S. 77 (Analogie zu § 766 BGB).

[10] *Bülow*, Kreditsicherheiten, Rn. 1550 ff.; *Larenz/Canaris*, Schuldrecht II/2, S. 66; *Lwowski/Fischer/Langenbucher/Fischer*, Kreditsicherung, § 9 Rn. 213 f.; *Reinicke/Tiedtke*, Kreditsicherung, Rn. 610; *Weber/Weber*, Kreditsicherungsrecht, S. 103 f.

[11] Vgl. zur Neufassung des Garantiebegriffs in § 443 BGB aufgrund der Umsetzung der Verbraucherrechterichtlinie 2011/83/EU: *Bierekoven/Crone*, MMR 2013, 687 (688).

[12] *Larenz/Canaris*, Schuldrecht II/2, S. 66; *Lwowski/Fischer/Langenbucher/Fischer*, Kreditsicherung, § 9 Rn. 214; *Reinicke/Tiedtke*, Kreditsicherung, Rn. 610; *Weber/Weber*, Kreditsicherungsrecht, S. 104.

der Hauptschuld unabhängige Schuld (**Abstraktheit der Garantie**).[13] Einwendungen aus dem Verhältnis zwischen Hauptschuldner und Gläubiger kann der Garant grundsätzlich nicht erheben.[14] Die Abgrenzung der Garantie von der Bürgschaft kann im Einzelfall erhebliche Probleme aufwerfen. Maßgeblich für die Beurteilung sind die konkreten Umstände des Einzelfalles.[15] Im Zweifel ist eine Garantie aufgrund der weitreichenden Folgen für den Versprechenden abzulehnen.[16]

c) Der **Schuldbeitritt** kommt durch Vertrag zwischen dem Dritten und dem Haupt- 6 schuldner oder dem Dritten und dem Gläubiger zustande.[17] Ebenso wie die Garantie ist grundsätzlich auch der Schuldbeitritt formlos möglich. Allerdings hat der BGH den Schuldbeitritt zu einem Kreditvertrag dem Kreditvertrag gleichgestellt,[18] so dass bei Verbraucherdarlehensverträgen i. S. d. § 491 BGB das Formerfordernis des § 492 BGB anzuwenden ist.[19] Der Hauptschuldner und der Dritte haften dem Gläubiger gem. § 421 BGB als Gesamtschuldner.[20] Anders als der Bürge verspricht der Beitretende nicht lediglich, für eine fremde Schuld einzustehen, sondern geht eine selbständige Schuld ein.[21] Ein Schuldbeitritt ist in der Regel nur anzunehmen, wenn der Erklärende ein eigenes wirtschaftliches Interesse daran hat, dass der Gläubiger die Leistung des Schuldners erhält.[22] Der Schuldbeitritt darf nicht mit der in §§ 414ff. BGB geregelten Schuldübernahme verwechselt werden, bei welcher der ursprüngliche Schuldner aus dem Schuldverhältnis ausscheidet.

	Bürgschaft	**Garantie**	**Schuldbeitritt**
Form	Schriftform der Bürgschaftserklärung, § 766 S. 1 BGB	kein Formerfordernis	kein Formerfordernis
Akzessorietät	ja, § 767 I 1 BGB	nein	teilweise, § 425 BGB

2. Realsicherheiten

Personalsicherheiten bergen Gefahren für den Gläubiger/Sicherungsnehmer: Die Siche- 7 rung des Gläubigers hängt davon ab, ob der Dritte solvent ist; daher trägt der Gläubiger das Risiko, dass sowohl der Hauptschuldner als auch der Dritte zahlungsunfähig sind oder zahlungsunfähig werden. Günstiger ist es daher für den Gläubiger, wenn er sich im Wege der Realsicherheit eine Vorzugsstellung an einem Gegenstand verschaffen kann.

---

[13] *Bülow*, Kreditsicherheiten, Rn. 1552; *Larenz/Canaris*, Schuldrecht II/2, S. 75f.; *Lwowski/Fischer/Langenbucher/Fischer*, Kreditsicherung, § 9 Rn. 213; *Reinicke/Tiedtke*, Kreditsicherung, Rn. 610; *Weber/Weber*, Kreditsicherungsrecht, S. 105.

[14] *Bülow*, Kreditsicherheiten, Rn. 1552, 1559; *Reinicke/Tiedtke*, Kreditsicherung, Rn. 610.

[15] *Reinicke/Tiedtke*, Kreditsicherung, Rn. 619f.

[16] *Reinicke/Tiedtke*, Kreditsicherung, Rn. 620.

[17] *Lwowski/Fischer/Langenbucher/Fischer*, Kreditsicherung, § 9 Rn. 193; *Reinicke/Tiedtke*, Kreditsicherung, Rn. 8.

[18] *BGH* vom 5.6.1996 – VIII ZR 151/95, BGHZ 133, 71; *BGH* vom 30.7.1997 – VIII ZR 244/96, NJW 1997, 3169; *BGH* vom 8.11.2005 – XI ZR 34/05, NJW 2006, 431 (432); *BGH* vom 9.12.2008 – XI ZR 513/07 Rn. 24, BGHZ 179,126.

[19] *Lwowski/Fischer/Langenbucher/Fischer*, Kreditsicherung, § 9 Rn. 206f.; NK-BGB/*Reiff*, § 491 BGB Rn. 7.

[20] *Bülow*, Kreditsicherheiten, Rn. 1579, 1582; *Lwowski/Fischer/Langenbucher/Fischer*, Kreditsicherung, § 9 Rn. 191; *Reinicke/Tiedtke*, Kreditsicherung, Rn. 50; *Weber/Weber*, Kreditsicherungsrecht, S. 102.

[21] *Lwowski/Fischer/Langenbucher/Fischer*, Kreditsicherung, § 9 Rn. 191; *Reinicke/Tiedtke*, Kreditsicherung, Rn. 4.

[22] *Reinicke/Tiedtke*, Kreditsicherung, Rn. 2.

a) Immobilien

8 Sicherungsmittel an unbeweglichen Sachen sind die **Grundpfandrechte** (Hypothek, Grundschuld und Rentenschuld, §§ 1113, 1191, 1199 BGB). Realsicherheiten an unbeweglichen Sachen (Immobilien) haben den Vorteil, dass Grundstücke in der Regel wertbeständig sind. Außerdem kann sich der Gläubiger anhand des Grundbuchs über die Eigentumsverhältnisse an dem Grundstück und seine Belastung zuverlässig informieren (Publizitätswirkung des Grundbuchs).[23]

9 In der Praxis hat vor allem die Grundschuld Bedeutung: Während die **Hypothek** akzessorisch ist (§ 1153 BGB), ist die **Grundschuld** vom Bestand oder der Entwicklung einer Forderung grundsätzlich unabhängig (vgl. § 1192 I a. E. BGB). Dem Schuldner ist es allerdings nach § 1192 I a BGB möglich, dem Erwerber der Grundschuld sämtliche Einreden aus dem Sicherungsvertrag entgegen zu halten. Ein gutgläubiger einredefreier Erwerb der Grundschuld ist gem. § 1192 I a 1 Hs. 2 BGB ausgeschlossen. Beiden Grundpfandrechten ist gemeinsam, dass der Gläubiger sich im Fall der Pfandreife aus dem Grundstück befriedigen kann.[24] Die Rechte des Gläubigers richten sich danach, welchen Rang sein Grundpfandrecht hat, § 879 BGB. Nachrangige Gläubiger laufen bei einer Zwangsversteigerung des Grundstücks Gefahr, mit ihrer Forderung teilweise auszufallen.[25]

10 Hypothek und Grundschuld können als Brief- und als Buchpfandrechte ausgestaltet werden, §§ 1192 I, 1116 BGB.[26] **Briefpfandrechte** sind leichter übertragbar: Nach §§ 1192 I, 1153 I, 1154 I BGB genügen eine schriftliche Abtretungserklärung und die Briefübergabe. **Buchpfandrechte** werden nach §§ 1192 I, 1154 III BGB durch Einigung der Parteien und Eintragung in das Grundbuch übertragen. In der Praxis sind nicht nur Brief-, sondern auch Buchpfandrechte gebräuchlich. Da die kreditgewährenden Banken und Sparkassen die Grundpfandrechte nur treuhänderisch erhalten, sie also nicht weiterveräußern dürfen, kommt es auf einfache **Übertragungsmöglichkeiten** nicht an. Im Parteiinteresse liegt es vielmehr, die **Kosten der Brieferteilung** zu vermeiden.[27]

> Dingliche Sicherungsmittel an Grundstücken sind die Grundpfandrechte. In der Praxis dominiert die Grundschuld, die als Buch- oder als Briefgrundschuld bestellt werden kann.

b) Mobilien

11 Sicherungsmittel an beweglichen Sachen sind das Pfandrecht (§§ 1204 ff. BGB), die Sicherungsübereignung und der Eigentumsvorbehalt. Das Pfandrecht ist gesetzlich als Normalfall vorgesehen, aber in der Praxis ohne große Bedeutung; bei Sicherungsübereignung und Eigentumsvorbehalt ist es genau umgekehrt.

---

[23] *Baur/Stürner,* Sachenrecht, § 36 Rn. 7 ff.; *Schreiber,* Sachenrecht, Rn. 443.

[24] *Lwowski/Fischer/Langenbucher/Schoppmeyer,* Kreditsicherung, § 15 Rn. 1, 325; *Schreiber,* Sachenrecht, Rn. 443; *Wieling,* Sachenrecht, S. 406.

[25] *Lwowski/Fischer/Langenbucher/Lwowski,* Kreditsicherung, § 2 Rn. 24; *Prütting,* Sachenrecht, Rn. 160; *Schreiber,* Sachenrecht, Rn. 443.

[26] Siehe hierzu *Schreiber,* Sachenrecht, Rn. 463, 497; *Wieling,* Sachenrecht, S. 408 f.

[27] *Wieling,* Sachenrecht, S. 409.

aa) Das **Pfandrecht** als Sicherungsmittel hat zwei Nachteile, die sich auch gerade bei   **12** Investitionsgütern bemerkbar machen: Zum einen muss die verpfändete Sache dem Gläubiger gem. § 1205 BGB übergeben werden, so dass der Schuldner die Sache nicht nutzen kann, um mit den Erträgen den Kredit zurückzuführen.[28] Zum anderen wird die Verpfändung von Sachen durch die Übergabe an den Gläubiger publik gemacht, was für den Schuldner mit Blick auf seine Geschäftspartner nicht angenehm ist.[29] Praktische Bedeutung hat das rechtsgeschäftliche Pfandrecht im **Bankverkehr.** Banken lassen sich zur Sicherung von Darlehensforderungen Pfandrechte an Wertgegenständen und Wertpapieren bestellen, die sie für ihre Kunden in Verwahrung haben **(Lombarddarlehen).** Diese Gegenstände befinden sich ohnehin im Besitz der Bank und können daher als Pfand genutzt werden.[30]

bb) Die Nachteile des Pfandrechts vermeidet die **Sicherungsübereignung.**[31] Bei der   **13** Sicherungsübereignung wird eine Sache dem Gläubiger übereignet und statt der körperlichen Übergabe ein Rechtsverhältnis vereinbart, „vermöge dessen der Erwerber den mittelbaren Besitz erlangt" (Besitzkonstitut, § 930 BGB). Durch diese Konstruktion behält der **Schuldner** (Sicherungsgeber) die Sache in seinem unmittelbaren Besitz und kann sie weiterhin nutzen; der **Gläubiger** (Sicherungsnehmer) erhält gegenüber anderen, dinglich nicht gesicherten Gläubigern, eine Vorzugsstellung und kann im Fall der Einzelzwangsvollstreckung in das Sicherungsgut die Drittwiderspruchsklage nach § 771 ZPO erheben.[32] Bei einer Insolvenz des Schuldners hat der Sicherungsnehmer gem. §§ 50, 51 Nr. 1 InsO ein Recht auf abgesonderte Befriedigung aus dem Sicherungsgut.[33] Die mangelnde Publizität der Sicherungsübereignung wirft allerdings auch Probleme auf: Da die Sicherungsübereignung anderen Gläubigern desselben Schuldners nicht erkennbar ist, laufen diese Gefahr, die wirtschaftliche Lage des Schuldners falsch einzuschätzen.[34] Auch kann es zu Schwierigkeiten kommen, wenn Gläubiger des Sicherungsnehmers auf das Sicherungsgut zugreifen wollen.[35]

> Das gesetzlich geregelte Pfandrecht an beweglichen Sachen ist in der Praxis durch die Sicherungsübereignung verdrängt worden, bei der wegen § 930 BGB eine Übergabe des Sicherungsguts an den Gläubiger entbehrlich ist.

Eine Sicherungsübereignung ist nicht nur hinsichtlich einzelner Gegenstände mög-   **14** lich, sondern auch hinsichtlich von Sachgesamtheiten (auch solchen mit wechselndem

---

[28] *Baur/Stürner,* Sachenrecht, § 56 Rn. 2; *Schreiber,* Sachenrecht, Rn. 249.

[29] *Baur/Stürner,* Sachenrecht, § 56 Rn. 3.

[30] *Prütting,* Sachenrecht, Rn. 783; *Reinicke/Tiedtke,* Kreditsicherung, Rn. 994; *Schreiber,* Sachenrecht, Rn. 249; *Wolf/Wellenhofer,* Sachenrecht, § 16 Rn. 6.

[31] *Lwowski/Fischer/Langenbucher/Lwowski,* Kreditsicherung, § 11 Rn. 1; *Prütting,* Sachenrecht, Rn. 409; *Reinicke/Tiedtke,* Kreditsicherung, Rn. 622.

[32] BGH vom 11. 1. 2007 – IX ZR 181/05, NJW-RR 2007, 781 f.; *Bülow,* Kreditsicherheiten, Rn. 1272; *Palandt/Bassenge,* § 930 BGB Rn. 35; *Reinicke/Tiedtke* Kreditsicherung, Rn. 723 ff.; a. A. Münch-Komm-ZPO/*K. Schmidt/Brinkmann,* § 771 Rn. 29; *Wieling,* Sachenrecht, S. 261.

[33] *Baur/Stürner,* Sachenrecht, § 57 Rn. 3; *Lwowski/Fischer/Langenbucher/Lwowski,* Kreditsicherung, § 11 Rn. 4; *Reinicke/Tiedtke,* Kreditsicherung, Rn. 765; *Schreiber,* Sachenrecht, Rn. 301, 303; *Weber/Weber,* Kreditsicherungsrecht, S. 150; *Wieling,* Sachenrecht, S. 261.

[34] *Prütting,* Sachenrecht, Rn. 415.

[35] Dazu *Baur/Stürner,* Sachenrecht, § 57 Rn. 38 ff.; *Reinicke/Tiedtke,* Kreditsicherung, Rn. 761 ff.; *Weber/Weber,* Kreditsicherungsrecht, S. 149 f., 151.

Bestand). In diesem Fall ist der sachenrechtliche **Bestimmtheitsgrundsatz** gewahrt, wenn die zur Sicherheit übereigneten Sachen räumlich von anderen Sachen des Sicherungsgebers getrennt sind **(Raumsicherungsvertrag).**[36] Statt der räumlichen Trennung kann die Bestimmtheit auch dadurch erreicht werden, dass die übereigneten Gegenstände markiert werden.[37] Durch eine Vereinbarung der Parteien muss geregelt werden, ob das Eigentum an der zur Sicherheit übereigneten Sache bei Tilgung der gesicherten Forderung automatisch an den Sicherungsgeber zurückfällt oder ob dem Sicherungsgeber lediglich ein schuldrechtlicher Rückübertragungsanspruch zustehen soll.[38] In der Praxis wird üblicherweise ein schuldrechtlicher Rückübereignungsanspruch vereinbart.

15 **cc)** Wenn bei einem Kaufvertrag der Verkäufer vorleistet, kommt zur Sicherung seiner Kaufpreisforderung ein **Eigentumsvorbehalt** in Betracht. Eine Vereinbarung über einen Eigentumsvorbehalt ist im Zweifel so zu verstehen, dass die Eigentumsübertragung unter der **aufschiebenden Bedingung** der vollständigen Bezahlung des Kaufpreises erfolgen soll (§ 449 I BGB). Der Käufer hat bis zur vollständigen Bezahlung ein Anwartschaftsrecht an der Sache.[39]

16 Auch durch den Eigentumsvorbehalt gewinnt der Gläubiger gegenüber anderen, dinglich nicht gesicherten Gläubigern eine Vorzugsstellung. In der Einzelzwangsvollstreckung kann der **Vorbehaltsverkäufer** die Drittwiderspruchsklage erheben (§ 771 ZPO), wenn ein anderer Gläubiger des **Vorbehaltskäufers** die unter Eigentumsvorbehalt verkaufte Sache pfändet.[40] Keine Handhabe gegen die Pfändung hat der Vorbehaltsverkäufer, wenn der andere Gläubiger lediglich das Anwartschaftsrecht des Vorbehaltskäufers pfändet.[41] Bei Insolvenz des Schuldners hat der Vorbehaltsverkäufer ein Aussonderungsrecht (§ 47 InsO). Der Insolvenzverwalter behält allerdings die Möglichkeit, die Erfüllung des Kaufvertrags zu verlangen (§§ 103, 107 II InsO). In diesem Fall erhält der Vorbehaltsverkäufer den Kaufpreis, kann aber nicht mehr auf den verkauften Gegenstand zurückgreifen.

c) Rechte (Forderungen)

17 Als Sicherungsmittel an Rechten kommen vor allem die Verpfändung von Forderungen (§§ 1273 ff. BGB) und die Sicherungsabtretung in Betracht. Die **Verpfändung von Forderungen** wird dem Schuldner wiederum wegen der damit verbundenen Publizität unangenehm sein (§ 1280 BGB, Anzeige an den Schuldner).[42] Den damit verbundenen Verlust an Kreditwürdigkeit und Ansehen kann man durch eine **Siche-**

---

[36] *Baur/Stürner,* Sachenrecht, § 57 Rn. 13; *Bülow,* Kreditsicherheiten, Rn. 1297; *Lwowski/Fischer/Langenbucher/Lwowski,* Kreditsicherung, § 11 Rn. 28; *Prütting,* Sachenrecht, Rn. 419; *Reinicke/Tiedtke,* Kreditsicherung, Rn. 637; *Weber/Weber,* Kreditsicherungsrecht, S. 135 f.

[37] *Lwowski/Fischer/Langenbucher/Lwowski,* Kreditsicherung, § 11 Rn. 27; *Reinicke/Tiedtke,* Kreditsicherung, Rn. 654.

[38] *Reinicke/Tiedtke,* Kreditsicherung, Rn. 475 f.; *Schreiber,* Sachenrecht, Rn. 292; *Wolf/Wellenhofer,* Sachenrecht, § 15 Rn. 7 ff.

[39] *Baur/Stürner,* Sachenrecht, § 59 Rn. 32 ff.; *Musielak/Hau,* BGB, Rn. 961, 968 ff.; *Schreiber,* Sachenrecht, Rn. 327 ff.

[40] *Baur/Stürner,* Sachenrecht, § 59 Rn. 30; *Wieling,* Sachenrecht, S. 244.

[41] *Baur/Stürner,* Sachenrecht, § 59 Rn. 30; *Wieling,* Sachenrecht, S. 250.

[42] Zum Pfandrecht an Rechten und insbesondere an Forderungen *Baur/Stürner,* Sachenrecht, § 62 Rn. 1 ff.; *Wieling,* Sachenrecht, S. 235 ff.

rungsabtretung verhindern, insbesondere wenn zugleich vereinbart wird, dass der Schuldner zum Einzug der Forderung berechtigt bleibt.[43]

> Entsprechend der Entwicklung bei Sicherungsmitteln an beweglichen Sachen ist die Forderungsverpfändung in der Kautelarpraxis durch die Sicherungsabtretung verdrängt worden.

3. Problem der Übersicherung

Bei der Kreditsicherung durch Sachgesamtheiten mit wechselndem Bestand kann sich   **18** das Problem der nachträglichen Übersicherung stellen.[44] Ein nachträglicher Zuwachs an Sicherungsgegenständen birgt stets die Gefahr, dass der **Wert der übereigneten Sachen** den **Wert der gesicherten Forderung** erheblich übersteigt. Eine Übersicherung ist gegeben, wenn ein sittlich anstößiges Missverhältnis zwischen dem Wert der Sicherheit und dem Sicherungsinteresse – dem Sicherungszweck – besteht.[45] Das ist der Fall, wenn der Wert der Sicherheit den Betrag der zu sichernden Forderung nicht nur vorübergehend weit übersteigt und deshalb zwischen Forderung und Sicherheit kein ausgewogenes Verhältnis besteht.[46]

a) Um die Übersicherung – mit der Folge der Sittenwidrigkeit des Geschäfts (§ 138   **19** BGB) – zu vermeiden, verlangte die **ältere Rechtsprechung** bei Globalzessionen sowie bei formularmäßig verlängerten Eigentumsvorbehalten und (Sicherungs-) **Übereignungen ganzer Warenlager** eine **qualifizierte Freigabeklausel**. Darunter ist eine ermessensunabhängige Freigabeklausel mit einer zahlenmäßig bestimmten Deckungsgrenze zu verstehen.

Beispiel: „Soweit der Wert der übereigneten Waren die in Nr. 3 Abs. 2 angegebene Deckungssumme nicht nur vorübergehend um mehr als 10% überschreitet oder der Sicherungsnehmer anderweitig ausreichend Deckung zur Verfügung hat, ist der Sicherungsnehmer verpflichtet, auf Verlangen des Sicherungsgebers nach eigener Wahl Stücke des Sicherungsguts freizugeben."[47]

War keine Freigabeklausel vorhanden oder genügte eine vorhandene Klausel diesen An-   **20** forderungen nicht, so wurde die Sicherungsvereinbarung als nichtig angesehen.[48] Diese Rechtsfolge der Gesamtnichtigkeit war aus dogmatischer Sicht zweifelhaft, wenn die Sicherungsabrede nicht schon von vornherein auf nachträgliche Übersicherung angelegt war; auch erschien es unter dem Gesichtspunkt des Übermaßverbots bedenklich, den Sicherungsnehmer nunmehr als ungesicherten Gläubiger zu behandeln.[49]

---

[43] *Baur/Stürner,* Sachenrecht, § 58 Rn. 1; *Prütting,* Sachenrecht, Rn. 846 f.; *Reinicke/Tiedtke,* Kreditsicherung, Rn. 772, 784.

[44] *Baur/Stürner,* Sachenrecht, § 57 Rn. 18 ff.; *Bülow,* Kreditsicherheiten, Rn. 1115 ff.; *Gehrlein,* MDR 2008, 1069 (1074); *Prütting,* Sachenrecht, Rn. 420; *Reinicke/Tiedtke,* Kreditsicherung, Rn. 554 ff.; *Weber/Weber,* Kreditsicherungsrecht, S. 136.

[45] MünchKomm-BGB/*Oechsler,* Anhang zu §§ 929–936 BGB Rn. 30 ff.; *Schreiber,* Sachenrecht, Rn. 307.

[46] *BGH* vom 13. 1. 1994 – IX ZR 2/93, BGHZ 124, 371 (374); *Prütting,* Sachenrecht, Rn. 420.

[47] Beispiel nach *Wurm/Wagner/Zartmann/Benthin,* Rechtsformularbuch, 14. Aufl. 1998, S. 555.

[48] *BGH* vom 29. 11. 1989 – VIII ZR 228/88, NJW 1990, 716; *OLG Hamm* vom 23. 6. 1993 – 31 U 7/93, ZIP 1993, 1301 (1302).

[49] *Baur/Stürner,* Sachenrecht, § 57 Rn. 20 ff.

21 Bei der **Übereignung bestimmter Gegenstände** forderte die Rechtsprechung keine qualifizierte Freigabeklausel. Bei der Sicherungsübereignung bestimmter Gegenstände sei ein Wertzuwachs in der Regel nicht zu erwarten. Eine Übersicherung könne nur durch die übliche und überschaubare Abnahme der gesicherten Forderung entstehen.[50] Darüber hinaus hielt der BGH bei der Übereignung bestimmter Gegenstände auch eine einfache Freigabeklausel, also eine Klausel ohne Angabe einer bestimmten Deckungsgrenze, für unnötig. Von einer vertraglichen Vereinbarung könne abgesehen werden, da der Freigabeanspruch sich ohnehin aus der Auslegung der Sicherungsvereinbarung ergebe.[51]

22 **b)** Mit einer Entscheidung des Großen Senats für Zivilsachen aus dem Jahre 1997 setzte der BGH neue Maßstäbe.[52] Danach hat der Sicherungsgeber im Fall der Übersicherung einen ermessensunabhängigen **Freigabeanspruch gegen den Sicherungsnehmer,** auch wenn vertraglich keine Freigabeklausel vereinbart wurde. Der Anspruch ergebe sich gem. § 157 BGB aus dem fiduziarischen Charakter der Sicherungsvereinbarung und der Interessenlage der Parteien. Er sei unabhängig davon, ob es sich um einen Individual- oder Formularvertrag handele, ob ein einzelner Gegenstand oder eine Sachgesamtheit zur Sicherheit übereignet sei.[53] Nach dieser Rechtsprechung sind Freigabeklauseln zur Wirksamkeit der Sicherungsvereinbarung nicht mehr erforderlich, unabhängig davon, ob eine einzelne Sache oder eine Sachgesamtheit zur Sicherheit übereignet wurde.

23 Die Übersicherung bestimmt sich für formularmäßige Globalzessionen oder Sicherungsübereignungen ganzer Warenlager seit 1997 wie folgt: Eine Übersicherung ist gegeben, wenn der **realisierbare Wert** der Sicherungsgegenstände die gesicherte Forderung um mehr als 10% überschreitet.[54] Der realisierbare Wert ist der Erlös, der sich im Sicherungsfall bei einer Verwertung erzielen lässt. Da dieser Wert ungewiss ist, greift die Praxis auf andere Bewertungsmethoden zurück, um das zulässige Maß der Sicherung zu bestimmen. Die Grenze von 110% des realisierbaren Werts gilt als erreicht, wenn der **Nennwert** abgetretener Forderungen oder der **Schätzwert** sicherungsübereigneter Waren die gesicherte Forderung um mehr als 50% übersteigt.[55] Dabei ist der Schätzwert einer Sache ihr geschätzter aktueller Verkehrswert.

Beispiel: Ein Kredit über 500 000 € wurde durch die Sicherungsübereignung eines Warenlagers gesichert. Nach zwei Jahren ist die Darlehenssumme durch Tilgungsleistungen des Kreditnehmers auf 428 000 € abgesunken. Die eingelagerten Waren haben zu diesem Zeitpunkt einen Schätzwert von 700 000 €; der Bestand wird auch in Zukunft einen ähnlichen Gesamtwert haben. In diesem Fall übersteigt der Schätzwert der zur Sicherheit übereigneten Waren die gesicherte Forderung nicht nur vorübergehend um 63,55%; das sind 13,55% mehr als nach der Rechtsprechung zulässig. Der Kreditnehmer hat in diesem Fall also einen Freigabeanspruch für Waren im Wert von 58 000 € (13,55% von 428 000 €).

---

[50] *BGH* vom 13.1.1994 – IX ZR 2/93, BGHZ 124, 371 (379f.).
[51] *BGH* vom 13.1.1994 – IX ZR 2/93, BGHZ 124, 371 (375); *BGH* vom 13.1.1994 – IX ZR 79/93, BGHZ 124, 381 (385).
[52] *BGH* vom 27.11.1997 – GSZ 1/97, NJW 1998, 671.
[53] *BGH* vom 27.11.1997 – GSZ 1/97, NJW 1998, 671 (672).
[54] *BGH* vom 27.11.1997 – GSZ 1/97, NJW 1998, 671 (674).
[55] *BGH* vom 27.11.1997 – GSZ 1/97, NJW 1998, 671 (676f.); ausführliche Erläuterung bei *Baur/Stürner,* Sachenrecht, § 57 Rn. 25ff.; *Lwowski/Fischer/Langenbucher/Brünink,* Kreditsicherung, § 3 Rn. 84; *Reinicke/Tiedtke,* Kreditsicherung, Rn. 569.

In Sicherungsvereinbarungen sind Freigabeklauseln für den Fall der nachträglichen Übersicherung nicht erforderlich. Bei einer nachträglichen Übersicherung besteht ein ermessensunabhängiger Freigabeanspruch.

4. Übersicht: Sicherungsmittel

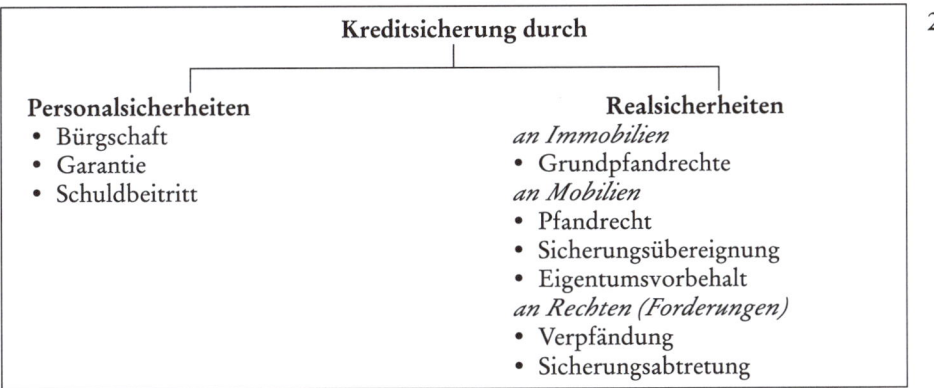

24

II. Beispiel: Sicherungsübereignung[56]

Die Europolymer GmbH (E) kann den Kaufpreis für das Rasterkraftmikroskop nur teilweise aus eigenen Mitteln aufbringen. In Höhe von 80 000 € muss sie den Kaufpreis finanzieren. Zur Finanzierung dieses Restbetrages hat sie sich mit der B-Bank in Verbindung gesetzt. Diese ist zu einer Finanzierung bereit, verlangt jedoch eine Absicherung in Form einer Realsicherheit. E bittet daher die Sozietät von Eller, Hüttwitz und Rotstein, Sicherungsmöglichkeiten für die B-Bank vorzuschlagen und eine entsprechende Vereinbarung zu entwerfen. Den Darlehensvertrag, der eine Laufzeit von fünf Jahren haben soll, setzt die B-Bank auf.

25

1. Informationsgewinnung

Nachdem sich der Vertragsjurist einen Überblick über die verschiedenen Sicherungsmittel verschafft hat, muss er mit seinem Mandanten Kontakt aufnehmen, um zu erfahren, welche Gegenstände zur Sicherung der Darlehensforderung zur Verfügung stehen. Die unterschiedliche Sicherheit des Sicherungsmittels wird sich im „Preis" für den Kredit – dem Zinssatz – niederschlagen. Nach Möglichkeit sollten daher Realsicherheiten gewährt werden.

26

Nachfrage: Hat E belastbares Grundeigentum? Gehören ihr wertvolle Anlagegüter (Maschinen, Fahrzeuge)? Könnte sie Kundenforderungen abtreten?

Informationsmittel: Nachfrage bei E.

Ergebnis der Nachfrage (unterstellt): E hat kein Grundeigentum. Das Betriebsgrundstück ist gepachtet. Ein Teil der Messgeräte und Maschinen der E ist zu alt, um als Sicherungsmittel zu dienen. Die neueren Messgeräte und Maschinen sind bereits zur Sicherung anderer Kredite sicherungsübereignet. Ihre künftigen Forderungen gegen Kunden kann E ebenfalls nicht als Sicherungsmittel einsetzen.

---

[56] Im Anschluss an das Beispiel oben § 4 Rn. 17–50.

2. Auswahl des Kreditsicherungsmittels

27 Eine Sicherung durch Grundpfandrechte scheidet nach den gewonnenen Informationen aus. Ebensowenig kommen eine Sicherungsübereignung vorhandener Messgeräte oder Maschinen sowie die Abtretung von Kundenforderungen in Betracht. E könnte der B-Bank jedoch das Rasterkraftmikroskop verpfänden oder zur Sicherheit übereignen. Eine Verpfändung wäre impraktikabel, weil E das Mikroskop dann nicht mehr nutzen könnte und so ein Teil ihrer Einnahmen entfiele. Es bleibt daher allein die Möglichkeit einer Sicherungsübereignung.

3. Problemübersicht und Rohentwurf

28 Im Sicherungsvertrag sind zunächst die **Parteien,** der **Sicherungsgrund** und der **Sicherungsgegenstand** zu nennen. Weiterhin ist ein **Besitzmittlungsverhältnis** aufzunehmen. Die Praxis greift vor allem auf die Leihe oder den Verwahrungsvertrag zurück.[57] Außerdem wird der Sicherungsgeber besonders an den Modalitäten der **Rückübertragung** oder des Rückfalls der Sache an ihn interessiert sein. Diese Punkte dienen der Erfüllungsplanung.

29 Die weiteren Regelungsgegenstände ergeben sich, wenn man die Risiken der Parteien berücksichtigt (Störfallvorsorge). Der Sicherungsnehmer riskiert zunächst, dass der Sicherungsgeber nicht **Eigentümer der Sache** ist. Für diesen Fall lassen sich im Vertrag Vorkehrungen treffen. Der Sicherungsnehmer riskiert weiterhin, dass der Sicherungsgeber seiner Zahlungspflicht nicht nachkommt. Deshalb muss geregelt werden, unter welchen Voraussetzungen und in welcher Art und Weise der Sicherungsnehmer die **Verwertung des Sicherungsguts** vornehmen darf. Diese Regelung dient zugleich dem Schutz des Sicherungsgebers.

30 Greifen andere Gläubiger des Sicherungsgebers E auf die Sache zu und verwerten sie, so wird dadurch die Sicherung der B-Bank vereitelt. Damit der Sicherungsnehmer – die B-Bank – dagegen einschreiten kann, hat er ein Interesse daran, **Kenntnis vom Zugriff Dritter** zu erhalten. Deshalb verpflichtet sich der Sicherungsgeber in der Regel, dem Sicherungsnehmer Maßnahmen Dritter anzuzeigen, die sich auf das Sicherungsgut beziehen. Schließlich läuft der Sicherungsnehmer Gefahr, seine Sicherheit durch **Verschlechterung der Sache** einzubüßen. Gegen das Risiko der Beschädigung oder der Zerstörung kann sich der Sicherungsgeber versichern. Eine solche Versicherungspflicht ist in Sicherungsverträgen üblich.

31 Daraus ergibt sich folgende Gliederung der Sicherungsvereinbarung:

> § 1 Vertragsparteien
> § 2 Sicherungsgrund
> § 3 Sicherungsgegenstand
> § 4 Besitzmittlungsverhältnis
> § 5 Verfügungsberechtigung
> § 6 Verwertung

---

[57] Z. B. *Wurm/Wagner/Zartmann/M. Schmidt,* Rechtsformularbuch, Muster 29.7 mit Fn. 5, Muster 29.8 mit Fn. 6.

§ 7 Maßnahmen Dritter
§ 8 Versicherungspflicht
§ 9 Rückübertragung

4. Einzelheiten der Sicherungsvereinbarung

Da die Sicherungsübereignung als solche gesetzlich nicht geregelt ist, findet eine **32** Rechtsanwendung im Sinne einer Überprüfung der Gestaltungsaufgabe am Gesetzesrecht nur eingeschränkt statt. Die Sicherungsvereinbarung muss so gestaltet werden, dass sie sich in den Grenzen des **zwingenden Rechts** hält. Außerdem haben sich in der Praxis bestimmte Regelungsinhalte für Sicherungsvereinbarungen herausgebildet, die wie **dispositives Recht** zur Gestaltung heranzuziehen sind. Von der üblichen Gestaltungsform wird der Vertragsgestalter nur abweichen, wenn der Einzelfall Anlass dazu gibt.[58]

Der Inhalt der §§ 1–3 der vorläufigen Gliederung der Sicherungsvereinbarung ist dem **33** Vertragsjuristen vorgegeben. Auch hinsichtlich des § 4 besteht nur insoweit Gestaltungsbedarf, als der Vertragsjurist ein Besitzmittlungsverhältnis auswählen muss. Schließlich ist auch der Inhalt des § 7 bereits klar, so dass im Folgenden lediglich die §§ 5, 6, 8 und 9 der vorläufigen Gliederung der Sicherungsvereinbarung näherer Betrachtung bedürfen. Ferner sollte der Vertragsjurist sich stets mit dem Problem der anfänglichen Übersicherung auseinandersetzen.

a) Gefahr der Übersicherung?

Das Rasterkraftmikroskop hat einen Wert von 121 800 €. Da die B-Bank lediglich ein **34** Darlehen in Höhe von 80 000 € gewähren soll, könnte sie durch die Übereignung des Rasterkraftmikroskops übersichert werden. Dabei geht es nicht um die Frage einer **nachträglichen Übersicherung.** Eine nachträgliche Übersicherung droht bei der Übereignung von Warenlagern mit wechselndem Bestand.[59] Im vorliegenden Fall könnte allerdings die Gefahr einer **anfänglichen Übersicherung** bestehen. Eine anfängliche Übersicherung führt zur Nichtigkeit des Sicherungsvertrags gem. § 138 BGB.[60] Sie ist gegeben, wenn bereits bei Vertragsschluss feststeht, dass bei einer künftigen Verwertung ein **auffälliges Missverhältnis** zwischen dem realisierbaren Wert der Sicherheit und der gesicherten Forderung bestehen wird.[61] Bei der Beurteilung kommt es auf den realisierbaren Wert der Sachen im Fall der Insolvenz des Sicherungsgebers an; dabei ist zu berücksichtigen, dass im Zeitpunkt des Vertragsschlusses die zukünftigen Marktverhältnisse unsicher sind. Hinzukommen muss eine **verwerfliche Gesinnung** des Sicherungsnehmers, die eine Gesamtbewertung des Sicherungsvertrags als sittenwidrig zulässt.[62]

---

[58] Eindringlich *Langenfeld,* Grundlagen, Kap. 3 Rn. 26 ff.
[59] Dazu oben Rn. 18–23.
[60] *BGH* vom 27.11.1997 – GSZ 1/97, NJW 1998, 671 (674); *BGH* vom 12.3.1998 – IX ZR 74/95, NJW 1998, 2047; *Lwowski/Fischer/Langenbucher/Brünink,* Kreditsicherung, § 3 Rn. 63 ff.; *Prütting,* Sachenrecht, Rn. 420 b.
[61] *BGH* vom 12.3.1998 – IX ZR 74/95, NJW 1998, 2047; *BGH* vom 15.5.2003 – IX ZR 218/02, NJW-RR 2003, 1490 (1492); *Reinicke/Tiedtke,* Kreditsicherung, Rn. 732 f.
[62] *BGH* vom 12.3.1998 – IX ZR 74/95, NJW 1998, 2047; *BGH* vom 19.3.2010 – V ZR 52/09, WM 2010, 834.

35 Im vorliegenden Fall fehlt bereits das **auffällige Missverhältnis** zwischen dem zu erwartenden Erlös bei der Verwertung des Rasterkraftmikroskops und der Forderung der B-Bank. Die B-Bank beleiht das Rasterkraftmikroskop mit zwei Dritteln seines Neuwerts. Bei einer Verwertung wird sie für das gebrauchte Rasterkraftmikroskop einen deutlich **geringeren Preis** als den Neupreis erzielen. Je älter das Mikroskop, umso unattraktiver ist es für potentielle Käufer, da es in technischer Hinsicht mit neueren Modellen nicht vergleichbar sein wird. Dagegen lässt sich auch nicht einwenden, dass die B-Bank jährliche Tilgungsraten erhält, so dass die abgesicherte Forderung von Jahr zu Jahr geringer wird. Zu einer Verwertung des Rasterkraftmikroskops kommt es nur, wenn E ihren Zahlungsverpflichtungen nicht nachkommt. In diesem Fall reduziert E ihre Schulden nicht, sondern die Verbindlichkeiten wachsen durch die Zinsen für nichtgeleistete Zahlungen, Mahnkosten und weitere Kosten der Rechtsverfolgung.

b) Verfügungsbefugnis des Sicherungsgebers

36 Falls der Sicherungsgeber nicht **Eigentümer** der zur Sicherheit übereigneten Sache ist, kann der Sicherungsnehmer sie nur gem. §§ 933, 932 BGB gutgläubig erwerben. Weiß der Sicherungsnehmer, dass der Sicherungsgeber nicht Eigentümer der Sache ist, geht er aber davon aus, dass der Sicherungsgeber die **Verfügungsbefugnis** hat, so ist der Sicherungsnehmer in dieser Annahme grundsätzlich nicht geschützt. Eine Ausnahme besteht nach § 366 I HGB für den Fall, dass der Sicherungsgeber Kaufmann ist und die Sache im Betrieb seines Handelsgewerbes veräußert. In der Praxis lässt sich der Sicherungsnehmer vom Sicherungsgeber dessen Verfügungsbefugnis zusichern.

c) Verwertung des Sicherungsguts

37 Da die Sicherungsübereignung gesetzlich nicht normiert ist, existieren keine direkt anwendbaren dispositiven Regeln für die Verwertung des Sicherungsguts. In Rechtsprechung und Literatur ist umstritten, ob mangels einer anderen vertraglichen Vereinbarung die Vorschriften über die Pfandverwertung (§§ 1233 ff. BGB) entsprechend anzuwenden sind.[63] Es empfiehlt sich daher, eine vertragliche Regelung zu treffen. Nach den Vorschriften über das Pfandrecht, ist ein Pfand im Wege der öffentlichen Versteigerung zu verkaufen (§ 1235 I BGB). Demgegenüber erhält der Sicherungsnehmer in der Regel das sicherungsvertragliche Recht, die Sache freihändig zu veräußern; dabei muss er die Interessen des Sicherungsgebers wahren, indem er die Sache möglichst vorteilhaft verkauft.[64] Ferner ist festzulegen, unter welchen Voraussetzungen der Sicherungsfall eintreten soll. Je nach der Gestaltung des Sicherungsvertrags kann der Sicherungsnehmer das Sicherungsgut bereits bei Verzug des Sicherungsgebers oder erst nach fruchtlosem Ablauf einer Nachfrist verwerten.

d) Wartung und Versicherung

38 Im Verwertungsfall hängt der Verkaufserlös für das Rasterkraftmikroskop u. a. von seinem Zustand ab. Üblicherweise verpflichtet sich der Sicherungsgeber daher, die zur Sicherheit übereignete Sache pfleglich zu behandeln und zu **warten.** Die Sicherung des Sicherungsnehmers entfällt vollständig, wenn die zur Sicherheit übereignete Sache zerstört oder entwendet wird. Gegen diese Risiken hat der Sicherungsgeber die Sache

---

[63] *Baur/Stürner,* Sachenrecht, § 57 Rn. 42; *Prütting,* Sachenrecht, Rn. 412 einerseits (pro); *Reinicke/Tiedtke,* Kreditsicherung, Rn. 709; *Weber/Weber,* Kreditsicherungsrecht, S. 144 andererseits (contra).

[64] *Weber/Weber,* Kreditsicherungsrecht, S. 142 f.

daher zu **versichern.** Im vorliegenden Fall kommt eine Zerstörung durch Fremdeinwirkung oder ein Diebstahl der Sache in Betracht. E wird daher die Verpflichtung übernehmen, das Rasterkraftmikroskop gegen Zerstörung und Diebstahl zu versichern. Der Sicherungsnehmer sollte sich zudem die Ansprüche des Sicherungsgebers gegen die Versicherung bereits in der Sicherungsvereinbarung abtreten lassen.[65] Eine entsprechende Abtretungserklärung der E wird daher ebenfalls in den Vertrag aufgenommen, ebenso wie eine antizipierte Abtretung zukünftiger Schadensersatzansprüche der E gegen Dritte wegen Beschädigung, Zerstörung oder Verlust der Sache.

e) Rückübereignung des Sicherungsguts

Sinnvoll ist auch eine ausdrückliche Regelung zur Rückübereignung des Sicherungsguts. Ansonsten könnte Streit darüber entstehen, ob bei unbedingter Übereignung eine ausdrückliche Rückübertragung erforderlich ist, oder ob sie stillschweigend nach Erledigung des Sicherungszwecks erfolgt.[66] In der Praxis der Banken ist es üblich, dass nicht nur die Forderung abgesichert wird, für die man einen Kredit aufgenommen hat, sondern gleich alle weiteren (auch zukünftigen) Forderungen aus der Geschäftsbeziehung.[67] Die zur Sicherheit übereignete Sache wird daher nicht zurückübereignet, wenn der Sicherungsnehmer dem Sicherungsgeber weiteren Kredit gewährt hat. Wenn der Rückfall der Sache an den Sicherungsgeber geregelt ist, dann meist nicht in Form einer automatischen Freigabe des Sicherungsguts, sondern nur im Wege der Rückübereignung. Möglich ist aber auch eine Gestaltung, nach der die zur Sicherheit übereignete Sache nach Erfüllung der Schuld automatisch in das Eigentum des Sicherungsgebers zurückfällt.

39

5. Vertragsentwurf

Sicherungsvereinbarung

40

§ 1 Parteien

Parteien dieses Sicherungsvertrags sind

die Firma Europolymer GmbH, Adenauerallee 234, 13 967 Berlin, vertreten durch ihre Geschäftsführer Karl Moritz und Franz Glanz

– im folgenden Sicherungsgeberin –

und

die B-Bank, Zitzewitzallee 1–7, 13 965 Berlin, vertreten durch ihre gesamtvertretungsberechtigten Vorstandsmitglieder Casimir Cashew und Ernst Erdnuß

– im folgenden Sicherungsnehmerin –

§ 2 Vertragsgegenstand

Die Sicherungsgeberin schuldet der Sicherungsnehmerin aus Darlehensvertrag vom … einen Betrag von 80 000 € nebst 3,75 % Zinsen seit dem …

Zur Sicherung dieses Anspruchs übereignet die Sicherungsgeberin der Sicherungsnehmerin das in ihrem Geschäftsgebäude befindliche Rasterkraftmikroskop Modell RM 2000 der Geo-Optik GmbH (Geräte-ID-Nr.: R005–6723–34).

---

[65] *Wurm/Wagner/Zartmann/M. Schmidt,* Rechtsformularbuch, Muster 29.7 § 9, Muster 29.8 § 7.

[66] MünchKomm-BGB/*Oechsler,* Anhang zu §§ 929–936 BGB Rn. 47.

[67] Wenn der weitere Kredit ebenfalls durch Sicherungsübereignungen gesichert wurde, droht eine nachträgliche Übersicherung des Sicherungsnehmers.

§ 3 Besitzmittlungsverhältnis

Die Übergabe des Rasterkraftmikroskops wird dadurch ersetzt, dass die Sicherungsnehmerin der Sicherungsgeberin das Rasterkraftmikroskop leihweise überlässt. Die Sicherungsgeberin verpflichtet sich, das Rasterkraftmikroskop ordnungsgemäß zu warten und die erforderlichen Reparaturen auf ihre Kosten unverzüglich durchführen zu lassen.

§ 4 Verfügungsrecht und Lasten

Die Sicherungsgeberin versichert, dass sie zur freien Verfügung über das Sicherungsgut berechtigt ist und dass dieses nicht Eigentumsvorbehalten oder sonstigen Rechten Dritter unterliegt.

§ 5 Verwertung

Gerät die Sicherungsgeberin hinsichtlich der in § 2 bezeichneten Forderung in Verzug und holt sie die geschuldete Handlung nicht innerhalb einer Nachfrist von 14 Kalendertagen nach, so kann die Sicherungsnehmerin Herausgabe des Sicherungsguts verlangen.

Sie ist berechtigt, es nach pflichtgemäßem Ermessen zu verwerten, ohne dabei an die Vorschriften über den Pfandverkauf gebunden zu sein.

Ein bei der Verwertung erzielter Überschuss ist an die Sicherungsgeberin herauszugeben.

§ 6 Maßnahmen Dritter

Die Sicherungsgeberin hat die Sicherungsnehmerin unverzüglich zu unterrichten, wenn Maßnahmen Dritter oder sonstige Ereignisse die Rechte der Sicherungsnehmerin gefährden. Die Sicherungsgeberin hat im Falle der Pfändung oder Beschlagnahme der Sache den Dritten auf die Rechte der Sicherungsnehmerin hinzuweisen. Sie hat der Sicherungsnehmerin sämtliche Angaben und Unterlagen zur Verfügung zu stellen, die diese für eine Intervention benötigt.

§ 7 Versicherung

Die Sicherungsgeberin verpflichtet sich, das Sicherungsgut gegen Feuer und Diebstahl zu versichern. Sie tritt hiermit alle Ansprüche, die ihr aus diesen Versicherungen entstehen, an die Sicherungsnehmerin ab. Des Weiteren tritt die Sicherungsgeberin bereits jetzt alle Schadensersatzforderungen, die ihr aus der Beschädigung oder Zerstörung des Rasterkraftmikroskops gegen Dritte entstehen, an die Sicherungsnehmerin ab. Die Sicherungsnehmerin nimmt die Abtretung an.

§ 8 Rückübertragung

Sobald die Sicherungsgeberin die Sicherungsnehmerin wegen der in § 2 bezeichneten Forderung befriedigt hat, hat sie gegen den Sicherungsnehmer einen Anspruch auf Rückübereignung des Rasterkraftmikroskops.

§ 6. Erwerb unbeweglicher Sachen

Literatur (s. auch das Verzeichnis der abgekürzt zitierten Literatur, S. XIX): *Kanzleiter,* Der Schutz des Grundstücksverkäufers vor vollständiger Zahlung des Kaufpreises, DNotZ 1996, 242; *ders.,* Ausreichende Bezeichnung der noch nicht vermessenen Teilfläche in einem Grundstückskaufvertrag, NJW 2000, 1919; *Kölmel,* Der Minderjährige in der notariellen Praxis – unentgeltlicher Erwerb von Grundstücken, RNotZ 2010, 618; *Leitzen,* Zur Abgrenzung zwischen Individual- und Formularvertrag bei notarieller Beurkundung, NotBZ 2009, 212; *Mohr,* Altlastenklauseln in Grundstücksverträgen: nicht immer wasserdicht!, BWNotZ 2009, 113; *Oyda,* Altlastenklauseln in Grundstückskaufverträgen, RNotZ 2008, 245; *Plagemann,* Die Behandlung von Mietsicherheiten in Grundstückskaufverträgen, NotBZ 2013, 2; *M. Schmid,* Aufklärungspflichten beim Verkauf von Wohnungseigentum und Grundstücken, ZfIR 2011, 41; *Volmer,* Vertragsgestaltung beim Grundstückskaufvertrag, JuS 2006, 221.

Eine der klassischen Aufgaben des Vertragsjuristen, insbesondere des Notars, ist die **1** Gestaltung von Grundstückskaufverträgen. Da es bei solchen Verträgen meist um hohe Gegenstandswerte geht, ist eine den Parteiinteressen entsprechende und rechtsbeständige Vertragsgestaltung besonders wichtig.

I. Allgemeine Überlegungen

Im Bereich der Grundstückskaufverträge haben sich bestimmte Vertragstypen für die **2** unterschiedlichen Fallgruppen der Vertragsgestaltung herausgebildet.[1] Unterschieden wird zum einen nach dem **Kaufobjekt:** Der Kaufvertrag über einen Bauplatz ist anders zu gestalten als der Kaufvertrag über ein bebautes Grundstück. Zum anderen wird nach der **Vertragsabwicklung** differenziert: So erfordert z. B. der Kauf eines belasteten Objekts gegenüber dem Kauf eines unbelasteten Objekts zusätzliche Regelungen.

1. Fragen der Informationsgewinnung

a) Wie bei Kaufverträgen über bewegliche Sachen benötigt man auch bei Kaufverträ- **3** gen über unbewegliche Sachen zunächst Informationen über die **essentialia negotii,** d. h. die Vertragsparteien, den Vertragsgegenstand und den Kaufpreis. Wird eine Vertragspartei vertreten, sind Urkunden über die **Vertretungsberechtigung** zum Kaufvertrag zu nehmen. Bei **juristischen Personen** und Handelsgesellschaften holt der Notar Handelsregisterauszüge ein, um die Vertretungsverhältnisse zu belegen. Wenn sich eine **natürliche Person** vertreten lässt, wird die Vollmachtsurkunde in beglaubigter Kopie als Anlage zum Kaufvertrag genommen.[2]

b) Nach § 28 GBO muss das Grundstück entsprechend seiner **Eintragung im** **4** **Grundbuch** bezeichnet werden. Anzugeben ist, in welchem Grundbuch und an welcher Stelle des Grundbuchs das Grundstück verzeichnet ist.

Beispiel: Grundstück im Grundbuch des Amtsgerichts Göttingen Band 121 Blatt Nr. 346.

---

[1] *Langenfeld,* Grundlagen, Kap. 6 Rn. 1; *ders.,* JuS 1998, 224 (224); vgl. auch die Anzahl verschiedener Vertragsmuster bei Beck'sches Formularbuch Kap. III. B. „Immobilienrecht".

[2] *Heussen/Imbeck,* Handbuch, 3. Teil Rn. 66.

5 Für Wohnungseigentum und Erbbaurechte bestehen eigene Grundbücher (Wohnungsgrundbuch, § 7 I WEG; Wohnungserbbaugrundbuch, § 30 III WEG). Bei der **Bezeichnung des Grundstücks** darf der Notar sich nicht auf die Angaben der Parteien verlassen. Gem. § 21 I 1 BeurkG soll er sich im Regelfall über den Grundbuchinhalt unterrichten, d. h. Einsicht in das Grundbuch nehmen. Beurkundet der Notar den Vertrag ohne vorherige Grundbucheinsicht, soll der Notar nach § 21 I 2 BeurkG die Parteien über die damit verbundenen Gefahren belehren und die Belehrung in der Niederschrift vermerken. Zur Bezeichnung des Grundstücks werden sicherheitshalber weitere Angaben aufgenommen: Das Grundstück wird nach Gemarkung, Flur, Flurstück, Wirtschaftsart und Flächengröße benannt.[3]

Beispiel: Grundstück im Grundbuch des Amtsgerichts München Band 1 Blatt 715, Flur 1, Flst. Nr. 9617, Freifläche, 4,2 a.

6 **aa)** Wollen die Parteien eine noch nicht vermessene Teilfläche eines Flurstücks verkaufen, müssen die **Grenzen des Grundstücks** möglichst genau beschrieben werden. Es bietet sich an, das Grundstück in einem Lageplan zu verzeichnen, der dem Kaufvertrag als Anlage beigefügt wird.[4]

7 **bb)** Die Bezeichnung des Grundstücks umfasst außerdem Angaben über die im Grundbuch eingetragenen **Belastungen und Beschränkungen.**[5] Bei den **Belastungen** kann es sich um Grundpfandrechte oder andere Lasten handeln. Grundpfandrechte sind die Hypothek (§ 1113 BGB), die Grundschuld (§ 1191 BGB) und die Rentenschuld (§ 1199 BGB). Andere Lasten sind z. B. Grunddienstbarkeiten, §§ 1018 ff. BGB, persönliche Dienstbarkeiten, §§ 1090 ff. BGB und Reallasten, §§ 1105 ff. BGB. Stets muss geklärt werden, ob Grundpfandrechte eingetragen sind, ob diese gegebenenfalls vom Käufer übernommen werden sollen und ob er selbst ein Darlehen durch ein Grundpfandrecht sichern möchte. Eine **Beschränkung** kann z. B. durch ein Veräußerungsverbot aufgrund einer einstweiligen Verfügung bestehen (§§ 935, 938 II ZPO).

Beispiel: Das Grundstück ist wie folgt belastet:

Abteilung II: –

Abteilung III: 190 000 € Buchgrundschuld für die B-Bank.

8 **c)** Beim Verkauf eines Grundstücks kommt es ferner auf **Beschaffenheit und Nutzung** an. Die Gestaltung fällt unterschiedlich aus, je nachdem ob das Grundstück bebaut oder unbebaut ist, ob es zu Bauzwecken oder als unbebaute Nutzfläche verwendet werden soll. Bei einem **unbebauten Grundstück,** das zu Bauzwecken genutzt werden soll, ist die Frage zu klären, wer das Risiko der Bebaubarkeit tragen soll.[6] Diese Frage spielt bei einem **bebauten Grundstück,** an dem keine Veränderungen vorgesehen sind, keine Rolle. Dafür wird bei bebauten Grundstücken häufig die Sachmängelge-

---

[3] Beispiel bei *Langenfeld*, JuS 1998, 224 (226).

[4] *Faßbender/Graul*, Notariatskunde, § 4 Rn. 59; *Langenfeld*, JuS 1998, 224 (225); *Reithmann/Albrecht/ Albrecht*, Vertragsgestaltung, Rn. 441 f.; *Wurm/Wagner/Zartmann/Leitzen/H. Götte*, Rechtsformularbuch, Kap. 43 Rn. 176 ff. Einzelheiten bei *Krüger/Hertel*, Grundstückskauf, Rn. 1458 ff., 311 f.

[5] *Langenfeld*, JuS 1998, 224 (225); vgl. Beck'sches Formularbuch/*Gebele*, Muster III. B. 1. Klausel I mit Anm. 8.

[6] *Reithmann/Albrecht/Albrecht*, Vertragsgestaltung, Rn. 537 ff. Beispiel bei *Wurm/Wagner/Zartmann/Leitzen/H. Götte*, Rechtsformularbuch, Muster 43.7 § 3.

währleistung ausgeschlossen. Soll der Veräußerer ein Bauwerk errichten (**Bauträgervertrag**), sind in den Vertrag neben den kaufvertraglichen Regelungen auch werkvertragliche Elemente aufzunehmen. Da der Erwerber gem. § 566 BGB in bestehende Miet- oder Pachtverhältnisse eintritt, kommt es auch darauf an, ob das Grundstück vermietet oder verpachtet ist.

> Das Grundstück ist im Kaufvertrag entsprechend seiner Bezeichnung im Grundbuch aufzuführen. Dazu gehören auch Angaben über Belastungen und Beschränkungen des Grundstücks. Informationen über die Beschaffenheit und die vorgesehene Nutzung des Grundstücks sind erforderlich, um den Kaufvertrag sachgerecht zu gestalten.

2. Formbedürftigkeit des Kaufvertrags

Gem. § 311b I BGB bedarf ein Vertrag, durch den sich der eine Teil verpflichtet, das Eigentum an einem Grundstück zu übertragen oder zu erwerben, der **notariellen Beurkundung.** Diese Regelung verfolgt den Zweck, den Veräußerer und den Erwerber von Grundstückseigentum vor übereilten Verträgen zu bewahren, ihnen Gelegenheit zur Überlegung zu bieten und ihnen unparteiische Beratung durch den Notar zu gewähren (Warn- und Schutzfunktion). Außerdem sichert die Beurkundung den Inhalt der Vereinbarung (Beweisfunktion).[7]   **9**

§ 311b I BGB bezieht sich nur auf den kausalen **Verpflichtungsvertrag** (in der Regel ein Kaufvertrag). Der im System des deutschen Zivilrechts davon zu trennende **Verfügungsvertrag** wird von dieser Vorschrift nicht erfasst. Die zur Übertragung des Grundstücks erforderliche Einigung der Parteien über den Eigentumsübergang (**Auflassung**) muss gem. § 925 I BGB unter gleichzeitiger Anwesenheit beider Vertragsparteien vor einer zuständigen Stelle erklärt werden. Da jedoch die dingliche Einigung der Parteien dem Grundbuchamt nach den §§ 20, 29 GBO mindestens in öffentlich beglaubigter Form (vgl. § 129 BGB) nachzuweisen ist, werden in der Praxis das Verpflichtungs- und das Verfügungsgeschäft in ein und dieselbe Urkunde aufgenommen.[8]   **10**

> Der Kaufvertrag über ein Grundstück bedarf gem. § 311b I BGB der notariellen Beurkundung. Für das Verfügungsgeschäft gilt diese Vorschrift nicht. Es wird jedoch aus grundbuchtechnischen Gründen in der Regel mitbeurkundet.

Gesetzlich nicht vorgegeben, aber in der Praxis sinnvoll ist eine **Schriftformklausel** für Änderungen des Vertrags nach der Auflassung. Nach h. M. unterliegen Vertragsänderungen nur bis zur Auflassung der Beurkundungspflicht nach § 311b I BGB;[9] da-   **11**

---

[7] *Bamberger/Roth/Gehrlein,* § 311b BGB Rn. 1; MünchKomm-BGB/*Kanzleiter,* § 311b BGB Rn. 1. Zum Ersatz nutzloser Aufwendungen wegen unwirksamer notarieller Beurkundung s. *BGH* vom 20.6.2000 – IX ZR 434/98, ZIP 2000, 2069.

[8] *Reithmann/Albrecht/Albrecht,* Vertragsgestaltung, Rn. 501.

[9] *Bamberger/Roth/Gehrlein,* § 311b BGB Rn. 27; *Palandt/Grüneberg,* § 311b BGB Rn. 44. Zum Vorläufer (§ 313 BGB a. F.) *BGH* vom 28.9.1984 – V ZR 43/83, NJW 1985, 266 (266). A. A. (Formbedürftigkeit entfällt erst nach Auflassung und Eintragung) MünchKomm-BGB/*Kanzleiter,* § 311b BGB Rn. 59.

nach sind Änderungen formfrei möglich. Um Beweisschwierigkeiten zu vermeiden, sollten die Parteien für Änderungen des Vertrags die Schriftform vereinbaren.[10]

Beispiel: „Änderungen und Ergänzungen zu diesem Vertrag bedürfen der Schriftform, soweit nicht gesetzlich die notarielle Beurkundung vorgeschrieben ist. Diese Formvorschrift kann nur unter Wahrung der vereinbarten Form aufgehoben oder geändert werden."

3. Interessenkonflikte beim Grundstückserwerb

12   Bei Grundstücken erfordert der Eigentumsübergang gem. § 873 I BGB die Einigung der Parteien (Auflassung, § 925 I BGB) und die Eintragung der Rechtsänderung in das Grundbuch. Da die Parteien auf den Zeitpunkt der Grundbucheintragung keinen Einfluss haben, kommt bei Grundstückskaufverträgen eine Abwicklung Zug um Zug nicht in Frage.[11] Das führt zu Schwierigkeiten bei der Vertragsabwicklung, weil keine der Parteien bereit sein wird, ohne eine rechtliche Absicherung vorzuleisten.

a) Interessenkonflikt zwischen den Parteien

13   Bevor der Erwerber als Eigentümer im Grundbuch eingetragen wird, kann der Veräußerer aufgrund seiner dinglichen Berechtigung an dem Grundstück noch weitere Verfügungen über das Grundstück treffen. Falls eine solche **Zwischenverfügung** in das Grundbuch eingetragen wird, bevor der Erwerber als Eigentümer eingetragen ist, kann der Erwerber das Eigentum nicht mehr oder nur belastet erwerben. Das ist für den Erwerber besonders misslich, wenn er bereits den Kaufpreis an den Veräußerer gezahlt hat. In diesem Fall hat der Erwerber gegen den Veräußerer lediglich einen Schadensersatzanspruch nach den §§ 433 I 1, 280 I, 283 I BGB.

14   **aa)** Zum **Schutz des Erwerbers** vor Zwischenverfügungen des Veräußerers macht die Praxis die Auszahlung des Kaufpreises an den Verkäufer von der Eintragung einer **Auflassungsvormerkung** zugunsten des Erwerbers abhängig.[12] Dieses Sicherungsmittel sorgt dafür, dass Zwischenverfügungen des Veräußerers dem Berechtigten gegenüber (relativ) unwirksam sind, sofern sie den Anspruch des Berechtigten vereiteln oder beeinträchtigen würden (vgl. § 883 II BGB). Der Erwerber wird auf diese Weise gegen Zwischenverfügungen geschützt. Für den Fall, dass der Käufer den Kaufpreis nicht bezahlt, ist für die Vormerkung eine Löschungsbewilligung des Käufers aufzunehmen. Andernfalls müsste der Verkäufer bei einem Scheitern des Vertrags diese Löschungsbewilligung erst vom Käufer einholen, wozu gegebenenfalls eine Klage erforderlich wäre.

Beispiel: A verkauft am 17.2.2014 seine Eigentumswohnung an B. Im Kaufvertrag bewilligt er die Eintragung einer Auflassungsvormerkung zugunsten des B, die Vormerkung wird am 17.3.2014 in das Grundbuch eingetragen. Am 6.3.2014 verkauft A dieselbe Wohnung an C, der ihm einen erheblich höheren Kaufpreis als B geboten hat. C wird am 17.7.2014 als Eigentümer in das Grundbuch eingetragen.

---

[10]   Sollte es sich bei dem Grundstückskaufvertrag um einen Formularvertrag handeln (siehe dazu unten Rn. 43), ist zu beachten, dass doppelte Schriftformklauseln gem. § 307 I BGB unwirksam sein können. Siehe dazu *BAG* vom 20.5.2008 – 9 AZR 382/07, NJW 2009, 316 (318f.); *OLG Rostock* vom 19.5.2009 – 3 U 16/09, NJW 2009, 3376.

[11]   *Kanzleiter,* DNotZ 1996, 242 (244); *Rehbinder,* Vertragsgestaltung, S. 119.

[12]   *Rehbinder,* Vertragsgestaltung, S. 120; *Wurm/Wagner/Zartmann/Leitzen/H. Götte,* Rechtsformularbuch, Kap. 43 Rn. 65. Diese Konstruktion ist bei dem Erwerb von einem Bauträger gem. § 3 I 1 Nr. 2 MaBV (Makler- und Bauträgerverordnung) sogar zwingend vorgeschrieben: *Wurm/Wagner/Zartmann//Leitzen/ H. Götte,* Rechtsformularbuch, Kap. 43 Rn. 65.

Die vormerkungswidrige Übereignung an C ist gem. § 883 II BGB gegenüber B unwirksam. B kann von A die Auflassung erzwingen. Aufgrund des grundbuchrechtlichen Grundsatzes der Voreintragung (§ 39 GBO) bedarf B zu seiner Eintragung der Zustimmung des C. Zur Abgabe der Zustimmungserklärung ist C gem. § 888 I BGB verpflichtet.

bb) Andererseits muss auch der **Schutz des Veräußerers** bedacht werden. Nach dem 15 Gesetz soll die Eintragung in das Grundbuch nur erfolgen, wenn die erforderlichen Bewilligungen durch öffentliche oder öffentlich beglaubigte Urkunden nachgewiesen werden (§ 29 I 1 GBO). Deshalb beurkundet die Praxis zusammen mit dem Verpflichtungsvertrag auch die Auflassung. Legt der Notar sodann dem Grundbuchamt die notariell beurkundeten Auflassungserklärungen vor, erfolgt die Eigentumsumschreibung ohne Rücksicht darauf, ob der Kaufpreis bezahlt ist. Wenn der Veräußerer vor Zahlung des Kaufpreises eine notariell beurkundete Auflassungserklärung abgibt, riskiert er folglich, sein Eigentum zu verlieren, ohne die Gegenleistung zu erhalten.

Gegen dieses Risiko muss der vertragsgestaltende Jurist den Veräußerer absichern. 16 Dazu stehen mehrere Möglichkeiten zur Verfügung.[13] Einmal könnten sich die Parteien verpflichten, die Auflassung erst nach der Kaufpreiszahlung zu erklären. Die **spätere Auflassung** hätte aber den Nachteil, dass ein weiterer Termin beim Notar erforderlich wäre, der zusätzlichen Zeit- und Kostenaufwand mit sich brächte. Stattdessen könnte zugunsten des Verkäufers eine **Kaufpreishypothek** bestellt werden. Diese Lösung würde jedoch zusätzliche Kosten verursachen, sie bietet sich allenfalls bei einer Stundung des Kaufpreises über einen längeren Zeitraum an.[14] Häufig wird daher die Auflassung zwar im Kaufvertrag miterklärt, jedoch so lange vom Notar zurückgehalten, bis der Erwerber den Kaufpreis entrichtet hat.[15]

Beispiel: Die Vertragsbeteiligten sind sich über den Eigentumsübergang nach § ... des Vertrags einig; der Verkäufer bewilligt und der Käufer beantragt die Eigentumsumschreibung im Grundbuch. Die Erschienenen weisen den Notar unwiderruflich an, die Eigentumsumschreibung erst dann zu beantragen, wenn der Kaufpreis auf dem Konto des Verkäufers eingegangen ist. Bis zu diesem Zeitpunkt verzichten die Beteiligten auf eine Ausfertigung der Auflassung. Alle anderen Ausfertigungen und Abschriften dieses Vertrags sind bis dahin ohne den Text der Auflassung herauszugeben.

> Der Käufer wird vor Zwischenverfügungen des Verkäufers durch eine Auflassungsvormerkung geschützt. Um die Interessen des Verkäufers zu wahren, kann vereinbart werden, dass der Notar die Auflassungserklärung der Parteien erst nach Zahlung des Kaufpreises an das Grundbuchamt weiterleitet.

b) Sicherung der kreditgebenden Banken

Neben den Interessen der Vertragsparteien sind auch die Interessen in das Geschäft 17 einbezogener Banken zu berücksichtigen. Banken können als Kreditgeber sowohl **auf Seiten des Veräußerers** als auch **auf Seiten des Erwerbers** beteiligt sein. Der **Erwerber** wird häufig ein Darlehen benötigen, um den Kaufpreis für das Grundstück aufzu-

---

[13] Zu den Gestaltungsmöglichkeiten: *Krüger/Hertel,* Grundstückskauf, Rn. 786 ff.; *Rehbinder,* Vertragsgestaltung, S. 119; *Reithmann/Albrecht/Albrecht,* Vertragsgestaltung, Rn. 501 ff., 506 ff.; *Langenfeld,* Grundlagen, Kap. 6 Rn. 16 ff.; *Wurm/Wagner/Zartmann/Leitzen/H. Götte,* Rechtsformularbuch, Kap. 43 Rn. 63 f.

[14] *Kanzleiter,* DNotZ 1996, 242 (248); *Wurm/Wagner/Zartmann/Leitzen/H. Götte,* Rechtsformularbuch, Kap. 43 Rn. 63.

[15] *Krüger/Hertel,* Grundstückskauf, Rn. 786 ff.; kritisch *Kanzleiter,* DNotZ 1996, 242 (250 ff.).

bringen. Für dieses Darlehen verlangen Banken in der Regel eine Sicherheit in Form einer Grundschuld. Der **Veräußerer** hat möglicherweise seinerseits zum Erwerb des Grundstücks ein Darlehen aufgenommen, das durch eine Grundschuld gesichert ist.

18　**aa)** Vergleichsweise einfach ist die Vertragsgestaltung, wenn nur die Interessen einer **Bank auf einer Seite** zu berücksichtigen sind. Ist das Grundstück unbelastet und benötigt lediglich der Erwerber ein Darlehen zur Kaufpreisfinanzierung, sind neben den Sicherungsinteressen der Parteien nur die Interessen der finanzierenden Bank zu wahren. Verlangt die Bank zur Absicherung des Darlehens eine Grundschuld zu ihren Gunsten, wird sie Wert darauf legen, dass der von ihr finanzierte Kaufpreis erst dann ausgezahlt wird, wenn die **Grundschuldbestellung** gesichert ist. Da die Eigentumsumschreibung erst erfolgen soll, wenn der Kaufpreis gezahlt wurde, kann die Grundschuld für die Bank nur durch den Veräußerer als noch dinglich Berechtigtem bestellt werden.[16] Hierzu wird sich der Veräußerer in der Regel auch bereit erklären, da der Käufer ansonsten den Kaufpreis nicht aufbringen kann.

19　Der Veräußerer wird sein Grundstück allerdings nur dann belasten, wenn das Darlehen auch tatsächlich zur Kaufpreiszahlung verwandt wird. Daher sollte der beurkundende Notar dazu raten, dass der Erwerber die den Kaufpreis finanzierende Bank anweist, die Darlehensvaluta direkt an den Veräußerer zu zahlen. Diese Anweisung sollte bereits im Kaufvertrag bei der Vertragsklausel zur Grundschuldbestellung erfolgen. Eine Abtretung des Darlehensauszahlungsanspruchs an den Veräußerer, wie sie lange Zeit üblich war, sollte nicht vereinbart werden. Zunächst enthalten der Darlehensvertrag oder die AGB der Banken oft ein Abtretungsverbot, so dass die Abtretung gem. § 399 Alt. 2 BGB scheitert. Außerdem hat nach einer Entscheidung des BGH aus dem Jahr 2008 die Bank bei Unwirksamkeit des Darlehensvertrags und vereinbarter Abtretung einen bereicherungsrechtlichen Rückzahlungsanspruch gegen den Veräußerer.[17] Diese Entscheidung ist zwar nicht ohne Kritik geblieben,[18] eine Vertragsgestaltung, die sich am sicheren Weg orientiert, sollte aber auf die Abtretung des Darlehensauszahlungsanspruchs verzichten.[19] Ferner ist eine weitere Klausel sinnvoll, um die Regelung zur Grundschuldbestellung abzurunden: Da der Veräußerer sein Grundstück nicht mehr als unbedingt erforderlich belasten wird, sollte die Sicherungsvereinbarung zwischen dem Erwerber und der den Kaufpreis finanzierenden Bank so gestaltet werden, dass das Grundpfandrecht bis zur Eigentumsumschreibung auf den Erwerber lediglich der Sicherung des Kaufpreises dient.[20]

---

[16] Beck'sches Formularbuch/*Dieckmann*, Muster IV. A. 26. Anm. 8; *Faßbender/Grauel*, Notariatskunde, § 4 Rn. 78 f.; *Langenfeld*, Grundlagen, Kap. 6 Rn. 11; *Wurm/Wagner/Zartmann/Leitzen/H. Götte*, Rechtsformularbuch, Kap. 43 Rn. 68 f.

[17] *BGH* vom 27.6.2008 – V ZR 83/07, DNotZ 2008, 923.

[18] *Braun/Daum*, MittBayNot 2010, 275 (279 ff.); *Keim*, DNotZ 2009, 245.

[19] Von einer Abtretungslösung raten auch *Braun/Daum*, MittBayNot 2010, 275 (282) und *Keim*, DNotZ 2009, 245 (249 ff.) ab.

[20] Beck'sches Formularbuch/*Dieckmann*, Muster IV. A. 26. Anm. 8. Sicherungsvereinbarungen werden oft so gefasst, dass nicht nur das dem Sicherungsvertrag zugrundeliegende Darlehen gesichert wird, sondern auch sonstige Ansprüche des Darlehensgebers gegen den Darlehensnehmer (dazu oben § 5 Rn. 39). Bestünde eine solche weite Sicherungsvereinbarung schon vor dem Übergang des Eigentums vom Veräußerer auf den Erwerber, würde der Veräußerer mit seinem Grundstück nicht nur die Kaufpreiszahlung sichern, sondern auch sonstige Verbindlichkeiten des Erwerbers. Für den Verkäufer besteht kein Anlass, einer so weiten Vereinbarung zuzustimmen.

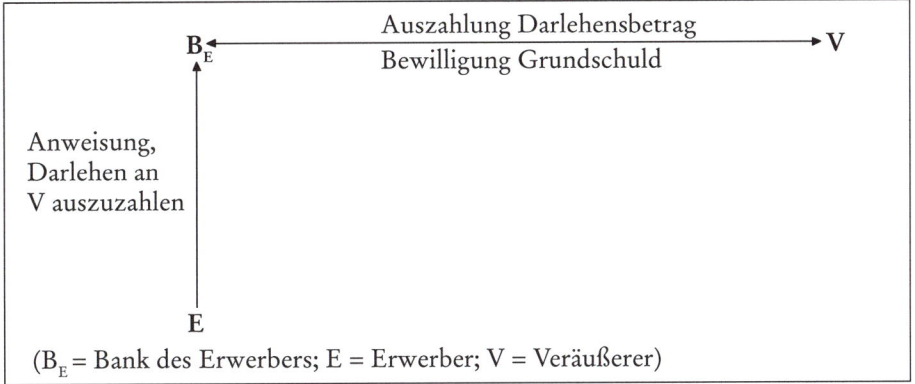

Beispiel: Die Verkäuferin verpflichtet sich, das Grundstück zugunsten von Kreditgebern der Käuferin mit Grundpfandrechten zu belasten, soweit die Darlehen der Kaufpreiszahlung dienen. Die Kreditgeber der Käuferin schränken die Zweckbestimmung der Grundpfandrechte zunächst so ein, dass die Grundpfandrechte bis zur Zahlung des Kaufpreises ausschließlich Darlehen zur Kaufpreisfinanzierung sichern. Die Käuferin weist die den Kaufpreis finanzierende Bank an, die Darlehensvaluta in Höhe des Kaufpreises unmittelbar an die Verkäuferin zu zahlen.

Wenig Aufwand erfordert die Vertragsgestaltung auch, wenn das Grundstück zwar zur **20** Sicherung eines Darlehens des Veräußerers mit einer Grundschuld belastet ist, der Erwerber den Kauf aber nicht finanzieren muss. In diesem Fall ist der Kreditgeber des Veräußerers daran interessiert, aus dem Kaufpreis die Darlehensrestschuld zu erhalten; der Erwerber begehrt die Löschung der Grundschuld. In der Regel gibt die Bank des Veräußerers die Grundschuld zur **Löschung** frei, wenn sichergestellt ist, dass der Veräußerer aus dem Erlös für das Grundstück den Kredit zurückzahlt.[21] Diese Sicherung der Bank lässt sich durch eine Vertragsklausel erreichen, nach der der zur Darlehensrückzahlung erforderliche Teil des Kaufpreises direkt an die Bank ausgezahlt wird.

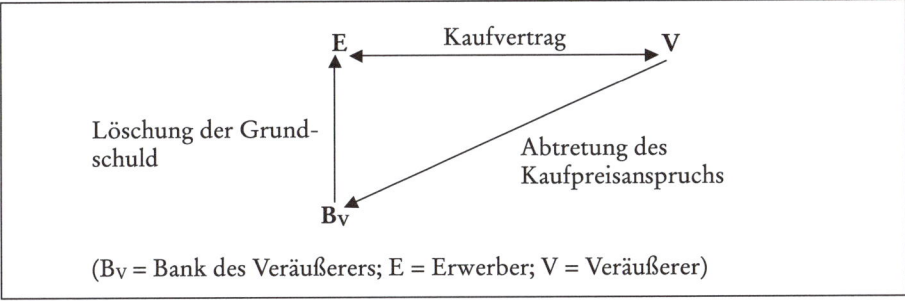

bb) Komplexer ist die Vertragsgestaltung, wenn **Banken auf beiden Seiten** (Käufer und **21** Verkäufer) beteiligt sind. In diesem Fall ist ein Treuhandauftrag erforderlich, aufgrund dessen ein Treuhänder die verschiedenen Zahlungen und Sicherungen koordiniert.[22]

---

[21] *Langenfeld*, Grundlagen, Kap. 6 Rn. 9; s. a. *Wurm/Wagner/Zartmann/Leitzen/H. Götte*, Rechtsformularbuch, Kap. 43 Rn. 67.
[22] *Langenfeld*, JuS 1998, 224 (225); *Wurm/Wagner/Zartmann/Leitzen/H. Götte*, Rechtsformularbuch, Kap. 43 Rn. 71.

Der Treuhänder sichert den Verkäufer, indem er die Eigentumsumschreibung erst beantragt, wenn der Kaufpreis gezahlt wurde. Die Sicherungsinteressen des Käufers und seiner Kreditgeber wahrt der Treuhänder wie folgt: Er veranlasst die Kaufpreiszahlung erst, wenn die Auflassungsvormerkung eingetragen ist, die Löschungsbewilligungen für die Grundpfandrechte vorliegen, die der Käufer nicht übernimmt und der Verkäufer die erforderlichen Grundpfandrechte zugunsten der Kreditgeber des Käufers bewilligt hat. Schließlich sorgt der Treuhänder dafür, dass Grundpfandrechte der Kreditgeber des Verkäufers erst gelöscht werden, wenn ihnen die erforderlichen Ablösungsbeträge aus dem Kaufpreis überwiesen worden sind.

4. Belehrung und Beratung

22 Der Vertragsjurist hat die Aufgabe, den Mandanten über die Gestaltungsmöglichkeiten des Vertrags zu belehren und ihn zu beraten. Die **Belehrung** soll dem Mandanten die rechtliche Bedeutung und die Folgen der Erklärung und eventuelle Unsicherheiten aufzeigen.[23] Die **Beratung** richtet sich demgegenüber auf eine ausgewogene, zweckmäßige und möglichst optimale Gestaltung.[24]

a) Pflichten des Notars nach § 17 BeurkG

23 Für die Pflichten des Notars bei Beurkundungen – beispielsweise bei der Beurkundung von Grundstückskaufverträgen – ist § 17 BeurkG einschlägig. Nach § 17 I 1 BeurkG hat der Notar die Aufgaben
– den Willen der Parteien zu ermitteln,
– den Sachverhalt zu klären,
– die Beteiligten über die rechtliche Tragweite des Geschäfts zu belehren und
– ihre Erklärungen klar und unzweideutig wiederzugeben.

24 Die Belehrung über die **rechtliche Tragweite des Geschäfts** umfasst die Klärung der Frage, ob das Rechtsgeschäft in der vorgesehenen Gestalt wirksam ist.[25] In diesem Zusammenhang muss der Notar Genehmigungserfordernisse erläutern (§ 18 BeurkG) und auf Rechtsakte hinweisen, die über den Vertragsschluss hinaus erforderlich sind (z. B. die Eintragung einer Rechtsänderung in das Grundbuch).[26] Eine Sonderregelung enthält § 20 BeurkG, wonach bei Grundstücksgeschäften, bei denen ein Vorkaufsrecht in Betracht kommt, der Notar einen entsprechenden Hinweis geben muss. Die Belehrungspflicht des Notars besteht unabhängig von den Wünschen der Parteien. Die Belehrung ist nur in Ausnahmefällen entbehrlich, z. B. wenn im Einzelfall eine bestimmte Gefahr nicht droht oder alle Beteiligten die rechtliche Tragweite des Rechtsgeschäfts kennen.[27]

---

[23] *Rehbinder,* Vertragsgestaltung, S. 57; *Reithmann/Albrecht/Reithmann,* Vertragsgestaltung, Rn. 170.

[24] *Rehbinder,* Vertragsgestaltung, S. 54; *Reithmann/Albrecht/Reithmann,* Vertragsgestaltung, Rn. 170 ff.; zum Umfang der notariellen Beratungspflicht bei Grundstücksgeschäften *BGH* vom 15. 4. 1999 – IX ZR 93/98, NJW 1999, 2188; *BGH* vom 12. 2. 2004 – III ZR 77/03, RNotZ 2004, 270.

[25] *Lerch,* § 17 BeurkG Rn. 1 f.; *Rehbinder,* Vertragsgestaltung, S. 54, 56; *Reithmann/Albrecht/Reithmann,* Vertragsgestaltung, Rn. 136.

[26] *Lerch,* § 17 BeurkG Rn. 13 ff.; *Reithmann/Albrecht/Reithmann,* Vertragsgestaltung, Rn. 136, 148.

[27] *Armbrüster/Preuß/Renner/Armbrüster,* § 17 BeurkG Rn. 25 ff., *Reithmann/Albrecht/Reithmann,* Vertragsgestaltung, Rn. 157 ff.; a. A. zur erstgenannten Konstellation *Winkler,* § 17 BeurkG, Rn. 1, im Übrigen jedoch zustimmend vgl. § 17 BeurkG Rn. 1, 219.

Beispiel: A und B beauftragen den Notar N, für sie einen Grundstückskaufvertrag zu beurkunden. A ist als Syndikusanwalt einer Bank Experte im Immobiliarsachenrecht, B ist ein in Grundstücksangelegenheiten erfahrener niedergelassener Anwalt. – In diesem Fall ist die Belehrung der Parteien nicht zwingend erforderlich.

b) Allgemeine Betreuungspflicht des Notars

Weitergehende Pflichten hat der Notar, wenn er sich gem. § 24 I BNotO gegenüber 25 den Parteien zur Beratung und Betreuung verpflichtet hat.[28] Aber auch wenn er keine besondere Beratungs- und Betreuungspflicht übernimmt, treffen ihn aus seiner allgemeinen Betreuungspflicht (auch „erweiterte Belehrungspflicht" genannt) Verpflichtungen, die über den Pflichtenkreis des § 17 BeurkG hinausgehen. Diese allgemeine Betreuungspflicht wird aus § 14 BNotO hergeleitet.[29] Danach muss der Notar auf drohende Schäden hinweisen und vor ungünstigen Folgen des Rechtsgeschäfts warnen, wenn besondere Umstände es nahelegen, dass einer Partei Schäden drohen, derer sie sich nicht bewusst ist.[30] Beispielsweise ist bei einem Grundstücksgeschäft der Käufer davor zu warnen, den Kaufpreis an den Verkäufer zu zahlen, bevor die Auflassung in das Grundbuch eingetragen wurde.[31] Der Notar muss auf das Risiko von Zwischenverfügungen hinweisen und dem Käufer Sicherungsmittel vorschlagen. Er kann dem Käufer z. B. raten, den Kaufpreis bis zum Eigentumsübergang zu hinterlegen oder sich eine Auflassungsvormerkung eintragen zu lassen.[32]

Die Warn- und Hinweispflicht des Notars kann mit seiner **Verpflichtung zur Un-** 26 **parteilichkeit** in Konflikt geraten. Oft stehen verschiedene Gestaltungsmöglichkeiten zur Auswahl, die für die Parteien unterschiedlich günstig und risikoreich sind. Wenn der Notar in solchen Fällen zu einer bestimmten Vertragsgestaltung rät, fühlt die Partei, für die eine andere Lösung vorteilhafter gewesen wäre, sich möglicherweise schlecht beraten. Daher wird in der Literatur vorgeschlagen, den Notar zur umfassenden Belehrung zu verpflichten, ohne dass es aber seine Pflicht sein soll, der gefährdeten Partei vom Vertragsschluss abzuraten. Ferner soll eine Pflichtverletzung ausscheiden, wenn der Notar einen für das Geschäft geeigneten kautelarjuristischen Vertragstyp benutzt.[33]

> Bei Beurkundungen trifft den Notar eine Belehrungspflicht gem. § 17 I BeurkG. Aus § 24 I BNotO können sich bei einer entsprechenden Abrede mit den Parteien Beratungs- und Betreuungspflichten ergeben. Eine allgemeine Betreuungspflicht ergibt sich aus § 14 BNotO.

---

[28] *Grein,* RNotZ 2004, 115 (122 ff.); *Langenfeld,* Vertragsgestaltung, Rn. 135; *Rehbinder,* Vertragsgestaltung, S. 59; *Reithmann/Albrecht/Reithmann,* Vertragsgestaltung, Rn. 169 ff.

[29] *Armbrüster/Preuß/Renner/Armbrüster,* BeurkG, § 17 Rn. 7; *Reithmann/Albrecht/Reithmann,* Vertragsgestaltung, Rn. 176.

[30] *Armbrüster/Preuß/Renner/Armbrüster* § 17 BeurkG Rn. 9; *Langenfeld,* Vertragsgestaltung, Rn. 157; *Lerch,* § 17 BeurkG Rn. 40 ff.; *Rehbinder,* Vertragsgestaltung, S. 59 f.; *Reithmann/Albrecht/Reithmann,* Vertragsgestaltung, Rn. 174; *Winkler,* § 17 BeurkG Rn. 242 ff.

[31] *Arndt,* NJW 1972, 1980 (1980 f.); *Reithmann/Albrecht/Reithmann,* Vertragsgestaltung, Rn. 179.

[32] Zur Sicherung des Käufers durch eine Auflassungsvormerkung siehe oben Rn. 14.

[33] *Rehbinder,* Vertragsgestaltung, S. 60 f.

5. Verbot der Mitwirkung (§ 3 BeurkG)

27 In § 3 BeurkG sind Fallgruppen aufgeführt, in denen ein Notar eine Beurkundung nicht vornehmen soll. Sie betreffen Fälle, in denen der Notar aufgrund **eigener Interessen** möglicherweise an einer unparteiischen Tätigkeit gehindert ist.[34] Beispielsweise soll der Notar gem. § 3 I 1 Nr. 7 BeurkG an einer Beurkundung nicht mitwirken, wenn er außerhalb seiner Amtstätigkeit bereits in derselben Angelegenheit tätig war oder ist. Dasselbe gilt, wenn eine Person, mit der sich der Notar zur gemeinsamen Berufsausübung verbunden hat oder mit der er gemeinsame Geschäftsräume hat, außerhalb ihrer (Notariats-) Amtstätigkeit in derselben Angelegenheit bereits tätig war oder ist (§ 3 I 1 Nr. 7 i. V. m. Nr. 4 BeurkG). Eine Ausnahme ist für den Fall vorgesehen, dass die Tätigkeit im Auftrag aller an der Beurkundung beteiligten Parteien erfolgte (§ 3 I 1 Nr. 7 BeurkG a. E.).

28 Nach § 3 I 2 BeurkG muss der Notar die Parteien vor der Beurkundung nach einer solchen **Vorbefassung** i. S. d. § 3 I 1 Nr. 7 BeurkG befragen und die Antwort in die Urkunde aufnehmen. So soll vermieden werden, dass zunächst ein Rechtsanwalt eine der Parteien berät und dann anschließend ein Notar aus derselben Sozietät den Vertrag beurkundet.[35] Ein solches Vorgehen würde zwar nicht zur Unwirksamkeit der Beurkundung führen, da es sich, anders als bei §§ 6, 7 BeurkG, nicht um ein absolutes Beurkundungsverbot handelt, aber zumindest disziplinarische Konsequenzen für den Notar nach sich ziehen.[36] Bei einer vorherigen anwaltlichen Beratung wird der Vertrag daher üblicherweise zur Beurkundung an einen Notar außerhalb der Sozietät gegeben.

II. Beispiel: Erwerb eines Villengrundstücks

29 Frau Gesine Ehrlicher (E) möchte in Neustadt zu Wohnzwecken ein Villengrundstück erwerben. Nach längerer Suche findet sie in der Villa des Industriellen Carlo Valentino (V) ein geeignetes Objekt. E und V einigen sich unter Berücksichtigung erforderlicher Renovierungsarbeiten über den Kaufpreis und beauftragen den Notar Norbert Northeim (N) mit dem Entwurf eines Kaufvertrages.

1. Informationsgewinnung

30 N weiß bisher nur, dass V ein mit einer Villa bebautes Grundstück an E veräußern möchte. Damit sind ihm die Vertragsparteien und die Natur des Kaufgegenstands bekannt. N benötigt aber noch Informationen über den Kaufpreis und zusätzliche Auskünfte über den Kaufgegenstand. Weiterer Informationsbedarf ergibt sich für den Fall einer Belastung des Grundstücks sowie hinsichtlich der Finanzierungspläne der E und des Übergabetermins.

---

[34] *Winkler,* § 3 BeurkG Rn. 4 f.

[35] Die Vorschrift betrifft vor allem Anwaltsnotare. In Regionen, in denen es das Nurnotariat gibt, der Notar also nicht auch Rechtsanwalt ist, hat § 3 I 1 Nr. 7 BeurkG kaum praktische Relevanz, da Nurnotare nach § 9 I 1 BNotO keine Sozietät mit Anwälten eingehen dürfen. Nurnotare gibt es in Hamburg, Mecklenburg-Vorpommern, Brandenburg, Sachsen-Anhalt, Rheinland-Pfalz, dem Saarland, Sachsen, Thüringen und Bayern sowie in einigen Regionen von Baden-Württemberg und Nordrhein-Westfalen.

[36] *Armbrüster/Preuß/Renner/Armbrüster,* § 3 BeurkG Rn. 2 f.

a) Kaufgegenstand und Kaufpreis

In die Vertragsurkunde muss der Kaufpreis des Grundstücks aufgenommen werden. **31** Ferner muss N für die Vertragsgestaltung die grundbuchmäßige Bezeichnung des Grundstücks kennen.

1. Nachfrage: Wie lautet die grundbuchmäßige Bezeichnung des Grundstücks? Wie hoch soll der Kaufpreis sein?

Informationsmittel: Nachfrage bei den Parteien.

Ergebnis der 1. Nachfrage (unterstellt): V erklärt, dass das Grundstück im Band 1 des Grundbuchs des Amtsgerichts Neustadt, Blatt 515, Flur 1, Flst. Nr. 613 verzeichnet ist und legt einen sechs Jahre alten Grundbuchauszug vor. E und V geben den Kaufpreis übereinstimmend mit 880 000 € an.

b) Rechtliche Verhältnisse des Grundstücks

Da gem. § 39 GBO das Eigentum an dem Grundstück nur auf den Erwerber umge- **32** schrieben wird, wenn der **Veräußerer voreingetragen** ist, muss N klären, ob V im Grundbuch als Eigentümer des Grundstücks eingetragen ist. Er muss außerdem feststellen, ob und gegebenenfalls wie das **Grundstück belastet** ist. Schließlich ist es von Bedeutung, ob das **Grundstück vermietet** oder verpachtet ist, da gem. § 566 BGB der Erwerber in bestehende Miet- oder Pachtverhältnisse eintritt.

2. Nachfrage: Ist V im Grundbuch als Eigentümer eingetragen? Bestehen Verfügungsbeschränkungen? Ist das Grundstück belastet? Ist das Grundstück vermietet oder verpachtet?

Informationsmittel: Nachfrage bei V; Einsicht in das Grundbuch.

Ergebnis der 2. Nachfrage (unterstellt): V erklärt, dass er als Eigentümer im Grundbuch eingetragen ist und keine Verfügungsbeschränkungen bestehen. Allerdings habe er zum Erwerb des Grundstücks ein Darlehen in Höhe von 400 000 € bei der A-Bank aufgenommen, zu deren Gunsten er eine Grundschuld bestellt habe. Das Darlehen sei aber inzwischen vollständig abgelöst, so dass die Grundschuld jederzeit gelöscht werden könne. Das Grundstück sei weder vermietet noch verpachtet.

Aus einer beglaubigten Kopie eines Grundbuchauszugs des Amtsgerichts Neustadt (Blatt Nr. 515) geht hervor, dass V als Eigentümer des Grundstücks im Grundbuch eingetragen ist. Weiterhin ist in Abt. III lfd. Nr. 1 eine Briefgrundschuld in Höhe von 400 000 € zugunsten der A-Bank eingetragen. Weitergehende Belastungen oder Verfügungsbeschränkungen bestehen nicht. Die A-Bank bestätigt auf Nachfrage des N, dass die Grundschuld nicht mehr valutiert ist. Die A-Bank wird der Löschung der Grundschuld zustimmen.

c) Bedarf an Belastungen

Ferner muss N klären, ob E den Erwerb des Grundstücks finanzieren und ob sie gege- **33** benenfalls für eines oder mehrere Darlehen Sicherheiten bieten muss. Dabei wird N auch auf die Möglichkeit hinweisen, die bereits zugunsten der A-Bank eingetragene Grundschuld zu Finanzierungszwecken zu nutzen.

3. Nachfrage: Wie bringt E den Kaufpreis auf?

Informationsmittel: Nachfrage bei E.

Ergebnis der 3. Nachfrage (unterstellt): E erklärt, dass sie den Kaufpreis teilweise finanzieren müsse. Sie werde bei der B-Bank eine Darlehen in Höhe von 500 000 € aufnehmen. Zur Sicherung des Darlehens verlange die B-Bank eine Grundschuld in gleicher Höhe.

d) Zeitpunkt der Übergabe

Schließlich ist noch zu klären, wann das Grundstück an E übergeben werden soll. **34**

4. Nachfrage: Wann soll das Grundstück an E übergeben werden?

Informationsmittel: Nachfrage bei den Parteien.

Ergebnis der 4. Nachfrage (unterstellt): Das Grundstück soll am 1.8.2014 im geräumten Zustand übergeben werden.

2. Vertragserstellung

35 Die Struktur des Grundstückskaufvertrages könnte etwa wie folgt aussehen:[37]

> Urkundeneingang, Parteien
> § 1 Kaufobjekt/Belastungen/Verkauf
> § 2 Kaufpreis/Kaufpreisfälligkeit
> § 3 Besitzübergang/Gewährleistung
> § 4 Grundschuldbestellung zugunsten der finanzierenden Bank
> § 5 Auflassungsvormerkung
> § 6 Auflassung
> § 7 Genehmigungen/Vorkaufsrechte
> § 8 Auftrag an den Notar, Vollzugsvollmachten
> § 9 Kosten/Steuern
> §10 Schriftform, Teilunwirksamkeit
> §11 Hinweise

Im Folgenden werden die Punkte aus der vorläufigen Vertragsgliederung besprochen, bei denen Gestaltungsbedarf besteht.

a) Kaufpreisfälligkeit

36 **aa)** Im Vertrag muss festgehalten werden, wann der Kaufpreis zu zahlen ist. Da das Grundstück am 1.8.2014 übergeben werden soll, ist zu diesem Termin auch der Kaufpreis fällig zu stellen. Sollte E nicht in der Lage sein, den Kaufpreis bis dahin aufzubringen, muss der **Übergabetermin** verschoben werden.

5. Nachfrage: Kann der Fälligkeitstermin für die Kaufpreiszahlung auf den 1.8.2014 festgelegt werden?

Informationsmittel: Nachfrage bei E.

Ergebnis der 5. Nachfrage (unterstellt): E ist mit diesem Fälligkeitstermin einverstanden; sie kann voraussichtlich bis dahin das Darlehen von der B-Bank erhalten.

37 **bb)** Bei einem Kaufpreis der hier vorgesehenen Größenordnung können dem Verkäufer erhebliche finanzielle Nachteile entstehen, wenn der Käufer den Kaufpreis nicht rechtzeitig zahlt: Bei einer Schuld von 880 000 € entspricht ein Prozentpunkt pro Jahr 8800 €; das sind pro Monat (je Prozentpunkt Verzinsung pro Jahr) rund 733 €. Gem. § 288 BGB kann V bei Verzug der E **Verzugszinsen** verlangen. Der Verzugszinssatz liegt gem. § 288 I 2 BGB 5% über dem Basiszinssatz. § 288 II BGB ist nicht einschlägig. E kauft das Villengrundstück zu Wohnzwecken, ist bei diesem

---

[37] Ein ähnlicher Aufbau findet sich in verschiedenen Formularbüchern, z. B. Beck'sches Formularbuch/*Gebele,* Muster III. B. 1., 3; *Wurm/Wagner/Zartmann/Leitzen/H. Götte,* Rechtsformularbuch, Muster 43.1, 43.2. Siehe auch *Langenfeld,* JuS 1998, 224 (225).

Rechtsgeschäft also Verbraucherin i. S. d. § 13 BGB. Eine Mahnung wäre für den Eintritt des Verzugs im vorliegenden Fall entbehrlich, da die Zeit für die Leistung kalendermäßig bestimmt ist (§ 286 II Nr. 1 BGB). Einziges Erfordernis für einen Verzug der E wäre daher neben der Fälligkeit des Kaufpreises das Verschulden der Nichtleistung (§ 286 IV BGB).

cc) Üblicherweise wird in den Kaufvertrag eine Erklärung des Käufers aufgenommen, 38 wonach sich der Käufer hinsichtlich der Kaufpreiszahlung der **sofortigen Zwangsvollstreckung** unterwirft.[38] Durch eine solche Vollstreckungsunterwerfung erhält der Verkäufer gem. § 794 I Nr. 5 ZPO einen Vollstreckungstitel, der Verkäufer braucht gegen den Käufer kein Urteil zu erwirken: Der notariell beurkundete Kaufvertrag wird durch die Unterwerfungsklausel zum Vollstreckungstitel, mit dem der Verkäufer die Zwangsvollstreckung betreiben kann.

b) Gefahrtragung, Gewährleistungsausschluss

aa) Nach Angabe der Parteien soll die Übergabe des Grundstücks im geräumten Zu- 39 stand am 1.8.2014 stattfinden. Die Parteien sind vom Notar darauf hinzuweisen, dass gem. § 446 BGB ab diesem Zeitpunkt der Käufer die **Lasten** sowie die **Gefahr der zufälligen Verschlechterung oder des zufälligen Untergangs** der Immobilie trägt. Lasten des Grundstücks sind beispielsweise Erschließungsbeiträge, Grundschuldzinsen und die Grundsteuer. Verschlechtern kann sich ein Grundstück u. a. durch eine Baulast, untergehen können Grundstücke bei entsprechender Lage z. B. durch Bergrutsch oder Abspülung.

bb) Weiterhin ist zu klären, wie die Haftung des Verkäufers für etwaige **Rechts- oder** 40 **Sachmängel** ausgestaltet sein soll. N wird die gesetzlichen Gewährleistungsregeln daraufhin untersuchen, ob sie für den vorliegenden Vertrag angemessen sind. Gem. § 433 I 2 BGB ist es eine Hauptpflicht des Verkäufers, dem Käufer den Kaufgegenstand frei von Rechten Dritter zu verschaffen. **Rechte Dritter** können sowohl dingliche Rechte (z. B. Grundpfandrechte, Grunddienstbarkeiten) als auch obligatorische Rechte sein (z. B. bestehende Mietverträge), sofern durch sie dem Käufer der Besitz entzogen werden kann. Ein **Gewährleistungsausschluss** ist insoweit unüblich.[39] Kann der Verkäufer eine Belastung nicht beseitigen, sollte er seine Haftung für diesen Rechtsmangel dadurch ausschließen, dass er den Käufer auf die Belastung hinweist, denn nach § 442 I 1 BGB haftet der Verkäufer nicht für Rechtsmängel, die der Käufer bei Vertragsschluss kennt. Von der Haftung für Grundpfandrechte kann sich der Verkäufer aber auf diesem Weg nicht befreien (§ 442 II BGB): Wenn bestehende Grundpfandrechte nicht abgelöst werden sollen, müssen die Parteien eine Übernahmevereinbarung treffen. Da die Grundschuld, die zugunsten der A-Bank eingetragen wurde, nicht übernommen werden soll, muss V für die Löschung der Grundschuld sorgen.

cc) Gem. § 433 I 2 BGB hat der Verkäufer dem Käufer die Sache frei von **Sachmän-** 41 **geln** zu verschaffen. Nach dem Einleitungssatz des § 434 I BGB kommt es für die Sachmängelfreiheit in erster Linie auf die vereinbarte Beschaffenheit der Sache an. Fehlt es an einer Vereinbarung, so ist die Eignung für die vertraglich vorausgesetzte

---

[38] *Reithmann/Albrecht/Albrecht*, Vertragsgestaltung, Rn. 461. Beispiel bei Beck'sches Formularbuch/*Dieckmann*, Muster IV. A. 26. Klausel II und Anm. 8. Zum maßgebenden Zeitpunkt *BGH* vom 26.11.1999 – V ZR 251/98, NJW 2000, 951.

[39] *Rehbinder*, Vertragsgestaltung, S. 121.

oder die gewöhnliche Verwendung maßgeblich (§ 434 I Nr. 1, 2 BGB). V würde danach beispielsweise für eine ungeeignete Bodenbeschaffenheit des Grundstücks einstehen müssen.[40]

42 Beim Kauf von bebauten Grundstücken hat sich in der Vertragspraxis abweichend von der gesetzlichen Regelung ein **Gewährleistungsausschluss** durchgesetzt.[41] Solche Gewährleistungsausschlüsse sind weitgehend zulässig: Nach § 444 BGB kann der Veräußerer die Haftung lediglich für solche Mängel nicht ausschließen, die er arglistig verschweigt oder die eine garantierte Eigenschaft betreffen. Ferner sind die §§ 138, 242 BGB beim Kauf eines Neubaus zu berücksichtigen. So hat der BGH entschieden, dass eine formelhafte Freizeichnung in einem notariellen Kaufvertrag über den Erwerb neu errichteter Häuser nach § 242 BGB unwirksam ist, wenn der Käufer nicht eingehend vom Notar auf die rechtliche Tragweite eines Gewährleistungsausschlusses aufmerksam gemacht wurde.[42]

43 Bei **formularmäßig verwendeten Verträgen** sind zwar grundsätzlich die Klauselverbote der §§ 307 ff. BGB zu beachten. Aber nach herrschender Ansicht sind die Vertragsbedingungen nicht i. S. d. § 305 I 1 BGB von einer Partei gestellt, wenn der Notar einen Kaufvertrag vorschlägt, ohne dass der Vertrag auf die Interessen einer Partei abgestimmt ist.[43] Eine Ausnahme besteht, wenn die Fiktion des § 310 III Nr. 1 BGB eingreift. Da die Vorschrift jedoch nur auf Verträge zwischen Unternehmern und Verbrauchern Anwendung findet und V hier nicht als Unternehmer handelt, spielt sie im vorliegenden Fall keine Rolle.

44 **dd)** Die Haftung des Verkäufers für **Verschlechterungen** des Grundstücks in der Zeit zwischen dem Vertragsschluss und dem Gefahrübergang wird üblicherweise beibehalten. Ferner ist es nicht sachgerecht, den Veräußerer von der Haftung für Mängel freizustellen, die in seine Sphäre fallen und von ihm beeinflusst werden können. Daher wird N den V vertraglich zusichern lassen, dass keine Rückstände an privaten und öffentlichen Lasten und Abgaben bestehen, alle Baulichkeiten genehmigt wurden und bisher angeforderte Erschließungsbeiträge und Anliegerkosten beglichen sind.[44]

c) Sicherungsinteressen

45 **aa)** Im vorliegenden Fall soll zugunsten der B-Bank eine Grundschuld in das Grundbuch eingetragen werden. Neben den Sicherungsinteressen des V und der E sind also auch die Sicherungsinteressen der B-Bank zu berücksichtigen. Sicherungsinteressen der A-Bank bestehen dagegen nicht, da die zu ihren Gunsten eingetragene Grundschuld nicht mehr valutiert ist. Die **Vertragsparteien** können gesichert werden, indem

---

[40] Zu möglichen Sachmängeln *Wurm/Wagner/Zartmann/Leitzen/H. Götte,* Rechtsformularbuch, Kap. 43 Rn. 54 f. Zum Umgang mit Altlasten oder Verdacht auf Altlasten *Mohr,* BWNotZ 2009, 113; *Oyda,* RNotZ 2008, 245.

[41] Beck'sches Formularbuch/*Gebele,* Muster III. B. 1. Anm. 24; *Langenfeld,* Grundlagen, Kap. 6 Rn. 14 f.; *ders.,* JuS 1998, 224 (226); *Reithmann/Albrecht/Albrecht,* Vertragsgestaltung, Rn. 531; *Wurm/Wagner/Zartmann/Leitzen/H. Götte,* Rechtsformularbuch, Muster 43.1 § 3 mit Fn. 15.

[42] *BGH* vom 17.9.1987 – VII ZR 153/86, BGHZ 101, 350 (353 ff.); *BGH* vom 8.3.2007 – VII ZR 130/05, DNotZ 2007, 822; kritisch zu dieser Rechtsprechung *Brambring,* DNotZ Sonderheft 2012, 53 (57). S. auch *Reithmann/Albrecht/Albrecht,* Vertragsgestaltung, Rn. 536.

[43] MünchKomm-BGB/*Basedow,* § 305 BGB Rn. 22; zur Abgrenzung zwischen Individual- und Formularvertrag bei notariell vorgeschlagenen Verträgen siehe *Leitzen,* NotBZ 2009, 212 ff.

[44] MünchVertragshandbuch-BGB/*Otto,* Muster I.2 § 9 mit Anm. 29 c).

einerseits V zugunsten der E eine Auflassungsvormerkung bewilligt und andererseits der Notar die zugleich mit dem Kaufvertrag beurkundete Auflassungserklärung so lange zurückhält, bis der Kaufpreis gezahlt ist.[45] Außerdem hat V vor Zahlung des Kaufpreises die Löschungsbewilligung der A-Bank beizubringen, da E nicht zur Zahlung bereit sein wird, wenn die Lastenfreiheit des Grundstücks nicht gewährleistet ist.

bb) Die Sicherungsinteressen der Parteien müssen jedoch mit den Sicherungsinteres- **46** sen der **B-Bank** in Einklang gebracht werden. Die B-Bank wird Wert darauf legen, dass zu ihren Gunsten eine (erstrangige) Grundschuld in das Grundbuch eingetragen wird, bevor sie den Darlehensbetrag auszahlt.[46] Dann wird andererseits V verlangen, dass die B-Bank ihm den Betrag direkt auszahlt.[47]

Einen Überblick über die Sicherungsinteressen im vorliegenden Fall gibt die folgende **47** Übersicht:

Sicherungsinteressen		
Person	**Interesse**	**Sicherung**
Käufer	keine Zwischenverfügungen	Auflassungsvormerkung
	Löschung der Grundschuld für die Bank des Verkäufers	Freistellungserklärung der Bank des Verkäufers
Bank des Käufers	Grundschuld für Darlehen	Verkäufer bewilligt Grundschuld
Verkäufer	Grundschuldbewilligung nur gegen Sicherheit	Anweisung an Bank: Darlehensbetrag direkt an Verkäufer zahlen
	kein Eigentumsübergang ohne Kaufpreiszahlung	Auflassung wird vom Notar zurückgehalten

cc) N wird den Vertragsparteien daher folgende Vertragsgestaltung vorschlagen: V be- **48** willigt schon im Kaufvertrag die Grundschuldbestellung zugunsten der B-Bank. E erteilt der B-Bank die Weisung, die Darlehensvaluta direkt an V zu zahlen und die Eintragung der E als Eigentümerin wird beim Grundbuchamt erst beantragt, wenn V den Kaufpreis erhalten hat. Die Kaufpreiszahlung wird erst veranlasst, wenn der lastenfreie Eigentumsübergang und die erstrangige Eintragung der Grundpfandrechte der B-Bank sichergestellt sind, die bewilligte Auflassungsvormerkung im Grundbuch ohne Vorrang anderer Rechte eingetragen ist und die Negativbescheinigung[48] der Stadt Neustadt vorliegt.

d) Behördliche Genehmigungen, Vorkaufsrecht

In bestimmten Fällen bedarf ein Grundstückskaufvertrag der **behördlichen Genehmi- 49 gung,** z. B. bei landwirtschaftlichen Grundstücken gem. § 2 I Grundstücksverkehrsgesetz. Im vorliegenden Fall sind jedoch keine Genehmigungserfordernisse ersichtlich. Daneben können aufgrund baurechtlicher Vorschriften gesetzliche **Veräußerungsbeschränkungen** vorliegen. So kann z. B. der Stadt Neustadt ein **Vorkaufsrecht** nach den §§ 24 ff. BauGB zustehen.[49] Der Notar muss daher die Parteien über das Vorkaufs-

---

[45] Dazu ausführlich oben Rn. 13–16.
[46] Zu der vorübergehenden Beschränkung des Sicherungszwecks oben Rn. 19.
[47] Siehe zur Sicherung des Kreditgebers des Käufers oben Rn. 18.
[48] Dazu sogleich Rn. 49.
[49] Vgl. zu weiteren gesetzlichen Vorkaufsrechten *Faßbender/Grauel*, Notariatskunde, § 4 Rn. 124 ff.

recht belehren und sicherstellen, dass die zur Eigentumsumschreibung im Grundbuch erforderliche Negativbescheinigung der Stadt vorliegt,[50] wobei er in aller Regel selbst die erforderliche Bescheinigung einholt.[51] Um später gegebenenfalls beweisen zu können, dass er die Parteien über das Vorkaufsrecht belehrt hat, ist vom Notar ein entsprechender Vermerk im Kaufvertrag aufzunehmen.

50 Der Notar holt ferner die Unbedenklichkeitsbescheinigung des Finanzamts für die Grunderwerbssteuer ein, die Voraussetzung für die Grundbucheintragung des Erwerbers ist. Durch die Unbedenklichkeitsbescheinigung erklärt das zuständige Finanzamt, dass der Eintragung des Erwerbers keine steuerlichen Bedenken entgegenstehen (§ 22 I 1 GrEStG). Das Finanzamt hat die Bescheinigung zu erteilen, wenn die Grunderwerbssteuer entrichtet, sichergestellt oder gestundet worden ist oder wenn Steuerfreiheit gegeben ist (§ 22 II 1 GrEStG).

e) Vollzugsvollmachten

51 Sinnvoll ist eine Regelung, wonach der Notar von ihm selbst beurkundete Erklärungen nachträglich berichtigen oder ergänzen und damit Fehler korrigieren kann, ohne dass die Vertragsparteien erneut bei ihm erscheinen müssen. Außerdem sind häufig weitere Erklärungen gegenüber dem Grundbuchamt abzugeben. Daher wird in der Praxis in Grundstückskaufverträgen eine **Vollmachtserteilung** der Vertragsparteien an die Angestellten des Notars aufgenommen.[52] Zum Schutz der Vertragspartner sollte die Vollmacht inhaltlich auf die Vertragsdurchführung beschränkt und zeitlich bis zur Eigentumsumschreibung im Grundbuch befristet werden.

f) Kosten und Steuern

52 Nach § 448 II BGB hat der Käufer eines Grundstücks die Kosten der Beurkundung des Kaufvertrags und der Auflassung, der Eintragung ins Grundbuch und der zu der Eintragung ins Grundbuch erforderlichen Erklärungen zu tragen. Die Löschungskosten nicht übernommener Belastungen sind dagegen vom Verkäufer zu zahlen, §§ 433 I 2, 435 BGB. Bei diesen Regelungen handelt es sich um dispositives Recht, so dass eine abweichende Kostentragung vereinbart werden kann. Der Käufer trägt daher vereinbarungsgemäß häufig auch die **Grunderwerbssteuer**, die nach § 1 I Nr. 1 GrEStG bei dem Abschluss eines Kaufvertrages über inländischen Grundbesitz anfällt und sich gem. §§ 8, 9 GrEStG nach dem Wert der Gegenleistung, also i. d. R. nach der Höhe des Kaufpreises, bemisst. Nach Art. 105 II a 2 GG können die Bundesländer die Höhe des Steuersatzes abweichend von § 11 I GrEStG regeln. Von dieser Befugnis hat die Mehrzahl Gebrauch gemacht, so dass der Steuersatz zur Zeit je nach Bundesland zwischen 3,5 % und 6,5 % beträgt. Die Erschließungskosten i. S. d. BauGB und die landesrechtlichen Kommunalabgaben hat nach § 446 I 2 BGB der Käufer – mangels abweichender vertraglicher Vereinbarung – grundsätzlich erst ab Übergabe des Grundstücks zu tragen. Im vorliegenden Fall besteht kein Anlass, von dieser gesetzlichen Regelung abzuweichen.

---

[50] Siehe zur Negativbescheinigung *Greim*, RNotZ 2004, 115 (128 ff.); *Rehbinder*, Vertragsgestaltung, S. 119; *Reithmann/Albrecht/Albrecht*, Vertragsgestaltung, Rn. 653.

[51] *Langenfeld*, JuS 1998, 224 (225).

[52] *Langenfeld*, Grundlagen, Kap. 6 Rn. 18; *ders.*, JuS 1998, 224 (226); s. a. Beck'sches Formularbuch/*Gebele*, Muster III. B. 1. Klausel III. § 1.

g) Weitere Klauseln

Für Vertragsänderungen nach der Auflassung sollte N eine **Schriftformklausel** vorse- 53
hen.[53] Schließlich sollte N eine **salvatorische Klausel** in den Kaufvertrag aufnehmen.
Sie bewirkt, dass der Vertrag bei Nichtigkeit einer Klausel abweichend von § 139 BGB
im Übrigen wirksam bleibt.

3. Vertragsentwurf

Aus den vorstehenden Überlegungen ergibt sich folgender Vertragsentwurf: 54

Nummer … der Urkundenrolle für 2014
Verhandelt
zu Neustadt   am 18.6.2014
Vor dem unterzeichnenden Notar
Dr. Norbert Northeim
mit dem Amtssitz in Neustadt
erschienen heute:
1. Herr Carlo Valentino, geb. 23.8.1947, Marienstr. 8, 12345 Neustadt, ausge-
   wiesen durch Personalausweis Nr. …,

                                        – nachstehend Verkäufer genannt –
2. Frau Gesine Ehrlicher, geb. 12.6.1962, Parkstr. 16, 12347 Neustadt, ausge-
   wiesen durch Personalausweis Nr. …

                                        – nachstehend Käuferin genannt –
Der Notar fragte die Erschienenen nach einer Vorbefassung im Sinne von § 3 I
Nr. 7 BeurkG, d.h. ob er oder eine Person, mit der er sich zur gemeinsamen Berufsausübung verbunden oder mit der er gemeinsame Geschäftsräume hat, außerhalb seiner oder ihrer Amtstätigkeit in dieser Angelegenheit bereits vorher tätig
war oder ist. Die Erschienenen erklärten, dass eine Vorbefassung nicht vorliegt.
Die Erschienenen erklären zu öffentlicher Urkunde folgenden

Grundstückskaufvertrag

§ 1 Kaufobjekt, Belastungen, Verkauf

(1) Der Verkäufer ist im Grundbuch des Amtsgerichts Neustadt, Blatt 515 als Ei-
gentümer folgenden Grundstücks eingetragen:
Flur 1, Flst. Nr. 613, Gebäude u. Freifläche mit 16,4a, Marienstr. 8 – nachste-
hend Grundstück genannt –
(2) Das Grundstück ist nach dem Grundbuch wie folgt belastet:
III. Abt. lfd. Nr. 1: 400000 € Briefgrundschuld zugunsten der A-Bank
Weitere Einträge sind in Abt. II und III des Grundbuchs nicht enthalten.
Diese Belastung ist vom Verkäufer auf seine Kosten zur Löschung zu bringen. Die
Beteiligten stimmen der Löschung zu, der Verkäufer beantragt den Vollzug.
Die Gläubigererklärung wird vom beurkundenden Notar treuhänderisch be-
schafft und nachgereicht. Der Notar hat sich über den Grundbuchinhalt unter-
richtet durch Grundbucheinsicht vom heutigen Tag.

---

[53] Zur Begründung s. oben Rn. 11.

(3) Der Verkäufer verkauft an die Käuferin das vorbezeichnete Kaufobjekt einschließlich der gesetzlichen Bestandteile und der in seinem Eigentum stehenden Zubehörstücke.

§ 2 Kaufpreis, Kaufpreisfälligkeit

(1) Der Kaufpreis beträgt 880 000 € (in Worten: achthundertachtzigtausend Euro).

(2) Der Kaufpreis ist zum 1.8.2014 fällig, frühestens jedoch innerhalb von fünf Werktagen nach Zugang der schriftlichen Mitteilung des beurkundenden Notars an die Käuferin, dass folgende Voraussetzungen erfüllt sind:

a) Eintragung der in § 5 dieses Vertrages bewilligten Auflassungsvormerkung im Grundbuch vor allen anderen Rechten der Abteilung II und III, ausgenommen mit Zustimmung der Käuferin gleich- oder vorrangige Rechte und Lasten.

b) Vorlage der Genehmigung bzw. Negativbescheinigung der Stadt Neustadt bezüglich der Bestimmungen des Baugesetzbuches.

c) Vorlage der Löschungsbewilligung der A-Bank hinsichtlich der in Abteilung III lfd. Nr. 1 eingetragenen Grundschuld beim beurkundenden Notar. Der Notar wird beauftragt, diese Löschungsbewilligung unverzüglich beim Grundbuchamt einzureichen und die Löschung des Rechts zu beantragen.

(3) Der Kaufpreis ist auf das Konto des Verkäufers bei der B-Bank, IBAN: DE31 1234 5678 0002 3456 78, BIC: BBNKDE9KXXX zu zahlen.

(4) Kommt die Käuferin mit der Zahlung in Verzug, so hat sie Zinsen in Höhe von 5 % jährlich über dem jeweiligen Basiszinssatz zu entrichten. Weitere Rechte des Verkäufers bleiben unberührt.

(5) Die Käuferin unterwirft sich wegen des Kaufpreises und der etwaigen Fälligkeits- und Verzugszinsen gegenüber dem Verkäufer der sofortigen Zwangsvollstreckung aus dieser Urkunde in ihr gesamtes Vermögen. Der Verkäufer ist berechtigt, sich jederzeit ohne Nachweis der Fälligkeit eine vollstreckbare Ausfertigung dieser Urkunde erteilen zu lassen. Eine Beweislastumkehr soll dadurch nicht bewirkt werden.

§ 3 Besitzübergang, Gewährleistung

(1) Der Besitzübergang mit der Befugnis zur Nutzung des Kaufobjekts, der Verpflichtung zur Lastentragung und der Gefahr des zufälligen Untergangs oder der zufälligen Verschlechterung des Kaufobjekts erfolgt am 1.8.2014 in geräumtem Zustand.

(2) Der Verkäufer leistet keine Gewähr für die Beschaffenheit des Grundstücks, den baulichen Zustand vorhandener Gebäude und die Flächenmaßrichtigkeit. Das Grundstück geht über wie es steht und liegt; die Käuferin hat es besichtigt. Der Verkäufer haftet für verborgene Mängel nur, soweit sie ihm bekannt sind. Er versichert, dass ihm versteckte Mängel nicht bekannt sind. Der Verkäufer gewährleistet, dass sich das Kaufobjekt ab heute bis zum Gefahrübergang gegenüber dem heutigen Zustand nicht mehr verschlechtert.

(3) Der Verkäufer haftet dafür, dass der Kaufgegenstand frei von Rechten jeglicher Art ist, soweit diese nicht ausdrücklich übernommen oder zum Zwecke der Finanzierung von der Käuferin oder in ihrem Einverständnis bestellt worden sind.

(4) Der Verkäufer versichert, dass keine Rückstände an privaten und öffentlichen Lasten und Abgaben bestehen, alle Baulichkeiten genehmigt wurden und bisher angeforderte Erschließungsbeiträge und Anliegerkosten bezahlt sind. Erschließungsbeiträge nach Baugesetzbuch sowie Beiträge und Kostenerstattungspflichten nach Kommunalabgabengesetz, die bis zum Tag des Besitzübergangs in Rechnung gestellt sind, trägt der Verkäufer. Später in Rechnung gestellte Beträge und Lasten dieser Art trägt die Käuferin. Der Verkäufer versichert, dass ihm keine Maßnahmen bekannt sind, die zu Anlieger- oder Erschließungsbeiträgen führen könnten.

§ 4 Grundschuldbestellung

(1) Der Verkäufer ist verpflichtet, zur Sicherung des Darlehens der B-Bank in Höhe von 500 000 € nebst Zinsen an die Käuferin, das von der Käuferin zur Finanzierung des Kaufpreises verwandt wird, der B-Bank eine Grundschuld gemäß ihren Bedingungen zu bestellen. Die Käuferin weist hiermit die B-Bank unwiderruflich an, den aufgrund des Darlehens gewährten Betrag bei Vorliegen der Fälligkeitsvoraussetzungen unmittelbar an den Verkäufer zu zahlen. Bis zur vollständigen Zahlung des Kaufpreises dient das Grundpfandrecht lediglich der Sicherung der Kaufpreiszahlung. Eine etwaige sonstige Zweckbestimmung darf erst mit vollständiger Kaufpreiszahlung in Kraft treten. Der Notar wird beauftragt, der B-Bank eine beglaubigte Abschrift dieser Urkunde und eine beglaubigte Abschrift der Grundpfandrechtsbewilligung zur Herbeiführung der Bindung gem. § 873 II BGB zuzusenden und in einem Begleitschreiben auf die sonstigen obigen Bedingungen und Auflagen hinzuweisen.

(2) Der Verkäufer hat diese Belastungsverpflichtung heute durch Mitbestellung folgender Grundschuld erfüllt:
Grundschuld in Höhe von 500 000 € (in Worten: fünfhunderttausend Euro) zugunsten der B-Bank.

§ 5 Auflassungsvormerkung

Der Verkäufer bewilligt heute unwiderruflich die Eintragung einer Eigentumsvormerkung für die Käuferin. Die Vormerkung erhält den Rang nach Finanzierungspfandrechten der Käuferin. Die Löschung der Auflassungsvormerkung wird schon jetzt bewilligt und beantragt für den Fall, dass der Verkäufer wegen nicht rechtzeitiger Zahlung des Kaufpreises von diesem Vertrag zurücktritt. Die Löschung der Auflassungsvormerkung wird außerdem bewilligt und beantragt für den Fall der Eigentumsumschreibung unter der Voraussetzung, dass keine Zwischeneintragungen ohne Mitwirkung der Käuferin erfolgt oder beantragt sind.

§ 6 Auflassung

(1) Die Vertragsbeteiligten sind sich über den Eigentumsübergang nach § 1 einig; der Verkäufer bewilligt und die Käuferin beantragt die Eigentumsumschreibung im Grundbuch. Die Erschienenen weisen den Notar unwiderruflich an, die Eigentumsumschreibung erst dann zu beantragen, wenn der Kaufpreis auf dem Konto des Verkäufers eingegangen ist. Bis zu diesem Zeitpunkt verzichten die Beteiligten auf eine Ausfertigung der Auflassung. Alle anderen Ausfertigungen und Abschriften dieses Vertrages sind bis dahin ohne den Text der Auflassung herauszugeben.

(2) Der Antrag auf Eigentumsumschreibung kann ausschließlich von dem beurkundenden Notar oder seinem Vertreter oder seinem Nachfolger im Amt gestellt werden. Die Vertragsparteien verzichten auf ein eigenes Antragsrecht zur Umschreibung des Grundstücks im Grundbuch.

§ 7 Genehmigungen, Vorkaufsrechte

Dieser Vertrag bedarf keiner Genehmigung. Der Notar hat darauf hingewiesen, dass gesetzliche Vorkaufsrechte in Betracht kommen können. Das Grundbuchamt darf die Käuferin erst dann in das Grundbuch eintragen, wenn ihm die Nichtausübung oder das Nichtbestehen eines gesetzlichen oder satzungsmäßigen Vorkaufsrechts der Gemeinde nach Baugesetzbuch oder Maßnahmegesetz durch eine entsprechende Bescheinigung der Gemeinde nachgewiesen ist. Der Notar wird mit der Einholung dieser Bescheinigung beauftragt.

§ 8 Auftrag an den Notar, Vollzugsvollmachten

(1) Die Beteiligten beauftragen den beurkundenden Notar mit der Durchführung des Vertrages und der Einholung aller erforderlichen Genehmigungen. Sie ermächtigen ihn zu deren Entgegennahme mit Wirkung für und gegen alle. Genehmigungen aller Art werden mit dem Eingang bei dem Notar für alle Beteiligten wirksam.

(2) Die Beteiligten erteilen jeder für sich unwiderruflich, über den Tod hinaus und unter Befreiung von den Beschränkungen des § 181 BGB den Angestellten des Notars

1. Wachter, Elfriede, geb. 13.4.1962, Notarfachgehilfin
2. Müller, Trude, geb. 23.8.1957, Notarfachangestellte

je einzeln Vollmacht, alle Erklärungen abzugeben und entgegenzunehmen, die mit diesem Vertrag, den Nebenurkunden wie Grundpfandrechtsbewilligungen und ihrem Vollzug in Zusammenhang stehen, insbesondere Eintragungsbewilligungen zum Grundbuch abzugeben, Eintragungsanträge zu stellen und Auflassungen zu erklären. Von der Vollmacht darf nur beim beurkundenden Notar Gebrauch gemacht werden. Sie erlischt mit der Eintragung des Eigentumsübergangs auf die Käuferin im Grundbuch.

§ 9 Kosten und Steuern

Die Kosten der Löschung nicht bestehenbleibender Rechte trägt der Verkäufer. Die übrigen Kosten dieses Vertrages und seines Vollzuges und die Grunderwerbssteuer trägt die Käuferin.

§ 10 Schriftform, Teilunwirksamkeit

(1) Änderungen und Ergänzungen zu diesem Vertrag bedürfen der Schriftform, soweit nicht gesetzlich die notarielle Beurkundung vorgeschrieben ist. Diese Formvorschrift kann nur unter Wahrung der vereinbarten Form aufgehoben oder geändert werden.

(2) Sollten eine oder mehrere Bestimmungen dieses Vertrages ungültig sein oder werden, so soll der Vertrag im Übrigen gleichwohl gelten. Die ungültigen Bestimmungen sollen durch Regelungen ersetzt werden, die den wirtschaftlichen Interessen der Parteien am besten entsprechen.

§ 11 Hinweise des Notars

Die Beteiligten erklären, vom Notar eingehend belehrt worden zu sein, insbesondere darüber, dass

(1) der Eigentumsübergang erst mit der Eintragung der Käuferin in das Grundbuch erfolgt und die Eintragung erst beantragt werden kann, wenn die Unbedenklichkeitsbescheinigung des Finanzamts für die Grunderwerbssteuer und die Bescheinigung der Stadt Neustadt über das Nichtbestehen oder die Nichtausübung eines Vorkaufsrechts vorliegen;

(2) alle Vereinbarungen beurkundet sein müssen und dass bei einem Verstoß gegen diese Bestimmung (§ 311 b BGB) der Vertrag in seinem ganzen Inhalt unwirksam sein kann;

(3) der Verkäufer wesentliche ihm bekannte Sachmängel der Käuferin zu offenbaren hat. Der Notar hat die Käuferin darauf hingewiesen, dass sie etwaige Mängel, die unter den vereinbarten Gewährleistungsausschluss fallen, dulden oder auf eigene Kosten beseitigen muss, ohne deswegen den Verkäufer in Anspruch nehmen zu können. Er hat weiter darauf hingewiesen, dass der Haftungsausschluss von der gesetzlichen Regelung abweicht;

(4) die Beschaffung des Kaufpreises sowie etwaiger Darlehen zur Kaufpreisfinanzierung einschließlich der Schaffung der rechtlichen Voraussetzungen für die Darlehenssicherung allein Sache der Käuferin ist.

(5) Außer den in dieser Urkunde enthaltenen Belehrungen wurde auch im Übrigen auf Inhalt und Rechtswirkungen jeder einzelnen der vorstehenden Vereinbarungen hingewiesen.

Vorstehende Verhandlung wurde den Erschienenen vorgelesen, von ihnen genehmigt und eigenhändig von ihnen und dem Notar wie folgt unterschrieben:

§ 7. Vertragsgestaltung im Gesellschaftsrecht

Literatur (s. auch das Verzeichnis der abgekürzt zitierten Literatur, S. XIX): *Benecke,* Inhaltskontrolle im Gesellschaftsrecht oder – „Hinauskündigung" und das Anstandsgefühl aller billig und gerecht Denkenden, ZIP 2005, 1437; *Blasche,* Vinkulierungsklauseln in GmbH-Gesellschaftsverträgen, RNotZ 2013, 515; *Born,* Die neuere Rechtsprechung des Bundesgerichtshofs zur Gesellschaft mit beschränkter Haftung, WM 2013, Sonderbeilage 1, 1; *Butz-Seidl,* Optimale Abfindungsklauseln in Gesellschaftsverträgen, GStB 2004, 147; *Flesner,* Ausgewähltes zur Unternehmensnachfolge und -vorsorge bei der GmbH und GmbH & Co. KG, DB 2011, 2362; *Goette/Habersack* (Hrsg.), Das MoMiG in Wissenschaft und Praxis, 2009; *Heckschen,* Das MoMiG in der notariellen Praxis, 2009; *ders.,* Gründungserleichterung nach dem MoMiG – Zweifelsfragen in der Praxis, DStR 2009, 166; *Hucke/Holfter,* Die Unternehmergesellschaft (haftungsbeschränkt) – eine echte Alternative für Unternehmensgründer, JuS 2010, 861; *Just,* GmbH versus Limited – Praxisempfehlungen, BC 2006, 25; *Leistikow,* Das neue GmbH-Recht, 2009; *Miras,* Die neue Unternehmergesellschaft, 2. Aufl. 2011; *ders.,* Aktuelle Fragen zur Unternehmergesellschaft (haftungsbeschränkt), NZG 2012, 486; *Seebach,* Die Unternehmergesellschaft (haftungsbeschränkt) in der notariellen Praxis, RNotZ 2013, 261; *Spies,* Unternehmergesellschaft (haftungsbeschränkt), 2010; *Teichmann,* Vertragsfreiheit im Innenverhältnis der GmbH-Gesellschafter, RNotZ 2013, 346.

1 Eine Vielzahl von Gestaltungsmöglichkeiten eröffnet sich für den Vertragsjuristen bei gesellschaftsrechtlichen Fragestellungen. Der individuelle Regelungsbedarf erfasst insbesondere die **Auswahl der** für die Parteien passenden **Rechtsform,** die Beziehungen der Gesellschafter untereinander, die **Vertretung der Gesellschaft** nach außen und Fragen der Beendigung der Gesellschaft. Wegen der häufig gravierenden wirtschaftlichen Folgen für die Parteien ist eine an deren Interessen orientierte und rechtsbeständige Vertragsgestaltung von erheblicher Bedeutung. Da die Gestaltungsmöglichkeiten der Parteien maßgeblich von der ausgewählten Rechtsform bestimmt werden, steht diese im Folgenden im Mittelpunkt.

I. Allgemeine Überlegungen

2 Die Gestaltung eines gesellschaftsrechtlichen Vertrages folgt den allgemeinen Denkschritten: In einem ersten Schritt hat der Vertragsjurist in tatsächlicher Hinsicht von den Parteien möglichst viele Informationen zu sammeln. Dieser Informationsgewinnung schließt sich die Rechtsanwendung an, welche neben zwingenden und dispositiven Normen auch Gestaltungskriterien wie das Gebot des sicheren Weges zu beachten hat.

1. Fragen der Informationsgewinnung

3 Wollen sich mehrere Personen zu einer Gesellschaft zusammenschließen, so bestimmt zunächst der mit der Gesellschaft angestrebte Zweck die **Wahl der Rechtsform.** Der Gesellschaftszweck kann auf den **Betrieb eines Handelsgeschäfts** oder sonstige gewerbliche oder ideelle Ziele gerichtet sein. Weiterhin ist für die Rechtsformwahl ausschlaggebend, ob die Gesellschaft maßgeblich von dem persönlichen Vertrauen der Gesellschafter untereinander bestimmt und in ihrem Fortbestand daher grundsätzlich von einer unveränderten Zusammensetzung abhängig sein soll; in einem solchen Fall wäre ein Zusammenschluss zu einer **Personengesellschaft** geboten. Soll hingegen die Gesellschaft in ihrem Handeln und Fortbestand nicht von den Personen der Gesell-

schafter, sondern von der Höhe der finanziellen Beteiligung an ihr geprägt sein, kommt die Gründung einer **Kapitalgesellschaft** in Betracht.[1] Um ihre individuellen Ziele zu verfolgen, stehen den Parteien insbesondere die nachfolgend beschriebenen „klassischen" Formen einer Personengesellschaft (Gesellschaft bürgerlichen Rechts, offene Handelsgesellschaft und Kommanditgesellschaft)[2] sowie einer Kapitalgesellschaft (Gesellschaft mit beschränkter Haftung, Aktiengesellschaft)[3] zur Verfügung.

a) Gesellschaft bürgerlichen Rechts

Gesetzlicher **Grundtyp einer Personengesellschaft** ist die Gesellschaft bürgerlichen Rechts (GbR), §§ 705 ff. BGB. Sie ist **auf die Erreichung eines gemeinsamen Zwecks gerichtet.** Dieser Zweck ist von Gesetzes wegen nicht näher definiert und kann ein erwerbswirtschaftlicher oder ein ideeller sein. Allein dann, wenn er auf den Betrieb eines kaufmännischen Gewerbes gerichtet ist, kann die Gesellschaft keine GbR sein.[4] Stattdessen kommt im Bereich der Personengesellschaften der Zusammenschluss zu einer OHG oder KG, ansonsten die Gründung einer Kapitalgesellschaft in Betracht. Für die GbR ist kennzeichnend, dass ein rechtsgeschäftliches Handeln der Gesellschaft im Verhältnis der Gesellschafter untereinander (Innenverhältnis) wie im Verhältnis zu Dritten (Außenverhältnis) der Zustimmung sämtlicher Gesellschafter bedarf (Grundsatz der **Gesamtgeschäftsführung** bzw. -vertretung). Neben der Gesellschaft selbst haften auch die Gesellschafter unbeschränkt für Verbindlichkeiten der Gesellschaft.[5]

Beispiel: Die Studienfreunde A, B und C möchten nicht mehr auf den öffentlichen Personennahverkehr angewiesen ein. Daher schaffen sie sich einen PKW zur gemeinsamen Nutzung an.

b) Die offene Handelsgesellschaft (OHG)

Die offene Handelsgesellschaft ist **strukturverwandt mit der GbR.** Soweit sich aus den Vorschriften der §§ 105–160 HGB nichts anderes ergibt, sind gem. § 105 II HGB die im BGB befindlichen Vorschriften über die GbR ergänzend anzuwenden. Der Gesellschaftszweck der OHG besteht, in Abgrenzung zur GbR, im **Betrieb eines vollkaufmännischen Gewerbes,** § 105 I HGB. Ein weiterer entscheidender Unterschied zwischen beiden Gesellschaftsformen liegt darin, dass bei der OHG grundsätzlich jeder Gesellschafter allein und unbeschränkt (§ 126 HGB) zur Geschäftsführung berechtigt ist (sog. **Einzelgeschäftsführung**), § 125 I HGB. Wie bei der GbR **haften**

---

[1] Dem Begriff der Personengesellschaft wird üblicherweise der der Körperschaft entgegengesetzt. Diese umfasst sowohl Kapitalgesellschaften, als auch Genossenschaften sowie den eingetragenen Verein. Aus Gründen des Umfangs und der praktischen Relevanz beschränkt sich die Darstellung jedoch auf die Kapitalgesellschaften.

[2] Weitere Personengesellschaften sind die stille Gesellschaft, die Partnerschaftsgesellschaft und als deren Variante die Partnergesellschaft mit beschränkter Berufshaftung, die Partenreederei, die freiberufliche Partnerschaft sowie die Europäische Wirtschaftliche Interessenvereinigung.

[3] Neben GmbH und AG sind auch die Kommanditgesellschaft auf Aktien, die Societas Europaea sowie die Unternehmergesellschaft (haftungsbeschränkt) als Sonderform der GmbH Kapitalgesellschaften.

[4] *Eisenhardt/Wackerbarth,* GesR I, Rn. 60; *Kindler,* Handels- und Gesellschaftsrecht, § 10 Rn. 11; *Kübler/Assmann,* GesR, § 6 I 1 c; *Windbichler,* GesR, § 5 Rn. 3.

[5] Sog. Akzessorietätstheorie, der sich nunmehr auch der BGH angeschlossen hat, vgl. *BGH* vom 27.9.1999 – II ZR 371/98, BGHZ 142, 315; *BGH* vom 29.1.2001 – II ZR 331/00, BGHZ 146, 341. Anders die früher herrschende Doppelverpflichtungstheorie, die eine Haftung der Gesellschafter nur bei rechtsgeschäftlichen, nicht aber bei gesetzlich begründeten Verbindlichkeiten der Gesellschaft vorsah.

bei der OHG **sowohl die Gesellschaft als auch die Gesellschafter selbst unbeschränkt** für Verbindlichkeiten der Gesellschaft.[6] Dieser Umstand verschafft der OHG zwar einerseits Bonität,[7] macht sie seitens der Gesellschafter jedoch zu einer weniger populären Gesellschaftsform.[8]

Beispiel: Die Malermeister A, B und C wollen ihre Dienste zukünftig gemeinsam anbieten, um sich im Wettbewerb besser behaupten zu können, wobei alle drei gleichberechtigt die Geschäfte führen und mit ihrem Privatvermögen für die Verbindlichkeiten haften wollen. Zu diesem Zweck schließen sie sich zur „Regenbogen OHG" zusammen.

c) Die Kommanditgesellschaft (KG)

6   Der OHG ähnlich ist die KG, die ebenfalls auf eine erwerbswirtschaftliche Tätigkeit gerichtet ist. Der grundlegende Unterschied zur OHG liegt darin, dass sich die KG aus zwei Arten von Gesellschaftern zusammensetzt: aus **Komplementären und Kommanditisten** (§ 161 I HGB). Damit es sich bei einer Gesellschaft um eine KG handelt, müssen deshalb jeweils mindestens ein Komplementär und ein Kommanditist beteiligt sein. Die **Komplementäre** sind in ihrer Funktion und Rechtsstellung den Gesellschaftern einer OHG weitgehend gleichgestellt; sie sind vertretungsberechtigt und **haften** persönlich und **unbeschränkt** für Gesellschaftsschulden. Anderes gilt hingegen für die **Kommanditisten.** Sie **haften nur bis zur Höhe ihrer Einlage** (§ 171 I HGB), sie sind weder zur Geschäftsführung befugt (§ 164 1. Hs. HGB) noch vertretungsberechtigt (§ 170 HGB). Diese Besonderheit in der Struktur macht die KG zu einer sehr beliebten Gesellschaftsform. Sie eignet sich auch für größere Zusammenschlüsse von Gesellschaftern und macht es durch die Trennung von Kommanditisten und Komplementären möglich, eine Kapitalgesellschaften angenäherte Personengesellschaft zu schaffen.[9]

Beispiel: S, Sohn der vermögenden M und V möchte im großen Stil preiswerte Handtaschenduplikate aus chinesischer Fertigung nach Europa einführen und verkaufen. Da sein Erspartes nicht ausreicht, bittet er seine Eltern M und V sich finanziell an seinem Vorhaben zu beteiligen, sich ansonsten aber bitte „herauszuhalten". S schlägt seinen Eltern daher vor, die „Siegfried Import KG" zu gründen, wobei er selbst Komplementär und seine Eltern Kommanditisten sein sollen.

d) Die Aktiengesellschaft (AG)

7   Bei der Aktiengesellschaft handelt es sich um eine **Kapitalgesellschaft** und nicht wie bei GbR, OHG und KG um eine Personengesellschaft. Sie besitzt gem. § 1 I AktG eine eigene Rechtspersönlichkeit, ist also **juristische Person,** die selbst Träger von Rechten und Pflichten sein kann. Die Mitglieder bzw. Gesellschafter der AG sind die **Aktionäre,** die sich durch den Erwerb von Anteilen in Form von Aktien finanziell in die AG einbringen und somit das Grundkapital schaffen. Die AG handelt als juristische Person durch ihre **Organe.** Als solche gesetzlich vorgesehen sind der **Vorstand** (§§ 76 ff. AktG), der **Aufsichtsrat** (§§ 95 ff. AktG) und die **Hauptversammlung** der Aktionäre (§§ 118 ff. AktG). Von diesen Organen ist allein der Vorstand geschäftsführungs- und

---

[6] *Kindler,* Handels- und Gesellschaftsrecht, § 10 Rn. 90 ff.; *K. Schmidt,* GesR, § 48 I 2; *Windbichler,* GesR, § 14 Rn. 16 ff.

[7] *Eisenhardt/Wackerbarth,* GesR I, Rn. 286; *Klunzinger,* GesR, § 5 II; *Kübler/Assmann,* GesR, § 7 I 4.

[8] *Grunewald,* GesR, § 2 Rn. 6; *Kübler/Assmann,* GesR, § 7 I 4; *Langenfeld,* JuS 1998, 621; *Windbichler,* GesR, § 11 Rn. 15.

[9] *Kindler,* Handels- und Gesellschaftsrecht, § 13 Rn. 7; *Kübler/Assmann,* GesR, § 8 I 3 c; *Windbichler,* GesR, § 17 Rn. 1 ff.

vertretungsbefugt, §§ 76 I, 78 I AktG. Besteht der Vorstand aus mehr als einer Person, so sieht das Gesetz grundsätzlich Gesamtgeschäftsführung vor, § 77 I AktG. Die **Haftung der AG** beschränkt sich gem. § 1 I 2 AktG auf das Gesellschaftsvermögen, so dass das Haftungsrisiko des einzelnen Aktionärs auf das durch den Aktienkauf eingebrachte Vermögen beschränkt ist. Nicht nur diese Risikobeschränkung für die einzelnen Anteilseigner macht die AG zu einer in der Praxis vor allem von großen Unternehmen angenommenen Gesellschaftsform.[10] Die Gesellschaftsform der AG bietet ferner die Möglichkeit, große Mengen an Kapital zu beschaffen, das der Gesellschaft langfristig zur Verfügung steht. Anders als im Fall der Kreditaufnahme muss das aufgenommene Kapital nicht innerhalb bestimmter Fristen mit hohen Zinssätzen wieder zurückgezahlt werden.[11]

e) Die Gesellschaft mit beschränkter Haftung (GmbH)

Die GmbH ist wie die AG eine Körperschaft und kann wie diese als **juristische Person** Träger von Rechten und Pflichten sein, § 13 I GmbHG. Die **Organe** der GmbH sind die **Geschäftsführer,** die Gesamtheit der **Gesellschafter** und gegebenenfalls ein Aufsichtsrat. Die Geschäftsführer vertreten die GmbH im Zweifel als Gesamtvertreter, § 35 I, II GmbHG. Ihre Vertretungsmacht kann im Innenverhältnis durch Satzung oder Beschluss der Gesellschafter beschränkt werden, § 37 I GmbHG. Im Außenverhältnis hat eine solche Beschränkung der Vertretungsmacht keine Wirkung, § 37 II GmbHG. Die Gesellschafter bleiben durch diese weitgehende Weisungsbefugnis das entscheidende Organ der GmbH, was sie von den Aktionären der AG unterscheidet. Die **Haftung der Gesellschafter ist auf das Gesellschaftsvermögen beschränkt,** § 13 II GmbHG; dies gilt grundsätzlich auch für die Einmann-GmbH. Die GmbH gewinnt in Deutschland zunehmend an Bedeutung. Die Haftungsbeschränkung auf das Gesellschaftsvermögen, ihre durch weitgehend dispositives Recht geschaffene Flexibilität,[12] ein geringes Gründungskapital von 25 000 € sowie der im Vergleich zu Personengesellschaften relativ einfache Austausch von Gesellschaftern machen die GmbH zu einer der populärsten Gesellschaftsformen.[13]

f) Die Unternehmergesellschaft (haftungsbeschränkt)

Durch das zum 1.11.2008 in Kraft getretene Gesetz zur Modernisierung des GmbH-Rechts und zur Bekämpfung von Missbräuchen.[14] (MoMiG) ist eine neue Gesellschaftsform geschaffen worden, die **Unternehmergesellschaft (haftungsbeschränkt)** nach § 5a GmbHG. Die UG (haftungsbeschränkt) stellt allerdings keine neue Rechtsform, sondern eine Sonderform der GmbH dar.[15] Sie kann als „Einstiegsvariante" zur GmbH verstanden werden.[16] Dementsprechend finden, soweit in § 5a GmbHG nichts Abweichendes geregelt ist, die auf die GmbH anzuwendenden Vorschriften

---

[10] *Klunzinger,* GesR, § 8 II 1; *Windbichler,* GesR, § 25 Rn. 14 ff.

[11] *Kübler/Assmann,* GesR, § 14 II 1; *K. Schmidt,* GesR, § 29 II 2.

[12] *Grunewald,* GesR, § 13 Rn. 5; *Kindler,* Handels- und Gesellschaftsrecht, § 14 Rn. 1; *Kübler/Assmann,* GesR, § 18 I 2 c; *Roth/Weller,* Handels- und Gesellschaftsrecht, Rn. 436.

[13] *Eisenhardt/Wackerbarth,* GesR I, Rn. 665; *Kübler/Assmann,* GesR, § 18 I 3.

[14] BGBl. 2008 I, S. 2026. Dazu *Heckschen,* DStR 2009, 166; *Goette,* Einführung in das neue GmbH-Recht, 2008; *Kindler,* NJW 2008, 3249; *Leistikow,* Das neue GmbH-Recht, 2009; *Wissmann,* MoMiG – Das neue GmbH-Recht, 2009.

[15] *Heckschen,* DStR 2009, 166 (169); *Windbichler,* GesR, § 21 Rn. 44, 48.

[16] *Kindler,* NJW 2008, 3249; *ders.,* Handels- und Gesellschaftsrecht, § 14 Rn. 104, 110.

auch auf die UG (haftungsbeschränkt) Anwendung. Der Rechtsformzusatz „(haftungsbeschränkt)" darf nicht abgekürzt oder gar weggelassen werden; ansonsten haftet der Handelnde persönlich.[17]

10 Wird das Mindeststammkapital von 25 000 € für die Gründung einer GmbH (§ 5 I GmbHG) nicht erreicht, ist nach § 5a I GmbHG die Gründung einer UG (haftungsbeschränkt) möglich. In Zusammenschau mit § 5 II GmbHG, der einen Nennbetrag jedes Geschäftsanteils auf volle Euro festlegt, ergibt sich daraus, dass eine Einmann-UG (haftungsbeschränkt) **ab einem Stammkapital von einem Euro** gegründet werden kann.[18] Der Gläubigerschutz wird dadurch verwirklicht, dass bei der UG (haftungsbeschränkt) gem. § 5a III GmbHG eine gesetzliche Rücklage in Höhe eines Viertels des Jahresüberschusses zu bilden ist, bis durch Kapitalerhöhungen, für die auch die gesetzliche Rücklage genutzt werden kann, das gesetzliche Mindeststammkapital nach § 5 I GmbHG erreicht wird, § 5a V GmbHG. Ab diesem Zeitpunkt findet § 5a I-IV GmbHG keine Anwendung mehr und die Gesellschaft ist allein nach den für GmbHs allgemein geltenden Vorschriften zu behandeln.[19]

11 Ziel der Einführung der UG (haftungsbeschränkt) war die **Vereinfachung der Existenzgründung,** durch die die GmbH im internationalen bzw. europäischen Wettbewerb der Rechtsformen[20] gestärkt werden sollte.[21] Konkurrenzdruck ging in der Vergangenheit insbesondere von der englischen Private Company Limited by Shares (Ltd.) aus, die bereits ab einem Pfund Gründungskapital und ohne notarielle Mithilfe gegründet werden kann.[22] Die UG (haftungsbeschränkt) hat sich inzwischen als konkurrenzfähiges Erfolgsmodell erwiesen.[23] Während am 31.12.2008 noch 17524 englische Ltds. mit Verwaltungssitz in Deutschland bestanden,[24] ist diese Zahl inzwischen deutlich zurückgegangen. Am 1.1.2013 waren nur noch 11282 Ltds. in das deutsche Handelsregister eingetragen.[25] Hingegen gab es am 1.11.2013 in Deutschland 91104 Unternehmergesellschaften (haftungsbeschränkt).[26]

2. Probleme der Rechtsanwendung

12 Ausgehend von den Interessen der Parteien ist es Aufgabe des Vertragsjuristen, die gegebenen rechtlichen Gestaltungsmöglichkeiten auszuschöpfen. Den gesetzlichen Rah-

---

[17] *Heckschen,* DStR 2009, 166 (170); *Kindler,* Handels- und Gesellschaftsrecht, § 14 Rn. 112; *Windbichler,* GesR, § 21 Rn. 44.

[18] *Kindler,* Handels- und Gesellschaftsrecht, § 14 Rn. 104, 111; *Windbichler,* GesR, § 21 Rn. 45.

[19] *Kindler,* Handels- und Gesellschaftsrecht, § 14 Rn. 106. 115 f.

[20] Zu den konkurrierenden Rechtsformen im Einzelnen *Leistikow,* Das neue GmbH-Recht, Rn. 30 ff.

[21] BT-Drs. 16/6140, S. 1; *Goette,* Einführung in das neue GmbH-Recht, Rn. 5, 9; *Kindler,* NJW 2008, 3249; *Leistikow,* Das neue GmbH-Recht, Rn. 7; *Lutter/Hommelhoff/Lutter,* GmbHG, Einl. Rn. 25 ff.

[22] *Leistikow,* Das neue GmbH-Recht, Rn. 36 ff.; *Lutter/Hommelhoff/Lutter/Kleindiek,* GmbHG, § 5a Rn. 1; *Müller,* DB 2006, 824.

[23] *Miras,* Die neue Unternehmergesellschaft, 2. Aufl. 2011, Rn. 146a. Kritisch *Niemeier,* in: Festschrift Roth, 2011, S. 533.

[24] *Miras,* Die neue Unternehmergesellschaft, Rn. 98; *Kornblum,* GmbHR 2009, 1056 (1063). Schätzungen gingen sogar von mehr als doppelt so vielen Ltds. aus, *Kindler,* NJW 2008, 3249.

[25] *Kornblum,* GmbHR 2013, 693 (702).

[26] Forschungsprojekt Unternehmergesellschaft der Universität Jena, abrufbar unter: http://www.rewi.uni-jena.de/Forschungsprojekt+Unternehmergesellschaft.html (zuletzt abgerufen am: 7.8.2014).

men geben die gesellschaftsrechtlichen Rechtsformen vor. Jede Gesellschaft muss einer gesetzlichen Rechtsform zugehören, sog. **numerus clausus der Rechtsformen.**[27]

Bei der Ausfüllung dieses Rahmens muss der Vertragsjurist sein Augenmerk auf die **13** steuerrechtliche Ausgestaltung der einzelnen Rechtsformen richten. Ferner hat er zu beachten, von welchen gesetzlichen Vorschriften vertraglich abgewichen werden kann sowie welche Formvorschriften bei der Entstehung der Gesellschaft einzuhalten sind.

a) Steuerrechtliche Erwägungen

Von entscheidender Bedeutung für die Rechtsformwahl ist das Steuerrecht.[28] In **14** steuerlicher Hinsicht besteht der grundlegende Unterschied zwischen Personen- und **Kapitalgesellschaften** darin, dass letztere **eigene Steuersubjekte** sind und als solche selbst der Einkommensteuerpflicht (in Form der **Körperschaftsteuer**) unterliegen. Gewinne der Kapitalgesellschaft sind daher zum einen bei dieser selbst, zum anderen nach deren Ausschüttung auch bei den Gesellschaftern im Rahmen von deren Gesamteinkommen bei der **Einkommensteuer** zu versteuern.[29] Demgegenüber werden Gewinne einer Personengesellschaft allein bei den Gesamteinkünften der Gesellschafter mit versteuert.[30] Aufgrund dieses konzeptionellen Unterschieds ergibt sich eine grundsätzliche steuerliche Besserstellung der Personengesellschaft gegenüber der Kapitalgesellschaft.[31] Allerdings handelt es sich bei der Frage der Steuerlast im Einzelfall um eine höchst komplexe Materie, so dass in bestimmten Konstellationen auch die Besteuerung nach Grundsätzen der Kapitalgesellschaft vorteilhaft sein kann. Hier spielen Fragen der Gewerbesteuer ebenso eine Rolle wie die sonstige finanzielle Situation des Steuerpflichtigen, d. h. insbesondere der auf ihn anwendbare Einkommensteuersatz oder die Frage, ob eine Thesaurierung stattfindet, d. h. ob die Gewinne in der Gesellschaft verbleiben oder ausgeschüttet werden.[32]

Auch wenn ein rechtsformneutrales Steuerrecht nicht existiert und ein solches auch **15** nicht verfassungsrechtlich geboten ist,[33] gehen die Bestrebungen des Gesetzgebers doch dahin, steuerliche Ungleichbehandlungen aufzulösen.[34] Nach der Unternehmenssteuerreform 2001 bis zur Unternehmenssteuerreform 2008 diente diesem Zweck beispielsweise das sog. Halbeinkünfteverfahren, nach dem auf die Gewinne der Kapitalgesellschaft zunächst von der Gesellschaft die Körperschaftsteuer (bis 2008: 25 %) zu zahlen war, jedoch beim Anteilseigner nur noch die Hälfte des Gewinnes der Einkommensteuer unterlag. Seit 2009 wird das Halbeinkünfteverfahren ersetzt durch eine sog. **Abgeltungsteuer** i. H. v. 25 %, die vom Anteilseigner (zusätzlich zur bei der Gesellschaft anfallenden Körperschaftsteuer i. H. v. nunmehr 15 %) grundsätzlich auf den gesamten Gewinn zu zahlen ist.[35]

---

[27] *Kindler,* Handels- und Gesellschaftsrecht, § 9 Rn. 19; *K. Schmidt,* GesR, § 5 II 3; *Windbichler,* GesR, § 1 Rn. 5.

[28] *Aderhold/Koch/Lenkaitis,* Vertragsgestaltung, § 17 Rn. 51; *K. Schmidt,* GesR, § 1 II 6c; *Windbichler,* GesR, § 4 Rn. 9.

[29] *Birk/Desens/Tappe,* Steuerrecht, Rn. 1203; *Heidel/Heidel,* Steuerrecht, § 2 Rn. 3ff.

[30] *Klunzinger,* GesR, § 4 IX 1; *Windbichler,* GesR, § 4 Rn. 9f.

[31] *Roth/Weller,* Handels- und Gesellschaftsrecht, Rn. 142.

[32] Ein Beispiel zur Steuerlast bei Thesaurierung findet sich bei *Birk/Desens/Tappe,* Steuerrecht, Rn. 1100.

[33] *BVerfG* vom 21.6.2006 – BvL 2/99, NJW 2006, 2757 (2763); *Birk/Desens/Tappe,* Steuerrecht, Rn. 1100.

[34] *Roth/Weller,* Handels- und Gesellschaftsrecht, Rn. 143; *Windbichler,* GesR, § 4 Rn. 9.

[35] Dazu im Einzelnen *Birk/Desens/Tappe,* Steuerrecht, Rn. 1204.

b) Gesetzesrecht

16 Bei dem Abschluss eines Gesellschaftsvertrages sind die Parteien nicht frei in dessen Ausgestaltung, vielmehr **setzt das zwingende Gesetzesrecht der Privatautonomie Grenzen.** Sowohl bei den Personen-, als auch bei den Kapitalgesellschaften kann der Vertragsgestalter von den Vorschriften, die das Verhältnis der Gesellschaft zu Dritten **(Außenverhältnis)** regeln, im Wesentlichen nicht abweichen, vgl. etwa für die OHG und KG §§ 126 II, 128 HGB, für die AG § 82 I AktG und für die GmbH bzw. UG (haftungsbeschränkt) § 37 II GmbHG. Ihren Hintergrund haben diese Regelungen darin, dass Dritte auf die Gestaltung des Gesellschaftsvertrages keinerlei Einfluss haben. Daher gebietet es die Rechtssicherheit, dass die Vorschriften, die die Interessen Außenstehender berühren, im Wesentlichen nicht abdingbar, sondern zwingend sind.[36]

Beispiel: A und B gründen eine OHG und vereinbaren im Gesellschaftsvertrag, dass B für Schulden der Gesellschaft nur bis zu einer Höhe von 20 000 € mit seinem Privatvermögen haften soll. Hierauf beruft sich B, als sich der Gläubiger G wegen einer Forderung gegen die Gesellschaft in Höhe von 50 000 € unmittelbar an B wendet. – Eine solche Regelung, die die persönliche Haftung im Gesellschaftsvertrag beschränkt, ist Dritten gegenüber unwirksam. Die Vorschrift des § 128 HGB ist zwingend.

17 Unterschiede zwischen Personen- und Kapitalgesellschaften bestehen indes bei der vertraglichen Gestaltung des Verhältnisses der Gesellschafter untereinander **(Innenverhältnis).** Während die Gesellschafter einer Personengesellschaft im Wesentlichen frei sind, im Gesellschaftsvertrag von gesetzlichen Bestimmungen abzuweichen, sind für die Gesellschafter einer Kapitalgesellschaft grundsätzlich auch die das Innenverhältnis betreffenden Vorschriften nicht dispositiv, vgl. für die AG § 23 V AktG.

c) Formvorschriften

18 Der Abschluss eines Gesellschaftsvertrages selbst ist allein bei den Kapitalgesellschaften formbedürftig. § 23 I 1 AktG bzw. § 2 I 1 GmbHG verlangen die **notarielle Beurkundung** des Gesellschaftsvertrages. Das gilt entgegen ursprünglicher Pläne[37] auch bei Gründung der GmbH im vereinfachten Verfahren nach § 2 Ia GmbHG. Demgegenüber bedarf der Gesellschaftsvertrag bei einer Personengesellschaft keiner Form. Aus Gründen der Rechtssicherheit sollte er jedoch schriftlich fixiert werden.

19 Darüber hinaus ist sowohl bei den Kapital- als auch grundsätzlich bei den Personengesellschaften in formaler Hinsicht die **Eintragung** der Gesellschaft **in das Handelsregister** erforderlich. Die Registereintragung ist meist von konstitutiver Bedeutung, so dass die angestrebte Gesellschaftsform erst mit Eintragung entsteht.[38] Eine Ausnahme besteht allein für die OHG und KG, soweit sich deren Gesellschaftszweck auf den Betrieb eines Handelsgewerbes nach § 1 II HGB richtet. In diesem Fall ist die Eintragung deklaratorisch und die Gesellschaft entsteht bereits mit Aufnahme der Geschäfte.[39]

20 Keiner Eintragung bedarf allein die Gesellschaft bürgerlichen Rechts. Sie kann daher vollkommen formfrei errichtet werden.

---

[36] *Eisenhardt/Wackerbarth,* GesR I, Rn. 42; *K. Schmidt,* GesR, § 5 III 1a; *Wiedemann,* GesR, Bd. 1, § 1 III 1a cc.

[37] RegE, BT-Drs. 16/6140, S. 5.

[38] Tritt die Gesellschaft bereits vor Eintragung in das Handelsregister im Rechtsverkehr auf, so handelt es sich um eine Vorgesellschaft. Näher hierzu *Roth/Weller,* Handels- und Gesellschaftsrecht, Rn. 153, 474 ff.; *K. Schmidt,* GesR, § 11 II.

[39] *Baumbach/Hopt,* § 106 HGB Rn. 1, § 162 HGB Rn. 1; *K. Schmidt,* HandelsR, § 9 Rn. 8, § 10 Rn. 51.

3. Anwendung der Gestaltungskriterien

Bei der Anwendung der Gestaltungskriterien hat der Vertragsjurist in erster Linie das **21** **Gebot des sicheren Weges** zu berücksichtigen. Kommen bei der Rechtsformwahl mehrere Gesellschaftstypen in Betracht, so sollte der Vertragsjurist denjenigen auswählen, der am sichersten den von den Parteien verfolgten Maximen entspricht.

Soll etwa die zu errichtende Gesellschaft zum einen die steuerlichen Vorteile einer Per- **22** sonengesellschaft, zum anderen aber auch das Haftungsprivileg einer Kapitalgesellschaft genießen, so bietet sich die Errichtung einer KG als GmbH & Co. KG an.[40] Sie ist eine Personengesellschaft (steuerliche Privilegierung), bei der die einzige persönlich haftende Gesellschafterin eine GmbH ist (haftungsrechtliche Privilegierung).

Ferner ist es bei den Gesellschaftstypen, die wie die GbR, die AG, die GmbH und die **23** UG (haftungsbeschränkt) von Gesetzes wegen eine Gesamtgeschäftsführung vorsehen, häufig geboten, im Gesellschaftsvertrag hiervon abweichende Regelungen zu treffen. Gesamtgeschäftsführung setzt Einstimmigkeit voraus. Je mehr Personen zur Geschäftsführung berechtigt sind, desto seltener wird Einstimmigkeit zu erzielen sein. Aus Gründen der Praktikabilität empfiehlt es sich daher, im Gesellschaftsvertrag vom Grundsatz der Gesamtgeschäftsführung abzuweichen. Die gesetzlichen Regeln der §§ 709 ff. BGB (GbR), § 35 I 2 GmbHG (GmbH/UG (haftungsbeschränkt)) und des § 77 I 1 AktG (AG) stellen insoweit dispositives Recht dar. Denkbare Möglichkeiten wären, anstelle der Einstimmigkeit die bloße Stimmenmehrheit ausreichen zu lassen, nur bestimmten Personen die Geschäftsführungsbefugnis (als Gesamtgeschäftsführung) einzuräumen oder aber anstelle der Gesamtgeschäftsführung Einzelgeschäftsführung vorzusehen. Soweit hierdurch Einzelne in der Geschäftsführung beschränkt oder gar ausgeschlossen werden, ist eine solche Regelung allein bei der GbR uneingeschränkt möglich. Bei der GmbH, der UG (haftungsbeschränkt) und der AG hingegen ist eine solche Einschränkung der Geschäftsführungsbefugnis nur im Innenverhältnis möglich, im Außenverhältnis entfaltet sie als Beschränkung der Vertretungsmacht keine Wirkung, vgl. § 37 II GmbHG, § 82 I AktG.

II. Beispiel: Errichtung einer GmbH

Franz Ammer (A), Gisela Berg (B) und Dieter Casper (C) waren Beschäftigte der „Bike **24** 2000 OHG" in Neustadt. Nachdem diese wegen finanzieller Schwierigkeiten in Insolvenz gefallen und aufgelöst worden ist, beschließen sie, sich selbständig zu machen und ein kleines Fahrradgeschäft zu eröffnen. Zur Beratung begeben sie sich in die Sozietät von Eller, Hüttwitz und Rotstein. Beim ersten Beratungsgespräch mit Notar Rotstein (R) schildern sie ihm, welche Punkte ihnen besonders wichtig sind: Da keiner von ihnen über großes Vermögen verfügt, welches er zur Gründung des Fahrradgeschäftes einbringen könnte, ist es für sie wesentlich, das finanzielle Risiko bei einem möglichen Misserfolg des Geschäftes von vornherein überschauen zu können. Ferner beruht der Entschluss zur Eröffnung eines eigenen Geschäftes maßgeblich auf dem zwischen ihnen bestehenden Vertrauen, so dass sie Wert darauf legen, dass nicht ohne Weiteres einer von ihnen ausscheiden und ein Außenstehender in das Geschäft „einsteigen" kann.

---

[40] *Aderhold/Koch/Lenkaitis,* Vertragsgestaltung, § 8 Rn. 83. Nach dem MoMiG ist auch die UG (haftungsbeschränkt) & Co. KG denkbar, *Windbichler,* GesR, § 21 Rn. 44.

A, B und C fragen R, welche Gesellschaftsform ihren Interessen am ehesten gerecht wird und beauftragen ihn, den Gesellschaftsvertrag zu entwerfen.

1. Informationsgewinnung

25 Um einen Gesellschaftsvertrag zwischen A, B und C interessengerecht gestalten zu können, sind in einem ersten Schritt die gewonnenen Informationen zu sammeln, da sich aus ihnen die Weichenstellung für die Vertragsgestaltung ergibt und weiterer Informationsbedarf deutlich wird.

a) Gesellschaftszweck

26 Nach den Angaben der Mandanten ist der Zweck der zu errichtenden Gesellschaft kein ideeller, sondern ein erwerbswirtschaftlicher in Form eines Handelsgewerbes. Ein **Handelsgewerbe** betreibt, wer selbständig, planmäßig und auf Dauer mit Gewinnerzielungsabsicht tätig wird (allgemeiner Gewerbebegriff) und dessen Unternehmen nach Art und Umfang eine kaufmännische Einrichtung erfordert[41] (Handelsgewerbe). Ob das Unternehmen eine kaufmännische Einrichtung erfordert, ist anhand einer Gesamtschau des Geschäftsbetriebes zu ermitteln.[42] Vorliegend entspricht die dauerhafte erwerbswirtschaftliche Tätigkeit der Mandanten nicht nur dem allgemeinen Gewerbebegriff, vielmehr ist davon auszugehen, dass sie auf den Betrieb eines Handelsgewerbes gerichtet ist.

b) Finanzielle Ausstattung der Gesellschaft und Haftung

27 Aus dem Beratungsgespräch hat sich ferner ergeben, dass es für A, B und C von entscheidender Bedeutung ist, nur einen bestimmten Betrag zur Gründung der Gesellschaft beizutragen, ohne sich einer unbegrenzten Haftung auszusetzen. Der **Wunsch nach einer beschränkten Haftung wird die Auswahl aus den Gesellschaftsformen begrenzen.**[43] Da ferner einige Gesellschaftsformen eine bestimmte Kapitalausstattung erfordern, ist noch zu klären, wie hoch jeweils die finanzielle Beteiligung ausfallen soll und ob die von A, B und C zur Verfügung gestellten Mittel ausreichen oder weiteres Kapital erforderlich ist.

1. Nachfrage: In welcher Höhe möchten sich A, B und C an der Gesellschaft beteiligen? Benötigen sie über diese Eigenmittel hinaus weiteres Kapital?

Informationsmittel: Nachfrage bei den Mandanten.

Ergebnis der 1. Nachfrage (unterstellt): A und B sind bereit, jeweils 5 000 € in die Gesellschaft einzubringen, wohingegen sich C mit 10 000 € beteiligen möchte. Weiteres Kapital benötigen sie nicht.

---

[41] Diese Definition ist kennzeichnend für den sog. **Istkaufmann** nach § 1 HGB. § 2 HGB erweitert diese Definition dahingehend, dass als Handelsgewerbe auch derjenige Gewerbebetrieb gilt, der zwar nach Art und Umfang keine kaufmännische Einrichtung erfordert, dessen Firma aber in das Handelsregister eingetragen ist, sog. **Kannkaufmann.** Da es hier schon an der Eintragung der (noch zu errichtenden) Gesellschaft fehlt, bestimmt sich die Eigenschaft des Gewerbes als Handelsgewerbe allein nach § 1 HGB.

[42] Kriterien hierfür sind etwa Gegenstand und Art der Unternehmenstätigkeit, Umsatz, Kapital sowie Anzahl der beschäftigten Arbeitnehmer.

[43] Dazu unten Rn. 29–35.

c) Name und Sitz der Gesellschaft

Schließlich muss der Notar für die Abfassung eines Gesellschaftsvertrages in Erfahrung 28
bringen, wie die Gesellschaft heißen und in welcher Stadt das Geschäft eröffnet werden soll.

2. Nachfrage: Wie soll der Name der Gesellschaft lauten und wo soll sie ihren Sitz haben?

Informationsmittel: Nachfrage bei den Mandanten.

Ergebnis der 2. Nachfrage (unterstellt): Die Gesellschaft soll „Fahrradwelt" heißen und ihren Sitz in Neustadt haben.

2. Auswahl der Gesellschaftsform

Auf Grundlage der gewonnen Informationen erfolgt die Auswahl der den Mandanten 29
zu empfehlenden Gesellschaftsform. Zu unterscheiden ist zwischen **Gesellschaftsformen,** die aufgrund der Angaben der Mandanten schon von Gesetzes wegen **nicht zulässig** sind und solchen, die zwar zulässig, unter Berücksichtigung der Interessenlage der Mandanten aber **nicht zweckmäßig** sind.

a) Aus den Informationen der Mandanten ergibt sich, dass diese ein Handelsgewerbe 30
betreiben wollen. Da dies mit einer **GbR** von Gesetzes wegen nicht möglich ist, scheidet diese Gesellschaftsform als **unzulässig** aus.

b) Weiterhin ist jeder von ihnen bereit, nur einen bestimmten Geldbetrag in die Gesell- 31
schaft einzubringen; über diesen Betrag hinaus möchten sie kein finanzielles Risiko tragen. Aufgrund dieser Interessenlage entfallen als Gesellschaftsformen auch die Personengesellschaften der **OHG** und der „reinen" **KG,** bei denen eine **Haftungsbeschränkung für sämtliche Gesellschafter nicht möglich** ist. In Betracht käme aber die Gründung einer **GmbH & Co. KG.** Bei ihr handelt es sich um eine KG, bei welcher der (zumeist einzige) persönlich haftende Gesellschafter eine GmbH ist.[44] Sie hat den **Vorteil,** dass die **steuerliche Privilegierung der Personengesellschaft** (KG) mit der **Haftungsprivilegierung einer Kapitalgesellschaft** (GmbH) kombiniert werden kann, auch wenn die steuerlichen Nachteile der GmbH aufgrund der steuerrechtlichen Reformen heute nur noch in geringerem Umfang bestehen.[45] Da die GmbH & Co. KG eine Verbindung dieser Gesellschaftsformen ist, bedarf es zu ihrer Entstehung der Gründung zweier Gesellschaften, für welche jeweils z. B. getrennte Bücher geführt und Jahresabschlüsse erstellt werden müssen.[46] In finanzieller Hinsicht hätte die Gründung einer GmbH & Co. KG darüber hinaus den **Nachteil,** dass sowohl für die Errichtung der GmbH als auch der KG Gründungskosten (Notarkosten, Kosten der Eintragung in das Handelsregister etc.) entstünden. In Anbetracht des relativ geringen Umfanges der wirtschaftlichen Betätigung der geplanten Gesellschaft erscheint die Gründung einer GmbH & Co. KG **in der praktischen Handhabung** als zu **aufwendig und kompliziert.**

c) Denkbar wäre indes die Errichtung der Gesellschaft als **UG (haftungsbeschränkt),** 32
GmbH oder **AG.** Während bei der GmbH nach § 5 I GmbHG das **Stammkapital** mindestens 25 000 € beträgt und für die Gründung einer AG nach § 7 AktG ein **Grundka-**

---

[44] Vgl. zur GmbH & Co. KG: *Grunewald,* GesR, § 3 Rn. 68 ff.; *Roth/Weller,* Handels- und Gesellschaftsrecht, Rn. 573 ff.; *Wiedemann,* GesR, Bd. 1, § 9 VI.

[45] *Kübler/Assmann,* GesR, § 20 I 2b aa; *Roth/Weller,* Handels- und Gesellschaftsrecht, Rn. 142 f., 574.

[46] MünchVertragshandbuch-GesR/*Götze,* Muster III.7 Anm. 2 (1); *Wiedemann,* GesR, Bd. 1, § 9 VI 2.

pital von mindestens 50 000 € erforderlich ist, bedarf es zur Gründung einer UG (haftungsbeschränkt) mit drei Gesellschaftern grundsätzlich lediglich eines Kapitals von 3 € (mindestens drei Geschäftsanteile zu je 1 €, vgl. § 5 II GmbHG). Da A, B und C als Kapitaleinlage zusammen nur 20 000 € aufbringen können, wäre die Gründung sowohl einer „echten" GmbH als auch einer AG schon aus diesem Grund unzulässig, wenn das Stammkapital nicht erhöht werden kann. Darüber hinaus wäre die **Errichtung einer AG** auch **nicht zweckmäßig.** Grundsätzlich ist die AG bei Gesellschaften mit großem Kapitalbedarf und Gesellschaftern ohne persönliche Bindung ratsam, wohingegen sich die Gründung einer GmbH bzw. einer UG (haftungsbeschränkt) für Gesellschaften geringeren Kapitalbedarfes und mit nur einigen wenigen Gesellschaftern anbietet.[47] Anders als bei der GmbH/UG (haftungsbeschränkt) muss etwa bei der AG zwingend ein Aufsichtsrat gebildet werden, dessen Hauptfunktion die Überwachung des Vertretungsorganes der Gesellschaft ist.[48] Die Schaffung eines solchen Kontrollorganes und damit auch die Gründung der Gesellschaft als AG entsprechen nicht den Interessen der Mandanten. Vielmehr sprechen der verhältnismäßig geringe Kapitalbedarf sowie die persönliche Bindung von A, B und C untereinander für die Errichtung der Gesellschaft als GmbH bzw. UG (haftungsbeschränkt).

33 Anders als die Gründung einer AG wäre die Rechtsform der GmbH für A, B und C allerdings nicht unzweckmäßig, sondern allein aufgrund des fehlenden Startkapitals nicht möglich. In Anbetracht der relativ geringen Differenz zwischen dem verfügbaren Kapital (20 000 €) und dem Mindeststammkapital einer GmbH (25 000 €) ist allerdings zu überlegen, ob nicht doch die Gründung einer GmbH unter Aufnahme kleinerer Kredite der Gründung einer UG (haftungsbeschränkt) vorzuziehen wäre, soweit unter Berücksichtigung möglicher Vorteile einer GmbH A, B und C zu einer entsprechenden Kreditaufnahme bereit wären.[49] Ein großer **Nachteil der UG (haftungsbeschränkt)** liegt darin, dass sie in der Praxis noch relativ unbekannt ist und deshalb einigen Vorbehalten begegnet.[50] So kommt es vor, dass Banken die Eröffnung von Konten verweigern, weil sie Zweifel an der Seriosität oder am Unternehmenskonzept haben. Auch fordern Geschäftspartner die Übernahme persönlicher Bürgschaften oder Sicherheiten,[51] was die Haftungsbeschränkung der Rechtsform der UG (haftungsbeschränkt) stark relativiert. Zu beachten ist auch die Zurückhaltung des Geschäftsverkehrs gegenüber einer Gesellschaftsform, die von Anfang an jedenfalls möglicherweise praktisch vermögenslos ist, den Rückgriff auf die Gesellschafter aber ausschließt.[52] In der Praxis beträgt das Stammkapital bei der UG (haftungsbeschränkt) regelmäßig zwischen 100 € und 1000 €; nur ausnahmsweise wird der Wert von 5000 € überschritten[53], was zeigt, dass die Skepsis zu-

---

[47] *Grunewald,* GesR, § 10 Rn. 1 ff., 2 F Rn. 1 ff.; *Roth/Weller,* Handels- und Gesellschaftsrecht, Rn. 431 ff.
[48] *Klunzinger,* GesR, § 8 V 1, VIII; *Windbichler,* GesR, § 26 Rn. 5, § 28 Rn. 32 ff.
[49] In der Praxis wird regelmäßig die Gründung einer regulären GmbH vorgezogen, sofern das Kapital zumindest an 12 500 € heranreicht, *Kindler,* Handels- und Gesellschaftsrecht, § 14 Rn. 113; *Niemeier,* in: Festschrift Roth, 2011, S. 533 (546).
[50] *Goette/Habersack/Wachter,* Das MoMiG in Wissenschaft und Praxis, 2009, Rn. 1150; *Heckschen,* DStR 2009, 167 f.
[51] *Baumbach/Hueck,* § 5a GmbHG Rn. 6; *Heckschen,* DStR 2009, 166 (169); *Miras,* Die neue Unternehmergesellschaft, Rn. 56a.
[52] *Miras,* Die neue Unternehmergesellschaft, Rn. 63 f., 79.
[53] *Baumbach/Hueck,* GmbHG, Einl. Rn. 51; *Gude,* ZInsO 2010, 2385 (2386 f.); *Goette/Habersack/Wachter,* Das MoMiG in Wissenschaft und Praxis, Rn. 1 151; *Niemeier,* in: Festschrift Roth, 2011, S. 533 (546 ff.); *Seebach,* RNotZ 2013, 261 (265).

mindest nicht ganz unbegründet ist. Aufgrund dieser Nachteile wäre ernsthaft zu erwägen, ob es für A, B und C denkbar wäre, das fehlende Kapital i. H. v. 5000 € durch auf drei Personen aufgeteilte Kredite zu beschaffen, was allerdings persönliche Haftung in dem entsprechenden Umfang bedeuten würde. Auch ist eine entsprechende Kreditaufnahme wegen der entstehenden Belastungen nur zu empfehlen, wenn das zusätzliche Kapital, wenn es auch nicht unbedingt benötigt wird, doch trotzdem gewinnbringend im Unternehmen investiert werden kann, so dass die Kreditschuldner diese aus den ihnen zufließenden (gesteigerten) Gewinnen wieder begleichen können. Diesbezüglich ist auch zu berücksichtigen, dass bei einer UG (haftungsbeschränkt) eine Rücklage i. H. v. einem Viertel des Gewinns zu bilden wäre, § 5a III GmbHG.

3. Nachfrage: Wäre es den Mandanten möglich, zusätzliches Kapital in Höhe von 5000 € über Kredite zu beschaffen und wären sie bereit insofern eine persönliche Haftung auf sich zu nehmen? Wenn ja, kann das Kapital gewinnsteigernd im Unternehmen eingesetzt werden, so dass sich die Kreditaufnahme in absehbarer Zeit rentiert?

Ergebnis der 3. Nachfrage (unterstellt): Die Mandanten können ohne weiteres entsprechenden Kredit bekommen. Angesichts der Höhe des auf jeden entfallenden Teils der Gesamtkreditsumme von 5000 € sind die Mandanten auch bereit, das Risiko einer entsprechenden persönlichen Haftung auf sich zu nehmen. Nach dem Unternehmenskonzept wäre es auch möglich, eine geringfügige Erweiterung der Produktpalette vorzunehmen, für die genug Nachfrage besteht um den Gewinn in ausreichendem Umfang zu steigern. A und B sind der Einfachheit halber bereit die Kreditsumme unter sich aufzuteilen.

Es käme also die Gründung einer GmbH in Betracht, während von der UG (haftungsbeschränkt) im vorliegenden Fall zumindest zum jetzigen Zeitpunkt noch abzuraten wäre.

d) Der GmbH/UG (haftungsbeschränkt) sehr ähnlich ist schließlich die **englische Limited.**[54] Auch bei der Limited ist die **Haftung** den Gläubigern gegenüber auf das Gesellschaftskapital **beschränkt.** Gegenüber der GmbH hat die Limited insbesondere den Vorteil, dass ihr **Mindestkapital** nicht 25 000 €, sondern lediglich **1 £** betragen muss.[55] Da die Limited zu ihrer Gründung darüber hinaus keiner notariellen Form bedarf, erscheint sie in ihrer **Errichtung** insoweit **weniger aufwendig und verursacht auf den ersten Blick geringere Gründungskosten als die GmbH.**[56] Tatsächlich sind die Gründungskosten aber in den meisten Fällen sogar höher als die einer GmbH oder UG (haftungsbeschränkt) und auch der Zeitvorteil bei der Gründung fällt kaum ins Gewicht.[57] Ihre Nachteile liegen außerdem darin, dass sie als englische Gesellschaftsform eines dauerhaften Sitzes (registered office) in England sowie der Eintragung in das englische Gesellschaftsregister (Companies House) selbst dann bedarf, wenn sie ausschließlich in Deutschland tätig wird.[58] Die Limited ist dann als Zweigniederlassung im deutschen Handelsregister einzutragen.[59]

34

---

[54] Vgl. zur Limited allgemein: *Just,* BC 2006, 25 ff.; *Kessler/Eicke,* DStR 2005, 2101 ff.; *Wiedemann,* GesR, Bd. 1, § 1 V 6e.

[55] *Kessler/Eicke,* DStR 2005, 2101.

[56] *Kessler/Eicke,* DStR 2005, 2101. Zur Verringerung der Gründungskosten für die GmbH bzw. UG (haftungsbeschränkt) durch Verwendung des Musterprotokolls noch unten Rn. 37.

[57] *Miras,* Die neue Unternehmergesellschaft, Rn. 99 ff.

[58] *Just,* BC 2006, 25 (26); *Kessler/Eicke* DStR 2005, 2101. Zu weiteren Nachteilen der Limited *Miras,* Die neue Unternehmergesellschaft, Rn. 99 ff.; *Spies,* Unternehmergesellschaft (haftungsbeschränkt), 2010, S. 82 ff.

[59] *Just,* BC 2006, 25 (26).

35   Zu klären ist, ob für die Mandanten die Errichtung der Gesellschaft als englische Limited in Frage kommt.

4. Nachfrage: Können sich die Mandanten den Betrieb ihres Fahrradgeschäfts auch in Form einer englischen Limited vorstellen? Wenn nein, wollen dann die Mandanten trotz des erforderlichen Mehraufwandes eine GmbH & Co. KG statt einer GmbH gründen?

Informationsmittel: Nachfrage bei den Mandanten.

Ergebnis der 4. Nachfrage (unterstellt): Der Betrieb als englische Limited kommt für die Mandanten nicht in Betracht. Zum einen ist ihnen die Gründung im Ausland nicht ganz „geheuer", zum anderen wissen sie aus ihrem Bekanntenkreis, dass Banken und Kunden dieser für sie ungewohnten Gesellschaftsform eher reserviert gegenüber stehen. Die Gründung einer GmbH & Co. KG erscheint den Mandanten nach den Erläuterungen des Notars als zu aufwendig.

Nach alledem empfiehlt sich für die Mandanten die Errichtung der Gesellschaft in Form einer GmbH.

3. Gründung im vereinfachten Verfahren

36   Nachdem nun die GmbH als passende Gesellschaftsform bestimmt wurde, muss ein entsprechender Gesellschaftsvertrag entworfen werden. § 2 Ia GmbHG eröffnet die Möglichkeit, die GmbH bzw. UG (haftungsbeschränkt) in einem **vereinfachten Verfahren** zu gründen. Das vereinfachte Verfahren kann angewandt werden, wenn die Gesellschaft nicht mehr als drei Gesellschafter und einen Geschäftsführer haben soll. Allerdings besteht im vereinfachten Verfahren eine Bindung an die zwei **Musterprotokolle,** die dem GmbHG angehängt sind. Im Anhang zum GmbHG finden sich ein Protokoll zur Gründung einer Einpersonengesellschaft sowie eine Vorlage für die Gründung einer Mehrpersonengesellschaft mit bis zu drei Gesellschaftern. Da mit A, B und C drei Gesellschafter beteiligt sein sollen, käme die Nutzung der Muster grundsätzlich in Betracht. Allerdings ist die Gründung im vereinfachten Verfahren, soweit sie überhaupt möglich ist, nicht immer zu empfehlen.[60]

37   Die Verwendung der Musterprotokolle hat den **Vorteil,** dass mehrere Dokumente, die im normalen Verfahren getrennt gehandhabt werden müssten, in einem zusammengefasst werden. Umfasst bzw. ersetzt werden namentlich die Gründungsurkunde, die Satzung, die Bestellung des Geschäftsführers und die Liste der Gesellschafter.[61] Insofern kann ein Vorteil in der Einfachheit und Übersichtlichkeit der sehr kurzen Muster gesehen werden. Keinen Vorteil bringt die Verwendung des Protokolls in zeitlicher Hinsicht. Die Verwendung des Musterprotokolls hat keine beschleunigende Wirkung in Bezug auf die Registereintragung.[62] Auch bleibt es bei dem Erfordernis einer notariellen Beurkundung. Vorteilhaft kann die Verwendung der Musterprotokolle allein im Hinblick auf die durch die Gründung entstehenden Kosten sein. Dieser potentielle Kostenvorteil ergibt sich aus §§ 105 VI 1 Nr. 1, 107 I 2 GNotKG. Danach richtet sich bei Verwendung des Musterprotokolls der Geschäftswert der Gesellschaftsgründung allein

---

[60] Kritisch dazu *Goette/Habersack/Wachter,* Das MoMiG in Wissenschaft und Praxis, Rn. 1.60 ff.; *Heckschen,* DStR 2009, 167 f. *Kindler,* NJW 2008, 3247 f.; *Verspay,* MDR 2009, 117.

[61] *Heckschen,* DStR 2009, 166.

[62] *Goette/Habersack/Wachter,* Das MoMiG in Wissenschaft und Praxis, Rn. 1.64; *Heckschen,* DStR 2009, 167 f. Der Gesetzgeber ist allerdings von einer beschleunigenden Wirkung ausgegangen BR-Drs. 354/ 07, S. 70.

nach dem Stammkapital und der ansonsten geltende Mindestgeschäftswert von 30 000 € (vgl. §§ 3 I, 105 I 1 Nr. 1, I 2, 107 I 1 GNotKG) findet keine Anwendung. Dieser Kostenvorteil wirkt sich allerdings vor allem bei der Gründung einer UG (haftungsbeschränkt) aus, da das Mindeststammkapital einer GmbH bereits 25 000 € beträgt.[63] Darüber hinaus ist aber mit der Verwendung des Musterprotokolls, insbesondere soweit eine Mehrpersonengesellschaft gegründet werden soll, der erhebliche **Nachteil der fehlenden Flexibilität** verbunden. Von den Musterprotokollen darf, damit die (eventuellen) Vorteile des vereinfachten Verfahrens erhalten bleiben, inhaltlich nicht abgewichen werden. Nur rein sprachliche Abweichungen sind nach § 105 VI 2 GNotKG möglich. Die Parteien werden in ein enges Korsett gezwängt, das den individuellen Gestaltungsbedürfnissen der Unternehmensgründer nicht immer gerecht wird.[64] Insbesondere bezüglich des Innenverhältnisses der Gesellschafter besteht oft zusätzlicher Regelungsbedarf. So ist es beispielsweise nicht möglich, eine Regelung über die Übertragung der Geschäftsanteile auf Dritte zu treffen. Deshalb ist in Fällen, in denen wie hier eine Mehrpersonengesellschaft gegründet werden soll, insgesamt von der Verwendung des Musterprotokolls abzuraten.

4. Problemübersicht und Rohentwurf

Der **Mindestinhalt eines Gesellschaftsvertrages** einer GmbH ergibt sich aus § 3 I 38 GmbHG. Darüber hinaus sollte der Gesellschaftsvertrag jedenfalls Regelungen zur Geschäftsführung und Vertretung, zum Geschäftsjahr, den gesetzlich vorgeschriebenen Bekanntmachungen, den Gründungskosten sowie eine salvatorische Klausel enthalten. Ferner wird der Entschluss zur Gründung der Gesellschaft entscheidend durch das Vertrauensverhältnis der Mandanten untereinander bestimmt. Daher sollte zum einen der Erwerb von Geschäftsanteilen durch Dritte erschwert, zum anderen die Vertretung der Gesellschaft durch jeweils nur einen der drei Mandanten ermöglicht werden.

Zu beachten ist, dass der Gesellschaftsvertrag einer GmbH nach § 2 GmbHG der **no- 39 tariellen Form** bedarf und von allen Gesellschaftern zu unterzeichnen ist. Neben dem gesetzlichen Mindestinhalt nach § 3 GmbHG sind die Gründer einer Gesellschaft in der Regelung weiterer Bestimmungen frei. Die hier genannten stellen insoweit nur ein Grundgerüst möglicher Regelungsgegenstände dar.[65]

Ein Gesellschaftsvertrag[66] könnte demnach folgendermaßen aussehen: 40

---

[63] Vgl. zur Vorgängerregelung in der KostO, welche noch einen Mindestgeschäftswert von 25 000 € vorsah, *Heckschen,* DStR 2009, 167 f.; *ders.,* Das MoMiG in der notariellen Praxis, 2009, Rn. 308 ff.

[64] *Goette/Habersack/Wachter,* Das MoMiG in Wissenschaft und Praxis, Rn. 1.69; *Heckschen,* DStR 2009, 167 f.; *Kindler,* NJW 2008, 3247 f.; *Verspay,* MDR 2009, 117.

[65] Ausführlichere Verträge finden sich etwa in MünchVertragshandbuch-GesR, Kap. IV; *Wurm/Wagner/ Zartmann/Langenfeld,* Rechtsformularbuch, Muster 120.38.

[66] Der Gesellschaftsvertrag kann entweder in das Gründungsprotokoll des Notars mit aufgenommen oder diesem als Anlage beigefügt werden, § 9 I BeurkG. Hier wird aus Gründen der Übersichtlichkeit die letztgenannte Möglichkeit gewählt. Soll die Gesellschaft schließlich zur Eintragung in das Handelsregister angemeldet werden, sind der Anmeldung neben dem Gesellschaftsvertrag noch eine Vielzahl weiterer Unterlagen beigefügt werden, vgl. § 8 GmbHG. Zu der Gestaltung einer Anmeldung einer GmbH vgl. *Schachner/Winkler,* Rechtsformularbuch, 1 I 4. Seit dem 1.1.2007 werden die zur Gründung erforderlichen Unterlagen nicht mehr in Papierform, sondern elektronisch beim Handelsregister eingereicht.

§ 1 Firma und Sitz
§ 2 Unternehmensgegenstand
§ 3 Stammkapital, Zahl und Nennbeträge der Geschäftsanteile
§ 4 Geschäftsführung, Vertretung
§ 5 Dauer und Geschäftsjahr
§ 6 Verfügung über Geschäftsanteile
§ 7 Bekanntmachungen
§ 8 Kosten
§ 9 Salvatorische Klausel

5. Einzelheiten des Gesellschaftsvertrages

41 Nachstehend werden die Einzelheiten des Vertragsentwurfes dargestellt. Der Vertragsjurist hat die Aufgabe, innerhalb des gesetzlichen Rahmens den Interessen der Mandanten zu größtmöglicher Geltung zu verhelfen.

a) Firma und Sitz

42 Die Firma bezeichnet den Namen der Gesellschaft, unter der sie am Rechtsverkehr teilnimmt, § 17 HGB. Sie kann sich auf den Gegenstand des Unternehmens beziehen (**Sachfirma**), die Namen der Gesellschafter oder den Namen zumindest eines Gesellschafters unter Hinweis auf seine Gesellschafterstellung enthalten (**Personenfirma**) oder unter einem Phantasienamen am Rechtsverkehr teilnehmen.[67] Der von den Mandanten gewählte Firmenname stellt sich als statthafte Sachfirma dar. Ferner hat die Firma nach § 4 GmbHG die Bezeichnung „Gesellschaft mit beschränkter Haftung" oder eine allgemein verständliche Abkürzung dieser Bezeichnung zu enthalten.

43 Darüber hinaus muss die Firma dem Grundsatz der Unterscheidbarkeit nach § 30 HGB genügen. Die zuständige IHK wird vom Registergericht in aller Regel vor Eintragung der GmbH in das Handelsregister, § 11 I GmbHG, um Stellungnahme zu dieser Frage gebeten.[68] Um den Eintragungsantrag vorzubereiten, sollte der Notar daher bei der zuständigen IHK nachfragen, ob gegen die gewünschte Firma Bedenken bestehen.

5. Nachfrage: Bestehen gegen die Bezeichnung „Fahrradwelt GmbH" firmenrechtliche Bedenken?

Informationsmittel: Nachfrage bei der IHK Neustadt

Ergebnis der 5. Nachfrage (unterstellt): Da es in Neustadt keine eingetragene Firma vergleichbaren Namens gibt, bestehen gegen die Firma „Fahrradwelt GmbH" keine Bedenken.

44 Schließlich muss der Gesellschaftsvertrag den Satzungssitz des Unternehmens bestimmen. In der Wahl ihres Sitzes ist die Gesellschaft frei, solange sich dieser im Inland befindet. Vorliegend soll das Unternehmen ausschließlich in Neustadt einen Betrieb haben und von dort aus tätig werden. Daher bietet es sich an, Neustadt als Satzungssitz zu benennen.

---

[67] *Eisenhardt/Wackerbarth,* GesR I, Rn. 675; MünchVertragshandbuch-GesR/*Heidenhain/Hasselmann,* Muster IV.2 Anm. 3, IV. 2 Anm. 3; *Oetker,* HandelsR, § 4 Rn. 21.

[68] *Heidel/Pauly/Amend/Heidel,* AnwaltFormulare, § 15 Rn. 28; *Schachner/Winkler,* Rechtsformularbuch, 1 I 1 Anm. 9.

b) Unternehmensgegenstand

Auch die Bezeichnung des Unternehmensgegenstandes ist zwingender Bestandteil des 45 Gesellschaftsvertrages. Aus ihr muss sich der **Schwerpunkt der Geschäftstätigkeit** klar und deutlich erkennen lassen.[69] Bei einer Sachfirma muss der Unternehmensgegenstand mit der Firma übereinstimmen. Bislang haben A, B und C nur angegeben, dass sie ein eigenes Fahrradgeschäft eröffnen wollen. Unklar ist z. B., ob neben dem Verkauf von Fahrrädern auch Reparaturarbeiten oder Fahrradvermietungen angeboten werden sollen. Zur genaueren Bestimmung des Unternehmensgegenstandes bedarf es einer Rückfrage bei den Mandanten.

6. Nachfrage: Welche Geschäftstätigkeit soll Gegenstand des Unternehmens sein?

Informationsmittel: Nachfrage bei den Mandanten.

Ergebnis der 6. Nachfrage (unterstellt): Gegenstand des Unternehmens soll der An- und Verkauf von Fahrrädern sowie von Fahrradzubehör sein.

c) Stammkapital, Zahl und Nennbeträge der Geschäftsanteile

Der Gesellschaftsvertrag muss ferner nach § 3 I Nr. 3 und 4 GmbHG das Stammkapi- 46 tal und die Zahl und die Nennbeträge der Geschäftsanteile, die jeder Gesellschafter gegen Einlage auf das Stammkapital (Stammeinlagen) übernimmt, ausweisen. Das **Stammkapital** bezeichnet das durch die Einlagen der Gesellschafter einzubringende **Gesellschaftsvermögen.** Gem. § 5 I GmbHG muss das Stammkapital bei der GmbH 25 000 € betragen, wenn nicht die Unterform der UG (haftungsbeschränkt) vorliegt. Es setzt sich aus den Stammeinlagen zusammen. Jeder Gesellschafter kann nach der Aufhebung des § 5 I–III GmbHG a. F. durch das MoMiG gegen Erbringung einer Stammeinlage nun auch mehrere Geschäftsteile übernehmen. Auch muss die Stammeinlage nicht mehr mindestens 100 € betragen, vielmehr genügt schon ein voller Euro als Stammeinlage, was sich daraus ergibt, dass jeder Geschäftsanteil auf volle Euro lauten muss, § 5 II GmbHG. In der Möglichkeit, mehrere Geschäftsanteile zu übernehmen liegt eine Stärkung der Fungibilität der Geschäftsanteile.[70] Vorliegend haben A, B und C aufgrund des besonderen persönlichen Vertrauens aber gerade kein besonderes Interesse daran, die Übertragbarkeit von Geschäftsanteilen zu begünstigen. Daher bietet sich eine Regelung im Gesellschaftsvertrag an, bei der jeder Gesellschafter nur einen Geschäftsanteil übernimmt.

Die jeweilige Stammeinlage kann von den Gesellschaftern entweder in Geld **(Barein-** 47 **lage)** oder durch Einbringung vermögenswerter Gegenstände **(Sacheinlage)** erbracht werden. Sofern eine Stammeinlage von einem Gesellschafter nicht erbracht werden kann, haften die übrigen Gesellschafter anteilig für diesen Fehlbetrag **(Ausfallhaftung),** § 24 GmbHG. Die Gesellschaft wird erst dann in das Handelsregister eingetragen, wenn mindestens die Hälfte des gesetzlichen Stammkapitals (also 12 500 €) durch die Gesellschafter geleistet wurde, § 7 II 2 GmbHG. Daher sollte der Notar sinnvollerweise im Gesellschaftsvertrag festschreiben, dass alle Gesellschafter die Hälfte ihrer je-

---

[69] *Miras,* Die neue Unternehmergesellschaft, Rn. 296 ff.; MünchVertragshandbuch-GesR/*Heidenhain/ Hasselmann,* Muster IV.2 Anm. 5; *Wurm/Wagner/Zartmann/Langenfeld,* Rechtsformularbuch, Kap. 120 Rn. 11 f. Hingegen plädieren *Heidel/Pauly/Amend/Heidel,* AnwaltFormulare, § 15 Rn. 30 dafür, eine sehr allgemeine Definition des Unternehmensgegenstands ausreichen zu lassen.

[70] BT-Drs. 16/6140, S. 29 f.

weiligen Stammeinlage sofort zu leisten haben. Wer nach Abschluss des Gesellschaftsvertrages und vor Eintragung der GmbH in das Handelsregister (sog. **Vor-GmbH**) für sie handelt, haftet persönlich und mit seinem gesamten Vermögen, § 11 II GmbHG.[71]

48 Vorliegend wollen sich sowohl A als auch B und C finanziell an der Gesellschaft beteiligen und einen Geschäftsanteil übernehmen. Jeder von ihnen kann somit Gesellschafter der GmbH sein. Ferner erreicht die Summe der von ihnen sämtlich als Bareinlagen erbrachten Stammeinlagen das gesetzliche Mindestkapital von 25 000 €, so dass die Errichtung einer GmbH auch nicht an unzureichender finanzieller Ausstattung scheitert.

d) Geschäftsführung, Vertretung

49 **aa)** Da A, B und C die Gesellschaft gründen, ist weiter zu klären, ob auch eine Vertretung der GmbH allein durch diese drei Personen in Betracht kommen soll. Als juristische Person wird die GmbH im Rechtsverkehr durch den oder die **Geschäftsführer** vertreten. Zu Geschäftsführern können sowohl Gesellschafter als auch außenstehende Dritte bestellt werden.

7. Nachfrage: Wollen A, B und C selbst Geschäftsführer der Gesellschaft sein?

Informationsmittel: Nachfrage bei den Mandanten.

Ergebnis der 7. Nachfrage (unterstellt): A, B und C wollen sich nicht nur finanziell an der Gesellschaft beteiligen, sondern diese auch als Geschäftsführer nach außen vertreten.

50 Die **Bestellung der Geschäftsführer** kann bereits im Gesellschaftsvertrag selbst erfolgen, wird jedoch üblicherweise durch gesonderten Beschluss der Gesellschafter vorgenommen.[72] Von der Bestellung ist die **Anstellung der Geschäftsführer** zu unterscheiden. Während die Bestellung den körperschaftlichen Organisationsakt bezeichnet, mittels dessen der Geschäftsführer Vertretungsorgan der Gesellschaft wird, erfolgt die Anstellung durch Abschluss eines Dienstvertrages zwischen dem Geschäftsführer und der Gesellschaft. Auf Seiten der Gesellschaft setzt der Abschluss des Vertrages nach § 46 Nr. 5 GmbHG einen entsprechenden Beschluss der Gesellschafter voraus.

51 **bb)** Weiterhin ist zu beachten, dass bei Bestellung mehrerer Geschäftsführer diese die Gesellschaft grundsätzlich gemeinschaftlich vertreten (**Gesamtvertretung**), § 35 I GmbHG. Der Gesellschaftsvertrag kann hiervon jedoch abweichen und die Möglichkeit der Vertretung durch einen Geschäftsführer allein (**Einzelvertretung**) oder mehrere Geschäftsführer vorsehen. Daher stellt sich hier ferner die Frage, ob die Gesellschaft nur durch A, B und C gemeinsam oder durch jeden von ihnen allein vertreten werden soll.

---

[71] Hiervon zu trennen ist die sogenannte Vorgründungsgesellschaft. Sie liegt vor, wenn die Gesellschafter bereits vor Abschluss des Gesellschaftsvertrages verbindliche Vereinbarungen treffen. In der Regel ist die Vorgründungsgesellschaft eine GbR, deren Zweck auf die Errichtung einer GmbH gerichtet ist und die mit Abschluß des Gesellschaftsvertrages endet. Lediglich dann, wenn bereits die Vorgründungsgesellschaft ein Handelsgewerbe betreibt, ist sie eine OHG. Für die Haftung der Gesellschafter bzw. der Vorgründungsgesellschaft selbst kommen die allgemeinen Regeln über die GbR bzw. OHG zur Anwendung, vgl. etwa *Eisenhardt/Wackerbarth,* GesR I, Rn. 678 ff.; *K. Schmidt,* GesR, § 11 II 2.

[72] *Heidel/Pauly/Amend/Heidel,* AnwaltFormulare, § 15 Rn. 92; *Schachner/Winkler,* Rechtsformularbuch, 1 I 1 Anm. 2.

8. Nachfrage: Sollen A, B und C als Geschäftsführer die Gesellschaft nur gemeinsam oder auch jeweils allein vertreten können?

Informationsmittel: Nachfrage bei den Mandanten.

Ergebnis der 8. Nachfrage (unterstellt): Der Entschluss zur Eröffnung eines eigenen Fahrradgeschäfts beruht maßgeblich auf dem persönlichen Vertrauen, das A, B und C einander entgegenbringen. Daher soll jeder allein zur Vertretung berechtigt sein.

Ebenso wie die Bestellung der Geschäftsführer erfolgt auch die Einräumung einer vom 52 Gesetz abweichenden Vertretungsregelung meist nicht im Gesellschaftsvertrag, sondern durch gesonderten Gesellschafterbeschluss.

cc) Schließlich sollte der Gesellschaftsvertrag die Möglichkeit zur **Befreiung vom** 53 **Verbot des Insichgeschäfts nach § 181 BGB** beinhalten. So wird gewährleistet, dass die Geschäftsführer A, B und C im Namen der Gesellschaft mit sich im eigenen Namen ein Rechtsgeschäft vornehmen können. Der Gesellschaftsvertrag selbst enthält meist nur eine entsprechende Ermächtigung, die tatsächliche Befreiung des jeweiligen Geschäftsführers von dem Verbot des § 181 BGB erfolgt per Gesellschafterbeschluss.

e) Dauer und Geschäftsjahr

Eine GmbH kann **auf bestimmte oder unbestimmte Zeit** errichtet werden. Soll die 54 Gesellschaft nur von bestimmter Dauer sein, bedarf es nach § 3 II GmbHG einer entsprechenden Bestimmung im Gesellschaftsvertrag. Mit Ablauf dieser Zeit wird die Gesellschaft aufgelöst, § 60 I Nr. 1 GmbHG. Die Bestimmung des Geschäftsjahres gehört nicht zum zwingenden Inhalt des Gesellschaftsvertrages. Das Geschäftsjahr kann mit dem Kalenderjahr identisch sein, muss es aber nicht. Bei Übereinstimmung mit dem Kalenderjahr stellt das erste Geschäftsjahr in der Regel ein Rumpfgeschäftsjahr dar.[73]

f) Übertragung von Geschäftsanteilen; Kündigung

aa) Nach § 15 I GmbHG sind **Geschäftsanteile grundsätzlich frei veräußerlich.** Die 55 Abtretung bedarf lediglich der **notariellen Beurkundung,** § 15 III GmbHG. Um zu verhindern, dass gegen den Willen der Gesellschafter ein Außenstehender Geschäftsanteile erwirbt, kann nach § 15 V GmbHG die Abtretung an weitere Voraussetzungen geknüpft werden. Diese Möglichkeit bietet sich stets dann an, wenn die Gesellschaft einerseits durch einen kleinen Personenkreis, andererseits durch ein erforderliches großes Vertrauen der Gesellschafter untereinander gekennzeichnet ist. Denkbar ist, es in diesen Fällen die Veräußerung an die Zustimmung eines oder mehrerer Gesellschafter zu knüpfen. Die Voraussetzungen an die Veräußerung eines Geschäftsanteils sind klar und deutlich im Gesellschaftsvertrag zu benennen.

A, B und C haben im Beratungsgespräch deutlich gemacht, dass ein Wechsel in den Per- 56 sonen der Gesellschafter nicht ohne weiteres möglich sein soll. Der Notar sollte daher in den Gesellschaftsvertrag eine Regelung aufnehmen, nach der eine Verfügung über Geschäftsanteile nur nach vorheriger Zustimmung sämtlicher Gesellschafter möglich ist.

bb) Darüber hinaus wäre es denkbar, in den Gesellschaftsvertrag eine **Regelung für** 57 **den Fall des Todes eines der Gesellschafter** aufzunehmen. Nach § 15 I GmbHG

---

[73] *Schachner/Winkler,* Rechtsformularbuch, 1 I 1 Anm. 17; MünchVertragshandbuch-GesR/*Heidenhain/ Hasselmann,* Muster IV.2 Anm. 19.

sind Geschäftsanteile nicht nur veräußerlich, sondern auch vererblich. Gem. § 1922 I BGB ginge der Geschäftsanteil auf den oder die Erben über, ohne dass es einer Mitwirkung der anderen Gesellschafter bedürfte. In der Wahl ihrer Erben sind die Gesellschafter frei. Die freie Vererblichkeit kann auch nicht durch den Gesellschaftsvertrag beschränkt werden. Die Satzung kann aber etwa vorsehen, dass die Gesellschaft im Fall des Todes eines Gesellschafters dessen Gesellschaftsanteil vom Erben einziehen darf.[74] Zu klären ist daher, ob die Mandanten im Gesellschaftsvertrag eine gesonderte Regelung für den Todesfall wünschen.

9. Nachfrage: Soll der Gesellschaftsvertrag besondere Regelungen für den Fall des Todes eines oder mehrerer Gesellschafter enthalten?

Informationsmittel: Nachfrage bei den Mandanten.

Ergebnis der 9. Nachfrage (unterstellt): A, B und C meinen, dass es im Gesellschaftsvertrag keiner gesonderten Regelung für den Todesfall bedarf. Vielmehr sind sie der Auffassung, dass ihre Erben uneingeschränkt an ihre Stelle treten und die Gesellschaft fortführen können sollen. Eine ausdrückliche Regelung für den Todesfall ist im Gesellschaftsvertrag daher nicht erforderlich.

58 Schließlich ist zu erwägen, als Ausgleich für die erschwerte Veräußerung eines Geschäftsanteiles die Möglichkeit einer ordentlichen Kündigung für die Gesellschafter in den Gesellschaftsvertrag aufzunehmen. Das GmbHG selbst sieht ausdrücklich weder die Möglichkeit einer ordentlichen noch einer außerordentlichen Kündigung der Mitgliedschaft durch den Gesellschafter vor. Jedoch ist allgemein anerkannt, dass – wie bei allen Dauerschuldverhältnissen – auch beim Gesellschaftsvertrag eine **außerordentliche Kündigung** des Gesellschaftsverhältnisses aus wichtigem Grund zulässig ist.[75] Einer ausdrücklichen Regelung hierzu im Gesellschaftsvertrag bedarf es nicht. Anders verhält es sich mit dem Recht auf eine **ordentliche Kündigung.** Diese ist allein beim Vorliegen einer entsprechenden Klausel im Gesellschaftsvertrag möglich. Bei A, B und C ist daher nachzufragen, ob der Gesellschaftsvertrag die Möglichkeit einer ordentlichen Kündigung vorsehen soll.

10. Nachfrage: Ist den Gesellschaftern im Gesellschaftsvertrag die Möglichkeit einer ordentlichen Kündigung des Gesellschaftsverhältnisses einzuräumen?

Informationsmittel: Nachfrage bei den Mandanten.

Ergebnis der 10. Nachfrage (unterstellt): A, B und C sind der Ansicht, dass die Möglichkeit einer außerordentlichen Kündigung ausreichend ist. Eine darüber hinausgehenden Regelung einer ordentlichen Kündigung ist nicht erforderlich.

59 Folglich ist in den Gesellschaftsvertrag allein eine Regelung über die Veräußerung von Gesellschaftsanteilen aufzunehmen. Regelungen bei Tod oder Kündigung eines Gesellschafters sind entbehrlich.

g) Bekanntmachungen

60 Vereinzelt schreibt das GmbHG, etwa bei der Kapitalherabsetzung (§ 58 GmbHG) oder der Gesellschaftsauflösung (§ 65 II GmbHG), die öffentliche Bekanntmachung

---

[74] *Eisenhardt/Wackerbarth,* GesR I, Rn. 771; *Lutter/Hommelhoff/Bayer,* § 15 GmbHG Rn. 19; *Wurm/Wagner/Zartmann/Langenfeld,* Rechtsformularbuch, Kap. 120 Rn. 107.

[75] *BGH* vom 1.4.1953 – II ZR 235/52, BGHZ 9, 157; *Eisenhardt/Wackerbarth,* GesR I, Rn. 777; *Klunzinger,* GesR, § 11 XIV 1 c.

durch die Gesellschaft vor. Soweit der Gesellschaftsvertrag nichts anderes bestimmt, erfolgt die Bekanntmachung nach §§ 8 I, 10 HGB elektronisch in dem von der Landesjustizverwaltung bestimmten Informations- und Kommunikationssystems.[76]

h) Kosten

Die Errichtung einer Gesellschaft verursacht Kosten, sog. **Gründungsaufwand.** Der 61 Gründungsaufwand ist zum Teil von der Gesellschaft selbst, zum Teil von den Gesellschaftern zu tragen. Die Gesellschaft selbst übernimmt die Kosten der Eintragung (§§ 22 I, 58 I 1 Nr. 1 GNotKG i. V. m. der Handelsregistergebührenverordnung) sowie der öffentlichen Bekanntmachung (§ 3 II i. V. m. Anlage 1 Nr. 31004 GNotKG). Die übrigen Kosten, insbesondere die der notariellen Beurkundung (§ 29 Nr. 1 GNotKG), sind hingegen von den Gesellschaftern zu tragen. Im Gesellschaftsvertrag kann jedoch bestimmt werden, dass die Gesellschaft die den Gesellschaftern entstehenden Kosten übernimmt, § 26 II AktG analog.[77] Dazu ist der Gesamtbetrag, bis zu dessen Höhe die Gesellschaft aus eigener wie übernommener Verpflichtung die Kosten der Gründung trägt, im Gesellschaftsvertrag anzugeben. Da durch die Übernahme der Kosten das im Gesellschaftsvertrag ausgewiesene Gründungskapital von vorneherein gemindert ist, genügt es nicht, lediglich die Kostenarten ohne einen Gesamtbetrag zu nennen.[78] Die über diesen Betrag hinausgehen Kosten haben die Gesellschafter zu tragen. Der Gründungsaufwand hängt maßgeblich vom Beratungsbedürfnis und auch davon ab, ob die Gründung von einem Anwalt abgewickelt wird. Inklusive Notargebühren, Eintragungskosten sowie Kosten der Bekanntmachung genügen bei einem Stammkapital von 25 000 € jedenfalls 2 000 €.

i) Salvatorische Klausel

Schließlich empfiehlt sich die Aufnahme einer salvatorischen Klausel. So kann entge- 62 gen der Regelung des § 139 BGB verhindert werden, dass bei Unwirksamkeit einer vertraglichen Bestimmung der gesamte Vertrag nichtig ist.

6. Belehrung und Beratung

Ausgehend von den gewonnen Informationen sind die Mandanten darüber zu **beleh-** 63 **ren,** warum die Gesellschaftsform der GmbH für die von ihnen zu gründenden Gesellschaft zu wählen ist. Neben den Vorzügen (insb. Haftungsbeschränkung) sind sie auch auf deren Risiken (z. B. die Ausfallhaftung und die Haftung nach § 11 II GmbHG) eingehend hinzuweisen. Bei der Gestaltung des Gesellschaftsvertrages sind sie dahingehend zu **beraten,** dass ihren Interessen bestmöglich Rechnung getragen wird.

7. Vertragsentwurf

Aus den vorgenannten Erwägungen ergibt sich folgender Vertragsentwurf: 64

---

[76] Kostenlos einsehbar über die Plattform www.handelsregisterbekanntmachungen.de, zu der sich die Länder zusammengeschlossen haben.
[77] *BGH* vom 20. 2. 1989 – II ZB 10/88, NJW 1989, 1610 (1611).
[78] *BGH* vom 20. 2. 1989 – II ZB 10/88, NJW 1989, 1610 (1611).

Anlage zur Urkundenrolle … des Notars Rotstein

Gesellschaftsvertrag der Fahrradwelt GmbH

§ 1 Firma und Sitz
Die Firma der Gesellschaft lautet: Fahrradwelt GmbH.
Die Gesellschaft hat ihren Sitz in Neustadt.

§ 2 Unternehmensgegenstand
Gegenstand des Unternehmens ist der An- und Verkauf von Fahrrädern sowie von Fahrradzubehör.

§ 3 Stammkapital, Zahl und Nennbeträge der Geschäftsanteile
Das Stammkapital der Gesellschaft beträgt 25 000 € (in Worten: fünfundzwanzigtausend Euro) und wird wie folgt übernommen:
a) Herr Fritz Ammer übernimmt einen Geschäftsanteil i. H. v. 7 500 €.
b) Frau Gisela Berg übernimmt einen Geschäftsanteil i. H. v. 7 500 €.
c) Herr Dieter Casper übernimmt einen Geschäftsanteil i. H. v. 10 000 €.
Die Einlagen sind bar zu erbringen. Die Hälfte ist sofort, der Rest auf Anforderung durch die Gesellschaft fällig.

§ 4 Geschäftsführung, Vertretung
Die Gesellschaft hat einen oder mehrere Geschäftsführer.
Durch Gesellschafterbeschluss kann jedem Geschäftsführer Einzelvertretungsbefugnis sowie Befreiung von den Beschränkungen des § 181 BGB erteilt werden.

§ 5 Dauer und Geschäftsjahr
Die Gesellschaft ist auf unbestimmte Zeit errichtet.
Das Geschäftsjahr ist das Kalenderjahr.

§ 6 Verfügung über Geschäftsanteile
Zur Veräußerung von Geschäftsanteilen oder Teilen von Geschäftsanteilen bedarf es der vorherigen schriftlichen Einwilligung aller Gesellschafter.

§ 7 Bekanntmachungen
Die gesetzlich vorgeschriebenen Bekanntmachungen der Gesellschaft erfolgen allein in dem von der Landesjustizverwaltung bestimmten elektronischen Informations- und Kommunikationssystem.

§ 8 Kosten
Die Gesellschaft trägt die mit der Gründung verbundenen Kosten (Notarkosten sowie Eintragungskosten einschließlich der Veröffentlichungskosten) bis zu einem Betrag von insgesamt 2 200 €; darüber hinausgehende Kosten tragen die Gesellschafter.

§ 9 Salvatorische Klausel
Sollte eine Bestimmung dieses Vertrage unwirksam sein oder werden, so wird dadurch die Wirksamkeit des Vertrages im Übrigen nicht berührt. Die Gesellschafter sind verpflichtet, die betreffende Bestimmung durch eine wirksame zu ersetzen, die dem Zweck der Gesellschaft möglichst nahe kommt.

§ 8. Vertragsgestaltung im Arbeitsrecht

Literatur (s. auch das Verzeichnis der abgekürzt zitierten Literatur, S. XIX): *Bauer,* Einführung in die Vertragsgestaltung im Arbeitsrecht, JuS 1999, 356, 452, 557, 660, 765; *Düwell/Dahl,* Die Leistungs- und Verhaltensbeurteilung im Arbeitsverhältnis, NZA 2011, 958; *Hromadka,* Die betriebliche Übung: Vertrauensschutz im Gewande eines Vertrags, NZA 2011, 65; *ders.,* Grenzen des Weisungsrechts, NZA 2012, 233; *Hromadka/Schmitt-Rolfes,* Die AGB-Rechtsprechung des BAG zu Tätigkeit, Entgelt und Arbeitszeit, NJW 2007, 1777; *Junker,* AGB-Kontrolle von Arbeitsvertragsklauseln in der neueren Rechtsprechung des BAG, BB 2007, 1274; *ders.,* Grundlegende Weichenstellungen der AGB-Kontrolle von Arbeitsverträgen, in: Festschrift Buchner, 2009, S. 369; *Kamanabrou,* Grundfragen bei jährlich wiederkehrenden Sonderzuwendungen im Arbeitsrecht, Jura 1999, 455; *Kort,* Grenzen der arbeitgeberseitigen Änderung von Arbeitsbedingungen bei Versetzungen, in: Festschrift Birk, 2008, S. 459; *Preis/Greiner,* Vertragsgestaltung bei Bezugnahmeklauseln nach der Rechtsprechung des BAG, NZA 2007, 1073; *Preis/Ulber,* Die Wiederbelebung des Ablösungs- und Ordnungsprinzips?, NZA 2014, 6; *Raab,* Änderungsvorbehalt, Widerrufsvorbehalt, Freiwilligkeitsvorbehalt und der Grundsatz „pacta sunt servanda", in: Festschrift Birk, 2008, S. 659; *Reinfelder,* Der Rücktritt von Aufhebungsvertrag und Prozessvergleich, NZA 2013, 62; *Stoffels,* Die einseitige Änderung der Entgeltbedingungen durch den Arbeitgeber, in: Festschrift Hromadka, 2008, S. 463; *Vogt/Oltmanns,* Sprachanforderungen und Einführung einer einheitlichen Sprache im Konzern, NZA 2014, 181; *Weth/Weber,* Das BAG auf neuen Pfaden – Bandbreitenregelungen in Arbeitsverträgen, in: Festschrift Birk, 2008, S. 933.

Im Arbeitsrecht besteht Gestaltungsbedarf im individuellen und im kollektiven Bereich. Auf der individuellen Ebene ist der **Arbeitsvertrag** angesiedelt, in dem Arbeitnehmer und Arbeitgeber die Bedingungen des Arbeitsverhältnisses festlegen. Er gibt aber nur ein unvollständiges Bild des Arbeitsverhältnisses, denn seine Regelungen werden durch arbeitnehmerschützendes **Gesetzesrecht** und durch **Kollektivvereinbarungen** (Betriebsvereinbarungen, Tarifverträge) ergänzt; diese Normen begrenzen zugleich den individuellen Gestaltungsrahmen. Auch wenn sich die Arbeitsbedingungen aus dem Zusammenspiel unterschiedlicher Rechtsquellen ergeben, nimmt der Arbeitsvertrag die Schlüsselrolle ein, weil er Grundlage des Arbeitsverhältnisses bildet.[1]   **1**

Im Folgenden geht es deshalb um Fragen der **Gestaltung und Aufhebung von Arbeitsverträgen;**[2] die Formulierung von Tarifverträgen und Betriebsvereinbarungen bleibt ausgeklammert. In der Praxis werden Arbeitsverträge durchwegs nicht individuell ausgehandelt. Vielmehr werden **vorformulierte Arbeitsvertragsmuster** verwendet.[3] Sie haben für den Arbeitgeber Vorteile, indem sie zu einer Rationalisierung im Personalwesen und zu einer Gleichbehandlung der Arbeitnehmer führen.[4] In der Gleichbehandlung liegt zugleich der Nachteil vorformulierter Arbeitsverträge: Sie verhindern eine individuelle, die rechtlichen Gestaltungsspielräume nutzende Vertragsgestaltung.[5]   **2**

---

[1] Zu den Folgen unreflektierter oder unterlassener Vertragsgestaltung bei Arbeitsverträgen s. *Preis/Preis,* Arbeitsvertrag, Teil I A Rn. 6 ff.

[2] Musterverträge bei *Bauer,* JuS 1999, 356 (358 ff.); *Hromadka/Maschmann,* Arbeitsrecht I, § 4 Rn. 56 ff.; s. zur Gestaltung von Betriebsvereinbarungen und Tarifverträgen *Bauer,* JuS 1999, 660, 765.

[3] *Junker,* Grundkurs Arbeitsrecht, Rn. 77; *Preis,* Vertragsgestaltung, S. 54 ff.

[4] *Preis,* Vertragsgestaltung, S. 105 f.; *Zöllner/Loritz/Hergenröder,* Arbeitsrecht, S. 2.

[5] *Preis/Preis,* Arbeitsvertrag, Teil I A Rn. 106–113.

I. Allgemeine Überlegungen

3 Der Vertragsjurist kann sich bei der Gestaltung eines Arbeitsvertrags an den üblichen **Denkschritten der Vertragsgestaltung** orientieren (s. bereits § 1 Rn. 12 ff.). Der Informationsgewinnung folgt ein erster Rohentwurf des Vertrags; die Rückkopplung des Vertragsentwurfs im dispositiven und im zwingenden Recht – hier kommen im Arbeitsrecht zum Gesetzesrecht Betriebsvereinbarungen und Tarifverträge hinzu – erfolgt anhand von **Gestaltungskriterien** wie dem Gebot des sicheren Weges.

1. Fragen der Informationsgewinnung

4 Wie bei anderen Verträgen stehen auch bei Arbeitsverträgen die wesentlichen Vertragsbestandteile **(essentialia negotii)** im Vordergrund (s. auch § 4 Rn. 3). Zu ihnen gehört auch die Bezeichnung der Vertragsparteien, d. h. des Arbeitgebers und des Arbeitnehmers (vgl. § 2 I 2 Nr. 1 NachwG). Besondere Aufmerksamkeit verdienen die vom Arbeitnehmer geschuldete Tätigkeit, die Regelungen über die Arbeitszeit und die Abrede über die Vergütung.

a) Tätigkeitsbeschreibung

5 Nach § 2 I 2 Nr. 5 NachwG ist die **Tätigkeit,** die der Arbeitnehmer zu leisten hat, in der Niederschrift des Arbeitsvertrags kurz zu charakterisieren oder zu beschreiben. Die Tätigkeitsbeschreibung steckt den Rahmen der Beschäftigungsmöglichkeiten des Arbeitnehmers ab.[6] Aus Arbeitgebersicht ist auf den ersten Blick die Vereinbarung eines möglichst **weiten Tätigkeitsbereichs** sinnvoll, damit der Arbeitnehmer nach den jeweiligen betrieblichen Bedürfnissen eingesetzt werden kann. Dieser Flexibilisierungseffekt lässt sich auch dadurch erzielen, dass ein konkretes Tätigkeitsgebiet mit einer **Versetzungsklausel** kombiniert wird. Eine Versetzungsklausel unterliegt allerdings der Inhaltskontrolle nach §§ 307 ff. BGB und ist nach § 307 I 1 BGB unwirksam, wenn sie den Arbeitnehmer entgegen den Geboten von Treu und Glauben unangemessen benachteiligt; dagegen findet das Klauselverbot des § 308 Nr. 4 BGB auf eine arbeitsvertragliche Versetzungsklausel keine Anwendung, denn es geht nicht um die Leistung des Klauselverwenders, sondern um diejenige des Vertragspartners.[7]

Beispiele: Die Klausel „Frau X wird ab … bei … in Frankfurt a. M. beschäftigt. Lufthansa kann Frau X entsprechend ihren Leistungen und Fähigkeiten mit einer anderen im Interesse der Lufthansa liegenden Aufgabe betrauen, sie kann Frau X auch an einem anderen Ort sowie vorübergehend auch bei einem anderen Unternehmen einsetzen" ist eine der Regelung des § 106 S. 1 GewO entsprechende Bestimmung, die den Test des § 307 I 1 BGB besteht.[8] – Dagegen bedeutet die Klausel „Frau Y steht als Personalsachbearbeiterin in den Diensten von Z. Falls erforderlich, kann Z nach Abstimmung der beiderseitigen Interessen Art und Ort der Tätigkeit des/der Angestellten ändern" eine unangemessene Benachteiligung der Arbeit-

---

[6] *Hromadka/Maschmann,* Arbeitsrecht I, § 4 Rn. 57 ff; *Junker,* Grundkurs Arbeitsrecht, Rn. 208; *Löwisch/Caspers/Klumpp,* Arbeitsrecht, Rn. 201, 291; *Waltermann,* Arbeitsrecht, Rn. 176, 195; *Zöllner/Loritz/Hergenröder,* Arbeitsrecht, S. 138.

[7] *BAG* vom 11. 4. 2006 – 9 AZR 557/05, BAGE 118, 22 = AP Nr. 17 zu § 307 BGB = NZA 2006, 1149 (Rn. 31).

[8] *BAG* vom 13. 3. 2007 – 9 AZR 433/06, AP Nr. 26 zu § 307 BGB; s. dazu *Kort,* in: Festschrift Birk, 2008, S. 459 (465 ff.).

nehmerin i. S. d. § 307 I 1, II Nr. 1 BGB, weil sie nicht die Einschränkung enthält, dass nur eine gleichwertige Tätigkeit zugewiesen werden darf.[9]

Beide Gestaltungsvarianten – weite Tätigkeitsbeschreibung und (wirksame) Verset- **6** zungsklausel – halten dem Arbeitgeber die Möglichkeit offen, dem Arbeitnehmer kraft seines **Weisungsrechts** (Direktionsrechts) andere Arbeiten zuzuweisen. Das Weisungsrecht gibt dem Arbeitgeber die Befugnis, Inhalt, Ort und Zeit der Arbeitsleistung im Rahmen des höherrangigen Rechts nach billigem Ermessen zu bestimmen (§ 106 S. 1 GewO).[10]

Beispiele für eine weite und eine enge Tätigkeitsbeschreibung (mit Versetzungsklausel): „Herr X wird als Sachbearbeiter im Bereich Versicherungen tätig."

„Herr X wird als Sachbearbeiter in der Sparte Feuerversicherung tätig. Die Arbeitgeberin ist berechtigt, ihm eine andere gleichwertige Tätigkeit im Bereich Versicherungen zuzuweisen."

Die **Kehrseite des flexiblen Einsatzes** des Arbeitnehmers sind für den Arbeitgeber ne- **7** gative Auswirkungen auf den Kündigungsschutz. Im Fall einer betriebsbedingten Kündigung ist der Kreis der in die **Sozialauswahl nach § 1 III KSchG** einzubeziehenden Arbeitnehmer umso größer, je flexibler die Arbeitnehmer einsetzbar sind.[11] Mit der Anzahl der in die Sozialauswahl einzubeziehenden Arbeitnehmer wächst die Gefahr einer fehlerhaften Sozialauswahl.

> Die arbeitsvertragliche Tätigkeitsbeschreibung beeinflusst einerseits die Versetzungsmöglichkeiten, andererseits den Kreis der bei einer Kündigung in die Sozialauswahl einzubeziehenden Arbeitnehmer.

Ferner dürfen die Flexibilisierungsmöglichkeiten hinsichtlich der vom Arbeitnehmer **8** geschuldeten Leistung nicht überschätzt werden: Selbst wenn der Arbeitsvertrag ein weites Einsatzgebiet des Arbeitnehmers eröffnet, kann durch die tatsächliche Beschäftigung mit bestimmten Aufgaben eine **Konkretisierung der Arbeitspflicht** des Arbeitnehmers auf eine **bestimmte Tätigkeit** eintreten. Allerdings legt die Rechtsprechung insoweit einen strengen Maßstab an.

Beispiel: Der Arbeitnehmer Z wird als „Schlosser" eingestellt. Sechs Jahre lang wurde er als Kunstschlosser eingesetzt, nun soll er als Maschinenschlosser tätig werden. Z meint, seine Arbeitspflicht habe sich auf eine Tätigkeit als Kunstschlosser konkretisiert.

Z hat Unrecht. Allein die langjährige Beschäftigung an einem bestimmten Arbeitsgebiet schränkt das Direktionsrecht nicht ein. Es müssen besondere Umstände hinzukommen, aus denen sich ergibt, dass künftig eine anderweitige Beschäftigung des Arbeitnehmers nicht gegen seinen Willen erfolgen wird.[12]

---

[9]   *BAG* vom 9.5.2006 – 9 AZR 424/05, BAGE 118, 184 = AP Nr. 21 zu § 307 BGB = NZA 2007, 145 (Rn. 19), s. auch *BAG* vom 13.6.2007 – 5 AZR 564/06, BAGE 123, 98 = AP Nr. 70 zu § 611 BGB Direktionsrecht = NZA 2007, 994.

[10] Siehe zu den Grenzen des Weisungsrechts *Hromadka*, NZA 2012, 233.

[11] Die Grenze der Sozialauswahl ist jedoch stets der Betrieb („Betriebsbezogenheit der Sozialauswahl"): *BAG* vom 2.6.2005 – 2 AZR 158/04, BAGE 115, 82 = AP Nr. 73 zu § 1 KSchG 1969 Soziale Auswahl = NZA 2005, 1175 (1175 f.).

[12] *BAG* vom 17.8.2011 – 10 AZR 202/10, AP Nr. 14 zu § 106 GewO = NZA 2012, 265 (Rn. 19); *BAG* vom 13.6.2012 – 10 AZR 296/11, AP Nr. 15 zu § 106 GewO = NZA 2012, 1154 (Rn. 24); s. auch *Junker*, Grundkurs Arbeitsrecht, Rn. 207, 208; *Krause*, Arbeitsrecht, § 6 Rn. 6.

b) Vergütungsabrede

9 Nach § 2 I 2 Nr. 6 NachwG sind die Zusammensetzung und die Höhe des **Arbeitsentgelts** in die Niederschrift des Arbeitsvertrags aufzunehmen. Jedoch bleibt der Arbeitsvertrag – anders als z. B. ein Kaufvertrag – auch wirksam, wenn es an einer ausdrücklichen oder stillschweigenden Vergütungsabrede fehlt: Nach § 612 I BGB gilt eine Vergütung als stillschweigend vereinbart, wobei sich die Höhe gem. § 612 II BGB nach der **üblichen Vergütung** richtet (insbesondere nach der betriebs-, hilfsweise der branchenüblichen Vergütung). Ein **Vorbehalt des Arbeitgebers,** die eigene Leistung zu erhöhen („Zu Beginn jedes Kalenderjahres wird eine Anpassung des Gehalts entsprechend den branchenüblichen Gehaltssteigerungen geprüft"), verstößt nicht gegen das Klauselverbot des § 308 Nr. 4 BGB, da ein solcher Vorbehalt den Arbeitnehmer nicht benachteiligt.[13]

c) Weitere Regelungen

10 Die notwendigen Vertragsbestandteile **(essentialia negotii)** umfassen ferner eine Regelung der Frage, wann das Arbeitsverhältnis beginnen und welche Dauer der Arbeitszeit geschuldet sein soll, ferner bei befristeten Arbeitsverhältnissen die Befristungsabrede (§ 14 IV TzBfG, s. auch § 2 I 2 Nr. 2, 3 und 7 NachwG). Außerdem können die Arbeitsvertragsparteien zusätzliche Regelungen als weitere Vertragsbestandteile **(accidentalia negotii)** wünschen, die weitergehende Informationen des Vertragsjuristen voraussetzen (z. B. betriebliche Altersversorgung, Sonderzuwendungen, Nebentätigkeits- oder Wettbewerbsverbote). Das **Nachweisgesetz** zählt zu den Mindestangaben der Niederschrift des Arbeitsvertrags noch den Arbeitsort, die Urlaubsdauer, die Kündigungsfristen und einen Hinweis auf anwendbare Tarifverträge oder Betriebsvereinbarungen (§ 2 I 2 Nr. 4, 8, 9 und 10 NachwG). Ein **Verstoß** gegen die Vorschriften des Nachweisgesetzes hat keinen Einfluss auf die Wirksamkeit des Arbeitsvertrags, kann aber **Schadensersatzansprüche** des Arbeitnehmers auslösen, wenn er z. B. wegen des fehlenden Hinweises auf einen Tarifvertrag (§ 2 I 2 Nr. 10 NachwG) einen Rechtsverlust erleidet.[14]

Beispiele: „Das Arbeitsverhältnis beginnt am 1. 10. 2015."

„Die regelmäßige wöchentliche Arbeitszeit beträgt 38,5 Stunden."

„Die Arbeitnehmerin erhält jedes Jahr am 15. 11. eine Weihnachtsgratifikation in Höhe eines halben Bruttomonatsgehalts. Der Anspruch besteht nicht, wenn die Arbeitnehmerin am 1. 11. eines Jahres seit weniger als zwölf Monaten bei der X-AG angestellt ist. Scheidet die Arbeitnehmerin vor dem 1. 11. eines Jahres aus dem Betrieb aus, so erhält sie eine anteilige Gratifikation, wenn sie im Zeitpunkt ihres Ausscheidens wenigstens zwölf Monate bei der X-AG beschäftigt war."

2. Probleme der Rechtsanwendung

11 Um einen Vertrag rechtswirksam gestalten zu können, muss sich der Vertragsjurist mit den rechtlichen Rahmenbedingungen vertraut machen. Zusätzlich zum **Gesetzesrecht** sind bei der Gestaltung von Arbeitsverträgen die einschlägigen **Betriebsverein-**

---

[13] *BAG* vom 9. 11. 2005 – 5 AZR 351/05, AP Nr. 5 zu § 305 c BGB = DB 2006, 1061; umfassend *Stoffels,* in: Festschrift Hromadka, 2008, S. 463.

[14] *BAG* vom 17. 4. 2002 – 5 AZR 89/01, AP Nr. 6 zu § 2 NachwG = NZA 2002, 1096 (1098 f.); *BAG* vom 5. 11. 2003 – 5 AZR 676/02, AP Nr. 7 zu § 2 NachwG = NZA 2005, 64 (65).

barungen und **Tarifverträge** zu beachten. Ferner spielt die **AGB-Kontrolle** von Arbeitsbedingungen eine Rolle.

a) Gesetzesrecht

Zahlreiche arbeitsrechtliche Gesetze dienen dem Arbeitnehmerschutz und sind deshalb einseitig zwingend.[15] oder sogar beidseitig zwingend ausgestaltet[16]; im letzteren Fall gibt es auch zugunsten des Arbeitnehmers keine zulässige Abweichung vom Gesetz. Da das Arbeitsrecht seiner Natur nach Arbeitnehmerschutzrecht darstellt, ist der Vertragsjurist bei der Vertragsgestaltung im Arbeitsrecht weniger frei als in anderen Rechtsgebieten.

12

Beispiele: Der Arbeitsvertrag eines Sachbearbeiters sieht eine 5-Tage-Woche mit einer wöchentlichen Arbeitszeit von 45 Stunden vor. – Die Vereinbarung verstößt gegen § 3 ArbZG. Da eine Anwendung der Teilnichtigkeitsregel des § 139 BGB dem Schutzzweck des Gesetzes zuwiderliefe, ist die Rechtsfolge des Verstoßes, dass die nach dem ArbZG (höchst-) zulässige Arbeitszeit von acht Stunden täglich (also bei einer 5-Tage-Woche 40 Stunden wöchentlich) als vereinbart gilt.[17]

Jungunternehmer J hat sich an einer US-amerikanischen Graduate School of Business vom amerikanischen Arbeitsrecht begeistern lassen. Für sein deutsches Start-Up-Unternehmen entwirft er einen Musterarbeitsvertrag, in dem ein Jahresurlaub von 14 Werktagen vorgesehen ist. – Eine solche Regelung verstößt gegen § 3 I BUrlG; es gilt die in § 3 I BUrlG vorgesehene Mindesturlaubsdauer von 24 Werktagen.

Arbeitsrechtliche Sondervorschriften gelten auch bei Leistungsstörungen. Da die Arbeitsleistung des Arbeitnehmers i. d. R. eine absolute Fixschuld darstellt, tritt im Regelfall bei Nichtleistung nicht lediglich Verzug, sondern Unmöglichkeit ein.[18] Die Ansprüche der Arbeitsvertragsparteien würden sich ohne arbeitsrechtliche Sondervorschriften nach den §§ 275, 326 I, II BGB richten. Der aus diesen Vorschriften resultierende Grundsatz „kein Lohn ohne Arbeit" ist jedoch in den meisten Fällen unverschuldeter Arbeitsverhinderung durch Sondervorschriften durchbrochen (z. B. durch die Lehre vom Betriebsrisiko, § 615 S. 3 BGB, oder durch das EFZG).[19]

13

Beispiel: Der Arbeitnehmer A kann infolge einer Grippe 10 Tage nicht zur Arbeit erscheinen. Sein Arbeitgeber möchte den Lohn kürzen. – Gem. § 326 I 1, 1. Hs. BGB entfällt der Anspruch des A auf sein Arbeitsentgelt. Ihm steht aber gem. § 3 I 1 EFZG ein Anspruch auf Entgeltfortzahlung zu, dessen Höhe sich nach § 4 EFZG richtet.

b) Kollektivvereinbarungen

Betriebsvereinbarungen wirken unmittelbar und zwingend (§ 77 IV 1 BetrVG). Abweichende arbeitsvertragliche Regelungen sind nur zugunsten des Arbeitnehmers zulässig.[20] Dasselbe gilt für Tarifverträge, wenn sie aufgrund einer Tarifgebundenheit der Arbeitsvertragsparteien gem. § 3 TVG oder kraft Allgemeinverbindlicherklärung (§ 5 TVG) im konkreten Arbeitsverhältnis anwendbar sind (§ 4 I TVG). Die Tarifvertragsparteien können aber nach § 4 III Alt. 1 TVG Öffnungsklauseln vorsehen, die den Ar-

14

---

[15] Von einer einseitig zwingenden Norm kann nur zugunsten, nicht aber zu Lasten der geschützten Partei abgewichen werden.

[16] Übersicht über die verschiedenen Typen zwingenden Rechts bei *Junker,* Grundkurs Arbeitsrecht, Rn. 72.

[17] *Anzinger/Koberski,* ArbZG, 4. Aufl. 2014, § 1 Rn. 31, 32.

[18] Einzelheiten bei *Junker,* Grundkurs Arbeitsrecht, Rn. 221, 270.

[19] Übersicht bei *Krause,* Arbeitsrecht, § 9 Rn. 11–38.

[20] Einzelheiten bei *Zöllner/Loritz/Hergenröder,* Arbeitsrecht, S. 497–499.

beitsvertragsparteien vom Tarifvertrag abweichende Regelungen auch zu Lasten des Arbeitnehmers ermöglichen. Soweit die arbeitsvertragliche Abrede für den Arbeitnehmer bessere Arbeitsbedingungen vorsieht als der Tarifvertrag, ist sie nach dem Günstigkeitsprinzip gem. § 4 III Alt. 2 TVG ohne eine Öffnungsklausel im Tarifvertrag wirksam.[21]

15 Die arbeitsvertragliche Regelung einer bereits kollektivvertraglich normierten Materie kann folglich zu Konkurrenzproblemen führen. Nicht immer ist klar, ob die arbeitsvertragliche Lösung für den Arbeitnehmer günstiger ist.[22] Außerdem weist der Arbeitsvertrag gegenüber Kollektivverträgen eine höhere Bestandskraft auf: Während Arbeitsverträge eher statisch sind, werden Kollektivverträge häufiger angepasst.

> Bei der Gestaltung von Arbeitsverträgen sind neben gesetzlichen Regelungen Tarifverträge und Betriebsvereinbarungen zu beachten. Im Verhältnis zum Arbeitsvertrag gilt das Günstigkeitsprinzip.

16 Wenn das Arbeitsverhältnis in den räumlichen, sachlichen und persönlichen Geltungsbereich eines Tarifvertrags fällt[23], ist eine arbeitsvertragliche **Bezugnahme auf den Tarifvertrag** zu erwägen: Für Arbeitnehmer, die keine Mitglieder der tarifschließenden Gewerkschaft (und deshalb nicht tarifgebunden) sind, hat diese Klausel zur Folge, dass der Inhalt des Tarifvertrags zum Inhalt des Arbeitsverhältnisses wird. Der Tarifvertrag wirkt nicht normativ wie bei den Gewerkschaftsmitgliedern (§§ 3 I, 4 I 1 TVG), sondern schuldrechtlich.[24]

Beispiele für Bezugnahmeklauseln: „Auf das Arbeitsverhältnis findet der jeweils gültige Manteltarifvertrag für das private Bankgewerbe Anwendung."

„Das Arbeitsverhältnis unterliegt den Tarifbestimmungen für die Niedersächsische Metallindustrie in ihrer jeweiligen Fassung."

17 Die vorstehenden Bezugnahmeklauseln, die „dynamisch" auf den „jeweils gültigen" Tarifvertrag verweisen, sind mehrdeutig, wenn der Arbeitgeber die Branche wechselt, wenn er aus dem tarifschließenden Arbeitgeberverband austritt oder wenn ein Betriebsübergang stattfindet und der neue Inhaber nicht mehr tarifgebunden ist: Früher hat die Rechtsprechung entschieden, auch nach der Bezugnahmeklausel würden die letzten tariflichen Arbeitsbedingungen „eingefroren"; die Klausel sei als **Gleichstellungsabrede** zu verstehen.[25] Diese Interpretation von Bezugnahmeklauseln ist für die Arbeitnehmer nachteilig, wenn sich die Tarifbedingungen – wie meist – bei nachfolgenden Tarifverträgen verbessern.

18 Mit Blick auf die **Unklarheitenregel** des § 305 c II BGB hat die Rechtsprechung jedoch bei Bezugnahmeklauseln in vorformulierten Arbeitsverträgen an der bisherigen Auslegung nicht festhalten wollen: Mangels eindeutiger Anhaltspunkte für einen anderen Willen der Parteien behalte die Klausel in den drei genannten Fällen (Rn. 17)

---

[21] *Hanau/Adomeit,* Arbeitsrecht, Rn. 250–253; *Hromadka/Maschmann,* Arbeitsrecht II, § 13 Rn. 279–294.

[22] Beispiele bei *Preis,* Vertragsgestaltung, S. 123.

[23] Dazu im Einzelnen *Junker,* Grundkurs Arbeitsrecht, Rn. 563–566.

[24] *BAG* vom 26.9.2001 – 4 AZR 544/00, BAGE 99, 120 (126) = AP Nr. 21 zu § 1 TVG Bezugnahme auf Tarifvertrag = NZA 2002, 634.

[25] *BAG* vom 19.3.2003 – 4 AZR 331/02, BAGE 105, 284 (286) = AP Nr. 33 zu § 1 TVG Bezugnahme auf Tarifvertrag = NZA 2003, 1207.

ihre dynamische Wirkung.[26] Da die Rechtsprechung dem Arbeitgeber also nicht mehr mit einer für ihn günstigen Auslegung der Bezugnahmeklausel hilft, muss er die Klausel so formulieren, dass sie den Test des § 305c II BGB (Unklarheitenregel) besteht.

Beispiel: „Auf das Arbeitsverhältnis findet der jeweils gültige Manteltarifvertrag für das private Bankgewerbe Anwendung. Das gilt jedoch nur, wenn und solange der Arbeitgeber nach § 3 TVG an den Tarifvertrag gebunden ist."

c) AGB-Kontrolle von Arbeitsverträgen

Die Klauseln des einzelnen Arbeitsvertrags werden in aller Regel nicht individuell mit **19** dem Arbeitnehmer ausgehandelt, sondern vom Arbeitgeber vorformuliert, wobei der Arbeitgeber entweder gängige Arbeitsvertragsmuster verwendet oder auf sein Unternehmen zugeschnittene Standardverträge erstellen lässt (s. bereits Rn. 2). Auch wenn man nicht von „Allgemeinen Arbeitsbedingungen", sondern meist von „arbeitsvertraglichen Einheitsregelungen" spricht, sind solche vorformulierten Arbeitsvertragsklauseln **Allgemeine Geschäftsbedingungen** (AGB) i. S. der §§ 305–310 BGB. Arbeitsverträge unterliegen der AGB-Kontrolle, allerdings mit der Einschränkung des § 310 IV 2 BGB: Bei der Anwendung der §§ 305ff. BGB auf Arbeitsverträge „sind die im Arbeitsrecht geltenden Besonderheiten angemessen zu berücksichtigen"; die speziellen Einbeziehungsregeln des § 305 II, III BGB sind nicht anzuwenden.

Der auf dem Gebiet des Arbeitsrechts vertragsgestaltend tätige Jurist muss also zum **20** einen die gesetzlichen Vorschriften über die Gestaltung Allgemeiner Geschäftsbedingungen kennen (s. bereits § 3 Rn. 3ff.). Zum anderen muss er wissen, welche **Besonderheiten des Arbeitsrechts** i. S. d. § 310 IV 2 BGB die Rechtsprechung anerkennt.

Beispiel: Die Vereinbarung einer **Vertragsstrafe** für den Fall, dass der andere Vertragsteil sich vom Vertrag löst, ist nach **§ 309 Nr. 6 BGB** unwirksam. Im Arbeitsrecht besteht jedoch die Besonderheit, dass § 888 III ZPO es ausschließt, ein Urteil auf Erbringung der geschuldeten Arbeitsleistung zu vollstrecken. Die Vertragsstrafe stellt in vielen Fällen die einzig wirksame Möglichkeit dar, um den Arbeitnehmer zur Erfüllung der vertraglichen Hauptpflicht anzuhalten. Die Berücksichtigung dieser arbeitsrechtlichen Besonderheit führt zu dem Ergebnis, dass § 309 Nr. 6 BGB der Wirksamkeit formularmäßiger Vertragsstrafen in Arbeitsverträgen nicht entgegensteht.[27]

Ferner geht die Rechtsprechung davon aus, dass sich die Definition des Verbrauchers **21** in § 13 BGB vom allgemeinen Sprachgebrauch gelöst habe und einen konsumtiven Zweck des Geschäfts nicht voraussetze. Auch der Arbeitnehmer sei ein „Verbraucher" im Rechtssinne des § 13 BGB. Der Arbeitsvertrag sei folglich ein **Verbrauchervertrag i. S. v. § 310 III BGB**.[28] Die Sonderregeln der AGB-Kontrolle von Verbraucherverträgen (s. bereits § 3 Rn. 31 ff.) sind daher auch bei der AGB-Kontrolle von Arbeitsverträgen anzuwenden. Darüber hinaus verdienen speziell bei Arbeitsverträgen vier Aspekte der AGB-Kontrolle Beachtung:

---

[26] *BAG* vom 14.12.2005 – 4 AZR 536/04, BAGE 116, 326 = AP Nr. 39 zu § 1 TVG Bezugnahme auf Tarifvertrag = NZA 2006, 607; *BAG* vom 18.4.2007 – 4 AZR 652/05, AP Nr. 53 zu § 1 TVG Bezugnahme auf Tarifvertrag = NZA 2007, 965 (Rn. 26).

[27] *BAG* vom 4.3.2004 – 8 AZR 196/03, BAGE 110, 8 (19) = AP Nr. 3 zu § 309 BGB = NZA 2004, 727; *BAG* vom 18.8.2005 – 8 AZR 65/05, AP Nr. 1 zu § 336 BGB = NZA 2006, 34 (Rn. 17); *BAG* vom 14.8.2007 – 8 AZR 973/06, AP Nr. 28 zu § 307 BGB = NZA 2008, 170 (Rn. 35); s. auch *Walter-mann*, Arbeitsrecht, Rn. 114.

[28] *BAG* vom 25.5.2005 – 5 AZR 572/04, BAGE 115, 19 = AP Nr. 1 zu § 310 BGB = NZA 2005, 1111 (1115); *BAG* vom 19.5.2010 – 5 AZR 253/09, AP Nr. 13 zu § 310 BGB = NZA 2010, 939 (Rn. 23).

22 **aa)** Bedeutung hat das **Aushandeln von Arbeitsbedingungen:** Auch bei Arbeitsverträgen findet nach **§ 305 I 3 BGB** eine AGB-Kontrolle nicht statt, soweit die Vertragsbedingungen zwischen den Vertragsparteien im Einzelnen ausgehandelt sind. Nach der Rechtsprechung bedeutet „aushandeln" i. S. v. § 305 I 1 BGB mehr als „verhandeln": Es genügt nicht, dass der Vertragsinhalt lediglich erläutert oder erörtert wird und den Vorstellungen des Vertragspartners entspricht. Ausgehandelt ist eine Vertragsklausel nur, wenn der Arbeitgeber die Klausel ernsthaft zur Disposition stellt und dem Arbeitnehmer die reale Möglichkeit einräumt, den Inhalt der Klausel zu beeinflussen.[29] Wenn jedoch eine Klausel in diesem Sinne „ausgehandelt" ist und somit als **Individualabrede (§ 305 b BGB)** den Vorrang vor einer vorformulierten Klausel hat, steht der Arbeitgeber besser als nach früherem Recht: Anders als vor der Schuldrechtsreform gibt es in diesen Fällen keine Billigkeitskontrolle im Sinne einer allgemeinen, nicht auf die Besonderheiten des Falles bezogenen Angemessenheitsprüfung nach § 242 BGB.[30]

23 **bb)** Besonders zu beachten ist auch bei vorformulierten Bedingungen in Arbeitsverträgen das **Verbot überraschender Klauseln (§ 305 c I BGB).** Dieses Verbot führt z. B. dazu, dass eine im Vertragstext unter „Verschiedenes" versteckte **Ausschlussklausel** (Verfallklausel) für Arbeitnehmeransprüche nicht Vertragsbestandteil wird.[31] Ebenso wurde in einem Fall entschieden, in dem ein nachvertragliches **Wettbewerbsverbot** des Arbeitnehmers im Vertragstext an einer Stelle eingeordnet war, an der mit dieser Klausel nicht gerechnet werden musste.[32]

24 **cc)** Nach der **Unklarheitenregel des § 305 c II BGB** gehen Zweifel bei der Auslegung vorformulierter Arbeitsbedingungen zulasten des Verwenders, also im Regelfall zulasten des Arbeitgebers. Diese Unklarheitenregelung hat das BAG z. B. auf **Bezugnahmeklauseln** angewendet (s. bereits Rn. 18).

25 **dd)** Die **Inhaltskontrolle nach §§ 307–309 BGB** findet auch bei Arbeitsverträgen ihren Ausgangspunkt in § 307 III 1 BGB, wonach eine inhaltliche Kontrolle nur bei Vertragsklauseln in Betracht kommt, die von Rechtsvorschriften in Gesetzen, Tarifverträgen oder Betriebsvereinbarungen (§ 310 IV 3 BGB) abweichen oder solche Rechtsvorschriften ergänzen (s. bereits § 3 Rn. 21). Besonders wichtig ist die Generalklausel des § 307 I, II BGB: Wenn eines der speziellen Klauselverbote der §§ 308, 309 BGB wegen der „im Arbeitsrecht geltenden Besonderheiten" (§ 310 IV 2 BGB) nicht anzuwenden ist, kann die entsprechende Bestimmung des Arbeitsvertrags immer noch gegen die Generalklausel des § 307 I, II BGB verstoßen.

Beispiel: Auf eine **Vertragsstrafe** wegen vorzeitiger Kündigung des Arbeitsverhältnisses ist das spezielle Klauselverbot des § 309 Nr. 6 BGB wegen der Besonderheiten des Arbeitsrechts gem. § 310 IV 2 BGB nicht anzuwenden (s. Rn. 20). Ist die Vertragsstrafe jedoch unangemessen hoch (ein volles Monatsgehalt, obwohl sich der Arbeitnehmer rechtmäßig mit einer Kündigungsfrist von zwei Wochen vom Vertrag hätte

---

[29] *BAG* vom 27.7.2005 – 7 AZR 486/04, BAGE 115, 274 = AP Nr. 6 zu § 307 BGB = NZA 2006, 40 (44).

[30] *BAG* vom 25.5.2005 – 5 AZR 572/04, BAGE 115, 19 = AP Nr. 1 zu § 310 BGB = NZA 2005, 1111 (1116); *Preis,* NZA Beilage 3/2006, S. 115 (116).

[31] So bereits zum früheren Recht *BAG* vom 29.11.1995 – 5 AZR 447/94, BAGE 81, 317 (322) = AP Nr. 1 zu § 3 AGB-Gesetz m. Anm. *Fastrich,* NZA 1996, 702.

[32] *BAG* vom 13.7.2005 – 10 AZR 532/04, AP Nr. 78 zu § 74 HGB = DB 2005, 2415.

lösen können), ist die Klausel wegen unangemessener Benachteiligung des Arbeitnehmers gem. § 307 I, II BGB unwirksam.[33]

Die Rechtsprechung hat eine Vielzahl typischer Arbeitsvertragsklauseln auf ihre Ver- **26**
einbarkeit mit §§ 307–309 BGB überprüft. Bereits erwähnt wurden Versetzungsklau-
seln (Rn. 5), Vertragsstrafen (Rn. 20, 25), Abreden über die Modalitäten von Gehalts-
erhöhungen (Rn. 9) und Wettbewerbsverbote (Rn. 23). Vier weitere Klauseltypen
sind besonders hervorzuheben:

– Bestimmte Formen der **Arbeit auf Abruf** bedeuten eine unangemessene Benach- **27**
  teiligung des Arbeitnehmers und sind deshalb nach § 307 I, II BGB unwirksam:
  Zwar können die Arbeitsvertragsparteien wirksam vereinbaren, dass der Arbeitnehmer über eine fest vereinbarte Mindestarbeitszeit (z. B. 20 Stunden in der Woche)
  nach Aufforderung des Arbeitgebers („Abruf") weitere – bezahlte – Arbeitsstunden
  leisten muss. Beträgt die einseitig vom Arbeitgeber abrufbare Arbeit jedoch mehr
  als 25 % der vereinbarten wöchentlichen Mindestarbeitszeit, verlagert der Arbeitgeber abweichend von § 615 BGB in unangemessener Weise einen Teil seines Wirt-
  schaftsrisikos auf den Arbeitnehmer.[34]
– Häufiger Gegenstand der Inhaltskontrolle sind Klauseln über die **Rückzahlung** **28**
  von Sonderzuwendungen (z. B. Weihnachtsgratifikationen) oder die **Rücker-
  stattung von Ausbildungs- und Fortbildungskosten.** Nach § 307 I, II BGB unwirksam ist jedenfalls eine Klausel, wonach der Arbeitnehmer die vom Arbeitgeber
  getragenen Fortbildungskosten bei Beendigung des Arbeitsverhältnisses ohne
  Rücksicht auf den Beendigungsgrund zurückzahlen muss.[35]
– Gegenstand der AGB-Kontrolle sind ferner **Änderungsvorbehalte,** insbesondere **29**
  solche Vorbehalte, nach denen der Arbeitgeber eine freiwillig gewährte Leistung
  vollständig zurücknehmen kann **(Widerrufsvorbehalt).** Soweit es um den Widerruf von Vergütungsbestandteilen geht, darf sich der Vorbehalt nur auf einen bestimmten Teil der Vergütung beziehen (maximal 25 %); ferner muss der Arbeitgeber die möglichen Widerrufsgründe zumindest in Umrissen deutlich machen.
  Nach § 308 Nr. 4 BGB unwirksam ist jedenfalls eine Klausel, nach der dem Arbeitgeber ohne Angabe von Gründen das Recht zustehen soll, übertarifliche Lohnbe-
  standteile jederzeit unbeschränkt zu widerrufen.[36]
– Mit einem **Freiwilligkeitsvorbehalt** soll verhindert werden, dass in Zukunft ein **30**
  Anspruch auf eine Leistung entsteht. Das BAG nimmt hinsichtlich der Zulässigkeit
  eines solchen Vorbehalts eine Fallunterscheidung vor: Ein Freiwilligkeitsvorbehalt
  in Bezug auf das **laufende Arbeitsentgelt** ist eine unangemessene und damit nach
  § 307 I 1 BGB unwirksame Benachteiligung des Arbeitnehmers, wenn der Vorbe-

---

[33] *BAG* vom 4.3.2004 – 8 AZR 196/03, BAGE 110, 8 (25) = AP Nr. 3 zu § 309 BGB = NZA 2004, 727; *BAG* vom 25.9.2008 – 8 AZR 717/07, AP Nr. 39 zu § 307 BGB = NZA 2009, 340 (Rn. 54).

[34] *BAG* vom 7.12.2005 – 5 AZR 535/04, BAGE 116, 267 = AP Nr. 4 zu § 12 TzBfG = NZA 2006, 423 (Rn. 44).

[35] *BAG* vom 11.4.2006 – 9 AZR 610/05, BAGE 118, 36 = AP Nr. 16 zu § 307 BGB = NZA 2006, 1042 (Rn. 22); *BAG* vom 13.12.2011 – 3 AZR 791/09, AP Nr. 45 zu § 611 BGB Ausbildungsbeihilfe = NZA 2012, 738.

[36] *BAG* vom 12.1.2005 – 5 AZR 364/04, BAGE 113, 140 = AP Nr. 1 zu § 308 BGB = NZA 2005, 465; *BAG* vom 21.3.2012 – 5 AZR 651/10, AP Nr. 24 zu § 611 BGB Sachbezüge = NZA 2012, 616 (Rn. 16 ff.).

halt darauf hinausläuft, Woche für Woche oder Monat für Monat neu über die Gewährung eines Entgeltbestandteils zu entscheiden.[37] **Sondervergütungen** (Gratifikationen, z. B. Weihnachtsgeld) kann der Arbeitgeber hingegen mit einem Freiwilligkeitsvorbehalt versehen, der die Entstehung gleichgelagerter Ansprüche in der Zukunft ausschließt.[38] Auch das Entstehen eines Anspruchs auf die Gratifikation aus betrieblicher Übung ist bei einem solchen Freiwilligkeitsvorbehalt ausgeschlossen.[39]

Beispiel: Die Gewährung von Weihnachts- und Urlaubsgeld durch den Arbeitgeber erfolgt freiwillig und mit der Maßgabe, dass auch mit einer wiederholten Zahlung kein Rechtsanspruch für die Zukunft begründet wird."

d) Formvorschriften

31 Arbeitsverträge bedürfen nach dem Gesetz nicht der Schriftform. Schriftformerfordernisse können sich jedoch aus Tarifverträgen ergeben.[40] Tarifliche Formvorschriften sind jedoch in aller Regel nicht **konstitutiv,** sondern **deklaratorisch,** dienen also lediglich Beweiszwecken.[41] Ein Verstoß gegen ein deklaratorisches Formerfordernis hat nicht die Unwirksamkeit des Arbeitsvertrags nach § 125 Satz 1 BGB zur Folge. Bei einem **befristeten Arbeitsverhältnis** bedarf zwar nicht der gesamte Arbeitsvertrag, wohl aber die Befristungsabrede der Schriftform **(§ 14 IV TzBfG).** Bei einem Verstoß gegen dieses Formerfordernis, das die Rechtsprechung streng auslegt und anwendet,[42] kommt ein unbefristetes Arbeitsverhältnis zustande **(§ 16 TzBfG).**

Praxis: In der Praxis werden Arbeitsverträge durchwegs schriftlich abgeschlossen. Einen mittelbaren Zwang zum Abschluss schriftlicher Arbeitsverträge erzeugt das Nachweisgesetz von 1995: Gem. § 2 I 1 NachwG hat der Arbeitgeber spätestens einen Monat nach dem vereinbarten Beginn des Arbeitsverhältnisses die wesentlichen Vertragsbedingungen schriftlich niederzulegen, die Niederschrift zu unterzeichnen und dem Arbeitnehmer auszuhändigen. Einen Katalog der mindestens in die Niederschrift aufzunehmenden Vertragsbedingungen enthält § 2 I 2 NachwG. Auf die Wirksamkeit des Arbeitsvertrags hat es zwar keinen Einfluss, wenn der Arbeitgeber das Nachweisgesetz verletzt (s. bereits Rn. 10).

32 Häufig wird im **Arbeitsvertrag** vereinbart, dass Vertragsänderungen oder -ergänzungen der Schriftform genügen müssen **(Schriftformklausel).** Selbst wenn die Parteien dem Formerfordernis nicht bloß deklaratorische, sondern konstitutive Bedeutung beimessen wollten (s. Rn. 31), sind mündliche Vereinbarungen bei einer **einfachen Schriftformklausel** trotz des Formerfordernisses wirksam: Bei einer einfachen Schriftformklausel (Beispiel: „Vertragsänderungen bedürfen der Schriftform.") interpretiert die Rechtsprechung eine mündliche Vertragsänderung oder -ergänzung als stillschwei-

---

[37] *BAG* vom 25.4.2007 – 5 AZR 627/06, BAGE 122, 182 = AP Nr. 7 zu § 308 BGB = NZA 2007, 853 (Rn. 23); s. auch *Junker,* in: Festschrift Buchner, 2009, S. 369 (381 ff.); *Hromadka/Schmitt-Rolfes,* NJW 2007, 1777; *Preis,* NZA 2009, 281.

[38] *BAG* vom 24.10.2007 – 10 AZR 825/06, BAGE 124, 259 = AP Nr. 32 zu § 307 BGB = NZA 2008, 40 (Rn. 17); *BAG* vom 30.7.2008 – 10 AZR 606/07, BAGE 127, 185 = AP Nr. 274 zu § 611 BGB Gratifikation = NZA 2008, 1173 (Rn. 14 ff.).

[39] *BAG* 21.1.2009 – 10 AZR 219/08, BAGE 129, 164 = AP Nr. 42 zu § 307 BGB = NZA 2009, 310 (Rn. 14).

[40] *Junker,* Grundkurs Arbeitsrecht, Rn. 176; *Krause,* Arbeitsrecht, § 3 Rn. 11.

[41] *BAG* vom 10.6.1988 – 2 AZR 7/88, AP Nr. 5 zu § 1 BeschFG = NZA 1989, 21; *BAG* vom 25.7.1996 – 6 AZR 179/95, AP Nr. 8 zu § 27 BAT = NZA 1997, 620.

[42] *BAG* vom 1.12.2004 – 7 AZR 198/04, BAGE 113, 75 (80) = AP Nr. 15 zu § 14 TzBfG = NZA 2005, 575; *BAG* 21.12.2005 – 7 AZR 541/04, AP Nr. 18 zu § 14 TzBfG = NZA 2006, 321.

gende Aufhebung des Formerfordernisses für die gewünschte Änderung oder Ergänzung des Vertrags.[43] Auch eine betriebliche Übung kann sich bilden.[44]

Will der Arbeitgeber eine Berufung des Arbeitnehmers auf stillschweigende Vertrags- **33** änderungen oder betriebliche Übungen verhindern, muss in den Vertrag eine sog. **doppelte Schriftformklausel** aufgenommen werden.[45] Eine solche Klausel ist allerdings in vorformulierten Arbeitsverträgen nach **§ 307 I 1 BGB** insgesamt unwirksam, wenn aus ihr nicht hervorgeht, dass individuelle Vertragsabreden nach **§ 305b BGB** den Vorrang haben.[46] Enthält die vorformulierte doppelte Schriftformklausel einen solchen Vorbehalt, sind individuelle mündliche Abreden gleichwohl wirksam; es kann jedoch keine betriebliche Übung entstehen.

3. Anwendung der Gestaltungskriterien

Bei der Vertragsgestaltung sind insbesondere das Gebot des sicheren Weges (s. bereits **34** § 1 Rn. 32 ff.) und das Gebot der Konfliktvermeidung (s. bereits § 1 Rn. 36 ff.) als Gestaltungskriterien zu berücksichtigen. Außerdem sind Konfliktlösungsmechanismen und Regelungen zur Bewältigung von Unsicherheiten einzuplanen. Spezielle Regelungen zur Konfliktvermeidung bieten sich in Arbeitsverträgen nicht an, zumal das ArbGG Schiedsvereinbarungen weitgehend ausschließt.[47] Dagegen sind Fragen der Vertragsbeendigung (als eine Form der Konfliktlösung im weiteren Sinne) und der Vertragsanpassung (zur Bewältigung von Unsicherheiten) auch für das Arbeitsverhältnis von Bedeutung.

a) Kündigung und Freistellung

Wird der Arbeitsvertrag auf unbestimmte Zeit geschlossen, können Regelungen über **35** die Vertragsbeendigung sinnvoll sein. In den Grenzen des § 622 BGB und einschlägiger Tarifverträge können **Kündigungsfristen** einzelvertraglich geregelt werden.[48] In der Praxis werden häufig die für arbeitgeberseitige Kündigungen geltenden, verlängerten Kündigungsfristen des § 622 II BGB auf die Kündigung durch den Arbeitnehmer erstreckt (zulässig nach § 622 VI BGB). Möglicherweise soll die **Kündigung vor Arbeitsantritt** ausgeschlossen werden.[49]

Beispiele: „Verlängerte Kündigungsfristen für die arbeitgeberseitige Kündigung gelten auch für den Arbeitnehmer."

„Das Arbeitsverhältnis kann vor dem vorgesehenen Zeitpunkt seines Beginns nicht gekündigt werden."

---

[43] *BAG* vom 10. 1. 1989 – 3 AZR 460/87, AP Nr. 57 zu § 74 HGB = NZA 1989, 797.

[44] Dazu *Junker,* Grundkurs Arbeitsrecht, Rn. 79–83; *Krause,* Arbeitsrecht, § 3 Rn. 8–12.

[45] *BAG* vom 24. 6. 2003 – 9 AZR 302/02, BAGE 106, 345 (350 f.) = AP Nr. 63 zu § 242 BGB Betriebliche Übung = NZA 2003, 1145.

[46] *BAG* vom 20. 5. 2008 – 9 AZR 382/07, AP Nr. 35 zu § 307 BGB = NZA 2008, 1233 (Rn. 27); s. auch *Franzen,* SAE 2009, 89; *Preis,* NZA 2009, 281.

[47] Zu den Möglichkeiten und Grenzen der Mediation im Arbeitsrecht s. *Albrecht,* Mediation im Arbeitsrecht, 2001.

[48] *Bauer,* JuS 1999, 356 (357); *Hromadka/Maschmann,* Arbeitsrecht I, § 4 Rn. 85; *Junker,* Grundkurs Arbeitsrecht, Rn. 383–388; *Zöllner/Loritz/Hergenröder,* Arbeitsrecht, S. 267.

[49] *Hanau/Adomeit,* Arbeitsrecht, Rn. 955; *Junker,* Grundkurs Arbeitsrecht, Rn. 388.

36 Ferner kann eine **Freistellungsvereinbarung** für den Fall der Kündigung erwägenswert sein, damit der Arbeitgeber den Mitarbeiter zwischen dem Ausspruch einer ordentlichen Kündigung und dem Ablauf der Kündigungsfrist nicht weiter im Betrieb beschäftigen muss. Aufgrund des Beschäftigungsanspruchs des Arbeitnehmers ist die Freistellung ohne vertragliche Grundlage grundsätzlich nur mit Zustimmung des Arbeitnehmers möglich. Eine vertragliche Freistellungsabrede kann aber bereits bei Abschluss des Arbeitsvertrags wirksam getroffen werden.[50]

Beispiel: „Bei einer Beendigung des Arbeitsverhältnisses durch Kündigung ist der Arbeitgeber berechtigt, den Arbeitnehmer während des Ablaufs der Kündigungsfrist unter Fortzahlung seines Gehalts von der Arbeit freizustellen. Etwaige Urlaubsansprüche des Arbeitnehmers werden angerechnet."

b) Aufhebungs- und Abwicklungsvertrag

37 Statt einer Vertragsbeendigung durch **Kündigung** kommt es in der Praxis – insbesondere bei einer arbeitgeberseitig veranlassten Beendigung des Arbeitsverhältnisses – häufig zum Abschluss eines **Aufhebungsvertrags.** Wenn sich die Parteien auf einen Aufhebungsvertrag einigen, machen sie erneut von ihrer Vertragsfreiheit Gebrauch, anstatt auf das Gestaltungsrecht der Kündigung zurückzugreifen.[51] Der Aufhebungsvertrag bedarf nach § 623 BGB zu seiner Wirksamkeit der **Schriftform.**

38 Ein Aufhebungsvertrag bringt gegenüber einer Kündigung für beide Parteien **Vorteile:**
– Für den **Arbeitgeber** ist von Interesse, dass das Arbeitsverhältnis auf diesem Wege auch beendet werden kann, wenn der betroffene Arbeitnehmer Sonderkündigungsschutz genießt. Außerdem braucht der Arbeitgeber weder den Betriebsrat anzuhören, noch muss er Kündigungsfristen beachten.[52]
– Der **Arbeitnehmer** erhält die Möglichkeit, sich kurzfristig vom Arbeitsverhältnis zu lösen; bei einem Fehlverhalten scheidet er in ungekündigter Stellung aus dem Unternehmen aus und vermeidet unter Umständen eine außerordentliche verhaltensbedingte Kündigung mit einem „krummen" Austrittsdatum.
– Außerdem ist i. d. R. **beiden Parteien** damit gedient, dass kein langwieriger und im Ergebnis ungewisser Kündigungsschutzprozess über die Beendigung des Arbeitsverhältnisses geführt wird; wegen des drohenden Annahmeverzugslohns überwiegt allerdings das Arbeitgeberinteresse.[53]

39 Sozialversicherungsrechtlich droht dem Arbeitnehmer eine **zwölfwöchige Sperrzeit** vor dem ersten Bezug von Arbeitslosengeld, wenn er durch einen Aufhebungsvertrag das Beschäftigungsverhältnis gelöst hat, ohne für sein Verhalten einen wichtigen Grund zu haben (§ 159 I SGB III). Um den „wichtigen Grund" zu dokumentieren, wird im Interesse des Arbeitnehmers in die Präambel des Aufhebungsvertrags häufig die Formel „zur Vermeidung einer ansonsten unumgänglichen Kündigung" aufgenommen. Dennoch prüft die Agentur für Arbeit den Sachverhalt genau und lässt den Arbeitgeber einen Fragebogen ausfüllen, worin detailliert nach dem Grund für den Aufhebungsvertrag gefragt wird.

40 Vor diesem Hintergrund galt lange Zeit der Abschluss eines **Abwicklungsvertrags** als Patentlösung: Dem Arbeitnehmer wurde „pro forma" gekündigt; in einem sog. Ab-

---

[50] *Bauer,* JuS 1999, 356 (357); *Junker,* Grundkurs Arbeitsrecht, Rn. 393.

[51] *Junker,* Grundkurs Arbeitsrecht, Rn. 425; *Waltermann,* Arbeitsrecht, Rn. 291.

[52] *Bauer,* JuS 1999, 557; *Krause,* Arbeitsrecht, § 11 Rn. 4.

[53] *Bauer,* NZA 1994, 578; *Hromadka/Maschmann,* Arbeitsrecht I, § 10 Rn. 6.

wicklungsvertrag wurden die Folgen der arbeitgeberseitigen, vom Arbeitnehmer akzeptierten Kündigung geregelt. Dieser „Etikettenschwindel"[54] ist beendet, seit das Bundessozialgericht den Abwicklungsvertrag bei der Sperrzeitprüfung wie einen Aufhebungsvertrag behandelt.[55]

Praxis: Die Praxis nutzt bisweilen die Regelung des zum 1.1.2004 eingeführten § 1a KSchG. Danach kann der Arbeitgeber in der Kündigungserklärung darauf hinweisen, dass es sich (a) um eine betriebsbedingte Kündigung handelt und (b) der Arbeitnehmer bei Verstreichenlassen der Klagefrist für die Kündigungsschutzklage (§ 4 KSchG) eine Abfindung beanspruchen kann. Der Arbeitnehmer hat dann ein Wahlrecht zwischen Kündigungsschutzklage und Abfindung; die Gefahr einer Sperrzeit besteht nicht.[56]

c) Anpassungsmöglichkeiten

Beim Arbeitsverhältnis als Dauerschuldverhältnis stellt sich in besonderem Maße die **41** Frage nach der Anpassung der Vertragsbedingungen im Zeitablauf. Für den Arbeitgeber geht es in erster Linie um den flexiblen Einsatz des Arbeitnehmers und um die Kürzung freiwilliger Sonderleistungen bei verschlechterter Unternehmenslage.[57] Eine **Änderungskündigung** ist nur bedingt zur Anpassung von Vertragsbedingungen geeignet, da Kündigungsbeschränkungen bestehen können. Außerdem kann es zu einer unerwünschten Beendigung des Arbeitsverhältnisses kommen, wenn der Arbeitnehmer sich auf das Änderungsangebot nicht einlässt.

Änderungen sind eher durchsetzbar, wenn der Arbeitgeber sich den Widerruf oder die **42** Änderung bestimmter Vertragsbedingungen vorbehält. Aufgrund eines **Widerrufsvorbehalts** kann eine vertragliche Zusage beendet werden, aufgrund eines **Änderungsvorbehalts** ist eine Umgestaltung möglich.[58] Statt des Widerrufsvorbehalts kann der Arbeitgeber auch einen **Freiwilligkeitsvorbehalt** vorsehen. Ein Freiwilligkeitsvorbehalt verhindert, dass ein Anspruch des Arbeitnehmers auf die zugesagte Leistung entsteht.[59]

Beispiele: „Die Sonderzuwendung wird freiwillig gewährt. Aus der Zahlung kann der Arbeitnehmer keinen Anspruch für die Zukunft herleiten. Das gilt auch, wenn die Sonderzuwendung mehrfach ausgezahlt wurde."

„Die X-AG behält sich vor, Frau G eine andere Tätigkeit zuzuweisen, soweit sie ihren Vorkenntnissen entspricht und ihr zumutbar ist. Frau G kann ferner innerhalb des Bundesgebiets an einen anderen Ort versetzt werden."

Die vorgenannten Anpassungsklauseln unterliegen der **Inhaltskontrolle** nach **43** §§ 307–309 BGB (s. bereits Rn. 19–30). Eine **Versetzungsklausel** ist nach § 307 I 1 BGB unwirksam, wenn sie keinen angemessenen Ausgleich der Arbeitnehmer- und der Arbeitgeberinteressen herbeiführt, sondern einzig und allein Arbeitgeberinteressen berücksichtigt[60] (s. auch Rn. 5). Für einen **Widerrufsvorbehalt** verlangt das BAG in formeller Hinsicht Klarheit, Verständlichkeit und Nennung des Widerrufsgrundes, in

---

[54] *Schiefer*, NZA 2002, 770 (771).

[55] *BSG* vom 18.12.2003 – B 11 AL 35/03 R, NZA 2004, 661 (663).

[56] *BSG* vom 12.7.2006 – B 11a AL 47/05 R, NZA 2006, 1359 (1361).

[57] *Zöllner/Loritz/Hergenröder*, Arbeitsrecht, S. 70ff.; *Hromadka/Maschmann*, Arbeitsrecht I, § 5 Rn. 169–198.

[58] Überblick bei *Junker*, Grundkurs Arbeitsrecht, Rn. 253.

[59] ErfK/*Preis*, § 611 BGB Rn. 531; *Hanau/Adomeit*, Arbeitsrecht, Rn. 777–779.

[60] *BAG* vom 11.4.2006 – 9 AZR 557/05, BAGE 118, 22 = AP Nr. 17 zu § 307 BGB = NZA 2006, 1149 (Rn. 31).

materieller Hinsicht ein anerkennenswertes Arbeitgeberinteresse an der Vereinbarung einer solchen Klausel[61] (s. bereits Rn. 29; zum **Freiwilligkeitsvorbehalt** s. Rn. 30).

44 Ferner muss der Arbeitgeber bei der Ausübung von Anpassungsklauseln unter Umständen **Beteiligungsrechte des Betriebsrats** beachten, z. B. bei einer Versetzung das Zustimmungsverweigerungsrecht nach § 99 BetrVG und bei einer Kürzung von Sonderleistungen die Mitbestimmung nach § 87 I Nr. 10 BetrVG. Diese Betriebsratsrechte kommen zwar bei der Vereinbarung der Anpassungsklausel noch nicht zum Tragen, müssen aber für den Fall des Gebrauchmachens von der Klausel im Blick behalten werden.

> Arbeitsverträge können als Regelungen zur Vertragsbeendigung und -anpassung z. B. Bestimmungen über Kündigungsfristen sowie Widerrufs-, Freiwilligkeits- und Änderungsvorbehalte enthalten. Die Vereinbarung solcher Klauseln unterliegt der Inhaltskontrolle nach §§ 307–309 BGB; die Ausübung der Klausel unterliegt unter Umständen der Beteiligung des Betriebsrats.

II. Beispiel: Aufhebungsvertrag

45 Die Softwareingenieurin Wilhelmine Tore (T) ist seit zweieinhalb Jahren bei der Connect-AG (C) beschäftigt. C ist ein junges Unternehmen der IT-Branche, das vor allem Dienstleistungen im Bereich der Netzwerktechnik anbietet. Aufgrund der flachen Hierarchie des Unternehmens sieht T bei C keine Aufstiegschancen. Sie hat sich daher über anderweitige Beschäftigungsmöglichkeiten informiert. Zu den Unternehmen, die an einer Einstellung der T interessiert sind, gehört die Networks-GmbH (N), eine direkte Konkurrentin der C. N bietet T Anfang Januar 2014 eine bessere Position zu einem höheren Gehalt an und möchte T als Projektleiterin einsetzen. N legt Wert darauf, dass T ihre Arbeit bereits zum 1.2.2014 aufnimmt.

T wendet sich daher an C mit der Bitte um Abschluss eines Aufhebungsvertrags zum Ablauf des 31.1.2014. Der für T zuständige Personalgebietsleiter der C, Erwin Albrecht (A), ist dazu grundsätzlich bereit. Aufgrund des Arbeitskräftemangels in der IT-Branche kommt ihm eine kurzfristige Beendigung des Arbeitsverhältnisses aber ungelegen. Er wendet sich an die Rechtsabteilung der C, um in Erfahrung zu bringen, zu welchem Termin T kündigen könnte. Von dieser Auskunft will er seine Bereitschaft abhängig machen, T zum 1.2.2014 gehen zu lassen. Die Rechtsabteilung soll A nach Rücksprache über den Beendigungstermin einen Vertragsentwurf vorlegen, durch den alle Fragen geregelt werden, die durch das Ausscheiden der T aus dem Unternehmen entstehen.

---

[61] *BAG* vom 12.1.2005 – 5 AZR 364/04, BAGE 113, 140 (144ff.) = AP Nr. 1 zu § 308 BGB = NZA 2005, 465; zur Kombination von Freiwilligkeits- und Widerrufsvorbehalt s. *BAG* vom 8.12.2010 – 10 AZR 671/09, BAGE 136, 294 = AP Nr. 91 zu § 242 BGB Betriebliche Übung = NZA 2011, 628 (Rn. 20); *BAG* vom 14.9.2011 – 10 AZR 526/10, BAGE 139, 156 = AP Nr. 56 zu § 307 BGB = NZA 2012, 81 (Rn. 21).

1. Vorfrage: Kündigungsmöglichkeit der T

Für Arbeitsverhältnisse enthält § 622 BGB eine gesetzliche Regelung der Kündigungs- **46** fristen. Die Vorschrift erlaubt abweichende Absprachen über die Kündigungsfrist durch Tarifvertrag oder Arbeitsvertrag, wobei die tarifvertraglichen Regelungsmöglichkeiten weiter gehen als der arbeitsvertragliche Gestaltungsspielraum (vgl. § 622 IV–VI BGB).

a) Informationsgewinnung

Zunächst ist zu klären, ob für das Arbeitsverhältnis der T einzel- oder tarifvertragliche **47** Regelungen zur Kündigungsfrist bestehen. Wenn ja, sind sie auf ihre Vereinbarkeit mit § 622 BGB zu überprüfen.

1. Nachfrage: Regelt der Arbeitsvertrag der T Kündigungsfristen?

Informationsmittel: Einsicht in den Arbeitsvertrag

2. Nachfrage: Gelten für das Arbeitsverhältnis der T Tarifverträge, die Normen über Kündigungsfristen enthalten? Nimmt der Arbeitsvertrag auf solche Tarifverträge Bezug?

Informationsmittel: Nachfrage bei der Personalabteilung/Einsicht in den Arbeitsvertrag

Ergebnis der 1. Nachfrage (unterstellt): Der Arbeitsvertrag der T enthält zum Thema Kündigungsfristen eine Klausel, die – soweit hier von Interesse – lautet: „Beide Parteien können das Arbeitsverhältnis mit einer Frist von vier Wochen zum Fünfzehnten oder zum Ende eines Kalendermonats kündigen. Hat das Arbeitsverhältnis im Betrieb oder Unternehmen zwei Jahre bestanden, so beträgt die Kündigungsfrist einen Monat zum Ende eines Kalendermonats."

Ergebnis der 2. Nachfrage (unterstellt): Weder C noch T sind tarifgebunden. Der Arbeitsvertrag der T enthält auch keine Bezugnahme auf Tarifverträge.

Aus den eingeholten Informationen ergibt sich, dass T – die Gültigkeit der arbeitsver- **48** traglichen Kündigungsfristenregelung vorausgesetzt – ihr Arbeitsverhältnis nicht zum 31.1.2014 kündigen kann. Der nächstmögliche Kündigungstermin ist vielmehr der 28.2.2014. Damit die Kündigung der T zu diesem Termin wirksam wird, müsste die Kündigungserklärung spätestens am 31.1.2014 der Arbeitgeberin zugehen (§§ 187 I, 188 II, III BGB).

b) Rechtsanwendung

Nach § 622 I BGB gilt für den Arbeitnehmer während der gesamten Dauer des Arbeits- **49** verhältnisses eine Kündigungsfrist von vier Wochen zum Fünfzehnten oder zum Ende eines Kalendermonats. Danach käme eine Kündigung seitens der T zum 15.2.2014 in Betracht. Die arbeitsvertragliche Regelung über Kündigungsfristen und -termine steht einer Kündigung der T zum 15.2.2014 nur entgegen, wenn sie mit § 622 BGB vereinbar ist.

Die Arbeitsvertragsparteien können einzelvertraglich längere als die in § 622 I–III BGB **50** vorgesehenen Kündigungsfristen vereinbaren, wenn die Frist für die Kündigung durch den Arbeitnehmer nicht länger ist als die Frist für die Arbeitgeberkündigung (§ 622 V 2, VI BGB). Nach herrschender Meinung können auch die Kündigungstermine verändert werden, obwohl in § 622 V 2 BGB nur von längeren Kündigungsfristen die Rede ist.[62]

---

[62] *Junker,* Grundkurs Arbeitsrecht, Rn. 387; *Palandt/Weidenhaff,* § 622 BGB Rn. 24.

51 Im Arbeitsvertrag der T ist für die Kündigung der T eine längere Frist vorgesehen als in § 622 I BGB; auch die möglichen Termine für eine Kündigung sind gegenüber der gesetzlichen Regelung zuungunsten der T verändert worden. Die vertragliche Regelung sieht aber für Arbeitnehmer und Arbeitgeber gleiche Kündigungsfristen und -termine vor; sie ist deshalb mit § 622 BGB vereinbar. Durch Kündigung kann T ihr Arbeitsverhältnis erst zum 28.2.2014 beenden.

c) Belehrung und Beratung

52 Obwohl C die Möglichkeit hat, T bis Ende Februar an ihrem Arbeitsvertrag festzuhalten, liegt ein entsprechendes Vorgehen unter Umständen nicht im Interesse der C. Zunächst ist fraglich, ob T tatsächlich verpflichtet wäre, im Februar eine Arbeitsleistung zu erbringen. Möglicherweise könnte sie aufgrund von Resturlaubsansprüchen im Februar (teilweise) der Arbeit fernbleiben. Um diese Frage zu klären, müssen erneut Informationen eingeholt werden.

3. Nachfrage: Hat T noch Urlaubsansprüche aus dem Jahr 2013? Wenn ja, in welcher Höhe? Wie viele Urlaubstage stehen ihr anteilig bei einer Beendigung des Arbeitsverhältnisses zum 28.2.2014 zu?

Informationsmittel: Nachfrage bei der Personalabteilung

Ergebnis der 3. Nachfrage (unterstellt): T hat aus dem Jahr 2013 einen Resturlaubsanspruch von zehn Arbeitstagen, der erst am 31.3.2014 verfällt. Ihr steht nach ihrem Arbeitsvertrag pro Jahr ein Urlaub von 30 Arbeitstagen zu, so dass gem. § 5 I lit. c BUrlG bis Ende Februar ein Teilanspruch von weiteren fünf Arbeitstagen entsteht.

53 T könnte demnach für den überwiegenden Teil des Monats Februar Urlaubsansprüche geltend machen, so dass C sie im Februar auch bei Fortbestehen des Arbeitsverhältnisses nicht den ganzen Monat einsetzen könnte. Außerdem ist C von einer weiteren Beschäftigung der T gegen ihren Willen abzuraten, da zu befürchten ist, dass die abkehrwillige T nicht den gewünschten Arbeitseinsatz zeigen wird. Aus diesen Gründen wird die Rechtsabteilung der C dem Personalgebietsleiter A davon abraten, T einen Aufhebungsvertrag erst zum 28.2.2014 anzubieten.

Ergebnis zur Belehrung und Beratung (unterstellt): A hält unter diesen Umständen eine weitere Beschäftigung der T ebenfalls nicht für ratsam. Er ist bereit, einen Aufhebungsvertrag zum 31.1.2014 abzuschließen.

2. Aufhebungsvertrag: Informationsgewinnung

54 A wünscht, dass durch den Aufhebungsvertrag alle Fragen geregelt werden, die durch das Ausscheiden der T entstehen. Deshalb genügt es nicht, im Aufhebungsvertrag allein die Beendigung des Arbeitsverhältnisses zum 31.1.2014 festzulegen. Vielmehr ist zu klären, ob den Parteien noch Ansprüche aus dem Arbeitsverhältnis zustehen und – wenn ja – wie diese Ansprüche erfüllt werden sollen. Da keine Tarifverträge bestehen, die auf das Arbeitsverhältnis der T Anwendung finden, kommen als Anspruchsgrundlagen außer dem Gesetz vor allem der Arbeitsvertrag der T und im Betrieb der C geltende Betriebsvereinbarungen in Betracht.

4. Nachfrage: Welche Ansprüche der T ergeben sich aus ihrem Arbeitsvertrag gegen C? Hat C Ansprüche gegen T?

Informationsmittel: Einsicht in den Arbeitsvertrag der T/Nachfrage bei der Personalabteilung

5. Nachfrage: Gelten bei C Betriebsvereinbarungen, aus denen sich Ansprüche der T gegen C ergeben können?

Informationsmittel: Nachfrage bei der Personalabteilung

Ergebnis der 4. Nachfrage (unterstellt): T erhält von C eine Vergütung von monatlich 8000 € brutto. Außer- **55** dem ist eine jährliche Sonderzahlung in der bei C geltenden „Betriebsvereinbarung über Sonderzuwendungen am Jahresende" vorgesehen. Weitere Bezüge (z. B. gesonderte Vergütung von Überstunden, Gewinnbeteiligung) sind nicht vorgesehen. Wie bereits geklärt wurde, hat T aus dem Jahr 2013 einen Resturlaubsanspruch von zehn Tagen. Außerdem stehen T für den Monat Januar des Jahres 2014 von den im Arbeitsvertrag vorgesehenen 30 Urlaubstagen gem. § 5 I lit. c BUrlG zweieinhalb weitere Urlaubstage zu. C hat T einen Dienstwagen zur Verfügung gestellt, den T während der Dauer ihres Arbeitsverhältnisses zu nutzen berechtigt ist. Bei Beendigung des Arbeitsverhältnisses hat C Ansprüche auf Rückgabe von Arbeitsmitteln und -unterlagen. Weitere Ansprüche der C gegen T ergeben sich aus dem Arbeitsvertrag nicht.

Ergebnis der 5. Nachfrage (unterstellt): Bei C gibt es eine Betriebsvereinbarung über eine Sonderzuwendung **56** am Jahresende. Weitere Betriebsvereinbarungen (z. B. eine Betriebsvereinbarung zur betrieblichen Altersvorsorge) bestehen nicht. Der Anspruch auf die Sonderzuwendung ist wie folgt geregelt: „Alle Arbeitnehmer, die am 30. 11. eines Jahres mindestens seit einem Jahr dem Betrieb angehören, erhalten am 15.12. des Jahres eine Sonderzuwendung in Höhe eines halben Bruttomonatsgehalts. Die Sonderzuwendung ist zur Hälfte zurückzuzahlen, wenn der Arbeitnehmer vor dem 31. 3. des Folgejahres aus dem Betrieb ausscheidet."

3. Problemübersicht und Rohentwurf

Bevor Überlegungen zu den Einzelheiten des Aufhebungsvertrags angestellt werden, **57** empfiehlt es sich, die verschiedenen regelungsbedürftigen Punkte zu sammeln und in einem Rohentwurf festzuhalten. Welche Fragen abzuhandeln sind, ergibt sich zum Teil bereits aus dem Arbeitsvertrag und der Betriebsvereinbarung. Aus diesen Rechtsgrundlagen können Ansprüche bestehen, auf deren Erfüllung im Aufhebungsvertrag einzugehen ist. Außerdem geben Checklisten und Musterformulare Anregungen für den Inhalt des Aufhebungsvertrags.

Am Anfang des Aufhebungsvertrags steht die Klausel über die Beendigung des Arbeits- **58** verhältnisses. Aus der Informationsgewinnung ergeben sich weitere Regelungsgegenstände: Der Urlaubsanspruch der T ist zu erfüllen oder abzugelten. Die Rückgabe von Arbeitsmitteln, insbesondere des Dienstfahrzeugs, ist zu regeln. Geklärt werden sollte, ob T die letzte Sonderzuwendung zurückzahlen soll. Falls Vergütungs- oder Entgeltfortzahlungsansprüche offenstehen, sind auch sie im Aufhebungsvertrag abzuhandeln. In Musterverträgen werden noch weitere Gegenstände vorgeschlagen.[63]

Ein Aufhebungsvertrag könnte demnach wie folgt gegliedert sein: **59**

> § 1 Beendigung des Arbeitsverhältnisses
> § 2 Abfindung
> § 3 Freistellung des Arbeitnehmers
> § 4 Urlaub
> § 5 Offene Vergütung/Entgeltfortzahlung
> § 6 Rückgabe von Arbeitsmitteln
> § 7 Arbeitgeberdarlehen

---

[63] Checklisten und Musterverträge finden sich z. B. bei *Bauer,* JuS 1999, 557 (559f.) und NZA 1994, 578.

4. Einzelheiten des Aufhebungsvertrags

60 Im Folgenden werden die Regelungsgegenstände aus dem Rohentwurf darauf untersucht, ob sie im Aufhebungsvertrag zwischen T und C zu berücksichtigen sind. Dabei gehen je nach Bedarf Informationsgewinnung, Rechtsanwendung und der Vorschlag einer Gestaltungsmöglichkeit ineinander über.

a) Beendigung des Arbeitsverhältnisses

61 Der Beendigungstermin steht bereits fest. Ungeklärt ist, ob die Parteien einen Beendigungsgrund angeben wollen. Der angegebene Grund kann Auswirkungen auf die sozialversicherungsrechtlichen Folgen des Aufhebungsvertrags haben (s. bereits Rn. 39).

62 **aa)** Soll der Arbeitnehmer eine Abfindung erhalten, so ist die **Einkommensteuerpflicht** zu beachten: Mit Wirkung zum 1.1.2006 hat der Gesetzgeber die frühere Steuerfreiheit von Abfindungen (§ 3 Nr. 9 EStG a. F.) aufgehoben (Übergangsregelung in § 52 IV a 1 EStG). Damit unterliegen Abfindungen ebenso wie das „reguläre" Arbeitseinkommen der Einkommensteuerpflicht.

Praxis: Da im Einkommensteuerrecht das Zuflussprinzip gilt (§ 11 I EStG: Einnahmen sind in dem Kalenderjahr zu versteuern, in dem sie dem Steuerpflichtigen tatsächlich zugeflossen sind), kann die Steuerlast des ausscheidenden Arbeitnehmers unter Umständen dadurch verringert werden, dass laut Aufhebungsvertrag die Abfindung erst im nächsten Kalenderjahr ausgezahlt wird (in welchem der Arbeitnehmer z. B. als Arbeitsuchender insgesamt wesentlich weniger Einkommen zu versteuern hat).

63 Im vorliegenden Fall geht die Vertragsbeendigung allein auf Wunsch und Veranlassung der T zurück. Eine gesetzliche Abfindung bei Beendigung des Arbeitsverhältnisses sieht das deutsche Recht nicht vor.[64] C hat keinen Anlass, T eine Abfindung anzubieten. T ist auch nicht auf eine Abfindung angewiesen, da sie nahtlos eine neue Stelle antreten wird.

64 **bb)** Nach dem **Sozialgesetzbuch III** (Arbeitsförderungsrecht) droht dem Arbeitnehmer eine zwölfwöchige Sperrzeit vor dem ersten Bezug von Arbeitslosengeld, wenn er durch einen Aufhebungsvertrag das Beschäftigungsverhältnis gelöst hat, ohne für sein Verhalten einen wichtigen Grund zu haben (§ 159 I SGB III). Ein wichtiger Grund liegt insbesondere vor, wenn der Aufhebungsvertrag geschlossen wird, um eine Kündigung zu vermeiden, die der Arbeitgeber aus personen-, verhaltens- oder betriebsbedingten Gründen wirksam hätte aussprechen können.[65] Die zuständige Agentur für

---

[64] Anders z. B. in Italien, wo in Betrieben, die mehr als 15 Arbeitnehmer beschäftigen, unabhängig vom Beendigungsgrund pro Beschäftigungsjahr eine Abfindung von einem Monatsgehalt zu zahlen ist (sog. *trattamento di fine rapporto*).

[65] *Rolfs*, DB 2006, 1009 (1011); *Waltermann*, Arbeitsrecht, Rn. 292.

Arbeit prüft das Vorliegen eines wichtigen Grundes nach, indem sie dem Arbeitgeber einen detaillierten Fragebogen zusendet; der Arbeitgeber ist verpflichtet, die Fragen nach dem Grund des Aufhebungsvertrags wahrheitsgemäß zu beantworten.

Im vorliegenden Fall hat die Arbeitnehmerin T die Initiative zum Abschluss des Auf- **65** hebungsvertrags ergriffen, weil sie künftig bei der Konkurrenz arbeiten möchte. Die Arbeitgeberin C hätte die T gern weiterbeschäftigt. Vor Abschluss des Aufhebungsvertrags sollte T sicher sein, dass das neue Arbeitsverhältnis auch wirklich zustande kommt (z. B. indem sie den Aufhebungsvertrag erst unterzeichnet, wenn der neue Arbeitsvertrag geschlossen ist): Wenn das neue Arbeitsverhältnis nicht zustande kommt und T sich ab 1.2.2014 arbeitsuchend meldet, besteht die Gefahr, dass die Agentur für Arbeit vor dem ersten Bezug von Arbeitslosengeld eine bis zu 12-wöchige Sperrzeit verhängt (§ 159 I SGB III). Dieser Sachverhalt braucht die C nicht zu interessieren, denn der Arbeitgeber muss, wenn die Initiative zum Abschluss des Aufhebungsvertrags vom Arbeitnehmer ausgeht, von sich aus (ungefragt) auf die sozialversicherungsrechtlichen Folgen nicht hinweisen.[66]

cc) Nach den Vorschriften des Sozialgesetzbuchs III zur **frühzeitigen Arbeitsuche** **66** sind Personen, deren Arbeits- oder Ausbildungsverhältnis endet, verpflichtet, sich umgehend persönlich bei der zuständigen Agentur für Arbeit arbeitsuchend zu melden (Einzelheiten in § 38 I SGB III). Der Arbeitgeber „soll" den Arbeitnehmer über die Meldepflicht aufklären (§ 2 II 2 Nr. 3 SGB III). Obwohl ein Verstoß des Arbeitgebers gegen diese Soll-Vorschrift keinen Schadensersatzanspruch des Arbeitnehmers auslöst[67], wird in der Praxis eine solche Belehrung routinemäßig in den Aufhebungsvertrag aufgenommen. Das gilt auch, wenn der Arbeitnehmer – wie im vorliegenden Fall – wegen Antritt einer neuen Stelle voraussichtlich keinen Anlass haben wird, sich arbeitsuchend zu melden (Gebot des sicheren Weges).

dd) Aus den bisherigen Überlegungen ergibt sich, dass C und T den Grund für die **67** Beendigung des Arbeitsverhältnisses im Aufhebungsvertrag ohne Rücksicht auf steuer- und sozialversicherungsrechtliche Erwägungen angeben können. Die Rechtsabteilung wird daher von einer **einvernehmlichen Aufhebung** des Arbeitsverhältnisses sprechen.

b) Zahlung einer Abfindung

Unter den gegebenen Umständen ist mit einer Abfindungszahlung an T nicht zu rech- **68** nen. Jedenfalls wird C eine Abfindung nicht von sich aus vorschlagen.

c) Freistellung und Urlaubsabgeltung

In einigen Fällen ist der Arbeitgeber an einer Freistellung des Arbeitnehmers bis zum **69** Zeitpunkt der Beendigung des Arbeitsverhältnisses interessiert. Außerdem sind Urlaubsansprüche des Arbeitnehmers zu berücksichtigen.

aa) An der **Freistellung** des Arbeitnehmers ist der Arbeitgeber interessiert, wenn ein **70** Fehlverhalten des Arbeitnehmers den Anlass für den Abschluss des Aufhebungsvertrags gegeben hat. Wenn der Arbeitsvertrag keine Freistellungsvereinbarung für den Fall der Kündigung enthält (s. bereits Rn. 36), können die Arbeitsvertragsparteien eine solche

---

[66] *BAG* vom 16.11.2005 – 7 AZR 86/05, AP Nr. 2 zu § 8 Altersteilzeitgesetz = NZA 2006, 535 (538).
[67] *BAG* vom 29.9.2005 – 8 AZR 571/04, AP Nr. 2 zu § 2 SGB III = NZA 2005, 1406 (1409).

Vereinbarung im Aufhebungsvertrag nachholen. Für den Fall einer Freistellung wird in der Regel eine Klausel aufgenommen, wonach **Urlaubsansprüche** des Arbeitnehmers mit der Freistellung abgegolten werden.[68] Ist eine Freistellung nicht vorgesehen, so müssen die Parteien unabhängig davon eine Absprache über die Urlaubsansprüche des Arbeitnehmers treffen.

6. Nachfrage: Soll T bis zur Beendigung des Arbeitsverhältnisses freigestellt werden? Wie soll mit den Urlaubsansprüchen der T verfahren werden?

Informationsmittel: Nachfrage bei A und T

Ergebnis der 6. Nachfrage (unterstellt): A ist mit der Beendigung des Arbeitsverhältnisses zum 31.1.2014 einverstanden, wenn T bis zu diesem Zeitpunkt auch tatsächlich ihre Arbeitsleistung erbringt. Er plant nicht, T freizustellen und ist auch nicht bereit, T Urlaub zu gewähren. T ist zur Arbeit bis zum 31.1.2014 bereit, möchte aber für den „entgangenen Urlaub" eine „Entschädigung".

71 **bb)** Nach diesen Informationen ist eine Freistellungsvereinbarung nicht erforderlich, wohl aber eine Regelung über die **Urlaubsabgeltung.** Nach § 7 IV BUrlG ist Urlaub, der aufgrund der Beendigung des Arbeitsverhältnisses nicht gewährt werden kann, abzugelten. Der Abgeltungsanspruch erfasst auch Resturlaub aus dem Vorjahr, wenn dieser auf das laufende Jahr übertragen wurde und noch nicht gem. § 7 III 3 BUrlG verfallen ist.[69] Der Resturlaub der T könnte noch vor Beendigung des Arbeitsverhältnisses gewährt werden. Mit dem Ablauf des 31.1.2014 entsteht ein Abgeltungsanspruch der T. Abzugelten sind dreizehn Urlaubstage, da der zweieinhalbtägige Teilurlaubsanspruch aus dem Jahr 2014 gem. § 5 II BUrlG auf einen dreitägigen Anspruch aufzurunden ist.

72 **cc)** Die **Höhe des Abgeltungsanspruchs** richtet sich nach der Höhe des Betrags, der dem Arbeitnehmer als Urlaubsentgelt zu zahlen wäre, so dass zur Berechnung § 11 BUrlG heranzuziehen ist. Bei monatlicher Abrechnung des Gehalts sind zur Ermittlung des Durchschnittsverdienstes die letzten drei Monatsgehälter zu berücksichtigen. Der in diesem Referenzzeitraum erzielte Verdienst ist durch die Anzahl der Arbeitstage im Referenzzeitraum zu teilen und mit der Anzahl der Urlaubstage zu multiplizieren. Zu den Arbeitstagen im Referenzzeitraum, die in die Berechnung des Urlaubsentgelts einfließen, zählen auch Tage, an denen der Arbeitnehmer nicht gearbeitet hat, die aber bezahlt wurden.

73 Als Referenzzeitraum für die **Berechnung der Abgeltungshöhe** der T sind demnach die Monate November und Dezember 2013 sowie Januar 2014 heranzuziehen. In diesem Zeitraum sind für T 66 Arbeitstage angefallen. T verdiente im Referenzzeitraum brutto insgesamt 24 000 €. Gratifikationen sind in die Berechnung des Durchschnittsverdienstes nicht einzubeziehen, so dass es auf die Sonderzuwendung zum Jahresende nicht ankommt. Pro Arbeitstag ergibt sich für T ein Durchschnittsverdienst von 363,64 € brutto. Für dreizehn Urlaubstage erhält T demnach eine Abgeltung in Höhe von 4 727,32 €.

d) Sonstige Regelungen

74 **aa)** Offene Ansprüche auf **Vergütung oder Entgeltfortzahlung** entfallen durch den Aufhebungsvertrag nicht. Das Ziel der C ist es, durch den Aufhebungsvertrag alle Fra-

---

[68] *Bauer,* JuS 1999, 557 (559 f., §§ 3, 7 des Regelungsbeispiels).
[69] *Junker,* Grundkurs Arbeitsrecht, Rn. 263.

gen, die das Ausscheiden der T aus dem Unternehmen aufwirft, zu regeln. Deshalb muss die Rechtsabteilung sich über das Bestehen solcher Ansprüche informieren und gegebenenfalls eine Regelung in den Aufhebungsvertrag aufnehmen.

7. Nachfrage: Ist C mit der Vergütung im Rückstand? Hat T Entgeltfortzahlungsansprüche gegen C?

Informationsmittel: Nachfrage bei der Personalabteilung

Ergebnis der 7. Nachfrage (unterstellt): C ist mit der Vergütung nicht im Rückstand. Bei T sind in den letzten Monaten keine Fehlzeiten mit Entgeltfortzahlungsansprüchen aufgetreten. Ältere Entgeltfortzahlungsansprüche sind erfüllt. Da keine offenen Vergütungs- oder Entgeltfortzahlungsansprüche bestehen, erübrigt sich eine Regelung im Aufhebungsvertrag.

bb) Nach der bei C geltenden „Betriebsvereinbarung über eine Sonderzuwendung 75 am Jahresende" stand T im Dezember 2013 eine **Sonderzuwendung** in Höhe eines halben Bruttomonatsgehalts zu. Die Rechtsabteilung hat zu klären, ob T die Sonderzuwendung tatsächlich erhalten hat.

8. Nachfrage: Wurde die Sonderzuwendung bereits ausgezahlt?

Informationsmittel: Nachfrage bei der Personalabteilung

Ergebnis der 8. Nachfrage (unterstellt): Die Sonderzuwendung wurde T Ende 2013 ausgezahlt.

C hat die Möglichkeit, die Sonderzuwendung aufgrund des Ausscheidens der T vor 76 dem 31.3.2014 hälftig zurückzufordern. Die zugrundeliegende **Rückzahlungsklausel** ist nach den Maßstäben der Rechtsprechung zur Inhaltskontrolle solcher Klauseln wirksam: In formeller Hinsicht lässt sie den Rückzahlungsgrund erkennen (Ausscheiden im Folgejahr); in materieller Hinsicht kann, wenn die Gratifikation zwischen 100 € und einem Monatsverdienst beträgt, die Rückzahlung für den Fall vereinbart werden, dass das Arbeitsverhältnis vor Ablauf des ersten Quartals des Folgejahres endet.[70] C muss jedoch von der Rückzahlungsoption keinen Gebrauch machen, sondern kann aus Image- oder Kulanzgründen auf die hälftige Rückforderung des Weihnachtsgeldes verzichten.

9. Nachfrage: Soll die Hälfte der Sonderzuwendung von T zurückgefordert werden?

Informationsmittel: Nachfrage bei der Personalabteilung

Ergebnis der 9. Nachfrage (unterstellt): Bei Ausscheiden eines Arbeitnehmers nach dem 31.12. eines Jahres verzichtet C in der Regel darauf, die Sonderzuwendung zurückzufordern. Auf die Rückforderungsklausel beruft C sich nur, wenn besondere Umstände (z.B. Vertrauensbruch des Arbeitnehmers) vorliegen. Dementsprechend soll die Sonderzuwendung von T nicht zurückgefordert werden. Aufgrund dieser Auskunft wird die Rechtsabteilung im Aufhebungsvertrag der T keine Klausel über die Rückzahlung der Gratifikation vorsehen.

cc) Der Vollständigkeit halber sollte der Aufhebungsvertrag eine Regelung zur Rück- 77 gabe von **Firmenunterlagen** und sonstigen vom Arbeitgeber zur Verfügung gestellten Arbeitsmitteln enthalten.[71] Dabei hat eine Regelung über die Rückgabe oder die

---

[70] *BAG* vom 21.5.2003 – 10 AZR 390/02, AP Nr. 250 zu § 611 BGB Gratifikation = NZA 2003, 1032; *BAG* vom 12.1.2005 – 5 AZR 364/04, BAGE 113, 140 (146) = AP Nr. 1 zu § 308 BGB = NZA 2005, 465.
[71] *Bauer,* JuS 1999, 557 (559).

Übernahme eines **Dienstfahrzeugs** in der Praxis häufig besondere Bedeutung. Die Rechtsabteilung wird entsprechende Erkundigungen einholen.

10. Nachfrage: Soll der Dienstwagen T zur Übernahme angeboten werden? Falls nein: Soll T den Dienstwagen vor Beendigung des Arbeitsverhältnisses zurückgeben?

Informationsmittel: Nachfrage bei der Personalabteilung

Ergebnis der 10. Nachfrage (unterstellt): C will T den Dienstwagen nicht zur Übernahme anbieten. Da T nicht freigestellt wird, soll sie den Dienstwagen bis zum 31.1.2014 nutzen dürfen. Diesen Informationen entsprechend wird die Rechtsabteilung die Rückgabe sämtlicher Firmenunterlagen, der vom Arbeitgeber zur Verfügung gestellten Arbeitsmittel und die Rückgabe des Dienstwagens zum 31.1.2014 vorsehen.

78 **dd)** Falls der Arbeitgeber dem Arbeitnehmer ein **Darlehen** gewährt oder ihm eine **Werkswohnung** zur Verfügung gestellt hat, sind auch diese Rechtsverhältnisse im Aufhebungsvertrag zu ordnen.

11. Nachfrage: Hat C der Arbeitnehmerin T ein Darlehen gewährt oder ihr eine Werkwohnung zur Verfügung gestellt?

Informationsmittel: Nachfrage bei der Personalabteilung

Ergebnis der 11. Nachfrage (unterstellt): C hat der Arbeitnehmerin T weder ein Darlehen gewährt, noch wohnt T in einer Werkswohnung.

79 **ee)** Möglich sind in Aufhebungsverträgen auch Regelungen über ein nachvertragliches **Wettbewerbsverbot.** Haben die Arbeitsvertragsparteien bereits bei Abschluss des Arbeitsvertrags ein nachvertragliches Wettbewerbsverbot vereinbart, ist zu klären, ob das Wettbewerbsverbot gelten soll, oder ob die Parteien es aufheben wollen. Dabei ist auch zu prüfen, ob das Wettbewerbsverbot überhaupt wirksam ist. Wenn die Arbeitsvertragsparteien kein nachvertragliches Wettbewerbsverbot vereinbart haben, können sie dies im Aufhebungsvertrag nachholen.

12. Nachfrage: Haben T und C ein nachvertragliches Wettbewerbsverbot vereinbart? Wenn nein: Ist C an einem Wettbewerbsverbot interessiert?

Informationsmittel: Nachfrage bei der Personalabteilung

Ergebnis der 12. Nachfrage (unterstellt): T und C haben kein nachvertragliches Wettbewerbsverbot vereinbart. C ist an einem Wettbewerbsverbot allenfalls interessiert, wenn ihr dadurch keine Kosten entstehen. Sie geht im Übrigen nicht davon aus, dass T sich mit der Vereinbarung eines Wettbewerbsverbots einverstanden erklären wird, da es der erklärte Wille der T ist, ab 1.2.2014 bei N zu arbeiten.

80 Gesetzliche Regelungen zum nachvertraglichen Wettbewerbsverbot finden sich für kaufmännische Angestellte in den §§ 74 ff. HGB. Diese Normen werden auf Wettbewerbsverbote für andere Arbeitnehmer entsprechend angewandt. Nach § 74 II HGB ist das Wettbewerbsverbot nur verbindlich, wenn der Arbeitgeber sich zur Zahlung einer **Karenzentschädigung** verpflichtet. Ist keine Karenzentschädigung zugesagt, ist das Wettbewerbsverbot nichtig.[72] C kann also ein Wettbewerbsverbot, das für sie keine Kosten verursacht, nicht wirksam vereinbaren. Da sie unter diesen Umständen nicht an einem Wettbewerbsverbot interessiert ist, ist im Aufhebungsvertrag keine Regelung erforderlich.

---

[72] *Junker,* Grundkurs Arbeitsrecht, Rn. 448.

ff) Der Arbeitnehmer hat gem. § 109 I 1 GewO bei Beendigung des Arbeitsverhält- 81
nisses Anspruch auf ein **Zeugnis.** Gem. § 109 I 2 GewO kann er ein qualifiziertes
Zeugnis verlangen, das Auskunft über seine Leistungen und seine Führung im Dienst
gibt. In den Aufhebungsvertrag kann der Hinweis auf ein Arbeitszeugnis aufgenommen werden.[73] Das Zeugnis, das dann separat erstellt wird, muss einerseits wohlwollend sein, andererseits der Wahrheit entsprechen.[74]

gg) Wenn eine **betriebliche Altersversorgung** besteht, gelten die Regeln des BetrAVG. 82
Nach § 1 I 1 BetrAVG sind Anwartschaften aus einer betrieblichen Altersversorgung un-
verfallbar, wenn der Arbeitnehmer sein 35. Lebensjahr vollendet hat und (a) entweder
die Versorgungszusage für ihn zehn Jahre bestanden hat oder (b) der Beginn der Be-
triebszugehörigkeit mindestens zwölf Jahre zurückliegt und die Zusage für den Arbeitnehmer mindestens drei Jahre bestanden hat. Sind diese Bedingungen nicht erfüllt, so
ist die Anwartschaft verfallbar. **Verfallbare Anwartschaften** erlöschen mit dem Ausscheiden des Arbeitnehmers aus dem Unternehmen; die Arbeitsvertragsparteien können
auf freiwilliger Grundlage eine Abfindung vereinbaren. **Unverfallbare Anwartschaften**
bleiben nach Beendigung des Arbeitsverhältnisses bestehen; sie können nur in den
Grenzen des § 3 BetrAVG abgefunden werden.

Die 4. und 5. Nachfrage haben ergeben, dass bei C eine Altersversorgung weder einzelvertraglich noch
durch Betriebsvereinbarung vorgesehen ist. Es sei ferner unterstellt, dass für T auch durch betriebliche
Übung keine Ansprüche auf Altersversorgung entstanden sind.

hh) Wie ausgeführt (Rn. 66), soll auch eine **Belehrung** des Arbeitnehmers über seine 83
Pflichten nach § 38 I SGB III in den Vertrag aufgenommen werden.

ii) Aufhebungsverträge enthalten in den Schlussbestimmungen häufig eine **Erledi-** 84
gungsklausel (allgemeine Ausgleichsklausel). Eine solche Klausel käme der C entgegen, weil C durch den Aufhebungsvertrag alle Fragen, die durch das Ausscheiden der
T aus dem Unternehmen entstehen, endgültig geregelt wissen möchte. Solche Klauseln sind aber entgegen ihrer Bezeichnung nicht geeignet, alle Ansprüche aus dem Arbeitsverhältnis im Rechtssinne zu erledigen.[75] Denn von der Klausel bleiben Ansprüche aus betrieblicher Altersversorgung, Ansprüche aus Wettbewerbsverboten und
Zeugnisansprüche unberührt.

Wenn die Arbeitsvertragsparteien das Arbeitsverhältnis nicht zum Zeitpunkt des Ab- 85
schlusses des Aufhebungsvertrags beenden und der Arbeitnehmer für die restliche
Dauer des Arbeitsverhältnisses nicht freigestellt wird, ist von Ausgleichsklauseln abzuraten, da noch Ansprüche entstehen können, die beim Abschluss des Aufhebungsvertrags nicht absehbar sind. So wären z. B. auch Schadensersatzansprüche, die nach Abschluss des Aufhebungsvertrags entstehen, von der Ausgleichsklausel erfasst. Die
Rechtsabteilung der C wird deshalb im vorliegenden Fall keine Erledigungsklausel aufnehmen. Im Aufhebungsvertrag sollte mangels einer allgemeinen Erledigungsklausel
festgehalten werden, dass T die im Dezember 2013 ausgezahlte Sonderzuwendung
endgültig behalten darf.

---

[73] *Bauer,* JuS 1999, 557 (559); *Düwell/Dahl,* NZA 2011, 958.
[74] Einzelheiten bei *Junker,* Grundkurs Arbeitsrecht, Rn. 444.
[75] *Bauer,* JuS 1999, 356 (359); *Junker,* Grundkurs Arbeitsrecht, Rn. 245.

86 **jj)** Bei längeren Aufhebungsverträgen wird die Vereinbarung einer **salvatorischen Klausel** empfohlen. Sie bewirkt, dass bei Nichtigkeit einer Vertragsklausel entgegen § 139 BGB der Vertrag im Übrigen bestehen bleibt (s. bereits § 1 Rn. 50). Da eine der Parteien erhebliche Nachteile erleiden könnte, wenn eine unwirksame Klausel ersatzlos wegfällt, sollten die Parteien sich verpflichten, unwirksame Klauseln zu ersetzen (s. bereits § 1 Rn. 51).

e) Vertragsentwurf

87 Aus dem Rohentwurf sind für den vorliegenden Fall einige Klauseln weggefallen. Es ergibt sich folgender Vertragsentwurf:

Aufhebungsvertrag

Zwischen
der Connect-AG, Martinstraße 125, 81537 München
und
Frau Wilhelmine Tore, Fischerwed 12, 81539 München
wird folgender Aufhebungsvertrag geschlossen:

§ 1 Beendigung des Arbeitsverhältnisses
Die Parteien sind sich darüber einig, dass das Arbeitsverhältnis im gegenseitigen Einvernehmen mit Ablauf des 31.1.2014 endet.

§ 2 Urlaubsabgeltung
Aufgrund der vorzeitigen Beendigung des Arbeitsverhältnisses konnte Frau Tore weder den ihr zustehenden Resturlaub aus dem Jahr 2013 (10 Arbeitstage) noch den ihr anteilig für das Jahr 2014 zustehenden Urlaub (3 Arbeitstage) nehmen. Frau Tore erhält deshalb eine Urlaubsabgeltung in Höhe von 4727,32 €.

§ 3 Sonderzuwendung
Die Connect-AG wird von ihrem Recht, die im Dezember 2013 an Frau Tore ausgezahlte Sonderzuwendung zurückzufordern, keinen Gebrauch machen.

§ 4 Dienstwagen
Frau Tore ist verpflichtet, den Dienstwagen am 31.1.2014 mit allen Fahrzeugpapieren, Schlüsseln und sämtlichem Zubehör an die Connect-AG zu übergeben.

§ 5 Firmenunterlagen
Unterlagen und Gegenstände, die im Eigentum der Connect-AG stehen und die Frau Tore in ihrem Besitz hat, wird Frau Tore spätestens bis zum 31.1.2014 an die Connect-AG zurückgeben.

§ 6 Zeugnis
Frau Tore erhält anlässlich der Beendigung des Arbeitsverhältnisses ein qualifiziertes Arbeitszeugnis, das diesem Vertrag als Anlage beigefügt ist.

§ 7 Belehrung
Frau Tore wurde über ihre Pflicht belehrt, sich binnen drei Tagen nach Kenntniserlangung vom Zeitpunkt der Beendigung des Arbeitsverhältnisses bei der zuständigen Agentur für Arbeit arbeitsuchend zu melden.

---

§ 8 Salvatorische Klausel

Sollte eine Klausel dieses Aufhebungsvertrags unwirksam sein oder werden, so wird dadurch die Wirksamkeit des Vertrags im Übrigen nicht berührt. Die Parteien sind verpflichtet, die unwirksame Bestimmung durch eine Abrede zu ersetzen, die dem Sinn und Zweck der unwirksamen Bestimmung möglichst nahe kommt.

§ 9. Gestaltung internationaler Verträge

Literatur (s. auch das Verzeichnis der abgekürzt zitierten Literatur, S. XIX): *Berger,* Vertragsstrafen und Schadenspauschalierungen im Internationalen Wirtschaftsvertragsrecht, RIW 1999, 401; *v. Bernstorff,* Die Gefahrtragung im Auslandsgeschäft, RIW 2012, 657; NK-BGB/*Brand,* Das anwaltliche Mandat im internationalen Schuldrecht, S. 3; *Döser,* Anglo-amerikanische Vertragsstrukturen in deutschen Vertriebs-, Lizenz- und sonstigen Vertikalverträgen, NJW 2000, 1451; *v. Hein,* Einheitsrechtliche Anwendungsnormen und Internationales Vertragsrecht, in: Festschrift für Martiny, 2014, S. 365; *Junker,* Die freie Rechtswahl und ihre Grenzen, IPRax 1993, 1; *ders.,* Deutsche Schiedsgerichte und Internationales Privatrecht, in: Festschrift Sandrock, 2000, S. 443; *Leible/Lehmann,* Die Verordnung über das auf vertragliche Schuldverhältnisse anzuwendende Recht („Rom I"), RIW 2008, 528; *Leible/Röder,* Mißbrauchskontrolle von Gerichtsstandsvereinbarungen im Europäischen Zivilprozeßrecht, RIW 2007, 481; *Magnus,* Germany, in: Ferrari (Hrsg.), The CISG and its Impact on National Legal Systems, 2008; *ders.,* Die Rom I-Verordnung, IPRax 2010, 27; *Mankowski,* Überlegungen zur sach- und interessengerechten Rechtswahl für Verträge des internationalen Wirtschaftsverkehrs, RIW 2003, 2; *ders.,* Finanzverträge und das neue internationale Verbrauchervertragsrecht des Art. 6 Rom I-VO, RIW 2009, 98; *Piltz,* Praktische Handreichung für die Gestaltung internationaler Kaufverträge, NJW 2012, 3061; *Rudkowski,* Einführung in das Schiedsverfahrensrecht, JuS 2013, 398; *Schmidt-Kessel/Meyer,* Allgemeine Geschäftsbedingungen und UN-Kaufrecht, IHR 2008, 177; *Stürner,* Die Qual der (Ab-) Wahl: Der Ausschluss des UN-Kaufrechts aus Sicht des deutschen Importeurs, BB 2006, 2029; *Weller,* Keine Drittwirkung von Gerichtsstandsvereinbarungen bei Vertragsketten, IPRax 2013, 501; *Wied,* „Best efforts"-Klauseln im deutschen Recht – Auslegung und Rechtsfolgen, RIW 2013, 768.

1 Internationale Verträge sind Verträge mit einer Verbindung zum Recht eines ausländischen Staates. Eine solche **Auslandsberührung** kann bereits bestehen, wenn der Ort des Vertragsschlusses (der Abschlussort) im Ausland liegt oder der Vertragsgegenstand (z. B. die Kaufsache) in einem anderen Staat belegen ist. Das auf internationale Schuldverträge anzuwendende Recht bestimmt sich nach der **Rom I-VO**,[1] wenn der Vertrag nach dem 17.12.2009 geschlossen wird (Art. 28 Rom I-VO). Einen hinreichenden Auslandsbezug kann bereits die Wahl eines ausländischen Rechts durch die Vertragsparteien vermitteln[2] (vgl. aber die Einschränkung in Art. 3 III Rom I-VO).

2 Bei der Vertragsgestaltung geht es vor allem um die Konstellation, dass die Vertragsparteien ihren Wohnsitz, ihren Sitz oder ihren gewöhnlichen Aufenthalt in verschiedenen Staaten haben: Gehören diese Staaten nicht zum deutschsprachigen Raum, müssen i. d. R. **Sprachbarrieren** überwunden werden, was häufig durch die Wahl des Englischen als Verhandlungs- und Vertragssprache geschieht.[3] Weitere **Verständnisprobleme** entstehen, wenn Verhandlungspartner aus verschiedenen Rechtskulturen zusammentreffen. Der Vertragsgestalter läuft dann Gefahr, zivilisatorische Ähnlichkeiten zu überschätzen oder eine unterschiedliche Herangehensweise an Sachverhalte oder Rechtsnormen zu verkennen.[4]

3 **Beispiel:** Das Nürnberger Unternehmen Hoffmann fertigt Modelleisenbahnen der Spurweite G („Hoffmann-Gross-Bahn", „HGB"), die auch bei Amerikanern beliebt sind. Hoffmann möchte daher mit einem Unternehmen aus Pennsylvania (USA) einen Vertragshändlervertrag schließen und schickt seinen Hausju-

---

[1] Verordnung (EG) Nr. 593/2008 des Europäischen Parlaments und des Rates vom 17.6.2008 über das auf vertragliche Schuldverhältnisse anzuwendende Recht („Rom I"), ABl. EU 2008 Nr. L 177/6.

[2] *Leible/Lehmann,* RIW 2008, 528 (534); *Diedrich,* RIW 2009, 378 (383).

[3] Zu den damit verbundenen Problemen *Döser,* JuS 2000, 246 (247); *Sandrock,* in: Festschrift Großfeld, 1999, S. 971.

[4] Umfassend *Großfeld,* Macht und Ohnmacht der Rechtsvergleichung, 1984.

risten in die USA, um mit den Anwälten der Gegenseite einen möglichen Vertragsschluss zu sondieren. Auf welche rechtskulturellen Unterschiede muss sich der Hausjurist der Firma Hoffmann einstellen? – Während das **deutsche Recht** auf der überlieferten Grundlage der römisch-rechtlichen Tradition auf ein System abstrakt formulierter, durch Subsumtion auf den Einzelfall anzuwendender Regeln baut, ist das **Recht der USA** durch einen hohen Stellenwert von Einzelfalljustiz und Individualismus geprägt. Das schlägt sich bei der Vertragsgestaltung in einer Fülle von Einzelheiten über den genauen Ablauf der Vertragserfüllung nieder („detaillierte Natur anglo-amerikanischer Verträge"). Das **deutsche Recht** ist gekennzeichnet durch die Betonung der Systematik und des strukturellen Denkens. Die auf dieser Basis gestalteten Verträge gelten vielfach als umso besser, je kürzer sie sind. Nach dem **Recht der USA** sind dagegen Gesetzesnormen als Abweichung vom Fallrecht des Common Law eng und wortgetreu auszulegen; dementsprechend werden auch bei der Vertragsauslegung Faktoren außerhalb der Vertragsurkunde nur in begrenztem Umfang herangezogen.[5]

I. Einführung in das Internationale Vertragsrecht

Jeder Vertrag, der grenzüberschreitende Bezüge („Auslandsberührungen") aufweist, muss einer bestimmten Rechtsordnung unterstellt werden. Für eine Reihe von Schuldverträgen besteht kraft multilateraler Übereinkommen (völkerrechtlicher Verträge) **materielles Einheitsrecht (einheitliches Sachrecht)**. Es bestimmt seinen sachlichen, räumlichen und persönlichen Anwendungsbereich selbst, d. h. losgelöst von den Anknüpfungsregeln des Internationalen Privatrechts (IPR). Der Vertragsgestalter muss feststellen, ob materielles Einheitsrecht auf den grenzüberschreitenden Vertrag anzuwenden ist und – wenn ja – ob es sich um zwingendes oder um nachgiebiges (dispositives) Recht handelt; im letzteren Fall muss er entscheiden, ob das materielle Einheitsrecht ausgeschlossen werden soll oder nicht.

Wenn und soweit kein materielles Einheitsrecht einschlägig ist, entscheidet das **Kollisionsrecht der Schuldverträge** (das Internationale Vertragsrecht i. e. S.) darüber, welche nationale Rechtsordnung („welchen Staates Recht") auf den grenzüberschreitenden Vertrag anzuwenden ist. Die Anknüpfungsregeln für vertragliche Schuldverhältnisse sind für alle Verträge, die vor dem 18. 12. 2009 geschlossen wurden, in Art. 27–37 EGBGB enthalten, die auf den Vorschriften des Europäischen (Schuld-) Vertragsübereinkommens von 1980 („Römisches Übereinkommen") beruhen.[6] Alle Schuldverträge, die nach dem 17. 12. 2009 geschlossen werden, sind nach der Rom I-VO anzuknüpfen (Rn. 1); die Art. 27–37 EGBGB wurden zu diesem Datum aufgehoben,[7] behalten aber für die zahlreichen „Altverträge" nach wie vor ihre Bedeutung.

1. Materielles Einheitsrecht (CISG)

International vereinheitlichtes materielles Recht („materielles Einheitsrecht") hat in seinem sachlichen und räumlichen Anwendungsbereich den **Vorrang vor den Kollisionsnormen des IPR**. Staatsverträge, die Teile des materiellen Vertragsrechts verein-

---

[5] *Döser*, JuS 2000, 246 (249); ein Muster eines deutsch-amerikanischen Vertragshändlervertrags findet sich bei *dems.*, JuS 2000, 773.

[6] Europäisches Übereinkommen über das auf vertragliche Schuldverhältnisse anzuwendende Recht (Europäisches [Schuld-] Vertragsübereinkommen, EVÜ) vom 9. 10. 1980, ABl. EG 1980 Nr. L 266 S. 1 = BGBl. 1986 II, S. 810.

[7] Gesetz zur Anpassung der Vorschriften des Internationalen Privatrechts an die Verordnung (EG) Nr. 593/2008 vom 25.6. 2009, BGBl. 2009 I, S. 1574 Art. 3. Zum genauen Datum der Ablösung der Art. 27–37 EGBGB (17. oder 18. 12. 2009) s. *Martiny*, RIW 2009, 737 (752).

heitlichen, gibt es insbesondere auf dem Gebiet des Transportrechts und für den Warenkauf. Das wichtigste internationale Übereinkommen auf dem Gebiet des Warenkaufs ist die Convention on the International Sale of Goods (CISG).[8] Dieses sog. **Wiener UN-Kaufrecht** (Wiener Übereinkommen) ist für die Bundesrepublik Deutschland am 1.1.1991 in Kraft getreten und gilt in über 40 weiteren Staaten, darunter Österreich, die Schweiz, die Niederlande, Frankreich, Italien, die USA, Kanada und die Volksrepublik China (Übersicht – jeweils auf dem neuesten Stand – im BGBl. Teil II, Fundstellennachweis B).

7 Das Wiener UN-Kaufrecht ist für die Gestaltung internationaler Warenkaufverträge in zweierlei Hinsicht von Bedeutung: Zum einen muss seine Geltung von den Vertragsparteien nicht gesondert vereinbart werden. Das Wiener UN-Übereinkommen über Verträge über den internationalen Warenkauf tritt ohne weiteren Umsetzungsakt an die Stelle der nationalen Rechtsordnungen, wenn seine Anwendungsvoraussetzungen erfüllt sind **(automatische Geltung).** Zum anderen kann das Wiener UN-Kaufrecht durch Parteivereinbarung ausgeschlossen werden **(vertraglicher Ausschluss),** so dass der vertragsgestaltende Jurist bei grenzüberschreitenden Warenkaufverträgen häufig entscheiden muss, ob es bei der Anwendung des UN-Kaufrechts bleiben oder ob die Parteien es durch eine nationale Rechtsordnung ersetzen sollen.[9]

a) Anwendungsbereich des UN-Kaufrechts

8 **aa)** Nach seinem **sachlichen Anwendungsbereich** umfasst das Wiener Übereinkommen Kaufverträge über Waren (Art. 1 I CISG). **Waren** sind bewegliche körperliche Gegenstände, die typischerweise das Objekt eines Handelskaufs bilden.[10] Ein Computerprogramm, das über einen Datenträger nutzbar ist, wird als Ware angesehen, nicht aber z. B. die Sendezeit für Werbung in einem elektronischen Medium. Der **Kauf** zielt typischerweise auf die Veräußerung einer Sache gegen Geld: Ein Vertrag über die bloße Nutzung einer Sache wird vom Wiener UN-Kaufrecht nicht erfasst, ebenso wenig ein tauschartiges Kompensationsgeschäft (z. B. Rohstoffe gegen Waffen).

9 Art. 2 CISG enthält **Bereichsausnahmen,** die bestimmte Arten von Kaufgeschäften und/oder Kaufgegenständen vom sachlichen Anwendungsbereich des Wiener Übereinkommens ausschließen. Da das UN-Kaufrecht keine Schutzvorschriften zugunsten des schwächeren Vertragsteils enthält, betrifft die wichtigste Ausnahme das **Verbrauchergeschäft** („Konsumentenkauf"): Das UN-Übereinkommen findet keine Anwendung auf den Kauf von Ware für den persönlichen oder den Gebrauch in der Familie oder im Haushalt, es sei denn, der Verkäufer hatte vom privaten Verwendungszweck keine Kenntnis und musste ihn auch nicht erkennen[11] (Art. 2 lit. a CISG).

---

[8] Wiener Übereinkommen der Vereinten Nationen vom 11.4.1980 über internationale Warenkaufverträge, BGBl. 1989 II, S. 588.

[9] NK-BGB/*Brand,* Das anwaltliche Mandat, Rn. 25; *Piltz,* NJW 2012, 3061; *Stürner,* BB 2006, 2029.

[10] *Staudinger/Magnus,* Art. 1 CISG Rn. 43; *Schlechtriem/Schwenzer/Ferrari,* UN-Kaufrecht, Art. 1 CISG Rn. 34; *Piltz,* Internationales Kaufrecht, § 2 Rn. 46f.; *Ferrari/Saenger,* Internationales Vertragsrecht, Art. 1 CISG Rn. 6; s. zum Ausschluss bei Rechtskäufen (Lizenzverträgen) *EuGH* vom 23.4.2009 – C-533/07, Slg. 2009, I-3327 Rn. 19 ff. – Falco Privatstiftung/Weller Lindhorst.

[11] Zur Erkennbarkeit des privaten Verwendungszwecks s. *Ferrari/Saenger,* Internationales Vertragsrecht, Art. 2 CISG Rn. 5; MünchKomm-HGB/*Benicke,* Art. 2 CISG Rn. 7; *Schlechtriem/Schwenzer/Ferrari,* UN-Kaufrecht, Art. 2 CISG Rn. 17; *Staudinger/Magnus,* Art. 2 CISG Rn. 22.

Art. 3 I CISG unterwirft auch **Werklieferungsverträge** dem Wiener UN-Kaufrecht, **10** es sei denn, dass der Besteller einen wesentlichen Teil des erforderlichen Materials beisteuert. Entscheidend ist das Wertverhältnis der jeweils vom Verkäufer und vom Käufer/Besteller beigebrachten Stoffe.[12] Eine Ausnahme für **Werk- und Dienstleistungsverträge** findet sich in Art. 3 II CISG: Besteht der überwiegende Teil der Pflichten des Lieferanten in der Ausführung von Arbeiten oder in anderen Dienstleistungen, findet das Einheitskaufrecht keine Anwendung. Ausschlaggebend ist auch insoweit das Wertverhältnis.[13]

Für die Vertragsgestaltung stellt sich vor diesem Hintergrund die Frage, ob der zu- **11** nächst als einheitlich gedachte und geplante Vertrag rechtlich in zwei selbständige Verträge aufgespalten werden kann. Gelingt diese **Trennung von Liefer- und Montagevertrag,** kann auf den **Liefervertrag** das Einheitsrecht angewendet werden, während der **Montagevertrag** als reiner Werkvertrag nach den Regeln des Internationalen Privatrechts angeknüpft und einer nationalen Rechtsordnung unterstellt wird.[14]

Beispiel: Die Stawa Metallbau GmbH (S. GmbH) aus Bielefeld-Senne hofft, von der Grandhotel Bolzano S. p. A. (G. S. p. A.) mit Sitz in Bozen (Italien) den Auftrag zu erhalten, für rund 300 000 € ein Luxushotel in Bozen mit neuen Aluminiumfenstern und -türen auszustatten. Die S. GmbH hat großes Vertrauen in die Qualität der von ihr hergestellten Fenster und Türen. Dagegen befürchtet sie beim vertraglich vereinbarten Einbau (Aufwand: etwa 20 % der Auftragssumme), der von einer deutschen Subunternehmerin der S. GmbH vorgenommen werden soll, Schwierigkeiten wegen der alten Bausubstanz des Hotels und bevorzugt jedenfalls insoweit die Anwendung des ihr vertrauten deutschen Werkvertragsrechts. – In dieser Konstellation wird der Vertragsgestalter erwägen, das Rechtsverhältnis zwischen der S. GmbH und der G. S. p. A. in zwei Verträge aufzuspalten: einen Kaufvertrag über die Fenster und Türen (Preis: 240 000 €), der, wenn nichts anderes vereinbart wird, dem UN-Kaufrecht unterliegt (Art. 1 I CISG), und einen Werkvertrag über den Einbau (Vergütung: 60 000 €), der mangels anderer Vereinbarungen dem materiellen deutschen Recht untersteht (Art. 4 I lit. b Rom I-VO).[15]

bb) Über den **räumlich-persönlichen Anwendungsbereich** heißt es im Wiener **12** Übereinkommen zunächst, dass die Parteien des Kaufvertrags ihre Niederlassung in verschiedenen Staaten haben müssen (Art. 1 I CISG). Die für die Anwendung des UN-Kaufrechts erforderliche Internationalität des Sachverhalts wird also durch die **Niederlassung der Parteien** in verschiedenen Staaten begründet; wer Vertragspartei ist, muss durch das vom IPR zur Anwendung berufene, unvereinheitlichte nationale Recht bestimmt werden.[16] Ein weiterer Auslandsbezug wird nicht gefordert. Es kommt für die Anwendung des UN-Kaufrechts nicht darauf an, ob der Kaufgegenstand in das Ausland zu liefern ist oder im selben Staat verbleibt (s. auch Art. 1 II CISG).

---

[12] Siehe dazu im Auslegungszusammenhang mit Art. 7 Nr. 1 EuGVVO n. F. *EuGH* vom 25.2.2010 – C-381/08, Slg. 2010, I-1255 – Car Trim/KeySafety Systems.

[13] *Schlechtriem/Schwenzer/Ferrari,* UN-Kaufrecht, Art. 3 CISG Rn. 15; *Staudinger/Magnus,* Art. 3 CISG Rn. 14; MünchKomm-HGB/*Benicke,* Art. 3 CISG Rn. 4; MünchKomm-BGB/*Westermann,* Art. 3 CISG Rn. 3.

[14] *Ferrari/Saenger,* Internationales Vertragsrecht, Art. 3 CISG Rn. 1; *Piltz,* Internationales Kaufrecht, § 2 Rn. 35; *Fogt,* IPRax 2003, 364 (367).

[15] Siehe zur international-prozessrechtlichen Problematik eines solchen Falles *EuGH* vom 29.6.1994 – C-288/92, Slg. 1994, I-2913 – Custom Made Commercial/Stawa Metallbau.

[16] *Ferrari/Saenger,* Internationales Vertragsrecht, Art. 1 CISG Rn. 9; teilweise a. A. MünchKomm-HGB/*Benicke,* Art. 1 CISG Rn. 24.

13 Neben der Internationalität des Kaufgeschäfts verlangt das Wiener Übereinkommen die **Verbindung des Geschäfts** mit (mindestens) einem Staat, in dem das Wiener Übereinkommen gilt (Vertragsstaat des Übereinkommens). Unproblematisch ist die sog. **autonome Anwendung** des Wiener UN-Kaufrechtsübereinkommens: Das Übereinkommen ist anzuwenden, wenn **beide Parteien** ihre Niederlassung in – verschiedenen – Vertragsstaaten haben **(Art. 1 I lit. a CISG)**, also beispielsweise in den Vertragsstaaten Deutschland und Italien.[17] Dieser Anwendungsfall ist unmittelbar einsichtig.

14 Für den Vertragsgestalter schwerer zu erfassen ist der Fall, dass die Regeln des Internationalen Privatrechts zur Anwendung des Rechts eines Vertragsstaats führen **(Art. 1 I lit. b CISG)**.[18] Diese sog. **kollisionsrechtliche Vorschaltlösung** – das IPR wird der Anwendung des CISG „vorgeschaltet" – basiert auf dem Gedanken, dass die Anwendung des Wiener UN-Kaufrechts auch gerechtfertigt ist, wenn der kollisionsrechtliche Schwerpunkt des Kaufvertrags in einem Vertragsstaat des Wiener Übereinkommens liegt. Der vertragsgestaltende Jurist, der das auf einen Warenkauf anzuwendende Recht eruiert, wird daher – wenn nicht bereits Art. 1 I lit. a CISG zum Zuge kommt – durch das Wiener UN-Kaufrecht nicht der Aufgabe enthoben, das nach dem IPR auf den Vertrag anzuwendende Recht (Vertragsstatut) zu ermitteln.[19]

Beispiel: Die S. GmbH aus Bielefeld-Senne liefert der Grandhotel Bristol Ltd. (G. Ltd.) mit Sitz in Bristol (Vereinigtes Königreich) Aluminiumfenster und -türen zum Einbau in ein Luxushotel in Bristol. – Da das Vereinigte Königreich kein Mitgliedstaat des Wiener Übereinkommens ist und die G. Ltd. folglich ihre Niederlassung nicht in einem Vertragsstaat hat (Art. 1 I lit. a CISG), muss der vertragsgestaltende Jurist fragen, ob die Regeln des IPR zur Anwendung des Rechts eines Vertragsstaats führen (Art. 1 I lit. b CISG). Nach der Rom I-VO, die auch in Großbritannien gilt,[20] führt Art. 4 I lit. b Rom I-VO zum deutschen Sachrecht, also zum materiellen Recht eines Vertragsstaates des Wiener Übereinkommens. Die Vorschaltlösung des Art. 1 I lit. b CISG führt folglich zur Anwendung des Wiener UN-Kaufrechts.[21]

b) Ausschluss des CISG (Opting out)

15 Wenn der Anwendungsbereich des Wiener UN-Kaufrechts eröffnet ist, gilt es automatisch. Es ist jedoch kein zwingendes, sondern **dispositives Recht:** Wollen die Parteien das UN-Kaufrecht vermeiden, müssen sie die Anwendung des Übereinkommens durch Parteivereinbarung ausschließen **(Art. 6 CISG)**. Dann ist der Weg frei für das materielle Recht, das vom Internationalen Privatrecht zur Anwendung berufen wird (Art. 3 ff. Rom I-VO). Ein **ausdrücklicher Ausschluss** des UN-Kaufrechts sollte daher mit einer Rechtswahl nach Art. 3 I Rom I-VO verbunden werden, um Zweifel über das anzuwendende Recht zu vermeiden.

Beispiele: „Dieser Vertrag unterliegt dem deutschen Recht unter Ausschluss des Wiener UN-Kaufrechts vom 11. 4. 1980."

„Für die gesamte Geschäftsbeziehung gilt das in der Bundesrepublik Deutschland geltende Recht unter Ausschluss des UN-Kaufrechts."

---

[17] *Staudinger/Magnus,* Art. 1 CISG Rn. 85 ff.; MünchKomm-HGB/*Benicke,* Art. 1 CISG Rn. 29; *Piltz,* Internationales Kaufrecht, § 2 Rn. 75.

[18] *Kropholler,* IPR, § 52 IV 2b, S. 477 f.; *Junker,* IPR, Rn. 416; MünchKomm-BGB/*Westermann,* Art. 1 CISG Rn. 1, 3; *Piltz,* Internationales Kaufrecht, § 2 Rn. 95.

[19] Krit. MünchKomm-BGB/*H. P. Westermann,* Art. 1 CISG Rn. 3; s. aus international-prozessrechtlicher Sicht *Junker,* Internationales Zivilprozessrecht, § 9 Rn. 16.

[20] Entscheidung der Kommission vom 22. 12. 2008, ABl. EU 2009 Nr. L 10/20.

[21] Siehe zur Rechtslage im Verhältnis zu sog. Vorbehaltsstaaten i. S. d. Art. 95 CISG (USA, Volksrepublik China) *Ferrari/Saenger,* Internationales Vertragsrecht, Art. 1 CISG Rn. 19–21.

Da Art. 6 CISG für den Ausschluss des UN-Kaufrechts keine bestimmte Form vor- **16** sieht, ist auch ein **stillschweigender Ausschluss** möglich und wirksam. Allerdings bedeutet die bloße Verweisung auf das Recht eines Vertragsstaates („Dieser Vertrag unterliegt dem deutschen Recht") regelmäßig noch nicht die stillschweigende Abbedingung des UN-Kaufrechts, denn das UN-Kaufrecht bildet einen Bestandteil der Rechtsordnung der Vertragsstaaten.[22] Im Anwendungsbereich des UN-Kaufrechts verlangt das Gebot des sicheren Weges daher, dass konkret auf bestimmte Rechtsnormen verwiesen wird.

Beispiel: „Dieser Vertrag unterliegt dem Kaufrecht des deutschen Bürgerlichen Gesetzbuchs/Handelsgesetzbuchs."

c) Gegenstände des UN-Kaufrechts

Das Wiener UN-Kaufrecht deckt einen breiten Bereich von Regelungsmaterien ab, ins- **17** besondere den **Abschluss des Kaufvertrags** (Bindung an das Angebot, Wirksamwerden des Angebots, Widerruf, Erlöschen und Annahme, Art. 14–24 CISG), Allgemeine Bestimmungen über den Warenkauf (Art. 25–29 CISG), **Pflichten des Verkäufers** (Lieferung, Vertragsmäßigkeit der Ware, Folgen von Vertragsverletzungen, Art. 30–52 CISG), **Pflichten des Käufers** (Zahlung, Abnahme, Folgen von Vertragsverletzungen, Art. 53–65 CISG), **Übergang der Gefahr** (Art. 66–70 CISG) und **Gemeinsame Bestimmungen** über die Pflichten des Verkäufers und des Käufers (Art. 71–88 CISG).[23]

In einer Reihe von Punkten unterscheidet sich das Wiener UN-Kaufrecht vom deut- **18** schen Recht. Beispielsweise ist ein Angebot entgegen § 145 BGB widerruflich (Art. 15 CISG), die Untersuchungs- und Rügeobliegenheiten gelten auch für Nichtkaufleute (Art. 38 f., 43 CISG), der Erfüllungsort der Kaufpreiszahlung liegt anders als nach §§ 269, 270 BGB im Zweifel am Sitz des Verkäufers (Art. 57 I lit. a CISG), und der Umfang des Schadensersatzes beschränkt sich auf das bei Vertragsschluss voraussehbare Maß (Art. 74 CISG).[24] Die Anwendung des CISG wirft darüber hinaus spezifische Probleme auf, deren Kenntnis wichtig ist für den Vertragsgestalter, der sich auf dem Gebiet des grenzüberschreitenden Warenkaufs betätigt.

Beispiel: Das Problem kollidierender Allgemeiner Geschäftsbedingungen hat das UN-Kaufrecht nicht geregelt (s. zum deutschen Recht § 3 Rn. 20). Die Frage der Einbeziehung von Allgemeinen Geschäftsbedingungen in Verträge, die dem UN-Kaufrecht unterliegen, führt daher immer wieder zu Rechtsstreitigkeiten.[25]

Die Vertragsgestaltung muss ferner berücksichtigen, dass das UN-Kaufrecht Lücken **19** aufweist. Unterschieden werden **externe Lücken,** die sich daraus ergeben, dass manche Regelungsbereiche (z. B. die materielle Gültigkeit des Vertrags und die dinglichen Rechtsfolgen des Warenkaufs) vom Übereinkommen komplett ausgenommen sind

---

[22] *Piltz,* Internationales Kaufrecht, § 2 Rn. 116; *Staudinger/Magnus,* Art. 6 CISG Rn. 24; *OLG Düsseldorf* vom 8. 1. 1993 – 17 U 82/92, NJW-RR 1993, 999 = IPRax 1993, 412 m. Aufs. *Magnus,* IPRax 1993, 390.

[23] Übersicht über Inhalte und Strukturen des UN-Kaufrechts bei *Piltz,* Internationales Kaufrecht, § 1 Rn. 4–15.

[24] Überblick über die Abweichungen gegenüber dem BGB und HGB bei *Piltz,* Internationales Kaufrecht, § 1 Rn. 16; *Staudinger/Magnus,* Einl. zum CISG Rn. 32.

[25] *BGH* vom 31. 10. 2001 – VIII ZR 60/01, NJW 2002, 370 = JuS 2002, 617; *BGH* vom 9. 1. 2002 – VIII ZR 304/00, NJW 2002, 1651 = ZIP 2002, 672.

(Art. 4 CISG), und **interne Lücken,** die sich innerhalb der Regelungsbereiche des Übereinkommens auftun.

Beispiele: Die Verjährung von Ansprüchen des Käufers oder des Verkäufers ist im CISG nicht geregelt; eine ergänzende UN-Verjährungskonvention ist in den meisten Vertragsstaaten des CISG nicht in Kraft.

Das UN-Kaufrecht enthält zwar eine Regelung über einen Anspruch auf Verzugszinsen (Art. 78 CISG), aber keine Bestimmung über die Höhe des Zinssatzes.

20 Die Lücken des UN-Kaufrechts sollen zunächst nach den **allgemeinen Grundsätzen** geschlossen werden, auf denen das UN-Kaufrecht beruht **(Art. 7 II, 1. Alt. CISG).** Da es für eine Reihe von Materien, beispielsweise für die Länge der Verjährungsfristen oder die Höhe des Verzugszinssatzes, solche allgemeinen Grundsätze nicht gibt, ist ergänzend das sog. **hypothetische Vertragsstatut** – das Recht, dem der Vertrag mangels Anwendbarkeit des CISG unterstehen würde – zu ermitteln **(Art. 7 II, 2. Alt. CISG).** Damit es nicht zu Überraschungen kommt, wenn eine später streitig werdende Frage im UN-Kaufrecht nicht geregelt ist, gehört es bei Anwendung des CISG zur Störfallvorsorge, durch eine Rechtswahlklausel das ergänzende Vertragsstatut festzulegen.[26]

Beispiele: „Dieser Vertrag untersteht dem Wiener UN-Kaufrecht vom 11.4.1980. Soweit dieses keine Regelung bereithält, gilt deutsches Recht unter Ausschluss des internationalen Privatrechts."

„Auf diesen Vertrag findet das UN-Übereinkommen über den internationalen Warenkauf vom 11.4.1980 Anwendung. Ergänzend hierzu gilt das Recht am Niederlassungsort des Verkäufers."

Klausel in Allgemeinen Verkaufsbedingungen: „Internationale Kaufverträge. Hat der Besteller seinen Sitz außerhalb Deutschlands, so gilt deutsches Recht unter Einschluss des CISG. In diesem Fall gelten hinsichtlich der Schriftform sowie der Haftung des Verkäufers für Vertragsverletzungen folgende Sonderregelungen…"

d) UN-Kaufrecht: Pro und contra

21 Wegen Art. 6 CISG ist im Anwendungsbereich des Wiener UN-Kaufrechts stets über einen **Ausschluss des UN-Kaufrechts** nachzudenken **(Opting Out).** Umgekehrt können die Parteien die **Geltung des UN-Kaufrechts** auch in den Fällen vereinbaren, in denen seine Anwendungsvoraussetzungen (Rn. 12 ff.) nicht vorliegen **(Opting In).**[27] Es handelt sich dann um eine materiell-rechtliche Verweisung im Rahmen des nach Art. 3 ff Rom I-VO ermittelten Vertragsstatuts.[28] In die Abwägung, ob sich eine Anwendung oder ein Ausschluss des CISG empfiehlt, können u. a. folgende Aspekte einfließen:

22 **aa) Vorteile** kann die Anwendung des UN-Kaufrechts für einen Lieferanten mit sich bringen, der Abnehmer in verschiedenen Vertragsstaaten des CISG hat: Wenn er seine Verträge dem Einheitsrecht unterstellt, kann er seine Geschäftsbeziehungen auf einer einheitlichen Rechtsgrundlage abwickeln.[29] Ein weiterer Vorteil ergibt sich daraus, dass es bei Vertragsverhandlungen meistens leichter fällt, sich auf ein Internationales Einheitsrecht zu verständigen, als eine Rechtsordnung zu vereinbaren, mit der eine Partei enger verbunden ist als die andere Partei.

---

[26] Einen Überblick über weitere Punkte der Vertragsgestaltung im Anwendungsbereich des Wiener UN-Kaufrechts gibt *Staudinger/Magnus,* Einl. zum CISG Rn. 41.

[27] *Schlechtriem/Schwenzer/Ferrari,* UN-Kaufrecht, Art. 6 CISG Rn. 39 ff.; MünchKomm-BGB/*H. P. Westermann,* Art. 6 CISG Rn. 12.

[28] MünchKomm-HGB/*Benicke,* Art. 6 CISG Rn. 17; *Mankowski,* RIW 2003, 2 (10).

[29] *Menne,* JuS 1998, 711 (716); s. auch *Schillo,* IHR 2003, 257 (258); NK-BGB/*Brand,* Das anwaltliche Mandat, Rn. 25, 26.

bb) Nachteile folgen daraus, dass der nationale Richter, der in einem späteren Rechts- 23
streit entscheiden muss, mit der Anwendung des UN-Kaufrechts i. d. R. weniger vertraut ist als mit der Anwendung seines nationalen Kaufrechts – ein Nachteil, der allerdings durch eine Schiedsvereinbarung ausgeglichen werden kann. Ein weiterer
Nachteil ist der fragmentarische Charakter des UN-Kaufrechts (Rn. 19), der zur Folge
hat, dass ergänzend eine nationale Rechtsordnung heranzuziehen ist und damit die
Rechtsquellen vermehrt werden; auch gibt es keine Garantie für eine einheitliche Auslegung des CISG in allen Vertragsstaaten.[30]

2. Kollisionsrecht der Schuldverträge

Wenn und soweit kein materielles Einheitsrecht eingreift, muss sich der Vertragsgestal- 24
ter bei internationalen Verträgen Gedanken über die Auswahl des auf den Vertrag anzuwendenden materiellen Rechts machen; die Rechtsanwendungsfrage ist ein zentra-
ler Verhandlungspunkt grenzüberschreitender Wirtschaftsverträge.[31] Dabei gilt der
Grundsatz der **Parteiautonomie** (Rechtswahlfreiheit): „Die freie Rechtswahl der Parteien sollte einer der Ecksteine des Systems der Kollisionsnormen im Bereich der vertraglichen Schuldverhältnisse sein" (Erwägungsgrund 11 zur Rom I-VO).

Die kollisionsrechtliche Parteiautonomie ist von der sachrechtlichen **Privatautono-** 25
mie zu unterscheiden: Die sachrechtliche Vertragsfreiheit (Privatautonomie) besteht
nur in den Grenzen, die das zwingende materielle Recht setzt (z. B. in § 202 BGB
für Vereinbarungen über die Verjährung); die kollisionsrechtliche Parteiautonomie
(Rechtswahlfreiheit) hat dagegen gerade den Sinn, grundsätzlich auch die zwingenden
Vorschriften des Rechts auszuschließen, das ohne eine Rechtswahl anzuwenden wäre.
Das ist die sog. kollisionsrechtliche Wirkung der Rechtswahl.[32]

Beispiel: Unterstellen die Parteien einen kraft objektiver Anknüpfung gem. Art. 4 I lit. a Rom I-VO dem
deutschen Recht unterliegenden Kaufvertrag durch Rechtswahl gem. Art. 3 Rom I-VO dem New Yorker
Recht, ist das materielle deutsche Recht einschließlich seiner zwingenden Vorschriften abgewählt.

a) Materielles Recht und Verfahrensrecht

Für das Pro und Contra einer Rechtswahl spielt der Gedanke der Störfallvorsorge eine 26
wichtige Rolle (s. bereits § 1 Rn. 6 ff.): Das materielle Recht verwirklicht sich im Streitfall letztlich im **Prozess,** oder genauer: im **Verfahren.** Der Vertragsgestalter kann daher
eine Rechtswahl nicht „ins Blaue hinein" vorschlagen, sondern muss bedenken, vor
welchem Forum etwaige Streitigkeiten aus dem Vertrag später einmal ausgetragen werden.[33] Auch das potenzielle Forum steht indessen nicht unverrückbar fest; vielmehr
besteht insoweit ebenfalls Gestaltungsspielraum.

aa) Die erste Weichenstellung ist, ob etwaige Streitigkeiten vor staatlichen Gerichten 27
entschieden werden sollen, oder ob im Wege einer **Schiedsvereinbarung** ein Schieds-

---

[30] *Ferrari/Saenger,* Internationales Vertragsrecht, Art. 7 CISG Rn. 2; MünchKomm-BGB/*H. P. Wester-*
mann, Art. 7 CISG Rn. 1; *Staudinger/Magnus,* Einl. zum CISG Rn. 7.

[31] *Döser,* JuS 2000, 663 (664); *Menne,* JuS 1998, 711 (712).

[32] *Junker,* IPR, Rn. 343, 352; *Kegel/Schurig,* IPR, § 18 I 1 c, S. 569 ff.; MünchKomm-BGB/*Martiny,* Art. 3
Rom I-VO Rn. 14; *Staudinger/Magnus,* Art. 3 Rom I-VO Rn. 39; NK-BGB/*Leible,* Art. 3 Rom I-VO
Rn. 8.

[33] Eindringlich *Döser,* Vertragsgestaltung, Rn. 104, 112; *ders.,* JuS 2000, 663 (664 f.).

gericht zur Konfliktlösung berufen wird.[34] Die besonderen Vorzüge internationaler Schiedsgerichte gegenüber staatlichen Gerichten – aber auch deren Nachteile – können hier nicht im Einzelnen dargestellt werden.[35] Notwendigkeit und Nutzen von Schiedsvereinbarungen sind im internationalen Bereich deutlich größer als im nationalen Bereich, denn eine Vertragspartei wird häufig versuchen zu vermeiden, Streitigkeiten vor staatlichen Gerichten im Heimatland der anderen Vertragspartei klären zu lassen.

28 Entschließen sich die Parteien bei der Gestaltung eines internationalen Vertrags, etwaige Streitigkeiten aus diesem Vertrag durch Schiedsabrede einem **internationalen Schiedsgericht** anzuvertrauen, besteht eine große Freiheit bei der Bestimmung des anzuwendenden Rechts. In einem schiedsrichterlichen Verfahren mit Auslandsberührung, dessen (Verfahrens-)Ort in Deutschland liegt (**§§ 1025 I, 1043 ZPO**), ist die Kollisionsnorm des § 1051 ZPO lex specialis zur Rom II-VO. Diese Bestimmung erlaubt den Parteien sogar, das Schiedsgericht zu ermächtigen, die Streitigkeit unter weitgehendem **Ausschluss des staatlichen Rechts** nach billigem Ermessen („ex aequo et bono") zu entscheiden,[36] wobei internationale Handelsbräuche (lex mercatoria) zu berücksichtigen sind (**§ 1051 III, IV ZPO**). Dieser Weg wird in der Praxis des Schiedsverfahrens eher selten und vor allem bei solchen Geschäften beschritten, für die sich – z. B. im Rohstoffhandel – internationale Handelsbräuche verfestigt haben.[37]

29 Entscheiden sich die Vertragsparteien nicht, dem Schiedsgericht eine Billigkeitsentscheidung zu eröffnen, geben die **Anknüpfungsregeln des § 1051 I, II ZPO** den Vertragsparteien und dem Schiedsgericht eine größere Freiheit als die Art. 3, 4 Rom I-VO. Die **Vertragsparteien** können dem Schiedsgericht durch eine Rechtswahl, die nicht den Beschränkungen des Art. 3 Rom I-VO unterliegt, das anzuwendende Recht vorgeben (**§ 1051 I ZPO**). Mangels einer solchen Rechtswahl hat das **Schiedsgericht** das Recht des Staates anzuwenden, mit dem der Gegenstand des Verfahrens die engsten Verbindungen aufweist (**§ 1051 II ZPO**), wobei wiederum keine Bindung an die objektiven Anknüpfungskriterien des Art. 4 Rom I-VO besteht.[38]

30 **bb)** Wenn sich die Parteien gegen eine Schiedsvereinbarung – und damit für eine Konfliktlösung durch die staatlichen Gerichte – entscheiden, ist zu klären, ob sie eine **Gerichtsstandsvereinbarung** abschließen wollen.[39] Diese Entscheidung ist insofern mit dem Kollisionsrecht der Schuldverträge verbunden, als ein Gleichlauf von internationaler Zuständigkeit und anwendbarem Recht angestrebt werden sollte. Es ist meist

---

[34] Einführend *Rudkowski*, JuS 2013, 768; *Döser*, Vertragsgestaltung, Rn. 118 ff.; NK-BGB/*Brand*, Das anwaltliche Mandat, Rn. 28; *Reithmann/Martiny/Hausmann*, Rn. 6550.

[35] MünchKomm-ZPO/*Münch*, Vorbem. zu § 1025 ZPO Rn. 64 ff.; NK-BGB/*Brand*, Das anwaltliche Mandat, Rn. 28; *Hobeck/Stubbe*, SchiedsVZ 2003, 15 (19); *Diedrich*, JuS 1998, 158 (159).

[36] MünchKomm-ZPO/*Münch*, § 1051 ZPO Rn. 38; *Berger*, in: Festschrift v. Hoffmann, 2011, S. 914; *Schulze*, in: Festschrift Kaissis, 2012, S. 875.

[37] *Döser*, Vertragsgestaltung, Rn. 107; *Diedrich*, RIW 2009, 378 (382); *v. Breitenstein*, in: Festschrift Sandrock, 2000, S. 111.

[38] MünchKomm-ZPO/*Münch*, § 1051 ZPO Rn. 25 ff.; *Hausmann*, in: Festschrift v. Hoffmann, 2011, S. 971; *Horn*, SchiedsVZ 2008, 209; *Kondring*, RIW 2010, 184; *Mankowski*, RIW 2011, 30; *Wegen*, in: Festschrift Kühne, 2009, S. 933; *Junker*, in: Festschrift Sandrock, 2000, S. 443 (461 ff.).

[39] Einführend zu den Entscheidungskriterien *Döser*, Vertragsgestaltung, Rn. 113; NK-BGB/*Brand*, Das anwaltliche Mandat, Rn. 27.

nicht wünschenswert, kraft Rechtswahl das materielle Recht des Staates A zu vereinbaren, wenn ein späterer Rechtsstreit wahrscheinlich im Staat B geführt werden wird.[40]

Bevor der Vertragsgestalter die Frage entscheiden kann, ob er eine Gerichtsstandsvereinbarung vorschlagen soll, muss er sich zumindest einen ersten Überblick über die ohne eine solche Vereinbarung einschlägigen **Gerichtsstände** verschaffen. Wichtigste Rechtsgrundlage ist die Europäische Gerichtsstands- und Vollstreckungsverordnung (EuGVVO), deren Neufassung vom 12.12.2012[41] auf alle Verfahren in Zivil- und Handelssachen anzuwenden ist, die ab dem 10.1.2015 eingeleitet werden (Art. 66 I EuGVVO n. F.). **31**

Die für Nichtverbraucherverträge wichtigsten **Verordnungsgerichtsstände** der Art. 4 I, 7 und 8 EuGVVO n. F. sind anwendbar, wenn der (potenzielle) Beklagte seinen Wohnsitz (i. S. d. Art. 62, 63 EuGVVO n. F.) im Hoheitsgebiet eines der Mitgliedstaaten der EU hat (Art. 4 I EuGVVO n. F.). Da nach diesen Vorschriften i. d. R. Gerichtsstände in verschiedenen Staaten eröffnet sind (konkurrierende Gerichtsstände), bietet sich eine **Gerichtsstandsvereinbarung** an, wenn ein Gleichlauf mit dem anwendbaren materiellen Recht hergestellt werden soll. **Art. 25 EuGVVO n. F.**, der die Zulässigkeit, die Voraussetzungen und die Wirkungen einer solchen Vereinbarung regelt, gilt unabhängig vom Wohnsitz der Parteien (Art. 25 I 1 EuGVVO n. F.). Nur wenn die Parteien ein Gericht oder die Gerichte eines **Nichtmitgliedstaats** der EU zur Entscheidung berufen, gelten die §§ 38–40 ZPO. **32**

b) Vertragsstatut und Vertragssprache

Sprechen die Vertragsparteien unterschiedliche Sprachen, so kann darin die Hauptursache der Verständnisprobleme liegen, welche die Vertragsgestaltung bei internationalen Verträgen erschweren.[42] Für das Kollisionsrecht der Schuldverträge spielt die Sprachenfrage ebenfalls eine Rolle. Um Reibungsverluste und Kosten für Übersetzungen zu vermeiden, bietet es sich an, den Vertrag in der Sprache der Rechtsordnung abzufassen, welcher der Vertrag unterstehen soll. Unter Effizienzgesichtspunkten ist darüber hinaus ein Gleichlauf der Vertragssprache, der Amtssprache des erkennenden Gerichts und der Sprache der anwendbaren Rechtsordnung anzustreben. Es ist ferner im Auge zu behalten, dass die Vertragssprache eines von mehreren Indizien für eine stillschweigende Rechtswahl sein kann (Art. 3 I 2 Rom I-VO) und zu den Kriterien für eine „engere Verbindung" i. S. d. Art. 4 III Rom I-VO gehört.[43] **33**

c) Rechtswahl (Parteiautonomie)

Die Möglichkeiten einer kollisionsrechtlichen Verweisung durch Rechtswahl sind in Art. 3 Rom I-VO weit gefasst, aber nicht schrankenlos. Als **Grenze der Rechtswahl** ist der Vorbehalt international zwingender Bestimmungen in Art. 9 Rom I-VO beson- **34**

---

[40] Siehe zum Gleichlauf von internationaler Zuständigkeit und anwendbarem Recht *Junker,* Internationales Zivilprozessrecht, § 1 Rn. 23.

[41] Verordnung (EU) Nr. 1215/2012 des Europäischen Parlaments und des Rates vom 12.12.2012 über die gerichtliche Zuständigkeit und die Anerkennung und Vollstreckung von Entscheidungen in Zivil- und Handelssachen, ABl. EU 2012 Nr. L 351/1.

[42] Zum Sprachenproblem s. *Döser,* Vertragsgestaltung, Rn. 108 f.

[43] MünchKomm-BGB/*Martiny,* Art. 3 Rom I-VO Rn. 63; NK-BGB/*Leible,* Art. 3 Rom I-VO Rn. 61; *Leible/Lehmann,* RIW 2008, 528 (532 f.).

ders hervorzuheben:[44] Diese sog. **Eingriffsnormen** sind zwingende Vorschriften, die ein überragend wichtiges Rechtsgut schützen (Art. 9 I Rom I-VO). Die Eingriffsnormen des Forumstaats sind stets zu beachten (Art. 9 II Rom I-VO), diejenigen anderer Staaten unter den Voraussetzungen des Art. 9 III Rom I-VO.[45]

35 Die Rechtswahl für einen schuldrechtlichen Vertrag erfolgt durch eine **Vereinbarung (Rechtswahlvertrag).** Es ist daher zwischen zwei Verträgen zu unterscheiden: dem Hauptvertrag und dem Rechtswahlvertrag. Der Rechtswahlvertrag ist ein dem Kollisionsrecht zugehöriger **Vertrag eigener Art,** dessen Zulässigkeit sich aus Art. 3 Rom I-VO ergibt. Damit beide Verträge – Hauptvertrag und Rechtswahl – nach derselben Rechtsordnung beurteilt werden, bestimmen Art. 3 V, 10 I Rom I-VO, dass sich das Zustandekommen und die Wirksamkeit der Rechtswahl akzessorisch nach dem Recht des Hauptvertrags richten.

36 Nach Art. 3 I 2 Rom I-VO muss die Rechtswahl nicht ausdrücklich sein, sondern kann sich auch aus den Bestimmungen des Vertrags oder aus den Umständen des Falles ergeben.[46] Eine **ausdrückliche Rechtswahl** ist unter dem Gesichtspunkt der Rechtssicherheit – dem Gebot des sicheren Weges in der Vertragsgestaltung – im Prinzip vorzugswürdig; das Problem für den Vertragsgestalter liegt jedoch häufig darin, dass schon aus Gründen der „Gesichtswahrung" bei einem annähernden Kräftegleichgewicht der Vertragsparteien keine Partei sich entschließen kann, einer Rechtswahl zugunsten des Rechts am Sitz oder gewöhnlichen Aufenthalt der anderen Vertragspartei zuzustimmen. „Gesichtswahrend" für beide Parteien ist die Wahl eines **neutralen Rechts** – also in einem deutsch-französischen Vertrag z. B. die Wahl des schweizerischen Rechts –, wobei entweder eine Schiedsklausel (Rn. 27 ff.) oder ein Gerichtsstand in dem Drittstaat vereinbart werden sollte (Rn. 30 ff.).

> **Beispiel für eine Rechtswahlklausel:** „(1) Für alle Rechtsbeziehungen, die sich aus diesem Vertrag und den in Ausführung dieses Vertrags geschlossenen weiteren Verträgen ergeben, gilt das deutsche Recht. – (2) Änderungen der getroffenen Rechtswahl bedürfen der Schriftform. Auch die Aufhebung dieses Schriftformerfordernisses bedarf der schriftlichen Form. – (3) Die Geltung des UN-Kaufrechts ist ausdrücklich ausgeschlossen."

37 Die **stillschweigende Rechtswahl** kann ein Ausweg aus dem Dilemma sein, dass keine Partei der ausdrücklichen Wahl eines ihr fremden Rechts zustimmen möchte. Eine konkludente Rechtswahl muss sich „eindeutig" (Art. 3 I 2 Rom I-VO) aus den Bestimmungen des Vertrags oder aus den Umständen des Falles ergeben. Besondere Bedeutung hat in diesem Zusammenhang die **Gerichtsstandsvereinbarung,** denn ihr wird in der Regel eine Vereinbarung des Rechts am Sitz des vereinbarten Gerichts entnommen.[47] Können sich die Parteien auch auf eine Gerichtsstandsklausel nicht einigen, so ist daran zu denken, einen für beide Parteien gemeinsamen **Erfüllungsort** zu vereinbaren: Darin kann nicht nur die stillschweigende Vereinbarung des Rechts die-

---

[44] Grundlegend *Maultzsch,* RabelsZ 75 (2011), 60 (81 ff.); s. auch *Leible/Lehmann,* RIW 2008, 528 (542 f.); *Magnus,* IPRax 2010, 27 (41 f.).

[45] Einzelheiten: *Ferrari/Staudinger,* Internationales Vertragsrecht, Art. 9 Rom I-VO Rn. 11 ff.; Beispiel: *Mansel/Thorn/Wagner,* IPRax 2009, 1 (21).

[46] *Reithmann/Martiny/Martiny,* Rn. 113 ff.; NK-BGB/*Leible,* Art. 3 Rom I-VO Rn. 49 ff.; *Leible/Lehmann,* RIW 2008, 528 (532 f.); *Magnus,* IPRax 2010, 27 (33).

[47] MünchKomm-BGB/*Martiny,* Art. 3 Rom I-VO Rn. 22; s. auch Erwgr. 12 zur Rom I-VO, wonach eine Gerichtsstandsvereinbarung einer der zu berücksichtigenden Faktoren sein soll.

ses Ortes liegen, sondern sie kann unter Umständen auch die Wirkung einer Gerichtsstandsvereinbarung haben.[48]

d) Objektive Anknüpfung

Da das IPR die Parteien nicht zu einer Rechtswahl zwingen kann, ist in der Rom I-VO **38** die Möglichkeit der Rechtswahl um eine objektive Anknüpfung für den Fall ergänzt, dass die Parteien keine Rechtswahl getroffen haben (Art. 4 Rom I-VO). Die Kenntnis der objektiven Anknüpfungen ist für den Vertragsgestalter im Vorfeld des Vertragsschlusses wichtig, damit er evaluieren kann, ob eine Rechtswahl aus der Sicht einer von ihm vertretenen Vertragspartei erforderlich ist: Möglicherweise erübrigt sich bei einem Blick auf die objektiven Anknüpfungen die Notwendigkeit einer Rechtswahl. Dann wird der Vertragsjurist umgekehrt alles tun, um aus dem Vertrag Indizien herauszuhalten, die für die Wahl einer anderen Rechtsordnung als der objektiv anwendbaren sprechen könnten.

II. Beispiel: Grenzüberschreitender Liefervertrag

Die Vobis GmbH (V) mit Sitz in Nürnberg hat sich auf die Herstellung hochwertiger **39** computergesteuerter Schrottpressen spezialisiert, die in der Automobilbranche zum Recycling von Fahrzeugteilen eingesetzt werden. Das Spitzenmodell „Heinzelmann HM 175" gilt in der Fachpresse wegen seines hohen Anpressdrucks als technische Sensation. Die nähere Spezifikation der Maschine findet sich in dem Prospekt „Heinzelmann HM 175 – Ein Quantensprung in der Schrottverwertung". Nachdem die Maschine auf dem deutschen Markt außerordentlich positiv aufgenommen wurde, möchte sich V zum ersten Mal in das Ausland wagen, um dort den Verkaufserfolg der HM 175 zu wiederholen.

Im Mai 2015 hat V mit der französischen Kalbot SARL (K), einem Autoverwerter mit Sitz in Levallois-Perret bei Paris, Verhandlungen über den Verkauf einer HM 175 aufgenommen. Nach einer Reihe von Gesprächen in Paris und Nürnberg sind die Parteien über den Kaufpreis (700 000 €) und den Liefertermin (41. Kalenderwoche, 11.–15.10.2015) im Grundsatz einig. V soll die Schrottpresse auf der Schiene auf ihre Gefahr und Kosten bis zum Güterbahnhof Köln-Nippes transportieren lassen; dort wird sie auf mehrere Tieflader eines Frachtführers verladen, den K bis spätestens 30.9.2015 benennen soll.

Die Parteien haben sich am 14.6.2015 in Paris mit der Verabredung getrennt, dass V spätestens am 5.7.2015 ein abschlussreifes Vertragsangebot unterbreitet. Da es für V das erste Geschäft dieser Art ist, wendet sie sich an die Kanzlei Penunse & Scheffler mit dem Auftrag, den Entwurf eines Vertragsangebots zu erstellen.

1. Informationsgewinnung

Auch bei der Gestaltung internationaler Verträge steht die Informationsgewinnung am **40** Anfang. Sie ist entscheidend für eine interessengerechte Beratung und begleitet den

---

[48] *EuGH* vom 20.2.1997 – Rs. C 106/95, Slg. 1997 I, 911 – MSG Mainschiffahrts-Genossenschaft/Les Gravières Rhénanes.

gesamten Prozess der Vertragsgestaltung. Während sich bei einem **Vertrag ohne Auslandsberührung** die Informationsgewinnung sogleich auf die essentialia negotii richten kann – beim Kaufvertrag: Vertragsparteien, Kaufgegenstand und Kaufpreis –, sind bei einem **grenzüberschreitenden Vertrag** zunächst einmal das Vertragsstatut und die Vertragssprache zu klären.[49]

a) Vertragsstatut und Vertragssprache

41 Ein grenzüberschreitender Kaufvertrag kann sinnvoll nur erstellt werden, wenn klar ist, welchem Recht das Kaufgeschäft unterliegen soll **(Vertragsstatut).** Da die Parteien V und K ihre Niederlassung in verschiedenen Staaten haben (Deutschland und Frankreich), die Vertragsstaaten des Wiener Kaufrechtsübereinkommens sind, sieht der Rechtsanwender vorliegend auf den ersten Blick, dass mangels abweichender Abrede (Art. 6 CISG) der Kaufvertrag dem Wiener UN-Kaufrecht unterliegen wird (Art. 1 I lit. a CISG). Die Beurteilung, ob diese Regelung im konkreten Fall sachgerecht ist – oder durch das deutsche Recht, das französische Recht oder eine „neutrale" Rechtsordnung ersetzt werden sollte –, ist zwar eine genuine Aufgabe des Vertragsjuristen. Wird er aber, wie im vorliegenden Fall, erst in einem späten Stadium der Vertragsverhandlungen hinzugezogen, muss er klären, ob bereits über das anwendbare Recht und, damit verbunden, den Gerichtsstand gesprochen wurde.[50] Ferner ist zu klären, in welcher Sprache die Verhandlungen geführt wurden und ob die Mandantin Vorstellungen hinsichtlich der **Vertragssprache** der zu erstellenden Vertragsurkunde hat.

42 *1. Nachfrage:* Wurde bei den Verhandlungen über den Gerichtsstand und das anwendbare Recht gesprochen? – Informationsmittel: Auskunft der V.

2. Nachfrage: In welcher Sprache soll die Vertragsurkunde abgefasst werden? – Informationsmittel: Auskunft der V.

Ergebnis der 1. Nachfrage (unterstellt): Die Parteien haben in ihren Verhandlungen über das anwendbare Recht und das im Streitfall zuständige Gericht nicht gesprochen. V glaubt, dass K dringend am Erwerb der Maschine interessiert ist und keine Schwierigkeiten machen wird, wenn ein Gerichtsstand in Nürnberg vereinbart wird. V gibt zu bedenken, dass das LG Nürnberg mit der Anwendung des materiellen deutschen Rechts besser vertraut sein wird als mit dem UN-Kaufrechtsübereinkommen. Das materielle französische Recht soll nur zum Zuge kommen, wenn es für V wesentlich günstiger ist als das ihr vertraute deutsche Recht.

Ergebnis der 2. Nachfrage (unterstellt): Da der Technische Direktor der K, Herr T, mit dem die Geschäftsführerin der V überwiegend verhandelt hat, Deutscher ist, konnten die Verhandlungen überwiegend in deutscher Sprache stattfinden. T hat bereits zugesagt, ein Vertragsangebot in deutscher Sprache zu akzeptieren und für die internen Zwecke der K auf Kosten der K in die französische Sprache übersetzen zu lassen.

b) Wesentliche Vertragsbestandteile

43 Konstitutiv für den Abschluss eines Kaufvertrags ist die Einigung über die Vertragsparteien, den Vertragsgegenstand und den Kaufpreis. Die **Kaufsache** ist die Schrottpresse „Heinzelmann HM 175", deren Spezifikationen sich aus dem Verkaufsprospekt ergeben. Der **Kaufpreis** soll nach dem Ergebnis der Verhandlungen 700 000 € betragen. Da die **Vertragsparteien** juristische Personen sind, müssen die Vertretungsverhältnisse

---

[49] Zur Vertragsverhandlung und Vertragsstruktur im internationalen Wirtschaftsrecht: *Döser,* Vertragsgestaltung, Rn. 53 ff.; *ders.,* JuS 2000, 246 (253 f.).
[50] Zu dieser Vorgehensweise *Brambring,* JuS 1985, 380 (381 f.); *Hommelhoff/Hillers,* Jura 1983, 592 (593 f.); *Weber,* JuS 1989, 636 (642).

geklärt werden. V wird als GmbH (juristische Person gem. § 13 I GmbHG) durch den oder die Geschäftsführer vertreten (§ 35 I, II 2 GmbHG). K ist als Société à responsabilité limitée (SARL) ebenfalls eine juristische Person (Art. L. 223–1 Code du commerce) und wird ebenfalls von einem Geschäftsführer vertreten (gérant, Art. L. 223–18 Code du commerce).

3. Nachfrage: Wer sind die Geschäftsführer der Parteien? – Informationsmittel: Auskunft der V.

Ergebnis der 3. Nachfrage (unterstellt): V hat eine Geschäftsführerin, Frau Dr. Ing. Tamara Press. Der Geschäftsführer der K heißt Charles Lemagne.

c) Lieferbedingungen

Eine wichtige Aufgabe der Vertragsgestaltung im Auslandsgeschäft besteht in der Lösung des Problems, wie mit Hilfe der Kautelarjurisprudenz eine weitgehend sichere **Lieferung der Kaufsache** bewerkstelligt werden kann. Auch insoweit kann der Vertragsjurist nicht „abgehoben" von den Wünschen und Interessen seines Mandanten agieren, sondern muss zur Klärung des Sachverhalts Informationen beschaffen:[51] „Die Sachziele der Parteien sind vorgegeben, der Vertragsjurist versucht einen optimalen rechtlichen Weg zur Verwirklichung dieser Ziele zu weisen."[52]   44

Im vorliegenden Fall haben sich die Parteien V und K bereits bei den Verhandlungen darauf geeinigt, dass der „Heinzelmann HM 175" auf Kosten des V per Bahn zum Güterbahnhof Köln-Nippes gebracht werden soll, um dort auf Tieflader eines von K zu beauftragenden Frachtführers verladen zu werden. Da es sich um ein „gewichtiges" Wirtschaftsgut handelt, sollte der Vertragsgestalter wissen, wer die **Kosten und Gefahr** beim Umladen trägt, und ob mit dem Abladen der Schrottpresse auf den Tieflader die Leistungspflichten des V erfüllt sein sollen.   45

4. Nachfrage: Wie geht das Umladen der Schrottpresse von der Bahn auf den LKW vor sich? Bestehen nach dem Umladen noch weitere Leistungspflichten des V? – Informationsmittel: Auskunft der V.

Ergebnis der 4. Nachfrage (unterstellt): V schließt üblicherweise Transportverträge mit der Deutschen Bahn AG. Die Deutsche Bahn AG übernimmt mit bahneigenen Verladekränen das Umladen der in mehreren Teilen transportierten Schrottpresse auf die Tiefladefahrzeuge. Wie bei reinen Inlandsgeschäften wird das Transportrisiko von der Übernahme des Transportguts durch die Deutsche Bahn AG auf dem Firmengelände der V bis zur Beendigung des Abladevorgangs aufgrund eines Versicherungsvertrags von der Gerling Transportversicherung AG übernommen. Mit dem Umladen der Schrottpresse in Köln-Nippes sind die Leistungspflichten der V erfüllt; unmittelbar nach dem LKW-Transport wird die Maschine in Levallois-Perret unter Aufsicht des Technischen Direktors T entladen und von der – von K beauftragten – Grands Travaux de Marseille S. A. (GTM) auf vorher gegossenen Fundamenten fest installiert. Die Inbetriebnahme kann durch K erfolgen; es ist noch nicht entschieden, ob K einen – separat zu vereinbarenden – Wartungsvertrag mit V oder mit einer anderen Firma schließt.

d) Zahlungsbedingungen

Im Außenhandelsgeschäft sind die Zahlungsbedingungen ein wichtiger Vertragsbestandteil, der in der Regel Gegenstand der Verhandlungen ist. Die Regelung der Frage, unter welchen Voraussetzungen und Umständen der Kaufpreis zu entrichten ist, bedarf angesichts eines Gegenstandswerts von 700 000 € besonderer Sorgfalt: Wird eine Forderung in dieser Höhe notleidend, könnte es sein, dass V selbst insolvent wird.   46

---

[51] *Brambring,* JuS 1985, 380 (382); *Langenfeld,* JuS 1998, 131 (134).
[52] *Rehbinder,* AcP 174 (1974), 265 (292).

47 Im vorliegenden Fall hat sich V zu den Modalitäten der Zahlung noch nicht geäußert. Da es wahrscheinlich ist, dass V mit K über diesen Punkt gesprochen hat, darf eine entsprechende Nachfrage nicht vergessen werden.

5. Nachfrage: Hat V Vorstellungen darüber, nach welchen Modalitäten die Zahlung des Kaufpreises erfolgen soll? – Informationsmittel: Auskunft der V.

Ergebnis der 5. Nachfrage (unterstellt): Die Geschäftsführerin der V hat ihren Verhandlungspartner bei K darauf hingewiesen, dass bei von V im Inland abgeschlossenen Geschäften üblicherweise ein Drittel der Auftragssumme bei Vertragsschluss fällig wird. Von Seiten der K wurden für den bevorstehenden Vertragsschluss keine Einwände erhoben. Im Übrigen soll die Zahlung nach internationalen Gepflogenheiten erfolgen, wobei V darauf aufmerksam macht, dass angesichts der „rauhen Sitten" im Recyclinggeschäft nicht ohne weiteres von der uneingeschränkten Zahlungswilligkeit und -fähigkeit der K ausgegangen werden kann.

2. Problemübersicht und Rohentwurf

48 Aus dem Vorstehenden ergibt sich, dass Regelungen über die Vertragsparteien, den Kaufgegenstand (einschließlich der Lieferbedingungen) und den Kaufpreis (einschließlich der Zahlungsbedingungen) erforderlich sind. Ergänzend muss der Kautelarjurist Regelungen über den **Eigentumsübergang** an der Kaufsache und die **Gewährleistung** bei Sachmängeln bedenken. Als allgemeine Bestimmungen[53] sind Regelungen über die **Schriftform**, die Folgen der **Teilunwirksamkeit** des Vertrags sowie den **Gerichtsstand** und das **Vertragsstatut** aufzunehmen.

49 Aus den Vorüberlegungen ergibt sich, wenn man die Bezeichnung der Parteien „vor die Klammer zieht", folgende Gliederung des Vertrags:

§ 1 Kaufgegenstand
§ 2 Lieferbedingungen
§ 3 Kaufpreis
§ 4 Zahlungsbedingungen
§ 5 Eigentumsübergang
§ 6 Gewährleistung
§ 7 Schriftform
§ 8 Teilunwirksamkeit
§ 9 Anwendbares Recht, Gerichtsstand

3. Rechtsanwendung

50 Das Ziel des Auftrags, einen Vertragsentwurf zu erstellen, ist eine ausgewogene, zweckmäßige und möglichst optimale Gestaltung. Dabei muss der Vertragsjurist nicht nur die Interessen seines Mandanten im Blick haben, sondern auch auf die geäußerten oder antizipierten Interessen der Gegenseite eingehen, weil ein erfolgreicher Vertrag die Ziele beider Parteien möglichst weitgehend verwirklichen sollte. An dieser Aufgabe muss sich auch die Rechtsanwendung ausrichten: Die **instrumentale Sicht des Rechts** (s. bereits § 1 Rn. 30) wirkt sich bei der Gestaltung internationaler Verträge dahin aus, dass bei der Konzipierung **schuldrechtlicher Abreden** auch ausländisches

---

[53] *Döser,* Vertragsgestaltung, Rn. 91 ff.

Recht – im vorliegenden Fall: französisches Recht – als Option zur Verfügung steht (Art. 3 Rom I-VO). Soweit es um die Beurteilung **sachenrechtlicher Vorgänge** geht, die sich außerhalb der deutschen Grenzen abspielen, kommt ausländisches Recht zwingend zur Anwendung[54] (Art. 43 EGBGB).

a) Lieferbedingungen

In den Lieferbedingungen geht es zum einen um die **Gefahrtragung** i. w. S., nämlich **51** darum, wie die Kosten der Versendung sowie die Risiken des Verlusts oder der Beschädigung der Kaufsache zwischen den Vertragsparteien verteilt werden.[55] Zum anderen geht es um den **Liefertermin** und die Folgen, die sich an eine verspätete Lieferung knüpfen; dabei kann im Rahmen der Störfallvorsorge daran gedacht werden, die rechtlichen Folgen von Ereignissen zu regeln, „die auch durch die äußerste, billigerweise zu erwartende Sorgfalt nicht verhütet werden können"[56] (höhere Gewalt, force majeure).

aa) Die gesetzlichen Regeln der **Gefahrtragung** sind weitgehend dispositives Recht, **52** das den Erfordernissen des konkreten Vertrags angepasst werden muss: Im **deutschen Recht** ist eine typische Gestaltung der Versendungskauf, bei dem der Verkäufer auf Verlangen des Käufers die verkaufte Sache an einen anderen Ort als den Erfüllungsort versendet; die Gegenleistungsgefahr (Preisgefahr) geht dann auf den Käufer über, sobald der Verkäufer die Sache dem Spediteur oder einer sonstigen Transportperson ausgeliefert hat. Im **französischen Recht** fehlt eine eigenständige Regelung des Gefahrübergangs entsprechend den §§ 446, 447 BGB; beim Distanzkauf von Gattungssachen (vente en bloc, Art. 1586 Code civil) geht die Gefahr nach der Rechtsprechung erst auf den Käufer über, wenn die Ware das Lager des Verkäufers verlassen hat und demjenigen Beförderer übergeben worden ist, der nach dem Willen der Parteien den Versand durchzuführen hat. Ebenso wie § 447 BGB ist auch die französische Regelung dispositives Recht.[57]

Im vorliegenden Fall wollen die Parteien keinen Versendungskauf, bei dem der Ver- **53** käufer die Sache auf Verlangen des Käufers an einen anderen Ort als den Erfüllungsort versendet (im deutschen Recht: § 447 BGB). Vielmehr soll V die Kaufsache auf eigene Kosten und Gefahr nach Köln-Nippes bringen (Leistungsort gem. § 269 I BGB), wo er mit der Übergabe der Sache seine Leistungspflicht erfüllt (Gefahrübergang nach § 446 BGB). Es fragt sich, ob es eine standardisierte **Vertragsklausel** – eine international anerkannte **Lieferklausel** – gibt, die diesen Sachverhalt erfasst.

Eine wichtige Rolle bei grenzüberschreitenden Kaufverträgen spielen typisierte Ver- **54** tragsklauseln, die sich im internationalen Handelsverkehr eingebürgert haben. Die Internationale Handelskammer Paris hat diese Klausel unter dem Namen **Incoterms** (International Commercial Terms) zusammengestellt; die Incoterms sind anerkannte Regeln zur Auslegung von dreizehn standardisierten, im grenzüberschreitenden Handel gebräuchlichen Lieferklauseln.[58] Diese Lieferklauseln sollen Unternehmen, die

---

[54] Zum Grundsatz der *lex rei sitae* im Internationalen Sachenrecht: *Junker*, IPR, Rn. 467.

[55] Einführend *v. Bernstorff*, Vertragsgestaltung, § 11, S. 104 ff., § 15, S. 172 ff.

[56] *BGH* vom 21.2.1973 – VIII ZR 212/71, NJW 1973, 698 (699); *BGH* vom 24.9.1981 – IX ZR 93/80, BGHZ 81, 353 (355).

[57] *Hübner/Constantinesco*, Einführung in das französische Recht, 4. Aufl. 2001, § 23 1, S. 187 ff.

[58] Abgedruckt bei *Baumbach/Hopt*, Anhang 6 zum HGB; *v. Bernstorff*, Vertragsgestaltung, § 15 III, S. 180.

sich nicht auf eingeführte Standardbedingungen bestimmter Branchen (z. B. Kaffee-
import, Zuckerhandel) beziehen können, die Möglichkeit geben, sich auf handelsüb-
liche Vertragsformeln zu berufen, die im In- und Ausland im gleichen Sinne verstanden werden.

55 Im vorliegenden Fall kommt die Klausel **FCA/Free Carrier** (Frei Frachtführer) in Betracht. FCA bedeutet, dass der Verkäufer seine Lieferpflichten erfüllt hat, wenn er die
zur Ausfuhr freigemachte Ware dem vom Käufer benannten Frachtführer am benannten Ort oder an der benannten Stelle übergeben hat; von diesem Zeitpunkt trägt der
Käufer alle Kosten des Transports und die Gefahren des Verlusts oder der Beschädigung der Kaufsache. Die Kosten- und Gefahrtragung lässt sich also regeln durch die
Klausel „frei Frachtführer Köln-Nippes (FCA Incoterms)".

56 **bb)** Die Voraussetzungen und Rechtsfolgen des **Schuldnerverzugs** ergeben sich im
deutschen Recht aus §§ 280 I, II, 286, 288 BGB (Schadensersatz neben der Leistung,
Verzugszinsen) und aus §§ 280 I, III, 281, 323 BGB (Schadensersatz statt der Leistung, Rücktritt). Für den vorliegenden Fall ist erstens von Bedeutung, dass eine ver-
zugsbegründende Mahnung entbehrlich ist, weil für die Leistung eine Zeit nach dem
Kalender bestimmt werden soll, nämlich eine Lieferung spätestens am 15. 10. 2015
(§ 286 II Nr. 1 BGB). Zweitens ist der Eintritt des Schuldnerverzugs davon abhängig,
dass die Verspätung der Leistung auf einen Umstand zurückzuführen ist, den der
Schuldner V zu vertreten hat (§ 286 IV BGB). Drittens wird beim Schuldnerverzug
des V Schadensersatz statt der Leistung nur geschuldet, wenn K dem V eine angemessene Nachfrist zur Leistung gesetzt hat und die Frist erfolglos abgelaufen ist.

57 Auch das **französische Recht** kennt den generellen Tatbestand der Pflichtverletzung
(inexécution de l'obligation).[59] Ein bedeutender Unterschied zum deutschen Recht
liegt aber darin, dass die Rechtsfolgen der Pflichtverletzung nicht als Gestaltungsrechte
der Parteien konzipiert sind, sondern als Gestaltungsakte des Richters: Der Richter
kann je nach den Umständen des Falles eine Nachfrist setzen, dem Gläubiger Schadensersatz zusprechen, den Vertrag auflösen oder sowohl den Schadensersatz als auch
die Vertragsauflösung gewähren.[60] Eine Rechtswahl zugunsten des französischen
Rechts (Art. 3 I Rom I-VO) verspricht daher für V keine Vorteile, sondern allenfalls
den Nachteil, dass eine solche Rechtswahl sinnvollerweise mit einer Gerichtsstandsvereinbarung zugunsten der französischen Gerichte verbunden werden müsste
(Art. 25 EuGVVO n. F.).

58 Die Vorschriften des Bürgerlichen Gesetzbuchs über die Verspätung der Leistung
(Schuldnerverzug) sind grundsätzlich abdingbar[61] **(dispositives Recht).** Es besteht
aber kein Anhaltspunkt dafür, dass eine Abweichung von den gesetzlichen Bestimmungen des deutschen Rechts interessengerecht sein könnte: Einerseits hat V keinen
Anlass, die K beispielsweise von der gesetzlichen Obliegenheit freizustellen, bei nicht
rechtzeitiger Erfüllung durch V eine angemessene Frist zur Leistung zu setzen (§ 281 I
1 BGB). Andererseits wird sich K, der mit der Schrottpresse möglichst bald arbeiten
möchte und seinerseits die baulichen Voraussetzungen für die Aufstellung der Ma-

---

[59] *Sonnenberger/Autexier,* Einführung in das französische Recht, 3. Aufl. 2000, Rn. 85.

[60] *Hübner/Constantinesco,* Einführung in das französische Recht, 4. Aufl. 2001, § 22 2, S. 179.

[61] Hinweise auf individualvertraglich in den Grenzen der §§ 138, 242 BGB zulässige Abweichungen
geben die Klauselverbote der §§ 308 Nr. 1, 2, 309 Nr. 4, 5 lit. a, 7 lit. b BGB.

schine schaffen muss, wahrscheinlich nicht darauf einlassen, dass V bei Verspätungen nicht schon bei einfacher, sondern erst bei grober Fahrlässigkeit haftet (vgl. § 286 IV BGB).

Allerdings ist es in internationalen Wirtschaftsverträgen nicht unüblich, durch eine sog. **59 Force majeure-Klausel** bestimmte Ereignisse zu definieren, für die der Verkäufer nicht einstehen soll. Strenggenommen ist eine solche Klausel weitgehend deklaratorischer Natur, denn bei den genannten Ereignissen handelt es sich in der Regel nicht um Leistungshindernisse, für die der Schuldner nach § 286 IV BGB einstehen muss.[62] Auf der anderen Seite erhöhen das für die Parteien ungewisse Umfeld bei grenzüberschreitenden Verträgen und der Einfluss mehrerer Rechtsordnungen die Unsicherheit darüber, wie mit unabwendbaren Ereignissen zu verfahren ist,[63] so dass eine Klarstellung durchaus nützliche Dienste leisten kann. Eine solche Klausel könnte etwa wie folgt lauten:

> Die Verkäuferin haftet für die Folgen verspäteter Lieferung nicht, soweit die Verspätung auf Umständen beruht,
> a) die außerhalb des betrieblichen Bereichs der Verkäuferin liegen, insbesondere bei Naturkatastrophen und anderen Fällen höherer Gewalt, bei hoheitlichen Eingriffen und bei Arbeitskämpfen, oder
> b) die zwar innerhalb des betrieblichen Bereichs der Verkäuferin liegen, jedoch von ihr unter Einsatz zumutbarer Anstrengungen nicht überwunden werden können, insbesondere bei Beeinträchtigungen des Betriebsablaufs aufgrund von Feuer und ähnlichen Fällen höherer Gewalt, aufgrund hoheitlicher Eingriffe und aufgrund von Arbeitskämpfen.

b) Zahlungsbedingungen

Hinsichtlich der Modalitäten der Erfüllung des Kaufpreisanspruchs hat V die Vorgabe **60** gemacht, dass ein Drittel der Auftragssumme als **Anzahlung** bei Vertragsschluss geschuldet sein soll. Der Betrag von 233 000 € (kaufmännisch auf Tausender abgerundet ein Drittel der Auftragssumme von 700 000 €) sollte mit Abschluss des Kaufvertrags fällig gestellt werden. Um bei Geltung des deutschen Rechts die strengen Folgen der §§ 286 III 1, 288 II BGB auszulösen (Verzinsung nach Ablauf von 30 Tagen nach Fälligkeit und Zugang einer Rechnung), sollte klargestellt werden, dass bereits die Vertragsklausel über die Vergütung und ihre Fälligkeit als „Rechnung" i. S. d. § 286 III 1 BGB gilt.

Hinsichtlich des **Restbetrags** von (kaufmännisch auf Tausender aufgerundeten) **61** 467 000 € hat V nur die Vorgabe gemacht, die Zahlung solle „nach internationalen Gepflogenheiten" unter Berücksichtigung des Bonitätsrisikos erfolgen. Da es sich um das erste Geschäft zwischen den Parteien handelt, die verkaufte Schrottpresse kein ohne weiteres zu einem anderen Käufer umzudisponierendes Massengut darstellt und der geschuldete Restkaufpreis beträchtlich ist, sollte der Vertragsgestalter der V zunächst einen möglichst sicheren Weg der Zahlung vorschlagen. Ein solcher Weg könnte die Einrichtung eines **Dokumentenakkreditivs** sein. Dabei handelt es sich um die Ver-

---

[62] Zu einer gesetzlichen Regelung von Fällen höherer Gewalt s. § 651 j BGB (hier als Fälle des Wegfalls der Geschäftsgrundlage).

[63] *Döser*, Vertragsgestaltung, Rn. 100.

pflichtungserklärung einer Bank, Zug um Zug gegen Dokumente, die das exportierende Gut repräsentieren, den Kaufpreis an den Verkäufer auszuzahlen.

62 Ein Dokumentenakkreditiv ist im **innergemeinschaftlichen Handel** – im Wirtschaftsverkehr zwischen Partnern aus Mitgliedstaaten der Europäischen Union – wegen der mit ihm verbundenen Kosten und Bankspesen heute bei weitem nicht mehr der Regelfall. Es kann aber verwendet werden, wenn der Exporteur und der Importeur noch keine vertrauensvolle Geschäftsverbindung aufgebaut haben und der Exporteur die größtmögliche Sicherheit haben möchte, dass er bei Erfüllung der Akkreditivbedingungen – wegen des Zahlungsversprechens der Bank des Importeurs – kein Zahlungsrisiko mehr hat.[64] Der **Verkäufer** erhält die Zahlung, wenn die von ihm eingereichten Dokumente „akkreditivgerecht" sind; der **Käufer** hat umgekehrt die Sicherheit, dass die Zahlung nur erfolgt, wenn er über die Ware verfügen kann.[65]

63 Der Normalfall des Dokumentenakkreditivs ist das **unwiderrufliche Akkreditiv** (Art. 6 lit. c ERA): Will V sichergehen, sollte sie daher K vertraglich verpflichten, durch seine Bank ein unwiderrufliches Dokumentenakkreditiv zugunsten der V eröffnen zu lassen. Eine weitere vertragliche Ausgestaltung ist nicht erforderlich, denn im Bankverkehr werden die von der Internationalen Handelskammer Paris aufgestellten Einheitlichen Richtlinien und Gebräuche für Dokumenten-Akkreditive (ERA) verwendet.[66] Im vorliegenden Fall handelt es sich um ein Zahlungsakkreditiv nach Art. 10 ERA.

c) Eigentumsübergang

64 Nach welchen Rechtsvorschriften sich der Eigentumsübergang an beweglichen Sachen im Auslandsgeschäft vollzieht, ist eine Frage des autonomen – international unvereinheitlichten – Internationalen Privatrechts der beteiligten Staaten. Nach der Grundregel des deutschen **Internationalen Sachenrechts** unterliegen Rechte an einer Sache dem Recht des Staates, in dem sich die Sache befindet (Situs-Regel, Art. 43 I EGBGB). Das bedeutet für internationale Verkehrsgeschäfte: Geht das Eigentum bereits nach dem Recht des **Absendelandes** auf den Käufer über, handelt es sich um einen abgeschlossenen Erwerbstatbestand, an dem der Grenzübergang nichts mehr ändert; sind umgekehrt die Erwerbsvoraussetzungen des Absendelandes beim Grenzübergang noch nicht erfüllt, vollzieht sich der Eigentumsübergang nach dem Recht des **Bestimmungslandes,** sobald dort die Voraussetzungen für den Eigentumserwerb gegeben sind.

65 Im vorliegenden Fall beurteilen sich die sachenrechtlichen Vorgänge auf dem Güterbahnhof Köln-Nippes folglich nach deutschem Sachenrecht: Sind sich V und K über den Eigentumsübergang einig, vollzieht sich mit der Inbesitznahme der Schrottpresse durch den Technischen Direktor T (Besitzdiener der K gem. § 855 BGB) auf dem Güterbahnhof Köln-Nippes der **Eigentumserwerb** der K nach § 929 S. 1 BGB. Will V diesen Eigentumsübergang ausschließen, muss sie im Vertrag mit K einen **Eigentumsvorbehalt** vereinbaren, was nach **deutschem Recht** ohne weiteres möglich ist (§§ 449 I, 158 I BGB). Da die Schrottpresse aber alsbald bestimmungsgemäß nach Frankreich gelangen wird, stellt sich die Frage, ob ein solcher Eigentumsvorbehalt nach **französischem Recht** seine Wirksamkeit behält.[67]

---

[64] *V. Bernstorff,* Vertragsgestaltung, § 16 II 2 a, S. 186 f.
[65] Einzelheiten bei MünchKomm-HGB/*Nielsen,* Recht des Zahlungsverkehrs, Rn. H 3.
[66] Abgedruckt bei *Baumbach/Hopt,* Anhang 11 zum HGB. S. ferner *Döser,* Vertragsgestaltung, Rn. 28.
[67] Einführend *Wenner,* Geschäftserfolg in Frankreich, 1985, S. 124 ff.

Nach französischem Recht konnte zwar der Verkäufer seit jeher den Übergang des Ei- **66**
gentums am verkauften Gegenstand von der Zahlung des Kaufpreises abhängig machen (**clause de réserve de propriété**). Früher versagte die französische Rechtsprechung dem Eigentumsvorbehalt in der Insolvenz des Käufers jedoch die Wirkung,
wenn der Verkäufer ihn nicht vor Eröffnung des Verfahrens durch Klage geltend gemacht hatte. Diese Rechtslage änderte das **Gesetz Nr. 80–335 vom 12. 5. 1980,** indem
es die Voraussetzungen aufstellte, unter denen ein einfacher Eigentumsvorbehalt im
französischen Recht konkursfest ist: Verkäufer und Käufer müssen den Vorbehalt spätestens bei Lieferung der Ware schriftlich vereinbart haben und die Ware muss beim
Käufer unverändert („en nature") vorhanden bleiben.[68] Auch ein in deutscher Sprache
abgefasster Vertrag genügt dem Schriftformerfordernis nach französischem Recht,
wenn die Geschäftssprache Deutsch war oder der Käufer den Eigentumsvorbehalt tatsächlich zur Kenntnis genommen hat.

Im vorliegenden Fall bestehen dennoch Bedenken, ob ein Eigentumsvorbehalt des V **67**
an der Schrottpresse sinnvoll und notwendig ist: Zum einen wird die Schrottpresse alsbald nach dem Abladen in Levallois-Perret auf vorher gegossenen Fundamenten fest
installiert, d. h. mit dem Grund und Boden fest verbunden; damit dürfte auch nach
französischem Recht der Eigentumsvorbehalt der V enden.[69] Zum anderen ist V bereits durch ein Dokumentenakkreditiv gesichert, was eine im innereuropäischen Geschäftsverkehr ungewöhnlich starke Sicherung bedeutet.[70] Dennoch erscheint die Vereinbarung eines Eigentumsvorbehalts nicht abwegig, denn es ist bei wirtschaftlichen
Schwierigkeiten der K durchaus denkbar, dass die Maschine erst gar nicht installiert,
sondern irgendwo in Frankreich abgeladen wird. Eine Übersicherung liegt nicht vor,
denn das Dokumentenakkreditiv bewirkt gerade, dass alsbald nach der Übergabe der
Schrottpresse in Köln-Nippes die Zahlung erfolgt und die Bedingung für den Eigentumserwerb der K eintritt.

d) Gewährleistung

Hinsichtlich der Gewährleistung bei Mängeln der Schrottpresse wurde bereits grund- **68**
sätzlich festgestellt, dass das **französische Recht** wegen des Erfordernisses **richterli-
cher Vertragsauflösung** den Interessen der K nur unvollkommen Rechnung trägt
(Rn. 56–59). Speziell bei der Gewährleistung kommt hinzu, dass die Wahl des französischen Rechts der V weitergehend als nach deutschem Recht die Möglichkeit nehmen
würde, gegenüber K **Ansprüche auf Schadensersatz** wegen Mängeln der Schrottpresse oder wegen Mangelfolgeschäden auszuschließen: Zum einen hat die Rechtsprechung unter die „durch den Vertrag verursachten Unkosten" (Art. 1646 Code civil),
die vom Verkäufer zu ersetzen sind, auch Schäden subsumiert, welche die Kaufsache
einem Dritten zufügt. Zum anderen wird beim berufs- oder gewerbsmäßigen Verkäufer die Kenntnis des Mangels vermutet, so dass er, wenn ihm die Widerlegung der Ver-
mutung nicht gelingt, trotz Freizeichnung auf Schadensersatz haftet (Art. 1645 Code
civil).[71]

---

[68] *V. Bernstorff*, Vertragsgestaltung, § 14 II 5, S. 149 f.
[69] *Sonnenberg/Autexier*, Einführung in das französische Recht, 3. Aufl. 2000, Rn. 98.
[70] *V. Bernstorff*, Vertragsgestaltung, § 16 II 2a, S. 186 f.
[71] Einzelheiten bei *Hübner/Constantinesco*, Einführung in das französische Recht, 4. Aufl. 2001, § 23 1c,
bb, S. 192.

69 Unter der Geltung des **deutschen Rechts** ist hinsichtlich der Gewährleistung zweierlei zu beachten: Erstens ist der Kauf für beide Sachen ein Handelsgeschäft, so dass die Untersuchungs- und Rügeobliegenheiten des § 377 HGB zur Anwendung kommen. Im Interesse der Rechtssicherheit sollte die **Untersuchungsfrist** des § 377 HGB konkretisiert werden, wobei eine Frist von sieben Tagen zur Untersuchung der Ware und von weiteren sieben Tagen zur Rüge etwaiger Mängel angemessen erscheint.[72] Zweitens sollte V versuchen, zumindest **Ansprüche auf Schadensersatz** wegen Mängeln des Kaufgegenstands oder wegen Mangelfolgeschäden an Personen, an Sachen oder am Vermögen der K auszuschließen. Angesichts der sonstigen Rechte des Käufers nach §§ 434 ff. BGB erscheint ein solcher Ausschluss auch für K hinnehmbar.

e) Anwendbares Recht

70 Aus dem Vorstehenden hat sich ergeben, dass die Anwendung des materiellen deutschen Rechts aus der Sicht der V vorzugswürdig ist. Die **Erforderlichkeit einer Rechtswahl** im Sinne einer Vereinbarung über das anzuwendende Recht ergibt sich im vorliegenden Fall schon daraus, dass die Anwendungsvoraussetzungen des Wiener Kaufrechtsübereinkommens erfüllt sind (Rn. 41). Die vorstehenden Überlegungen haben indessen ergeben, dass die Geltung des Wiener UN-Kaufrechts den Parteien keine Vorteile brächte, da bereits das materielle deutsche Recht den Bedürfnissen genügt (s. die Vorgabe der Verkäuferin, Rn. 42). Daher ist zumindest ein Ausschluss des UN-Kaufrechts erforderlich (Art. 6 CISG).

71 Ob darüber hinaus eine **ausdrückliche Rechtswahl** i. S. d. Art. 3 I Rom I-VO anzuraten ist, bemisst sich zunächst nach den **objektiven Anknüpfungen** des Art. 4 III Rom I-VO. Nach Art. 4 I lit. a Rom I-VO i. V. m. Art. 19 I 1 Rom I-VO gilt das Recht des Staates, in welchem sich die Hauptverwaltung des Verkäufers befindet. Es gilt demnach das deutsche Recht. Anhaltspunkte dafür, dass sich aus der Gesamtheit der Umstände ergeben könnte, dass der Vertrag engere Verbindungen mit Frankreich aufweist, ergeben sich aus dem Sachverhalt nicht[73] (Art. 4 III Rom I-VO).

72 Auch ohne eine Rechtswahlklausel würde daher im vorliegenden Fall – bei einem Ausschluss des CISG – das materielle deutsche Recht anzuwenden sein. Die **Nützlichkeit einer Rechtswahl** zugunsten des deutschen Rechts folgt daraus, dass eine ausdrückliche Rechtswahl für die Parteien und für Dritte das anzuwendende Recht transparent macht, ohne dass es – wie bei der objektiven Anknüpfung – einer vorgängigen kollisionsrechtlichen Prüfung bedarf. Da der Sachverhalt die erforderliche Auslandsberührung aufweist, bestehen hinsichtlich der kollisionsrechtlichen Wirkung einer solchen Rechtswahl nach Art. 3 III Rom I-VO keine Bedenken. Da die Geltung des Wiener UN-Kaufrechts abbedungen werden soll, muss in der Rechtswahlklausel zugleich die Anwendung des UN-Kaufrechts ausgeschlossen werden.

f) Gerichtsstandsklausel

73 Wie sich aus der Informationsgewinnung ergeben hat, hält V die Vereinbarung eines Gerichtsstands an ihrem Sitz in Nürnberg für wünschenswert und gegenüber K durchsetzbar. Die **Wirksamkeit** einer solchen Gerichtsstandsvereinbarung bestimmt sich nach Art. 25 EuGVVO n. F. (Rn. 31 f.).

---

[72] *V. Bernstorff,* Vertragsgestaltung, § 9 V 2, S. 89.
[73] Liste der Kriterien bei MünchKomm-BGB/*Martiny,* Art. 4 Rom II-VO Rn. 15.

Den **Formerfordernissen** genügt es, wenn die Gerichtsstandsvereinbarung schriftlich 74
geschlossen wurde (Art. 25 I 3 lit. a EuGVVO n. F.). Im vorliegenden Fall soll sogar
eine beiderseits unterzeichnete Urkunde abgefasst werden. Die Gerichtsstandsvereinbarung braucht nicht von dem Hauptvertrag getrennt zu werden. Erfüllt sind auch
die **weiteren Voraussetzungen,** dass sich die Vereinbarung auf ein bestimmtes Rechtsverhältnis beziehen muss (Art. 25 I 1 EuGVVO n. F.) und keine ausschließliche Zuständigkeit eines Gerichts gegeben sein darf (Art. 25 IV EuGVVO n. F.).

Die **Wirkung der Gerichtsstandsvereinbarung** besteht darin, dass das vereinbarte 75
(prorogierte) Gericht ausschließlich zuständig ist, sofern die Parteien nichts anderes vereinbart haben (Art. 25 I 2 EuGVVO n. F.). Im vorliegenden Fall besteht kein Anlass,
etwas anderes – eine konkurrierende Zuständigkeit eines oder mehrerer weiterer Gerichte – zu vereinbaren, da der Gerichtsstand Nürnberg den Interessen der V genügt.

g) Sonstige Regelungen

Als allgemeine Bestimmung des Vertrags ist an eine **Schriftformklausel** zu denken: 76
Eine solche Klausel zieht die Konsequenz aus der von den Parteien gewollten Schriftform des Vertrags und dient der Klarheit über den jeweiligen Vertragsinhalt. Da nach
deutschem Recht umstritten ist, ob trotz Vorliegens einer Schriftformklausel Abweichungen im Einvernehmen der Parteien auch formlos wirksam sind, wird empfohlen,
dass die Klausel nicht nur Änderungen und Ergänzungen des Vertrags, sondern auch
die Schriftformklausel selbst und die Aufhebung des Vertrags umfassen soll.[74]

Auch bei grenzüberschreitenden Verträgen wird dem Vertragsgestalter eine **salvatori-** 77
sche Klausel nahegelegt; sie „manifestiert das Misstrauen der Vertragsparteien gegenüber der Effizienz des deutschen Vertragsrechts, in den Fällen der Teilunwirksamkeit
eine vernünftige und den Interessen der Parteien angemessene Lösung zu finden".[75]
Ausgestaltet wird eine solche Klausel durch die Vereinbarung, dass die Parteien sich
verpflichten, anstelle der unwirksamen oder fehlenden Bestimmung eine neue Bestimmung in den Vertrag einzufügen, welche die Lücke füllt.

4. Vertragsentwurf

Aus den vorstehenden Überlegungen ergibt sich folgender Vertragsentwurf, den V der 78
K nach den Vereinbarungen der Parteien unterschriftsreif vorlegen soll:

Liefervertrag

Die Firma Vobis GmbH, Bismarckallee 54, D-90491 Nürnberg, vertreten durch
ihre Geschäftsführerin Dr. Ing. Tamara Press

– im Folgenden: Verkäuferin

bietet
der Firma Kalbot SARL, 49, Rue Léon Gambetta, F-92309 Levallois-Perret, vertreten durch ihren Geschäftsführer Charles Lemagne

– im Folgenden: Käuferin

den Abschluss des nachfolgenden Kaufvertrags an:

---

[74] *Döser*, Vertragsgestaltung, Rn. 93.
[75] *Döser*, Vertragsgestaltung, Rn. 95.

§ 1 Kaufgegenstand

Die Verkäuferin verkauft der Käuferin eine computergesteuerte Schrottpresse vom Typ Heinzelmann HM 175 nach näherer Maßgabe der Spezifikation, die als
– Anlage 1 –
diesem Vertrag beigefügt ist.

§ 2 Lieferbedingungen

(1) Die Lieferung erfolgt spätestens am 15.10.2015 frei Frachtführer Köln-Nippes (FCA Incoterms). Die Käuferin wird den Frachtführer bis spätestens 30.9.2015 benennen.

(2) Erfolgt die Lieferung nicht rechtzeitig, kann die Käuferin nach Maßgabe des Absatzes 3 ihre Rechte nach den gesetzlichen Bestimmungen geltend machen.

(3) Die Verkäuferin haftet für die Folgen verspäteter Lieferung nicht, soweit die Verspätung auf Umständen beruht,

1. die außerhalb des betrieblichen Bereichs der Verkäuferin liegen, insbesondere bei Naturkatastrophen und anderen Fällen höherer Gewalt, bei hoheitlichen Eingriffen und bei Arbeitskämpfen, oder

2. die zwar innerhalb des betrieblichen Bereichs der Verkäuferin liegen, jedoch von ihr unter Einsatz zumutbarer Anstrengungen nicht überwunden werden können, insbesondere bei Beeinträchtigungen des Betriebsablaufs aufgrund von Feuer und ähnlichen Fällen höherer Gewalt, aufgrund hoheitlicher Eingriffe und aufgrund von Arbeitskämpfen.

§ 3 Kaufpreis

Der Kaufpreis beträgt 700 000 € (in Worten: siebenhunderttausend Euro).

§ 4 Zahlungsbedingungen

(1) Mit Abschluss des Kaufvertrags – Datum der Unterschrift der Käuferin – wird eine Anzahlung von 233 000 € fällig. Sie ist zu überweisen auf das Konto der Verkäuferin bei der Commerz- und Diskontobank Nürnberg (BIC CDNKDE7ZXXX, IBAN DE76 9705 0102 0022 3452 34). Die vorstehende Klausel gilt als Rechnung im Sinne des § 286 Absatz 3 BGB.

(2) Der Restkaufpreis von 467 000 € wird mit der Übernahme des Kaufgegenstands durch den von der Verkäuferin zu benennenden Frachtführer fällig. Hinsichtlich des Restkaufpreises hat die Verkäuferin durch ihre Bank ein unwiderrufliches Dokumentenakkreditiv zugunsten der Käuferin eröffnen zu lassen.

§ 5 Eigentumsübergang

Die Verkäuferin behält sich das Eigentum am Kaufgegenstand bis zur vollständigen Bezahlung des Kaufpreises vor.

§ 6 Gewährleistung

(1) Die Verkäuferin übernimmt die Gewähr, dass der Kaufgegenstand bei Übergabe an den Frachtführer die vertraglich vorausgesetzte Beschaffenheit nach Maßgabe der Spezifikation gemäß Anlage 1 hat.

(2) Die Käuferin hat den Kaufgegenstand innerhalb von sieben Tagen nach Aushändigung durch den Frachtführer zu untersuchen und auffällige Mängel innerhalb weiterer sieben Tage zu rügen. Sollten diese Mängel erst später erkennbar

werden, beginnt die Rügepflicht in dem Zeitpunkt, zu dem die Käuferin von dem Mangel Kenntnis erlangt.

(3) Sollte der Kaufgegenstand mangelhaft sein, gilt die gesetzliche Regelung. Jedoch hat die Käuferin keine Ansprüche auf Schadensersatz wegen Mängeln des Kaufgegenstandes oder wegen Mangelfolgeschäden, insbesondere an Personen, an Sachen oder am Vermögen der Käuferin.

§ 7 Schriftform

Änderungen, Ergänzungen, die Aufhebung dieses Vertrags oder die Aufhebung dieser Schriftformklausel bedürfen zu ihrer Wirksamkeit der Schriftform. Das Schriftformerfordernis gilt auch für sonstige Erklärungen der Vertragspartner, die zur Begründung, Wahrung oder Ausübung ihrer Rechte erforderlich sind, insbesondere für Fristsetzungen und Mängelrügen.

§ 8 Teilunwirksamkeit

Im Fall der Unwirksamkeit einer oder mehrerer Bestimmungen dieses Vertrags werden die Vertragspartner eine der unwirksamen Regelungen wirtschaftlich möglichst nahekommende wirksame Ersatzregelung treffen.

§ 9 Anwendbares Recht, Gerichtsstand

(1) Das Rechtsverhältnis der Vertragspartner unterliegt dem Recht des deutschen Bürgerlichen Gesetzbuchs/Handelsgesetzbuchs unter Ausschluss des UN-Kaufrechts.

(2) Gerichtsstand für alle Streitigkeiten aus diesem Vertrag ist für beide Teile Nürnberg.

Die Verkäuferin hält sich an dieses Angebot bis zum 26.7.2015 gebunden. Maßgeblich ist der Eingang der Annahmeerklärung bei der Verkäuferin.

Nürnberg, den 5.7.2015
(Verkäuferin)
Levallois-Perret, den
(Käuferin)

Sachverzeichnis

Die **fett** gesetzten Ziffern verweisen auf die Paragrafen dieses Buches, die mageren auf deren Randnummern. Hauptfundstellen sind *kursiv* gesetzt.